日本企業のバイアウト

事業承継とバイアウト

日本バイアウト研究所［編］

中央経済社

序　文

　1998年に日本でバイアウト・ファンドの出資を伴う最初の本格的なMBO（management buy-out）が成立してから2010年12月末までに500件を超えるバイアウト案件が成立している。日本企業によるバイアウト・ファンドの活用事例は着実に増加してきており、バイアウト・ファンドの認知度も高まってきている。しかし、その一方では、バイアウト・ファンドの活動実態が正確に理解されておらず、また、アクティビスト・ファンドとの混同でハゲタカと揶揄されるなど、ファンドのイメージの問題から企業側がバイアウト・ファンドに対する抵抗感を持つ場合もあるとの指摘もなされている。また、バイアウト・ファンドから出資を受けると具体的にどのような支援が得られるのかがよく理解されていないという現状もある。

　バイアウトに関する解説を行った図書は日本にも存在するが、これまで刊行されている図書は、プロフェッショナル・ファームやプロフェッショナルを目指すMBA学生などを読者層としており、バイアウト・ファンドを活用する側の企業経営者を読者層として想定して書かれているものは極めて少ない傾向にある。特に、バイアウト・ファンドの経営支援機能（ハンズオン支援機能）、投資先企業のバリューアップに焦点をあてて深く掘り下げた図書はほとんど存在しないのが現状である。

　このような背景に基づいて、日本企業の経営者を主な読者層とする"日本企業のバイアウト"シリーズを刊行することとした。本シリーズは、「事業再編」、「事業再生」、「事業承継」をテーマとする三部作とし、バイアウト・ファンドの機能の理解を深め、日本企業によるバイアウト・ファンド活用の促進に貢献することを目的としている。内容としては、さまざまな経営課題を抱えた日本企業がバイアウト・ファンドを活用して取り組んでいる事例を豊富に取り上げることとした。

　本書は、第Ⅰ部と第Ⅱ部の2部構成となっている。第Ⅰ部は、手法の解説や市場動向を中心とした内容となっている。有力プロフェッショナル・ファーム

の方に，バイアウトの手法に関する論文を執筆いただいた。また，日本バイアウト研究所の統計データを活用しながら，日本のバイアウト市場の動向が明らかにされている。

　第Ⅱ部は，事例紹介と経営者インタビューを中心とした内容となっている。実際に案件に関与したバイアウト・ファンドの投資担当者に事例をご紹介いただいた。具体的には，当該企業が抱えていた経営課題，バイアウトの背景，バイアウト後の経営改善の内容，バイアウト・ファンドが当該企業に対して提供した付加価値などが明らにされている。また，経営者インタビューでは，バイアウト・ファンドを活用することにした決断のポイント，投資担当者に最初に会った際の印象，バイアウト・ファンドと一緒に取り組んできて学んだこと，バイアウト・ファンドのメンバーと特に真剣に議論して取り組んだ経営施策，従業員のモチベーションを向上させるために現場で実施したこと，バイアウト・ファンドのメンバーとの信頼関係の構築のために行ったコミュニケーションの方法，などについてお話いただいた。また，当該企業の製品，工場・店舗などの現場，経営会議の様子などの写真も豊富に記載した。

　第Ⅰ部と第Ⅱ部の最後には，座談会形式による討論を記載した。第Ⅰ部の座談会では，数多くの案件で経験を積んだ業界屈指のプロフェッショナル三名により，近年の案件の特徴や市場動向についてお話いただいた上で，バイアウト後の成功への鍵，エグジットに関する留意点などの討論を行った。第Ⅱ部の座談会では，バイアウト・ファンドのメンバーと投資先企業の経営者の両方にご登場いただいて，バイアウトを実施した企業の経営改善の本質に迫った。

　このように，本シリーズの特徴は，豊富な事例と経営者インタビューを記載したことにある。本書『事業承継とバイアウト』では，バイアウト・ファンドのノウハウを活用して新規出店を加速した事例，事業承継後に経営者を外部から招聘して内部管理体制の強化を図った事例，同業他社との統合によりロールアップを図った事例，バイアウト・ファンドのネットワークを活用して海外事業の強化を図った事例などが記載されており，業種も，メーカー，外食チェーン，アパレル，介護サービス，システム開発など多様性に富んでいる。本書が，日本のオーナー企業の創業者，MBOを検討している経営者，MBOを実施した経営者，プロフェッショナル経営者，プロフェッショナルCFOなどの役に立

てれば幸いである。また，中堅・中小企業を顧客とする税理士・会計士，地域金融機関，中小企業の事業承継を研究する学生などにも読んでいただいて，バイアウト・ファンドの良さや存在意義を知っていただければ嬉しく思う。

なお，3冊で30社にも及んだ経営者インタビューと座談会6件の聞き手は，すべて株式会社日本バイアウト研究所杉浦慶一が担当した。ご協力いただいた各社には感謝申し上げる。インタビューおよび座談会の本文中における意見に関する部分は，各発言者の私見であり，所属会社の見解を示すものではありません。

2011年3月

株式会社日本バイアウト研究所
代表取締役 杉浦慶一

目　　次

序　文

第Ⅰ部　手法と市場動向

第1章　事業承継問題の現状とその解決方法としてのバイアウト

はじめに・3
1　非上場会社における社長交代・3
2　わが国の事業承継の実態・6
　(1)　わが国の会社数の推移・6
　(2)　自営業主の高齢化・7
　(3)　廃業と経営者の年齢・9
　(4)　後継者の状況・9
　(5)　社長の担保提供・12
　(6)　事業承継の検討状況・13
　(7)　事業承継問題の総括・15
3　事業承継問題の解決方法・16
　(1)　創業者一族による事業承継・16
　(2)　社員への事業承継・19
　(3)　第三者への事業承継・21
　(4)　他社への事業承継・22
4　M&Aによる事業承継・24
　(1)　M&Aの実現可能性・24
　(2)　M&Aの相手・27
5　バイアウト型事業承継の留意点・29
おわりに・32

第2章　オーナー企業の事業承継における税務上の諸問題とバイアウトとの関係

はじめに・33

1　事業承継方法の類型・34

2　相続税および贈与税の概要・34
   (1) 相続税の仕組み・35
   (2) 贈与税の仕組み・35
   (3) 納税義務者の区分と課税財産の範囲・37

3　事業承継における納税資金問題・37

4　非上場株式の評価・38
   (1) 非上場株式の評価方式・38
   (2) 株主判定と評価方式・40
   (3) 会社規模と評価方式・41
   (4) 種類株式の評価・41

5　バイアウトに関連する税務上の取り扱い・42
   (1) 株式譲渡に係るキャピタルゲイン課税・42
   (2) 低額譲渡および高額譲渡・43
   (3) 発行法人へ譲渡する場合の課税関係・43
   (4) 相続財産を譲渡した場合の取得費加算の特例・44
   (5) 第三者割当増資における課税関係・44
   (6) 外国法人または非居住者によるバイアウト・44

6　事業承継対策としてのバイアウト・47
   (1) そのまま相続を迎えるケース・47
   (2) バイアウト・ファンドが議決権の100％を取得するケース・48
   (3) バイアウト・ファンドが議決権の50％超100％未満を取得するケース・48
   (4) バイアウト・ファンドが議決権の50％未満を取得するケース・50
   (5) 役員退職慰労金を活用したバイアウト・51

おわりに・52

第3章　バイアウト・ファンドによるオーナー企業の経営改革

はじめに・53

1　オーナー企業に特有な経営的諸問題・54
  (1)　後継者不在・54
  (2)　自社株問題・54
  (3)　人材不足・56

2　バイアウト・ファンドが投資するオーナー企業・56

3　事業承継後の経営改革とバイアウト・ファンドによる経営改革・58
  (1)　改革は投資前からはじまっている・59
  (2)　経営陣と経営幹部・59
  (3)　インセンティブ・61
  (4)　運営権限・62
  (5)　コミュニケーション・63
  (6)　企業理念，ミッション・ビジョン・バリュー・64
  (7)　経営戦略・事業計画・65

4　エグジット・67

おわりに・68

第4章　オーナー企業からファンドへの事業承継
――承継後の企業の問題点とCFOの役割――

はじめに・71

1　CFOが直面する承継直後の会社の（全社的な）問題点・73

2　CFOが直面する承継直後の経営管理部門の問題点・76

3　事業承継におけるCFOの役割・80
  (1)　CEO～COO～CFOの経営体制・80
  (2)　CFOの使命と役割・81
  (3)　特に，事業承継CFOに求められる役割・82

4　事業承継CFOに必要とされるスキル・経験・85
  (1)　CFOに必要な基本スキル・85

　　　　(2) 特に，事業承継CFOに必要とされるスキル・87
　　5 事業承継におけるファンド側の問題点とマネジメント
　　　（CEO，CFO）側の問題点・89
　　　　(1) 事業承継におけるファンド側の問題点・89
　　　　(2) マネジメント（CFO）側の問題点・90
　　6 ファンドのエグジット時点における懸念事項・91
　　　　(1) 「ファンドからファンドへの売却」による社員・従業員
　　　　　の士気低下・91
　　　　(2) 「エグジットがIPOから売却への方針転換」による社員
　　　　　の士気低下・91
　　7 CFO人材育成のための提言・92
　　　　(1) CFO人材に一流CFOに到達するためのキャリア指導
　　　　　を！・92
　　　　(2) CFO人材にマネジメント力の養成を！・93

　おわりに・94

第5章　日本におけるオーナー企業のバイアウトの市場動向

　はじめに・97
　　1 日本におけるオーナー企業のバイアウトの類型・97
　　　　(1) 未上場オーナー企業の事業承継・98
　　　　(2) 未上場オーナー企業の株主構成の再構築・100
　　　　(3) 未上場オーナー企業の成長資金調達・102
　　　　(4) 上場オーナー企業の事業承継（非公開化のケース）・104
　　　　(5) 上場オーナー企業の事業承継（上場維持のケース）・107
　　　　(6) 上場オーナー企業の戦略的非公開化・110
　　2 オーナー企業のバイアウトの市場動向・111
　　　　(1) 未上場オーナー企業の事業承継型バイアウト案件の件数
　　　　　の推移・111
　　　　(2) 規模別の傾向・114
　　　　(3) 業種別の傾向・114
　　　　(4) 地域別の傾向・115
　　　　(5) 社長の就任方法・116
　　3 エグジット案件の動向・118

⑴　各種のエグジット方法の特徴・118
　　　⑵　事業承継型バイアウト案件のエグジット方法の傾向
　　　　・122
　　　⑶　株式公開を達成した事例・124
　　　⑷　事業承継型バイアウト案件のエグジット達成率・124
　　4　日本高純度化学の事業承継型MBOと株式公開・125
　　　⑴　会社概要・125
　　　⑵　MBO案件の概要・127
　　　⑶　MBO後の経営体制と株式公開の達成・128
　おわりに・130

座談会　事業承継型バイアウトの手法と成功への鍵

　事業承継型バイアウトの増加の背景・134
　事業承継案件のソーシングルート・136
　オーナー企業における経営者の意識の変化・138
　事業承継案件のタイプ・140
　社長の外部招聘の留意点・142
　売手であるオーナーの留意点・145
　バイアウト後の成功への鍵・146
　バイアウト・ファンドのエグジット・148
　日本におけるオーナー企業の事業承継の将来展望・151

第Ⅱ部　事例と経営者インタビュー

第6章　事業承継に果たすMBIファンドの役割
　　　　　──ヘルシーサービスへの投資事例より──

　はじめに・155
　1　案件概要・156
　　　⑴　会社概要・156
　　　⑵　案件の背景・158
　2　投資に至るまでのプロセス・159
　　　⑴　業界展望・159

　　　　(2)　投資判断・160
　　　　(3)　事業承継のストラクチャー・162
　　3　企業価値向上（Value-Add）への取り組み・163
　　　　(1)　基本的な考え方・163
　　　　(2)　MBI（Management buy-in）ファンドとしての役割
　　　　　　・164
　　　　(3)　組織の再構築・166
　　4　創業者の思いを継承・168
　　おわりに・170
　　≪経営者インタビュー≫　株式会社ヘルシーサービス
　　　強固な資本構築を目指した介護事業の事業承継・171

第7章　新総企・マオスのファンドを使ったMBO事例
　　　　――駐車場経営事業の承継と事業統合化への取り組み――

　　はじめに・179
　　1　新総企のMBO・179
　　2　新総企の価値創造・181
　　3　マオス買取・184
　　4　マオス百日計画・188
　　5　新総企・マオスの統合化・189
　　6　顕在化するシナジー・191
　　7　継続する経営改革・192
　　おわりに・194
　　≪経営者インタビュー≫　株式会社マオス
　　　経営統合によるシナジー効果の創出に向けて・195

第8章　ウェーブロックホールディングスの非上場化を伴うMBOについて
　　　　――ビジネスモデルの変革に向けて――

　　はじめに・201

1　ウェーブロックホールディングスの概要・201
　2　MBOの事業環境・205
　3　MBOへの決断・208
　4　MBOのもう一つの意味・209
　5　MBO後の経営・210
　おわりに・211
　≪経営者インタビュー≫　ウェーブロックホールディングス株式会社
　　安定的かつ継続的な成長を目指す価値創造の取り組み・212

第9章　バイアウト・ファンドを活用した中国事業強化
―伸和精工の事例―

　はじめに・219
　1　会社概要・219
　2　案件の背景・220
　3　ストラクチャー・221
　4　投資に至るまで・222
　5　経営支援の内容・226
　　(1)　中国での支援・226
　　(2)　全社的コスト削減運動・228
　　(3)　可視化・229
　6　エグジットについて・231
　おわりに・231
　≪経営者インタビュー≫　株式会社伸和精工
　　中国工場での生産体制の確立を目指して・232

第10章　フォーナインズの事業承継
―100年続くブランドの創造と永続企業を目指して―

　はじめに・239
　1　フォーナインズについて・240

(1)　会社概要・240
　　　(2)　フォーナインズのこだわり・243
　　　(3)　フォーナインズとの出会い・244
　　　(4)　前オーナーの思い・244
　　2　フォーナインズのMBOによる事業承継・245
　　　(1)　MBOの検討と実現・245
　　　(2)　ジャフコの取り組みスタンス・248
　　3　MBOの仕組み（ストラクチャー）・249
　　　(1)　MBOのストラクチャー・249
　　　(2)　資金調達・250
　　4　投資後の活動と支援・250
　　　(1)　MBO直後の数ヶ月・250
　　　(2)　CFOの招聘・251
　　　(3)　経営管理体制の仕組みづくりと強化・252
　　　(4)　リファイナンスの実行・252
　　　(5)　現状と今後・253

　おわりに・253

　≪経営者インタビュー≫　株式会社フォーナインズ
　　　100年続くブランドの次世代への承継・255

第11章　事業承継型MBOにおけるファンドの戦略的活用
　　　──人材主体のビジネスモデル，
　　　　日本コンピュータシステムの事例──

　はじめに・261
　　1　会社概要・261
　　2　業界特性・262
　　　(1)　複層構造・262
　　　(2)　業界再編・263
　　　(3)　人材の重要性・263
　　　(4)　業務請負型と人材派遣型・264
　　　(5)　品質管理とセキュリティ・264
　　3　非公開化を伴うMBOの背景・265

　　　　(1)　環境変化への適応と持続的成長のためにMBOを決断
　　　　　　・265
　　　　(2)　創業者のハッピー・リタイアメント・267
　　　　(3)　資本政策の再構築・267
　　　　(4)　社員インセンティブ制度の再構築・267
　　　4　MBOのストラクチャー・268
　　　　(1)　持株会社を設立し，株式公開買付（TOB）を実施・268
　　　　(2)　非公開化・268
　　　　(3)　従業員持株会の再設置・268
　　　5　企業価値向上の潜在的可能性・269
　　　　(1)　ロールアップによる成長可能性・269
　　　　(2)　課題が明確でありかつ決断が可能・269
　　　　(3)　プロジェクトマネジャー層の量的拡大余地・270
　　　　(4)　オフショア企業の活用・270
　　　6　投資後の経営サポート・270
　　　　(1)　共通の経営目標の設定・270
　　　　(2)　経営層とのコミュニケーション・271
　　　　(3)　経営戦略会議の新設・271
　　　　(4)　顧客へのコスト削減提案力の強化・272
　　　　(5)　金融分野での潜在顧客の紹介・272
　　　　(6)　ロールアップ先の検討・272
　　　　(7)　経営のスピードアップと幹部社員教育・272
　　　　(8)　人材教育・273
　　　　(9)　人材データベースの構築・276

　　おわりに・277

　　≪経営者インタビュー≫　日本コンピュータシステム株式会社
　　　　長期的な視点での人材育成に主眼を置いた事業戦略・278

第12章　事業承継によるコメダの成長加速
―ローカル企業からナショナル企業への脱皮に向けて―

　　はじめに・287
　　1　事業承継の背景と狙い・288
　　　　(1)　コメダの会社概要とこれまでの沿革・288

　　　　(2) ファンドへの事業承継の実行・293
　　　　(3) 事業承継スキーム・295
　　2　事業承継実行後のファンドの経営支援・297
　　　　(1) 新経営チームの組成と経営体制の段階的移管・297
　　　　(2) 事業ノウハウ継承のための仕組みづくりと実行・299
　　　　(3) 新経営体制の確立と重点施策のサポート・299
　　3　今後の支援方針〜コメダのさらなる発展に向けて・300
　　　　(1) 全国展開を支える体制強化・300
　　　　(2) 新規市場への展開・301
　　　　(3) ブランド力強化・301
　おわりに・302
　≪経営者インタビュー≫　株式会社コメダ
　　企業文化を維持した事業承継と全国展開に向けた取り組み
　　・303

第13章　成長支援型MBOの事例
　　　―バロックジャパンリミテッドの成長と
　　　　企業価値向上の軌跡―

　はじめに・311
　1　会社概要・312
　2　事業内容・312
　　　(1) ブランド・312
　　　(2) ビジネスモデル・313
　　　(3) 競合他社比較・313
　　　(4) ファストファッション・314
　　　(5) 海外展開・314
　3　特徴と本件投資のテーマ・314
　4　ストラクチャー・315
　5　パートナーとして選ばれた理由・316
　　　(1) 経営陣による経営方針の理解と明確な役割分担・316
　　　(2) 企業価値向上という目的の共有・317
　　　(3) アジア展開サポートのためのネットワーク・317

6　投資後の経営支援・317
　　　　(1)　金融機関対応・317
　　　　(2)　グループ内再編・317
　　　　(3)　業務フローの整理やシステム導入など・318
　　　　(4)　バックオフィス人材の採用サポート・318
　　　　(5)　インセンティブ・プランとしてのストックオプションの付与・319
　　　　(6)　M&A案件の検討・319
　　　　(7)　中国展開サポート・320
　　　　(8)　その他・321
　　　7　投資後の成長・拡大実績・322
　　　　(1)　成長・拡大の実績・322
　　　　(2)　成長・拡大の要因・323

　　おわりに・323

　　≪経営者インタビュー≫　株式会社バロックジャパンリミテッド
　　　情報の共有による信頼関係の構築・325

第14章　グローバルコミュニティの事業承継事例
　　　――ロールアップによる新会社の誕生――

　　はじめに・333
　　1　第一建物管理の事業承継・334
　　　　(1)　きっかけ・334
　　　　(2)　事業承継の検討開始・335
　　　　(3)　株式譲渡への道程・335
　　　　(4)　役職員との信頼関係・336
　　　　(5)　株式譲渡後の施策・337
　　2　KBSシラカワの事業承継・338
　　　　(1)　きっかけ・338
　　　　(2)　ロールアップへの展開・340
　　　　(3)　株式譲渡後の施策・341
　　3　3社同時合併・342
　　　　(1)　統合への準備・342
　　　　(2)　統合プロジェクトの発足・343
　　　　(3)　対等合併・343

　　　　(4)　報酬制度設計・344
　　　　(5)　グローバル管理の買収・345
　　　　(6)　3社同時合併・346
　　　　(7)　物件管理戸数の状況・349

　　おわりに・349

　　≪経営者インタビュー≫　グローバルコミュニティ株式会社
　　　　経営統合による企業文化の融合・350

第15章　業界再編におけるファンドの役割とハンズオンによる経営改善の事例紹介
　　　　―シーエーエーへの取り組み―

　　はじめに・359
　　1　対象会社の概要・360
　　　　(1)　中古車オークションとは・361
　　　　(2)　オークション業界について・363
　　2　案件化の経緯と投資理由・365
　　　　(1)　案件化の経緯・365
　　　　(2)　CAAへの投資理由およびリスク・368
　　　　(3)　本案件固有のリスク・369
　　3　投資スキーム・371
　　　　(1)　CAAおよびCSSの同時買収・371
　　　　(2)　投資契約時の重要な留意事項・371
　　4　経営改善項目とアントのハンズオン・372
　　　　(1)　具体的な改善・372
　　　　(2)　アントがハンズオンで重要視したこと・376
　　5　EXIT戦略・377
　　　　(1)　IPOへの挑戦・377
　　　　(2)　トヨタ自動車との資本提携・377

　　おわりに・378

　　≪経営者インタビュー≫　株式会社シーエーエー
　　　　ファンドとのパートナーシップによるオーナー経営からの脱却
　　　　・379

座談会 キューサイの事業承継型MBOと事業構造の改革

キューサイが抱えていた経営課題
〜事業構造の見直しと事業承継〜・386
MBOの背景とスキーム・389
事業価値向上に向けた経営施策〜新たな事業戦略の推進〜・394
MBOを振り返って〜頻繁なコミュニケーションが鍵〜・399
キューサイの将来像・402
オーナー企業の経営者へのメッセージ・404

あとがき／409
執筆者略歴／411

第Ⅰ部

手法と市場動向

第1章 事業承継問題の現状とその解決方法としてのバイアウト

みずほ証券株式会社 ビジネス開発部
マネジャー 田中佑児

はじめに

　わが国の非上場会社では，事業承継が大きな問題となっている。戦後に誕生した会社の多くで，世代交代の時期を迎えているが，後継者がいないがゆえに，存亡の危機にさらされている会社がある。他方，後継者のいる会社でも，大きな相続税負担をいかにして乗り越えるか，頭を悩ませているところが多い。

　わが国でM&Aという言葉が使われはじめてから，およそ30年になろうとしている。バイアウト・ファンドが活動をはじめてから十数年が過ぎた。後継者問題を解決する一つの方法としてM&Aがあるということは，多くの経営者が認識するようにはなった。しかし，バイアウト・ファンドが後継者問題の解決にも役立つことは，まだ十分に認知されていない。本稿では，わが国における事業承継の現状を振り返るとともに，事業承継問題の本質を探りながら，M&Aあるいはバイアウト・ファンドが事業承継にどのように役立つのかについて整理する。

1 非上場会社における社長交代

　いかなる会社においても，必ず社長の交代時期が訪れる。上場する大会社では，次期社長は一般に社内の人材の中から選ばれる。新社長が任命され，前社長との引継ぎが終われば，社長交代は終了する。このようにして社長が交代で

きる会社は，実は少数派である。

　わが国には，およそ150万社の会社がある[1]。このうち上場している会社は4,000社を少し下回っている。その子会社や関係会社を含めて，後継社長を社内あるいはグループ会社から選ぶことによって後継者問題を解決できる会社はおそらく5万社に満たないものと思われる[2]。その他の会社では，後継者にバトンを渡すだけで社長交代を終えるわけにはいかない。非上場会社では，社長の交代と同時に，社長が所有する株式の相続や会社に対する債務保証および社長の個人資産の担保提供という問題をも解決しなければ，社長交代は片付かない。非上場会社において，社長交代ではなく事業承継と呼ばれるのは，こうした事情による。この問題は，多くの非上場会社に共通する問題である。

　上場会社と非上場会社における社長交代の違いは，何に起因しているのだろうか。

　上場会社では，原則として経営と所有が分離されている。会社の所有者は株主であり，経営者は株主から経営を委任されているという関係にある。経営者は，会社の価値を高め，それによって株主に報いるという役割を負っている。中には，大きな割合の株式を持ち，所有者としての地位も確保している経営者がいるが，こうした状況が何世代にもわたって継続するのは難しい。創業者が亡くなって時がたてば，こうした会社も普通の上場会社，すなわち経営と所有が分離した会社になっていかざるをえない。

　経営と所有が分離されている場合，会社の経営は，それを最も上手くできる人に任せるのが合理的である。それが，株主利益の増大という目的に一番適った社長の選び方である。社長が亡くなった場合は，後任を選ぶことによって会社は生き続ける。社長個人に問題がある場合は，社長を交代させることにより会社の損害を最小限に食い止める。会社の生存期間は，社長の生存期間と無関係である。現実には，このようにきれいに割り切れるものではないが，このような形で株主と経営者の関係が維持されることが上場会社の一つの理想である。

---

1) 平成18年の総務省統計局の事業所・企業統計調査によれば，事業所数が609万，会社企業数（会社の数）が151万社となっている。
2) 東洋経済関係会社情報に掲載されている上場会社の関係会社数は約32,000社である。

ところが，非上場会社ではこのようにはいかない。

　多くの非上場会社では，経営と所有が分離されず一体となっている。すなわち，社長自身が会社の所有者でもある。株主が経営者を監視するという体制はできていない。社長は，経営者かつ所有者として，会社に関するすべての責任を負わなければならない。法律上は，社長といえども，出資額の範囲で有限責任を負うだけであるが，現実にはそれで許してもらえない。わが国では，会社の借入金について，銀行が債務保証を社長個人に求め，あるいは社長の個人資産の担保提供を求めることが多い。この事実は，非上場会社の社長の立場をよく物語っている。こうした状況にある非上場会社において，社長の交代が上場会社のようにいかないことは，明白である。後継者には，創業者と同等の責任を求められることになるが，それを充足できるのは多くの場合創業者の一族以外にはない。このため，非上場会社の後継者としては，社長の子供や兄弟が選ばれるケースが多いのである。経営者としての資質・能力だけで後継者を選べないのが，非上場会社の現実であり，事業承継を難しくさせている一因でもある。

　創業者一族の中に後継者が見つからない場合は，次の二つの選択肢しかない。

① 創業者一族で会社を所有し続けるが，経営は他人に任せる。
② 会社の所有も経営も他に委ねる。

　①の選択肢は，経営と所有を上場会社のように分離しようという案である。机上の案としてはありうるが，実行するには難しい問題をはらんでいる（この問題については，後述する）。②は会社を売却するという案である。近年，M&Aが広く認知されるようになり，M&Aによって会社を存続させる経営者も増えつつあるが，米国などに比べると，まだM&Aが経営者の間に浸透しているとはいえない。

　非上場会社は，経営と所有とが一体になっているがゆえに，上場会社とは異質の問題を抱えている。この非上場会社の事業承継がいまどのような状況にあるのか，まず，わが国の非上場会社における事業承継の実態を振り返ってみよう。

2 わが国の事業承継の実態

近年,戦後に誕生した会社の創業者が高齢化し,世代交代の時期を迎えている。しかし,事業承継は必ずしも円滑に進んでいない。

2004年,2006年および2007年の中小企業白書では,中小企業における今日的な問題として,事業承継問題が取り上げられている。そこでは,円滑な事業承継はわが国経済の活性化にとって重大な問題であることが指摘されている。事業承継問題への関心の高まりとともに,事業承継の障害となっているさまざまな規制を少しでも軽減すべく,会社法や税法も整備されてきた。

以下では,中小企業白書のデータを参考にしながら,わが国の事業承継の実態について振り返る。

(1) わが国の会社数の推移

図表1-1には,わが国の会社数の推移を示した。1986年頃の約535万社をピークにその後は減少傾向にあり,2006年には421万社と18年間で100万社以上減少している。

この減少をもたらしているのは,中小企業の減少である。わが国の企業の99.7％は中小企業であり,そこに勤める人は2,800万人と全従業者の7割を超えている。出荷額を見ると144兆円と全企業の51％を占め,設備投資額は3.8兆円と全体の37％を占めている。中小企業はわが国の産業を下支えしているといえる。

中小企業の減少は,中小企業の事業承継が円滑に進んでいないことを暗示している。1986年以降,平均して年間約5万社以上が廃業もしくは倒産している勘定になる。毎年多くの会社が世の中から消えているわけだが,会社が消えるということは,そこで働いていた従業員の生活基盤を奪ってしまうことになる。個人会社の廃業であればまだ許容できるが,従業員を雇用する会社の廃業は,社会として回避しなければならない。

図表1-1 わが国の会社数の推移

(注) この会社数は、総務省の事業所・企業統計調査のデータを加工したものとして、中小企業白書に載っている数字である。中小企業とは、1996年以前は常用雇用者300人以下(ただし、卸売業は100人以下、小売業、飲食店、サービス業は50人以下)、または資本金1億円以下(ただし、卸売業は3,000万円以下、小売業、飲食店、サービス業は1,000万円以下)の会社を指し、1999年以降は常用雇用者300人以下(ただし、卸売業、サービス業は100人以下、小売業、飲食店は50人以下)、または資本金3億円以下(ただし、卸売業は1億円以下、小売業、飲食店、サービス業は5,000万円以下)の会社を指している。
(出所) 2008年中小企業白書

(2) 自営業主の高齢化

　中小企業の多くは戦後に設立されており、その多くで経営者の高齢化が進んでいる。**図表1-2**には自営業主の年齢の変化を示した。1980年頃は社長が60歳未満の会社数は77％を占めていたが、2007年には53％にまで減少し、社長が60歳以上の会社数が半数近くになっている。それとともに、経営者の平均年齢も上昇しており、経営者の高齢化が進行している。その中でも特に資本金が1億円に満たない会社において経営者の高齢化が著しい（**図表1-3**）。

　昔から大会社ほど経営者の年齢が高く、中小企業ほど若々しかったのだが、今は中小企業経営者の年齢も大会社経営者の年齢に近づいている。社長の年齢が変わらないということは、世代交代が行われていることを意味するが、年齢

が上昇していることは、社長交代が行われていないことを意味している。この原因は、社長が居座っているわけではなく、適切な後継者がいないため交代したくてもできないものと推察される。

図表1-2　自営業主数と平均年齢の推移

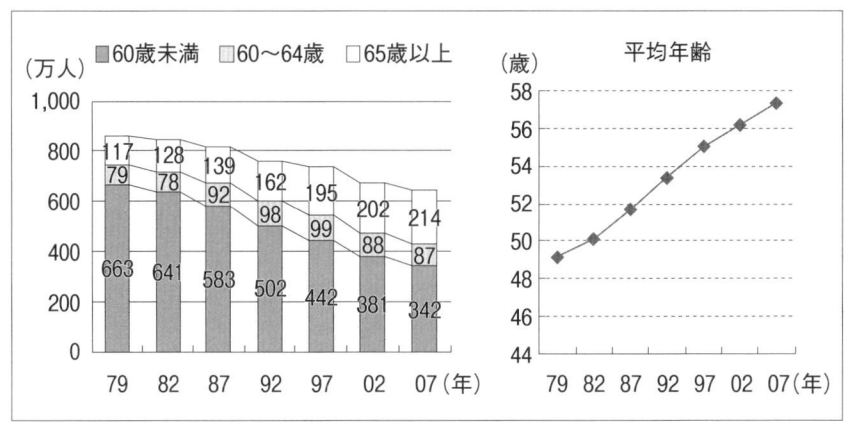

（出所）2010年中小企業白書

図表1-3　資本金規模別の代表者の平均年齢の推移

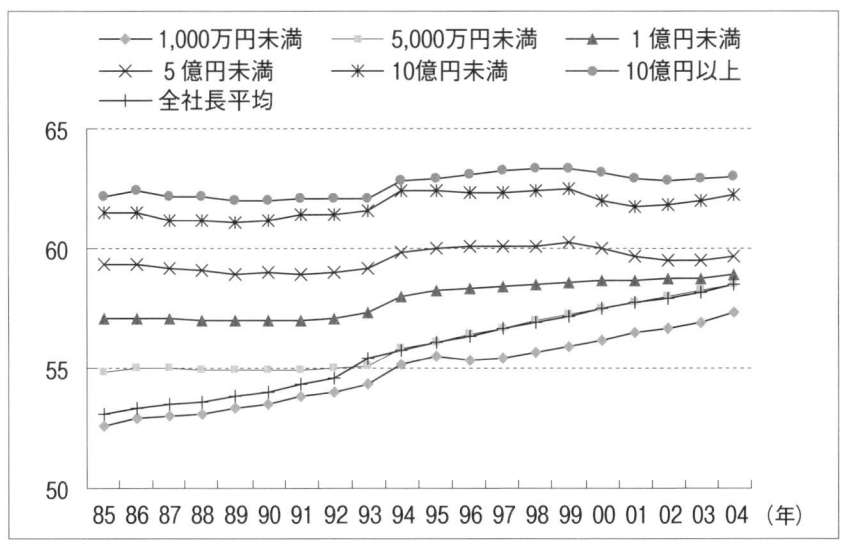

（出所）2006年中小企業白書

(3) 廃業と経営者の年齢

図表1－4には，廃業時の経営者の年齢を示した。以前は年齢に関係なく廃業は発生しており，むしろ若い人の廃業が多かったが，近年は廃業する経営者の年齢が高齢化してきている。こうした状況から推察できることは，後継者がいない状況で，高齢になるまで仕事を続け，経営者自身が年齢のために仕事ができなくなって廃業しているケースが多いのではないかということである。すなわち，小規模企業ほど，事業承継ができずに，廃業に至っているという現状がうかがえる。

図表1－4　年齢別廃業者の推移

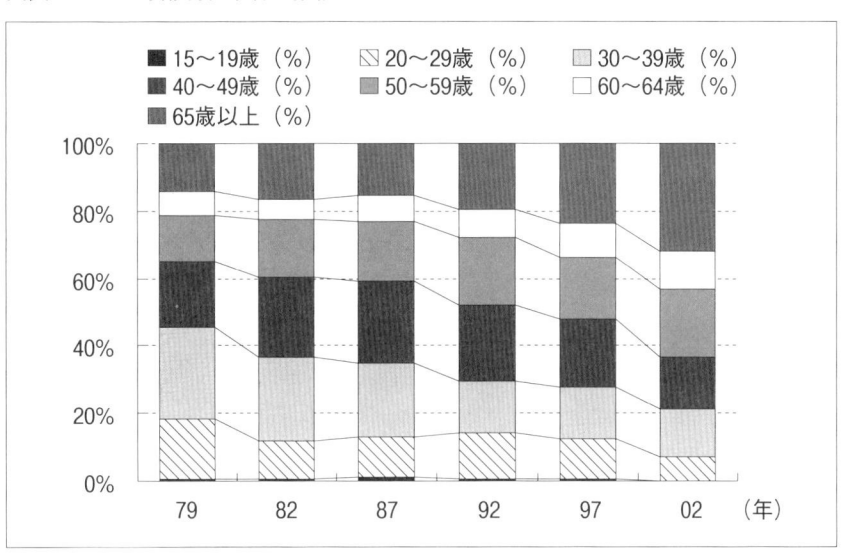

（出所）　2006年中小企業白書

(4) 後継者の状況

図表1－5を見れば，自分の代で廃業しようと考えている経営者は4％に満たない。その他の経営者は，基本的に事業を継続したいと考えている。しかし，そのうち半数を超える会社では，まだ後継者が決まっていない状況である。最終的に後継者が決まらなかった場合はどうするのかというと，事業売却を選ぶと答える経営者も一部いるが，明確に答えることができない経営者が多い。

M&Aは最後の選択肢と位置付けられ，事業承継問題を解決する積極的な選択肢とは考えられていないようである。

図表1－5　55歳以上の経営者の事業承継についての考え方

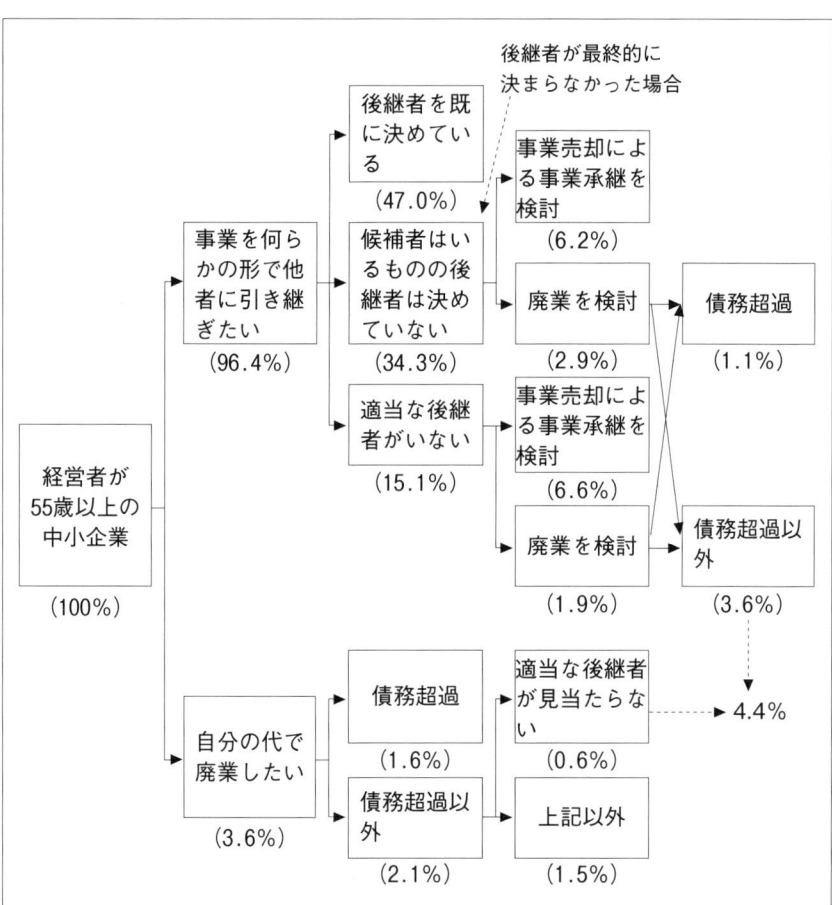

（注1）「自分の代で廃業したい」，「債務超過以外」には無回答を含む。
（注2）「上記以外」は，「会社の経営状況が厳しいため」，「市場の先行きが不透明であるため」，「その他」の合計。
（出所）2006年中小企業白書

後継者がいないという悩みを持つ経営者は多いが，会社規模でその傾向を見ると（**図表1－6**），大会社では過半数の会社で後継者はいるとしているが，

会社規模が小さくなるにつれ後継者がいる割合が減少し，まだ決まっていない，あるいは後継者がいない会社の割合が増加する。企業規模が小さいほど，後継者に困っていることが伺える。

図表 1 - 6　後継者の決定状況

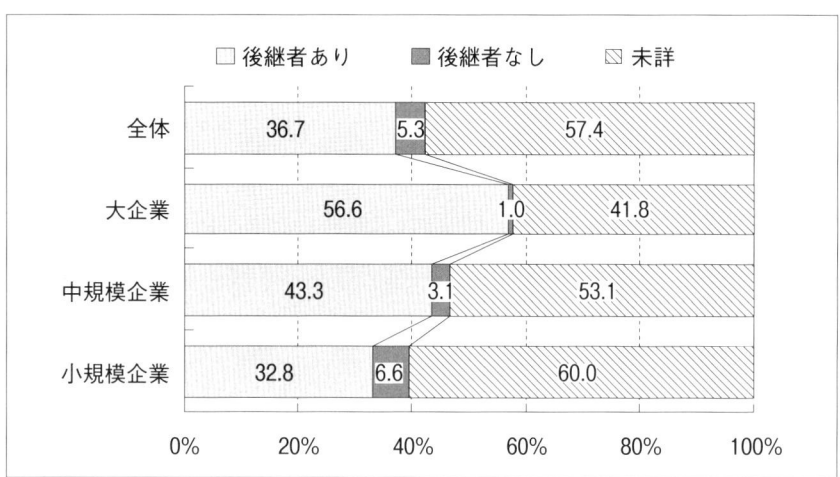

（注）　小規模企業とは，常用雇用者数が20人以下（ただし，卸売業，サービス業，小売業は5人以下）の企業を指す。中規模企業とは，中小企業から小規模企業を除いた企業を指す。
（出所）　2007年中小企業白書

　実際に社長が交代した会社において，誰が社長に就任したのかを見ると（**図表 1 - 7**），大会社では社長一族の中から選ばれているケースは少ないが，会社規模が小さくなるほど同族継承の割合が増える。一方，大会社では，内部昇格が半数近くを占めている。
　ただし，中小企業でも内部昇格が決して少なくないことは，注目しなければならない。内部昇格とは，非同族の社員に引き継いでいるということであり，そうしたケースで，後継者が債務保証や担保についてどのように対応したのか，さらには創業者一族が保有する株式を後継者が引継いだのか，興味のあるところである。残念ながら，白書ではそこまでの調査は行われていない。内部昇格の場合は，同族の中に適当な後継者候補がいない，あるいは同族の後継者候補はいるが年齢がまだ若いという事情があるものと推測できる。

図表1-7　社長が交代した会社の新社長の属性

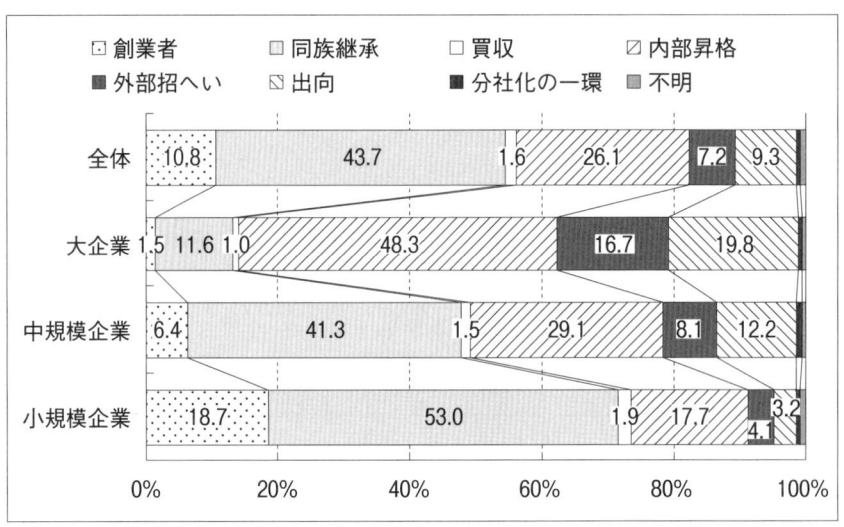

（注）ここ5年間の間に社長が交代した会社について，社長の就任経緯を調べたものである。
（出所）2007年中小企業白書

(5) 社長の担保提供

図表1-8にみるように，中小企業では，銀行に対して社長が個人資産を担保として提供している会社が多い。大企業でも11.7％の会社で社長が個人資産

図表1-8　社長個人資産を担保提供している会社の割合

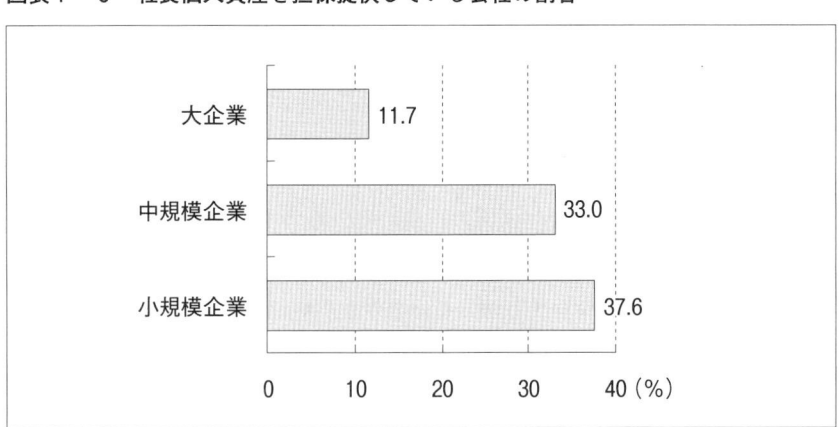

（出所）2007年中小企業白書

を担保提供しており，中規模企業では33％で担保を提供している。

この実態が非上場会社の事業承継をより難しいものにしていることは，既に述べたとおりだが，こうした会社では，多くのケースで創業者一族から後継者を選ばざるをえないだろう。

(6) 事業承継の検討状況

事業承継は，法律や税務の問題が絡んでくるため，社長が誰にも相談せず，一人で考えて実行するのはかなり難しい。後継者を決めるだけであれば，社長一人で意思決定できるが，後継者や親族への株や資産の移動，他社への事業譲渡などは，専門家のアドバイスが不可欠である。しかも，事業承継には時間がかかるため，経営者が経営から退こうという年齢になってから検討をはじめたのでは遅すぎる。したがって，早い時期から後継者を想定し，時間をかけて，後継者の育成ともども事業承継に取り組んでいく必要がある。

いったい何歳くらいで経営者は事業承継問題について専門家に相談しはじめているのかを調べた結果（図表1－9）によれば，55歳を超えてもまだ誰にも相談していない経営者が全体の過半数を占めている。55歳が早すぎるのか，妥当なのかは議論のあるところだろう。

図表1－9　事業承継について誰かに相談している割合（経営者年齢層別）

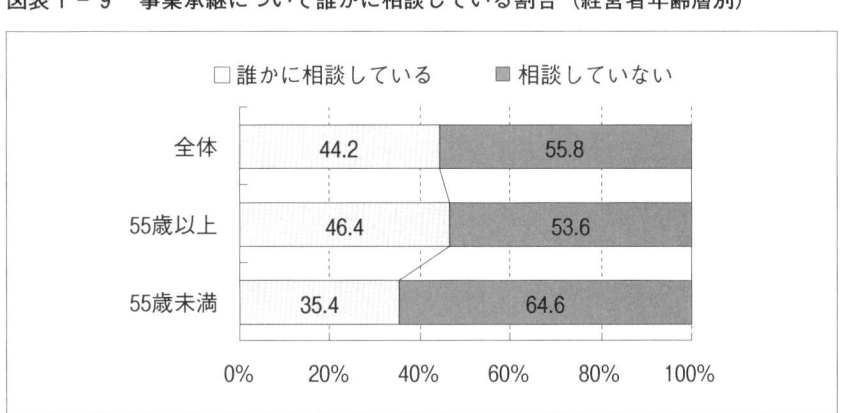

（出所）　2006年中小企業白書

図表 1 − 10 は，事業承継についてまだ相談していない理由を示したものだが，事業承継そのものをまだ深く考えていないという回答が多い。事業承継が，資産の相続なども含めると，少なくとも 5 年程度の時間を要することを考えると，もっと多くの経営者が関心を持つ必要があるのではないだろうか。経営者が突然病に倒れて，親族が大変な思いをして事業を引き継いでいるケースがある。こうした場合，同時に資産の相続問題が起こり，会社の株式の相続や相続税の支払いをめぐって問題が起きているケースがある。事業承継を検討するのに，早すぎるということはない。

図表 1 − 10 事業承継について誰にも相談していない理由

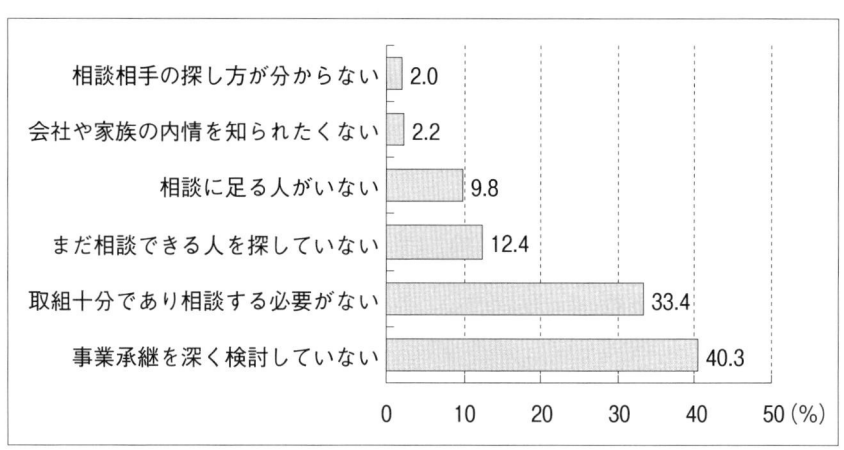

(注) 事業承継について「誰にも相談していない」と回答した会社についてのみ集計した結果である。
(出所) 2006年中小企業白書

前述の通り，事業承継では，税や法律に関する詳しい知識が必要になるので，専門家への相談が欠かせない。近年，オーナー経営者のニーズに応えるために，税理士はもちろんのこと，金融機関をはじめとして，事業承継についてアドバイスする機関が増えている。経営者への支援体制は整ってきたが，経営者が事業承継問題の相談相手として誰を選んでいるのかといえば，税理士である（**図表 1 − 11**）。この回答は，事業承継を相続問題と捉えている経営者が多いことを物語っている。税理士に次いで，役員・従業員，配偶者，公認会計士をあげ

る人が多いが,金融機関と答える人が意外に少ない。回答者の会社の規模が分からないので,この回答がすべての会社の平均的な答えであるのかは分からないが,一般には会社規模が大きくなるほど,高度な知識が必要になる。また,後継者がいないので,M&Aにしようということになれば,金融機関やM&Aの専門業者に相談せずには進められない。

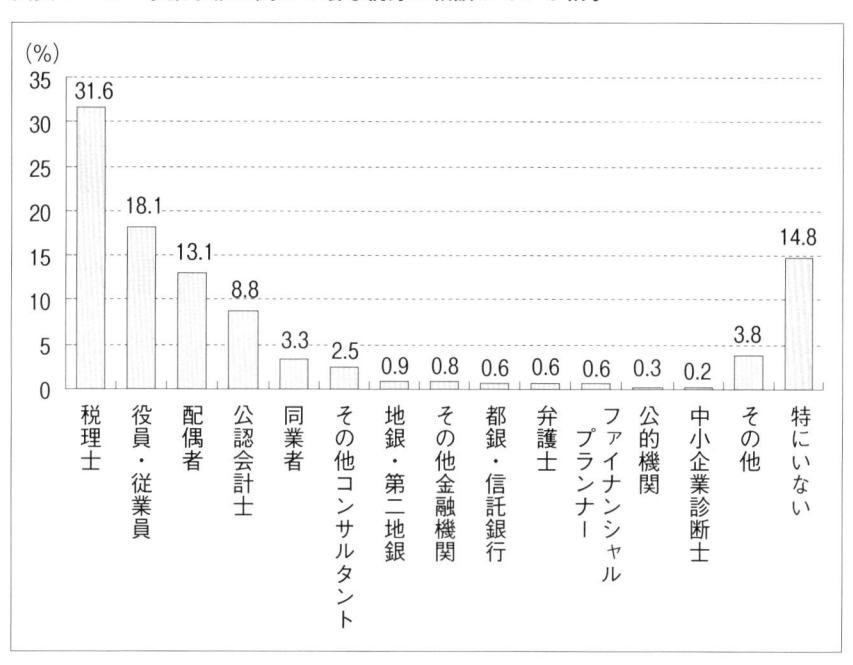

図表 1-11 事業承継に関して最も親身に相談している相手

相談相手	(%)
税理士	31.6
役員・従業員	18.1
配偶者	13.1
公認会計士	8.8
同業者	3.3
その他コンサルタント	2.5
地銀・第二地銀	0.9
その他金融機関	0.8
都銀・信託銀行	0.6
弁護士	0.6
ファイナンシャルプランナー	0.6
公的機関	0.3
中小企業診断士	0.2
その他	3.8
特にいない	14.8

(注) 具体的な準備内容について「準備を実施している」と回答した会社のみ集計した結果である。
(出所) 2006年中小企業白書

(7) 事業承継問題の総括

以上のとおり,中小企業白書に基づいて事業承継の実態についてみてきたが,多くの経営者が事業承継で悩みを抱えていることは間違いない。わが国の事業承継の問題点を要約すると,以下の通りである。

① わが国では平均すると1年間に約5万社が廃業や倒産などで消えつつある。

②　廃業は，事業を引き継ぐ者が誰もいないまま，経営者が高齢化していくことによって発生している。
③　経営者は誰も進んで廃業したいとは思っていないが，現実には適切な後継者が見当たらずに困っている会社が多い。
④　M&Aは，後継者が見つからなかった場合のやむをえない選択肢と認識されており，消極的な選択肢という位置付けである。
⑤　非上場会社では同族に承継するケースが最も多いが，幹部社員に後を託しているケースも相当数ある。
⑥　経営者にとって事業承継は大切な問題ではあるが，目先の事業に追われて，対策が後回しになっている。
⑦　非上場会社では，事業承継を，経営の問題というよりも相続の問題と捉えている経営者が多い。

こうした現状であることを認識した上で，事業承継問題の解決方法について探ってみたい。

3　事業承継問題の解決方法

事業承継問題の解決方法について，後継者を誰にするのかという観点に立つと，次のように分類できる。
①　創業者一族への承継
②　幹部社員（取締役も含む）への承継
③　社員ではない第三者への承継
④　会社ごと他に委ねる（会社を売却する）

この分類に沿って，事業承継の問題点を整理する。

(1) 創業者一族による事業承継

非上場会社では，創業者一族の中から後継者を選んで引き継ぐのが，最も一般的な事業承継方法である。**図表1－7**からも分かるが，規模の小さな会社ほど，同族による承継の比率が高い。この理由を考えてみると，規模が小さな会

社ほど，株式などの資産の承継と会社に関わる責任の承継を重視しているのではないかと思われる。規模が小さい場合，会社の業績が悪化したとしても，その影響を被る人は少ない。

　会社規模が大きくなると，資産の承継にだけ留意すればよいというわけにはいかなくなる。社長には，社員を束ねて彼らをして会社をある方向に向かわせる力が必要になり，社員の共感を得るだけの指導力，説得力，判断力，見識などが求められる。規模が大きいほど，組織力によって会社を運営しなければならない。会社の業績の悪化は，多くの社員ならびに取引先に重大な影響を及ぼすことになる。それだけに，指揮官である社長には，多くのものが求められる。社長の息子だからという理由だけで経営者に据えるわけにはいかない。規模が大きくなればなるほど，能力で後継者を選ばざるをえなくなる。規模が小さい会社では，株式やその他の資産の承継が事業承継の最大のテーマになるため，相談相手が税理士になるのではないかとも考えられる。

　ところで，創業者の子供は，社員や会社の関係者からも後継者として認知されやすい。能力が乏しいケースを除いて，創業者の息子が社長を継ぐことを，「なぜ」と思う社員はいないだろう。同族承継の場合，会社の所有者としての地位の継承，ならびに債務保証などの会社に関わる責任の継承がスムーズである。それは，社会通念として親族への相続が受け入れられているからである。親から子に資産を相続することは誰もが当然のこととして認めている。このため，民法あるいは税法でも親族への資産相続についてはさまざまな特典が設けられている。非上場会社においては，社長が突然亡くなったとしても，自動的に親族に会社の所有権が引き継がれる。他人へは，社長が意図的に株式を移すという行為を行わない限り，株式は引き継がれない。幹部社員を後継者にしたとしても，会社の所有権は容易には当該社員に移転しない。

　同族承継の場合は社長の個人資産の移動が楽であるとはいっても，大きな相続税負担が生じる。株式を相続した場合には，その資産価値に応じた納税義務が発生するが，価値が大きいほど，当然納税額も大きくなる。会社の規模が大きいほど，また業績が好調であるほど，株式の価値は大きくなり，税負担は重くなる。創業者が会社を発展させればさせるほど，同族への事業承継が容易ではなくなる。

相続対策を行わないまま突然社長が亡くなった場合に困ることは，相続税の支払いである。税金は，原則として現金で支払わねばならない。社長が，株式以外にも，換金性の高い資産を所有していた場合は，その資産を売却して納税資金に充当することができる。しかし，換金できる資産がない場合は，相続税が払えないことになる。非上場会社の株式は，市場で株価が形成されているわけでもなく，換金は容易ではない。必要な現金を捻出するために一部の株を売ろうとしても，非上場会社のマイノリティ株式を買おうという投資家はなかなか見つからない。

　こうした問題を避けるために，事業承継対策として一般的に行われていることは，株式の価値を下げる工夫である。株式の価値が下がれば，税額も少なくなる。非上場会社の多くで，さまざまな工夫を凝らして株式価値を下げ，相続税を軽減している。

　会社規模が大きいほど同族承継の困難度が増すが，逆に言えば，会社規模が小さいほど同族承継に適している。小さな会社で同族承継を否定すると，それこそ会社は廃業するしかなく社会的損失を招いてしまう。

　株式価値を下げるべくさまざまな工夫を凝らしても限界がある。こうした場合，ファンドを利用するという方法が考えられる。それは，株式の大半をファンドに売却し，残りを後継者に売却するという方法である。後継者に売却する株数が少なければ，後継者の金銭的負担は小さい。ファンドに売却した株式は，会社が生み出す利益を原資として，数年かけて自己株として買い戻す。会社がファンドからすべての株を買い戻した時点で，株主は後継者だけになり，会社の支配権は後継者に移動する。買い戻した株式は，その後に消却する。自己株式の消却によって純資産は減少するが，資金繰りの問題が生じるわけではない。上場会社と違って非上場会社の場合，自己株式の消却は何ら大きな問題ではない。3～5年でファンドから買い戻すことを目標にして，実行計画を練る。

　この方法は，会社が安定して利益を生み出す力を持っている場合に適している。業績が不安定だと，ファンドから株の買戻しができなくなるおそれがある。ファンドは，株式の買戻しができなければ，利益を確保するために，他に売却せざるをえなくなる。こうなると，同族へ事業を承継したいという目論みは，水泡に帰してしまう。

同族に承継する場合に，ファンドを利用する方法があることは，まだあまり知られていない。ファンドは投資利益率だけを求めるので，ファンドを満足させることができるような条件設定ができれば，可能なシナリオである。検討してみる価値があると思われる。

(2) 社員への事業承継

図表1－7をみると，中規模企業において後継者を社内から選んだというケースが29.1％，小規模企業でも17.7％という高い割合を占めている。これは，社長が資産継承の容易さよりも，能力を重視したということかもしれない。残念ながら，社内から後継者を選んだ理由についての調査は行われていない。社員から社長を抜擢する理由としては，次のことが考えられる。

① 同族の中に会社を継ごうとする者がいない
② 子供がまだ後を継げるだけの経験を積んでいない（子供がまだ若い）
③ 同族に会社を引き継ぐだけの能力を持つ者がいない
④ 社長自身が同族だからといって贔屓する考えを持たない
⑤ 会社の経営が最優先されるので，能力を基準に選んだ

②は，社員はあくまで中継ぎであり，最終的には子供に継がせたいというケースである。同族承継のための時間稼ぎといえる。②のケースを除くと，その他は社員に会社を任せた，任せるしかないという決断だと思われる。この場合は，会社の所有権と会社に関する責任についても，方針を明確にしておく必要がある。

まず，会社の所有権であるが，次の方法が考えられる。
　ⅰ）創業者一族で会社を継続所有し，社長に会社を任せる
　ⅱ）社長に会社の株式を譲り，創業者一族は会社と縁を断つ

ⅰ）を選んだときに考えるべきことは，銀行に対する社長の債務保証，あるいは担保提供である。銀行から社長の債務保証や担保提供を求められている会社では，社員が社長になったからといって，前社長がこの責任から開放されるわけではない。銀行から見れば，新社長の経営手腕について未知の部分が多いため，不安が増大するはずである。したがって，従前と同様に，前社長に債務保証や担保提供が求められるだろう。こうした状況において，実現の可否はと

もかくとして，次の方法が考えられる。
  (a) 創業者一族が担保を提供し続け，社長には会社の借入金に関する負担を求めない。
  (b) 新社長が可能な範囲で債務を保証し担保を提供する。

 まず，(a) の場合について考えてみたい。この場合は，経営は新社長に任せるが，会社に対する責任は創業家が持つということである。換言すれば，社長の失敗も創業家が責任を取るということである。大株主として，社長に問題があるときは交代させることができるとはいえ，社長を常時監視することは容易なことではない。創業者自身であれば，自らが選んだ後継者を監視できるかもしれないが，創業者が亡くなると，かなり難しいといわざるをえない。したがって，創業家にとっては厳しすぎる負担であろう。

 それでは，(b) の方法が可能かといえば，もちろん新社長の資産背景次第ではあるが，現実にはなかなか難しいことである。会社の借入金の担保を提供することは，創業者として財産を築いてきた人物以外にはかなり難しい。さらに，会社の責任を負ったことのない社員が，社長として会社の全責任を負う立場になるというのは，精神的にもきついだろう。もし，会社の全責任を負い，債務保証もし，担保も提供するのであれば，会社の所有権をも要求するのが自然だと思われる。創業者は，自分の会社であるからこそ，全責任を負うことができたといえる。一社員が社長になり，全責任を負わされるのであれば，新社長には相当の覚悟が求められるし，そうであれば，会社の所有者になることをあわせて検討すべきだろう。

 社長とはいっても会社の負債に関する責任まで負う必要はないという会社，すなわち潤沢な資産蓄積のある会社の場合は，i) のケースがありうる。この場合は，まさに上場企業にあるような経営と所有が分離している形態となる。ただし，所有者は上場企業のように不特定多数の株主ではなく，創業者一族という特定の株主である。したがって，株主間の牽制は働かず，独裁的な所有者となるおそれはある。例えば，株主が自分の資産を会社に利用するよう要求する，逆に会社の資産を株主に使わせるよう要求するなどである。よく見るのは，一族の誰かを雇ってくれという要求である。

 上場会社においては，特定の株主が自己の利益のための要求を持ち出したと

しても，特定株主だけに便益を与えることはできないので，こうした問題は一般に生じない。もし，上場会社で一部の株主に便益を与えるようなことをすると，おそらく社長は背任行為を犯したとして退任を余儀なくされる。しかし，非上場会社で，しかも株主が創業家一族だとなれば，万一株主の横暴な要求が起きたとしても，防ぎようはない。会社のものは私のものという意識は，中小企業の社長にしばしば見られることである。その意識が，創業家に引き継がれると厄介なことになる。創業者自身による一族への利益供与なら目を瞑ることもできようが，創業者亡き後，その家族が同じ感覚で会社から便益を得ようとするなら，後継社長と創業家との間はしっくりいかなくなるだろう。

後継社長と創業家との力関係は，いつも創業家が強いとは限らない。社長が経営者として力を発揮すればするほど，社長が傲慢になることもある。人間は，いったん権力を持つと厄介な存在になりやすい。

創業家であれ，社長であれ，行き過ぎてしまうこと自体が問題なのではあるが，しかし，この両者の間によい緊張関係が維持され続けるのは難しい。その理由は，上場企業のように社長の使命は企業価値の向上にあるという命題がないからである。創業家も，株価の上昇が見えれば，不満は生じないだろうが，株価がつかない非上場株の場合は，株主メリットは，配当以外にない。したがって，余計にトラブルが起こりやすくなる。非上場会社で所有と経営を分離できるとすれば，創業者が創業家および後継者に対して，それぞれの役割を説き示し，その教えを守り続けることができるケースしかないだろう。

社員の中から選んだ新社長に会社を任せるということなら，創業家は株式を手放し，新社長を会社のオーナーにすることも考えるべきである。その方法は，「(1) 創業者一族による事業承継」のところでも説明したが，ファンドの力を借りる方法である。ファンドに持株の大半を売却し，新社長には残りの株を売却し，経営をすべて任せてしまうのである。ファンドの持分株式は，会社の利益から自己株として取得すれば，いずれは新社長の会社になる。

(3) 第三者への事業承継

ここで，第三者への事業承継とは，社員への事業承継をいうものではない。社外から社長を招聘することをいう。こうした事業承継が選ばれるのは，(2)

に記した背景に加えて，社員の中にも後継者としての適任者が見当たらなかった場合である。ただし，社外から適任者を選ぶのは，社員から選ぶよりもさらに難しい。その人物の過去の実績が分からないからである。もちろん，履歴書には記載れているだろうが，その仕事ぶりを隣で確認していたわけではない。したがって，一般には，役員として仕事をしてもらって実績を積んだ後に，社長の座についてもらうという方法がとられる。

　この方法のメリットは，社外からも広く人選ができるという点にある。同族，社員という限られた人員の中から選ぶよりも，選択肢が増えることを意味する。人材斡旋会社や取引金融機関に相談して，人材の斡旋を受けているケースが多い。この場合，直ちに社長に就任してもらうのではなく，役員として実績を積んだ後に社長に指名するという形をとれば，実力を見た上での指名となるので安心である。不安材料は，会社に対する社長の本当の思いである。社長の地位に就く人物は，会社を牽引する立場にあるので，人一倍会社への強い思いが求められる。しかし，創業家が君臨している中での社長という立場は，非常に難しいことも事実である。社長就任後の相互の不安を少しでも軽減するために，社長就任前に，社長の在任期間や社長に期待する役割を明確にしておくのがよいだろう。

　第三者への事業承継は，創業家が株主として君臨することを前提として選択されることが多い。また，新社長に対して，金融機関が債務保証や担保提供を求めないことが前提である。非上場会社とはいっても上場会社に近い経営組織を構成しており，創業家（大株主）が経営者に期待することが明確になっている場合に，選択されやすい方法といえる。

(4) 他社への事業承継

　他社への事業承継とは，換言すれば会社の売却である。近年，M&Aが中小企業でも認知されるようになり，他社に会社を委ねることにより，後継者問題を解決することを選ぶ創業者が増えつつある。ただし，**図表1－5**でみた通り，この選択肢の優先順位はまだ最下位といってよい。**図表1－7**にある通り，新社長の就任理由がM&Aであるケースは，その他の場合に比べてまだ小さな割合でしかない。現実には，他に選択肢がない場合に，M&Aが選ばれているよ

うである。

　M&Aという方法は，事業承継プロセスの観点から見れば，非常に簡便な方法である。事業承継は，前述の通り，経営の承継と，会社の所有権の承継との二つから構成される。経営の承継にあたっては，後継者の育成が難題であり，眼鏡に適う後継者が必ず育成できる保証はない。子供もはたして後継者として相応しいかは分からない。しかも，後継者育成には時間がかかる。一方，会社の所有権を後継者に移転するのも容易ではない。事業承継対策をしないまま創業者が亡くなってしまった場合など，会社の株式は，相続財産の一つとして，相続権を持つ人たちに分散されて相続される。親族であるとはいえさまざまな意見・利害を持つ人たちが株主になると，経営への外乱にこそなれ，プラス材料は何もない。また，株式が大きな価値を持っている場合，相続税の負担が大きくなる。所有権移転にかかるこうした問題を避けるために，時間をかけて株式の価値を下げる工夫をし，後継者に所有権を移していくという作業が行われている。

　M&Aという方法を選ぶのであれば，この二つの作業が不要になる。M&Aの場合は，会社は健全であればあるほどよい。創業者が退任する直前まで，会社の成長のために，できる限りのことをするだけである。株価を下げる工夫などしなくてもよい。会社売却によって現金を得ることは，相続の面から見ると，相続税支払の不安解消にもなる。株式資産の相続では，株式の物納が難しいので，別途現金を用意しなければならない。現金の用意が難題なので，株価を下げようとするわけである。しかし，売却によって現金を得た場合，相続財産は現金あるいは換金性の高い資産になるので，相続税支払いの不安はない。もっとも，相続税額が大きいという問題だけは解消しない。

　M&Aのデメリットは，後戻りができないことである。売却した後にこれは失敗だったと思っても，売却前に戻すことは難しい。社長選考が失敗だった場合は社長を交代させればよいが，会社売却が失敗だったとしても元には戻らない。

　ただし，失敗例としてよく見られるのは，買収した側が失敗だったと思うケースである。そのことが，売り手側にも失敗だったとの気持ちを抱かせてしまう。買い手が，買収する前にもっと調べておけばよかった，と悔やむケース

は少なくない。想像した以上に経営状態が悪かった，これを立て直すには相当の時間と資金が必要だと判断した場合には，会社を清算することもある。元のオーナーは，なぜ清算しなければならないのか，清算されるくらいなら売るのではなかった，と後悔することになる。この場合には売った側，買った側のどちらにも大きな不満が生まれる。買い手に，「買収は成功だった」と思ってもらえるM&Aが，実は最も幸せなM&Aである。そのためにも，会社をよい状態にして，できるだけ高い値段で買ってもらうことが大切である。買い手の満足度が高いほど，社員も幸せになることは間違いない。

4 M&Aによる事業承継

本節では，M&Aによる事業承継について，重要と思われる点を詳しく解説する。

(1) M&Aの実現可能性

M&Aによる事業承継を検討する上で留意すべきことは，どのような会社でもM&Aが可能というわけではないということである。M&Aが可能な会社は，次の要件のいくつかを満足する会社である。

① 売上高が大きい
② 利益が出ている
③ 社員の数が多い
④ 組織で会社が運営されている
⑤ 優れた技術力がある，ブランド力がある
⑥ 取引先が多い

① 売上高

売上高の大きさは重要な要素である。多くの経営者は，より大きな会社にしたいと望んでいる。その指標は売上の大きさである。売上高は，経営者の最大の関心事である。売却会社の売上高が100億円だとすると，多くの会社の興味

を引くことになる。200億円の売上のある会社にとっては，この会社を買収することによって50％の売上増加が期待できる。自力だけで売上200億円を300億円にするのは容易なことではない。買収によってこの売上をそっくり手に入れることができるなら，大きな魅力である。

　売却会社の売上規模によって，関心を持つ会社の規模も違ってくる。売上10億円の会社であれば，関心を持つのはせいぜい売上200億円以下の会社である。売上100億円なら，売上1,000億円超の会社も関心を持つ。一方，売上が5億円以下になると，買い手の規模はかなり小さくなる。ここに問題が生まれる。買い手側の問題として，規模が小さい会社ほど資金力が乏しくなり，買収したくてもできないという現実がある。売上10億円の会社が企業を買収したいと思っても，その実現は難しい。一方，売り手側の問題として，小さい売上高は，事業基盤の弱さを物語っている。買収した後の経営不安が大きい。こうしたことから，売却会社の売上高が5億円以下になると，買い手探しがとたんに難しくなる。

② 利　益

　次に大切な要素に利益がある。営業利益が出ない会社の売却は難しい。利益が出ないことは，会社としての存続が厳しいことを意味する。このような会社を買収しても，買収会社から資金を供給しなければ，会社は倒産する。利益の出る会社に変わるという確信がなければ，買収できない。しかし，利益体質に変えるのは決して容易なことではない。経営が明らかにまずかった，どこをどのように改善・改革すればよいかが明らかな場合に限り，利益を出せるようになる。利益が出るのであれば，買収は可能になる。赤字会社を利益体質に変えることがいかに難しいかについては，多くの事例がある。M&Aの経験を積み重ねた会社ほど，赤字会社を立て直そうという果敢な勇気を持たない。たとえ，売上規模が大きくても，よい技術を持っていても，賢い買い手は，あえてリスクを取ろうとはせず，倒産して法的な処理に入るのを待つところが多い。

③ 社員数

　社員数が多いことも一つの基準である。社員数が多いことは，会社が組織的

に運営されている可能性を示唆する。社長一人で切り盛りしている会社ではないだろうと推察できる。社員数と売上とは相関が高いので，売上の大きさで概ね判断できるが，まれに数人で大きな売上を上げている会社もある。少ない人数でやっている会社では，ビジネスが，個人的なネットワークによって成り立っていることが多い。人がやめれば，それでビジネスがなくなるおそれがある。こうした会社は，買い手が見つからない。

④　組　織

組織で運営されていない会社では，社長が売上を作り，社員は社長の指示で動いていることが多い。こうした会社は，買収しても経営ができない。会社は組織的に運営されていなければならない。社長は会社の意思決定を担い，日常のビジネスは社員が組織的にこなしている会社でなければ，買収する意義がない。

⑤　技術力・ブランド力

技術力やブランド力があることも買い手の関心を高める要素である。高い技術力は誰にとっても魅了だし，ブランド力はユーザー（消費者）から認められていることを意味する。こうした会社を買うことができれば，ビジネスの強力な武器を手に入れたに等しい。ところが，技術力やブランド力について誤った認識を持つ経営者がいる。自社は技術力がある，ブランド力があると自負するのはよいが，客観的な証拠が必要である。他社より優れた技術力やブランド力があるということは，利益率の高さに直結するはずである。技術力は特許の数にも表れるだろう。他社比，経営指標の優位性がないのに，無形資産である技術力やブランド力の存在を主張しても，買い手に認められないことが多い。定性的ではなく，定量的な証拠があってこそ無形資産の存在を主張できる。

⑥　取引先

取引先が多いことも，買い手には大きな魅力である。買い手が取引できない先を取引先として持っている場合はなおさらである。しかし，取引先が多いというだけで，高い評価が得られるわけではない。それぞれの取引先と，よい取

引ができていることが重要である。よい取引とは，商品価値が高く評価され，大きな利益の出る取引になっているということである。価格決定力は相手にあり，利益の出ない取引を多くの取引先と行っているのでは評価されない。

①から⑥の評価項目が逆の場合は，評価が低く，買い手を見つけにくい。買い手から見たときに，魅力ある会社に見えないのである。加えて，次の性格を備えている会社は，いっそう魅力が乏しくなる。
　ⅰ）ある会社の完全な下請け会社
　ⅱ）社長がいなくなれば仕事がなくなる会社

(2) M&Aの相手

次に，M&Aによる事業承継の場合の売却先について考える。買い手の投資方針を基準に区分すると，次の二つに分類できる。
①　事業会社
②　ファンド（投資会社）
ここで，両者の違いを**図表１－12**にまとめておこう。

ファンドの投資目的は，一定以上の投資利回りを達成することにある。投資利益率は概ね30％程度を目標にしているといわれる。この利益率は，一般に借入れを利用して達成される。LBOと呼ばれる手法である。このことが，買収される会社に何をもたらすのかといえば，借入金が増えることである。LBOとは，買収のための借入金を，会社の将来の利益から返済する方法である。ただし，返済できないほどの融資を受けられるわけはなく，会社が計画通りの利益を計上できれば返済できる。

経営の面では，ファンドは企業価値向上のためにできることは何でもやろうとの姿勢である。ファンドからは，通常二名程度が非常勤取締役として加わる。人材が不足していると思えば，社外から，事業に詳しい人材を採用することもある。会社が利益を計上していて，しばらくの間社長の続投意欲がある場合は，社長を交代させる必要はない。社長が外部の意見を取り入れ，改善・改革を進めることに熱意がある人であれば，ファンドとは意気投合するに違いない。社長が，会社の体質改善に意欲的ならば，ファンドは強い味方になるだろう。

図表 1 − 12　売却先としての事業会社とファンドとの違い

	事業会社	ファンド
買収目的	事業のさらなる拡大・発展。	投資によるキャピタルゲインの獲得。
経営方針	両社が有機的なつながりを構築し，相互にメリットが出ることを目指す。	企業価値の向上（利益の増加）を目指す。ファンドも経営改善に積極的に関与。状況いかんでは，他社と統合することもあり。
社員の処遇	利益が出ている限り改悪はない。赤字の場合は，給与の減額やリストラもありうる。	事業会社と同じ。
経営者	通常は買収会社から社長が就任。多くの役員は従来のままであることが多い。	社内に適任者がいれば社長として抜擢。いなければ外部から招聘。役員は従来のまま。ファンドからは，非常勤取締役が就任。
創業者の処遇	利益が出ている場合は，会長や顧問として処遇。赤字の場合は，退任を迫るケースもある。	会社の業績がよく，しかも社長に経営意欲がある場合は，社長を続けることが可能。赤字の場合は困難。
創業者の債務保証	社長の債務保証は解除。	同左
投資回収方法	相乗効果や利益によって回収。	他社への株式売却，株式上場，会社による株式買取りなどで投資を回収。
買収方法	買い手が自ら資金調達して現金で買収。	LBOを利用して買収。その結果，会社の借入負担が増加。
投資資金の調達	投資のための必要資金は親会社が融通。運転資金は，自ら銀行から借入れるのが一般的。調達コストは，親会社の水準に近づく。	投資が必要な場合は，ファンドが資金を供給。LBOローンの返済が終わるまでは，資金は自由になりにくい。
事業のメリット	シナジーの発揮を期待。	シナジーはないが，ファンドからの経営改善への支援が魅力。
創業家への会社返還	変換の可能性はほとんどなし。	ファンドは投資収益率さえ確保できればよく，買い取り価格が満足できれば創業家に返還することに異議はなし。
買収価格	会社の将来の収益力に基づいて算定。	期待する投資収益率が達成できる金額で買収。

（出所）　筆者作成

　事業会社が買い手の場合は，買収後に，自分たちの仕事の進め方を導入しようとする傾向がある。通常は事業会社から社長が送られて来るが，会社のその

後はその人物次第である。買収交渉の責任者として意思決定をリードしてきた人がやってくるのが，実は最もよい。買収のプロセスを通じて会社への理解が深まり，人間関係ができていることすらある。相手会社への愛着が芽生え，経営意欲が出てくることになる。しかし，青天の霹靂のごとく社長就任を言い渡されて，俺はなぜこの会社に行かされるのかという気持ちでやってくる人もいる。一方的に親会社の仕事のやり方を押し付けてきたりもする。実は，日本には，まだ買収した会社をうまく運営できる人材が育っていない。

このため，買収後の会社運営について，多くのところで困っている。買収を企画し意思決定した人は買収の意義と目的を理解しているが，他の人は必ずしもそうではない。このことは，ファンドが外部から採用した社長にも当てはまることであり，難しい問題である。事業会社が買収した場合はシナジーが生まれるとはいうが，これもその後の経営次第である。新社長が会社の過去を尊重しつつ，改善すべきところは改善するという姿勢を持ち，社員もそれに理解を示し協力する体制ができれば，間違いなくシナジーは発揮される。親会社も，新社長をバックアップし，買収した会社の変革を辛抱強く見守ることができれば，買収された会社も軌道に乗ることができるだろう。

5　バイアウト型事業承継の留意点

本節では，バイアウト型事業承継の留意点について，さらに詳しく解説する。
バイアウトとは，ファンドによる買収と言い換えてよい。先にも述べたが，事業承継でファンドを活用する場合は，次の3通りのケースが考えられる。
(a) 同族への事業承継に際して，相続税軽減対策ではなく株式売買によって後継者に株式を移動する際に，資金の提供者として利用する。
(b) 後継者を社内から選ぶ場合に，後継者に株式も譲渡する際の資金の提供者として，ファンドを利用する。
(c) M&Aによって事業承継問題を解決する場合に，ファンドを売却相手とする。

重ねて説明するが，ファンドの目的は投資リターンを獲得することである。

これさえ達成できればファンドに不満はない。これまで，(a) の場合にファンドが使われたケースはわずかである。会社がファンドから株式を買い戻し終えれば，後継者だけが株式として残るわけだが，ファンドの投資収益率が守られれば，ファンドに不満はない。今後は，この事例が増加すると思われる。

(b) は，従来から行われてきたケースである。有名な事例は，日本高純度化学の事例である。この会社では，創業者が引退し，役員が社長に就いていた。創業者は会社から離れてしまったこともあり，株式を他社に売却しようと考えたが，社長がそれに待ったをかけ，ファンドに売却するように持ちかけたのである。最終的にはファンドが株式を取得して，社長によるMBOを成し遂げた。会社はその後順調に売上と利益を伸ばし，株式上場を果たすことになる。このような教科書的な事例は必ずしも多くはないが，それでもその後案件数は積みあがっている。

後継者を社員から選んですべてを任せてしまう覚悟があるのなら，この方法は優れている。事業会社に売却した場合は，売却相手から社長が送り込まれてくるので，社員の中に不満がたまりやすい。社員の代表者が経営する自立した会社か，それとも買収された会社か，社員の立場に立つと，この二つの違いは大きい。もし，創業者がファンドへの売却について肯定的な考えを持っているならば，売却の話を自ら後継社長に対して持ちかけるのがよい。株式は創業者の所有物であり，後継社長のものではない。株の売却者は創業者である。後継社長から創業者に対してファンドに株を売ってくれとは申し出にくいものである。後継社長が申し出て，それが創業者の意に沿わない場合は，後継社長は退任させられる恐れがある。自分の地位を犠牲にしてまで，創業者にMBOを提案する社長はいない。したがって，創業者が自らきっかけを作らなければならない。

(c) の場合は，社員にも後継者としての適任者がいない，あるいは，自らはまだ社長としてやれるが，債務保証を外したい，他の優れた経営ノウハウを活用したい，あとしばらくしたら引退したいという場合に使う方法である。会社のために引き続き仕事がしたい場合は，会社の所有権をファンドに譲り，自分は雇われ社長として，あるいは専門的な役割を担って，活躍することもできる。技術指向の会社の場合，社長が，本音では研究開発に打ち込みたいと考えてい

ることがある。このような場合は，ファンドに会社を譲り，社長には外部から適任者を迎え，自分は開発責任者として活躍することもできる。ただし，創業後まだ間もない会社の場合は，事業の成功の可能性がわからない。こうしたタイミングで，ファンドが会社を買うことはあまりなく，会社として実績が積みあがり，売上も利益も十分出ている場合に，上のような形の売却が可能である。

　ファンドに会社を売却することをためらう人がまだ多いように思われる。マスコミは，ファンドをハゲタカと呼び，金のことしか考えない非道集団として類型化してしまった。これが，悪いイメージを植えつけてしまったのかもしれない。しかし，ファンドの多くは，これとは正反対である。確かに投資収益率を求めてはいるが，それは会社からあらゆるものを奪い取って儲けようということではなく，金融技術と経営の改善を通じて利益の最大化を達成しようとしているのである。事業承継にあたりM&Aを検討するときには，ファンドの本当の考え方を理解するためにも具体的にどこかのファンドと会話することをお勧めする。

　ファンドについて正しい認識を持つことは，事業承継においてM&Aを模索する上で重要である。ファンドの特徴を改めてまとめておこう。

　ファンドは会社をダメにしようなどとは決して考えない。会社をダメにすることは，自分の投資を失敗に終わらせることである。ファンドは多くの出資者の資金を預かって運用する立場にあるので，投資先の会社が成長することこそが目的に適っている。ファンドは必ず会社を良くしようとするので，この前向きな思考を，会社のために利用するのが良い。信頼関係を構築することができれば，ファンドは最も信頼できる味方になる。

　ファンドは投資収益率を最大化しようとする。最大化するためには，実は買収後できるだけ早い時期に売却するのが良い。もちろん，会社が今以上に利益を上げるようになることが想定できる場合は別である。しかし，会社側から見れば，買収されてあまり時間がたたないうちに別のところに売却されては落ち着かない。こうしたことを避けるためには，会社自身が企業価値を上げて，早く売るよりもしばらく我慢して会社がさらに成長してから売ったほうが得になることをファンドによく理解させることである。そのためには，売却交渉の早い段階で経営戦略を開示し，将来像を共有することである。ファンドと戦略を

共有できれば，その実現に向けて前進するのみである。ファンドは投資収益率の極大化を第一義としているが，会社が成長することはその可能性をより明確にする。

他からとやかく言われるのは我慢ならない，自分が一番だ，ファンドごときに何が分かると思っている社長には，ファンドと共存共栄するのは無理である。自分のできないことはファンドにさせよう，ファンドのいいところを少しでも引き出そう，ファンドの連中に考えさせよう，とファンドの力を最大限引き出して，ファンドを会社のために思いっきり使ってやろうという人には向いている。こういう社長とはファンドは馬が合う。ファンドには経営の問題からお金の問題まで，できるだけ無理難題を持ちかけるとよい。

おわりに

本稿では，わが国の事業承継問題の現状を振り返り，事業承継問題の本質が何かを考察した上で，その解決方法について問題点を整理した。特に，M&Aによる問題の解決方法について詳しく記した。

事業承継は，会社存続のための最重要課題であるにもかかわらず，経営者が最も後回しにするテーマのようである。心配ではあるが，事業のことを考えているほうが，前向きな気持ちになれるからだろう。仕事はできるが，こと自分の身の回りのことには疎いという人は多い。これと同じ態度かもしれない。事業承継が株式の相続問題であれば，節税のことだけを考えればよいが，会社の経営問題が加わるので難しくなる。どちらかといえば節税が重視されているようだが，本来留意すべきは経営の問題である。節税がうまくいっても，経営に混乱をきたせば，本末転倒である。

事業承継問題が経営の問題であることが正しく認識され，期待される会社の将来像から事業承継を考える人が増えれば，M&Aやバイアウトがもう少し増加するだろう。

第2章 オーナー企業の事業承継における税務上の諸問題とバイアウトとの関係

税理士法人プライスウォーターハウスクーパース
代表社員　小林和也
マネージャー　乙部隆仁

はじめに

　オーナー企業にとって「事業承継」とは，誰に・いつ・どのようにして事業を承継していくかを決める非常に重要なテーマである。

　オーナー企業では所有（株主）と経営（経営者）が一致しており，またオーナーの強力なリーダーシップやカリスマ性などオーナー個人の能力に依存している場合も多く，事業承継をスムーズに進めるためには，ヒト（後継者問題），モノ（組織的経営），カネ（相続税）といった諸問題を総合的に解決していく必要がある。

　オーナー企業の事業承継は，以前は親族を後継者とするケースが多かったが，近年少子化や親族が承継しない等による後継者不足に悩んでいるオーナーが増加している。特に最近では，企業価値を高めつつ，企業が永続的に発展していく方法として「バイアウト」が事業承継対策の有効な手段として注目されている。

　そこで本稿では，カネの部分である相続税問題について焦点を当て，基本となる相続税の仕組みと自社株式の評価を説明した上で，オーナー企業における事業承継に関する税務上の諸問題とバイアウトとの関係について整理することとする。

1 事業承継方法の類型

事業承継と一口に言っても，その承継方法にはいくつかの方法がある。従来は親族内承継が主流であったが，事業承継を引継ぎ主体と引継ぎ方法という観点から，**図表2－1**のように整理される。

図表2－1　事業承継方法の類型

```
引継ぎ主体        引継ぎ方法        課題

            ┌─ 親族 ──┬─ 相続・贈与 ─── 相続税
            │         └─ 売買 ──────── 後継者
            │                       ┌─ 役員の処遇
事業承継 ──┤         ┌─ ファンド・役員 ─ バイアウト ─┼─ 経営権
            │         │                       └─ 資金調達
            └─ 親族以外 ┼─ 一般株主 ── IPO ────── 経営権
                      │                       ┌─ 役員の処遇
                      └─ 事業会社 ── M&A ─────┤
                                              └─ 経営権
```

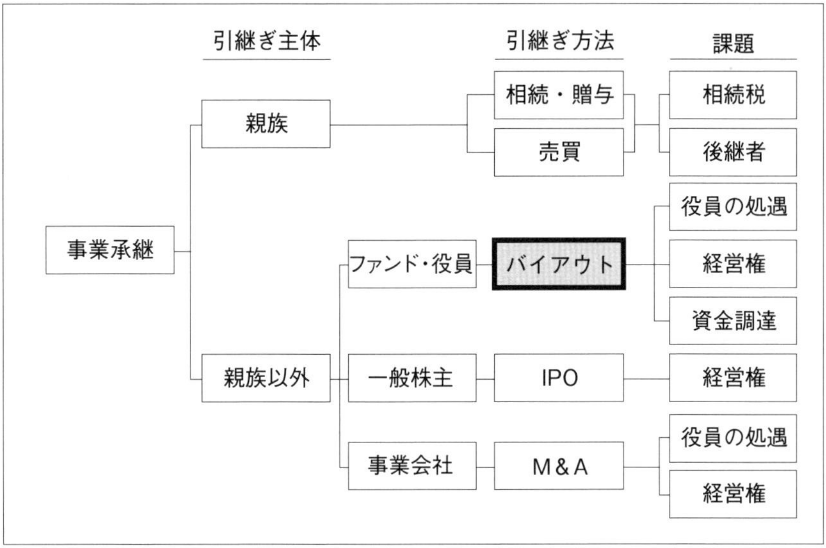

（出所）　筆者作成

2 相続税および贈与税の概要

親族内承継を前提とした場合には，その財産権である自社株式の承継にあたって，多額の相続税および贈与税が生じる場合も多い。また，納税義務者の区分により，その対象となる課税財産の範囲も異なることになる。

したがって，事業承継の納税資金対策を検討するにあたっては，まず相続税および贈与税の基本的な仕組みや納税義務者について理解をする必要がある。

(1) 相続税の仕組み

相続税の計算は，相続財産を相続税法上のルールである「財産評価基本通達」に基づき，すべて時価評価をした上で，以下の順序で計算していくこととなる。

図表2－2　相続税の仕組み

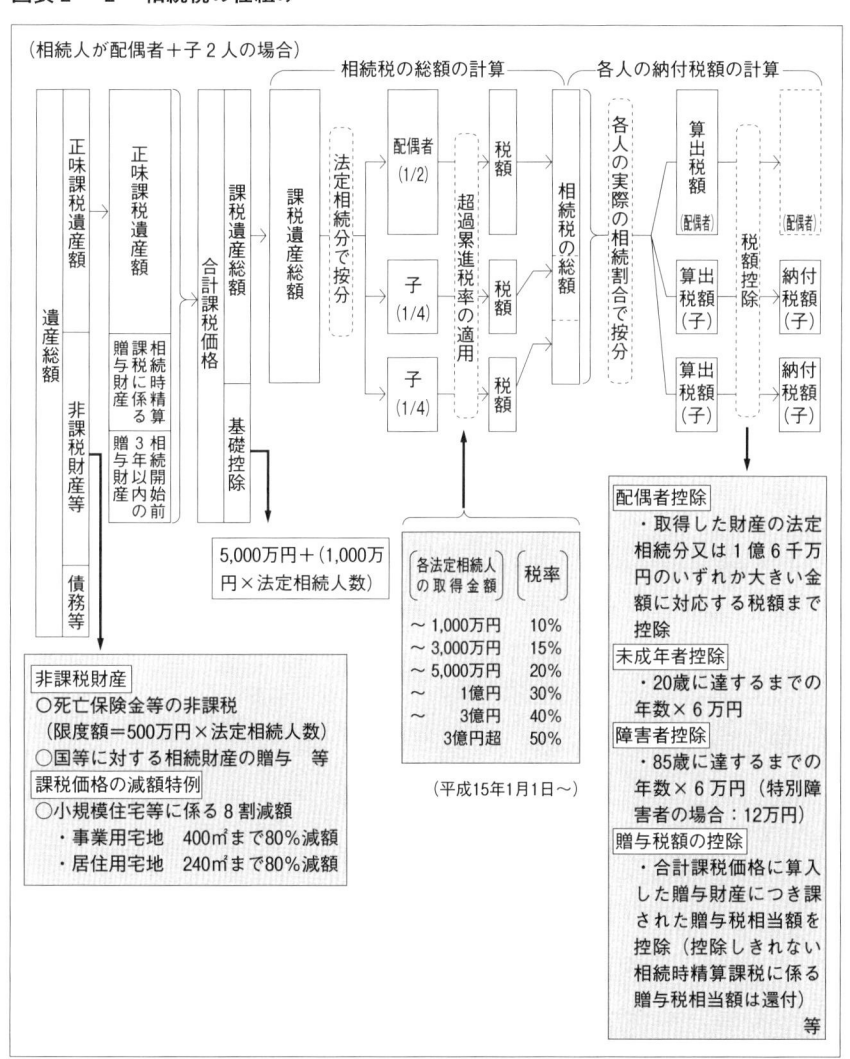

(相続人が配偶者＋子2人の場合)

相続税の総額の計算：
- 遺産総額（正味課税遺産額＋非課税財産等－債務等）から合計課税価格（課税時精算に係る相続開始前3年以内の贈与財産を加算）を算出
- 合計課税価格から基礎控除（5,000万円＋(1,000万円×法定相続人数)）を差し引き課税遺産総額を算出
- 法定相続分で按分：配偶者(1/2)，子(1/4)，子(1/4)
- 超過累進税率の適用により各税額を計算し相続税の総額を算出

各人の納付税額の計算：
- 各人の実際の相続割合で按分し算出税額（配偶者，子，子）を計算
- 税額控除を適用して納付税額（配偶者，子，子）を算出

各法定相続人の取得金額	税率
～1,000万円	10%
～3,000万円	15%
～5,000万円	20%
～1億円	30%
～3億円	40%
3億円超	50%

(平成15年1月1日～)

非課税財産
- 死亡保険金等の非課税（限度額＝500万円×法定相続人数）
- 国等に対する相続財産の贈与　等

課税価格の減額特例
- 小規模住宅等に係る8割減額
  ・事業用宅地　400㎡まで80%減額
  ・居住用宅地　240㎡まで80%減額

配偶者控除
・取得した財産の法定相続分又は1億6千万円のいずれか大きい金額に対応する税額まで控除

未成年者控除
・20歳に達するまでの年数×6万円

障害者控除
・85歳に達するまでの年数×6万円（特別障害者の場合：12万円）

贈与税額の控除
・合計課税価格に算入した贈与財産につき課された贈与税相当額を控除（控除しきれない相続時精算課税に係る贈与税相当額は還付）

等

(出所)　財務省ホームページ

(2) 贈与税の仕組み

贈与税は，相続税の補完税たる性格を有し，その計算は，相続税と同様に贈与財産を「財産評価基本通達」に基づき，すべて時価評価をした上で，以下の順序で計算していくこととなる。

図表 2 - 3　贈与税の仕組み

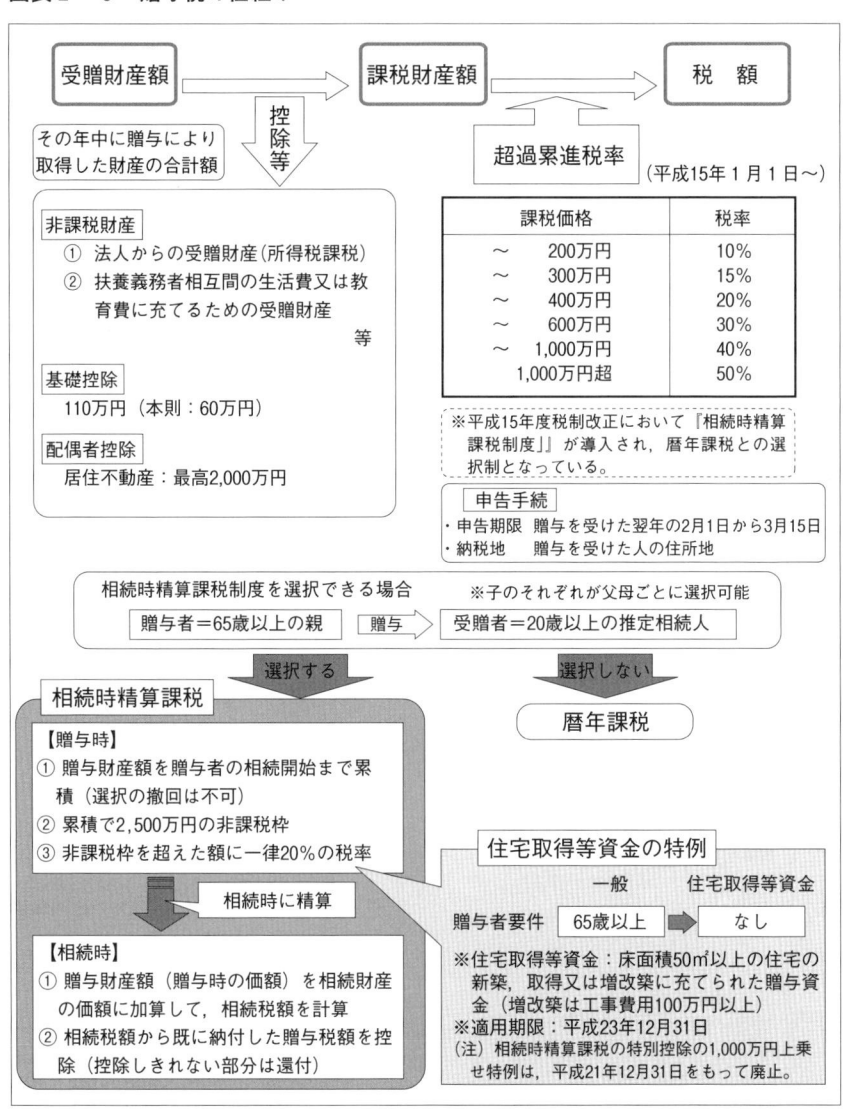

```
受贈財産額 ──→ 課税財産額 ──→ 税　額
            控除等            超過累進税率 （平成15年1月1日～）
```

その年中に贈与により取得した財産の合計額

【非課税財産】
① 法人からの受贈財産（所得税課税）
② 扶養義務者相互間の生活費又は教育費に充てるための受贈財産
　　　　　　　　　　　　　　　　等

【基礎控除】
110万円（本則：60万円）

【配偶者控除】
居住不動産：最高2,000万円

課税価格	税率
～　　200万円	10%
～　　300万円	15%
～　　400万円	20%
～　　600万円	30%
～　1,000万円	40%
1,000万円超	50%

※平成15年度税制改正において『相続時精算課税制度」』が導入され，暦年課税との選択制となっている。

【申告手続】
・申告期限　贈与を受けた翌年の2月1日から3月15日
・納税地　　贈与を受けた人の住所地

相続時精算課税制度を選択できる場合　　※子のそれぞれが父母ごとに選択可能
贈与者＝65歳以上の親　─贈与→　受贈者＝20歳以上の推定相続人

　選択する　　　　　　　　　　選択しない
【相続時精算課税】　　　　　　【暦年課税】

【贈与時】
① 贈与財産額を贈与者の相続開始まで累積（選択の撤回は不可）
② 累積で2,500万円の非課税枠
③ 非課税枠を超えた額に一律20％の税率

　　相続時に精算

【相続時】
① 贈与財産額（贈与時の価額）を相続財産の価額に加算して，相続税額を計算
② 相続税額から既に納付した贈与税額を控除（控除しきれない部分は還付）

【住宅取得等資金の特例】

	一般	住宅取得等資金
贈与者要件	65歳以上	なし

※住宅取得等資金：床面積50㎡以上の住宅の新築，取得又は増改築に充てられた贈与資金（増改築は工費費用100万円以上）
※適用期限：平成23年12月31日
（注）相続時精算課税の特別控除の1,000万円上乗せ特例は，平成21年12月31日をもって廃止。

（出所）　財務省ホームページ

(3) 納税義務者の区分と課税財産の範囲

相続税および贈与税の納税義務者の区分と課税財産の範囲は，以下のように整理される。すなわち，原則として全世界財産に対して課税されるが，一定の場合には日本の国内財産のみに対して課税される。例えば，相続人が日本国籍である場合には，被相続人と相続人の双方が課税時期時点で5年超海外に居住している場合に限り，日本の国内財産に対してのみ課税されることとなる。

図表2-4　相続税および贈与税の納税義務者の区分と課税財産の範囲

被相続人 贈与者 (国籍を問わない) \ 相続人 受遺者 受贈者	法施行地に住所あり	法施行地に住所なし			日本国籍なし
		日本国籍あり			
		5年以内のある時点で法施行地に住所あり	5年を超えて法施行地に住所なし		
法施行地に住所あり	居住無制限納税義務者	非居住無制限納税義務者	全世界財産に課税		制限納税義務者
法施行地に住所なし／5年以内のある時点で法施行地に住所あり	全世界財産に課税				
法施行地に住所なし／5年を超えて法施行地に住所なし				法施行地内の財産のみに課税	

(注) 相続税の納税義務者のうち，相続税法第1条の3第四号の者（特定納税義務者）は，この表に含まれていない。また，住所・国籍の有無の判断は，財産取得の時を基準とする。
(出所) 税務大学校講本

3　事業承継における納税資金問題

オーナー企業の場合，オーナー個人の相続財産に占める自社株式の割合が高いことが多く，業績が上がれば上がるほど自社株式の評価額は上昇する。一方，非上場株式は流通性（換金性）に乏しく，経営権の問題から売却先も限定されるため，オーナーの相続が発生した場合には，自社で株式を買い取る以外に選択肢がないケースも少なくない。

その結果，資金繰りの悪化や新規投資が制限されるなど財政基盤を弱め，後

継者の経営に悪影響を及ぼすこととなる。さらに、自社で納税資金を調達できない場合には、倒産というケースも想定される。

したがって、事業承継は、後継者育成や経営の承継といった問題も重要ではあるが、自社株式の対策も考慮した事業承継対策が必要といえる。

4 非上場株式の評価

(1) 非上場株式の評価方式

自社株式の対策の検討にあたっては、相続税および贈与税の計算上、非上場株式を時価評価しなければならないため、その評価方式について理解をする必要がある。非上場株式は、上場株式のように市場価格が存在しないため、一般的には、以下のような評価方法が考えられる。

評価方式	具体的な評価方法
純資産方式	時価純資産法（清算価値、再調達時価）、簿価純資産法 etc.
収益方式	DCF法、収益還元価値法、配当還元法 etc.
比準方式	類似会社比準法、類似業種比準法、取引事例法 etc.

しかし、相続税および贈与税の計算においては、財産評価基本通達において、以下のように定められている。なお、一般的に純資産価額よりも類似業種比準価額の方が小さくなり、類似業種比準価額よりも配当還元価額の方が小さくなる傾向にある。

① 原則的評価方式

会社の規模によって、以下のa、bのいずれか、または併用方式となる。

　a　類似業種比準方式

類似業種比準方式とは、類似業種の株価を基として、評価会社と類似業種の1株当たりの配当金額、利益金額および純資産価額を比較して求めた比準割合を乗じ、その70％（中会社は60％、小会社は50％）相当額によって評価する方

式をいう。

b 純資産価額方式

純資産価額方式とは,課税時期において評価会社が所有する各資産を相続税評価額により評価した価額の合計額から,課税時期における各負債の金額の合計額および評価差額に対する法人税額等に相当する金額を控除した金額を,課税時期における発行済株式数で除して求めた金額により評価する方式をいう。

② **特例的評価方式**

a 配当還元方式

配当還元方式とは,その評価会社の株式を所有することによって受ける利益

図表 2 - 5 非上場株式の評価方式

会社の規模・内容		株主の態様	支配株主（原則的評価）		少数株主（特例的評価）
			原則	選択	
一般の評価会社	大会社		類似業種比準方式	純資産価額方式	配当還元方式
	中会社	大	併用方式 （類似×0.9＋純資産×0.1）	純資産価額方式	
		中	併用方式 （類似×0.75＋純資産×0.25）	純資産価額方式	
		小	併用方式 （類似×0.6＋純資産×0.4）	純資産価額方式	
	小会社		純資産価額方式	併用方式 （類似×0.5＋純資産×0.5）	
特定の評価会社（注1）	比準要素数1の会社		純資産価額方式	併用方式 （類似×0.25＋純資産×0.75）	
	株式保有特定会社		純資産価額方式	S1＋S2方式(注2)	
	土地保有特定会社		純資産価額方式		
	開業後3年未満の会社等		純資産価額方式		
	開業前または休業中の会社		純資産価額方式		
	清算中の会社		清算分配見込金に基づき評価		

(注1) 特定の評価会社に該当する場合には,一般の評価会社の評価方式は用いずに,特定の評価会社の評価方式により評価する。
(注2) S1＋S2方式とは,所有財産を株式（S2）とその他の資産（S1）に区分して,S2は純資産価額方式で評価し,S1に「一般の評価会社の原則的評価方式」の適用も受けられるよう評価する簡易評価方式をいう。
(出所) 筆者作成

の配当金額を，一定の利率で還元して元本である株式の価額を求める方式をいう。

(2) 株主判定と評価方式

(1)で述べた評価方式について，原則的評価方式と特例的評価方式のいずれの方式を適用するかについては，株主の態様によって異なり，以下のように整理される。

図表 2 - 6　株主判定と評価方式

株主の態様					評価方式
同族株主のいる会社	同族株主	取得後の議決権割合が 5 ％以上			原則的評価方式（純資産価額方式・類似業種比準方式・併用方式）
		取得後の議決権割合が 5 ％未満	中心的な同族株主がいない場合		
			中心的な同族株主がいる場合	中心的な同族株主	
				役員	
				その他	特例的評価方式（配当還元方式）
	同族株主以外の株主				
同族株主のいない会社	議決権割合の合計が15％以上のグループに属する株主	取得後の議決権割合が 5 ％以上			原則的評価方式（純資産価額方式・類似業種比準方式・併用方式）
		取得後の議決権割合が 5 ％未満	中心的な株主がいない場合		
			中心的な株主がいる場合	役員	
				その他	特例的評価方式（配当還元方式）
	議決権割合の合計が15％未満のグループに属する株主				

(注 1)　同族株主…課税時期におけるその株式の発行会社の株主の内，株主の一人および同族関係者の有する議決権の合計数が，発行会社の議決権総数の30％以上である場合におけるその株主および同族関係者をいう。ただし，その会社に議決権割合50％超のグループがある場合には，そのグループに属する株主のみが同族株主となる。
(注 2)　同族関係者…下記の①～⑤に該当する者。
　　　　①当人と親族（配偶者，6 親等内の血族，3 親等内の姻族），②当人と内縁関係にある者，個人的使用人，その他生活の援助を受けている者，③①および②に議決権の50％超を保有されている会社，④①～③に議決権の50％超を保有されている会社，⑤①～④に議決権の50％超を保有されている会社
(注 3)　中心的な同族株主…同族株主の一人ならびにその配偶者，直系血族，兄弟姉妹および一親等の姻族（これらの者が有する議決権割合の合計が議決権総数の25％以上である会社を含む）の有する議決権の合計数が発行会社の議決権総数の25％以上である場合におけるその株主をいう。

（注4） 中心的な株主…同族株主のいない会社の株主で，株主の一人およびその同族関係者の有する議決権の合計数が発行会社の議決権総数の15％以上である株主のグループに属し，単独で10％以上の議決権を有している株主がいる場合におけるその株主をいう。
（注5） 役員…社長，理事長，副社長，代表取締役，専務取締役，専務理事，常務取締役，常務理事，清算人その他これらの者に準ずる役員，監査役及び監事
（出所） 筆者作成

(3) 会社規模と評価方式

（1）において一般の評価会社に区分され，（2）において原則的評価方式による評価が適用される場合には，次に評価会社の態様により，以下のように整理され，それぞれの会社規模に応じて**図表2－5**の評価方式が適用される。

図表2－7　会社規模と評価方式

①総資産価額(帳簿価額)			②従業員数	③取引金額			会社規模 (類似の加味割合)
卸売業	小売・サービス業	その他の業種		卸売業	小売・サービス業	その他の業種	
－	－	－	100人以上	－	－	－	大会社
20億円以上	10億円以上	10億円以上	50人超	80億円以上	20億円以上	20億円以上	大会社
14億円以上 20億円未満	7億円以上 10億円未満	7億円以上 10億円未満	50人超	50億円以上 80億円未満	12億円以上 20億円未満	14億円以上 20億円未満	中会社 (0.9)
7億円以上 14億円未満	4億円以上 7億円未満	4億円以上 7億円未満	30人超 50人以下	25億円以上 50億円未満	6億円以上 12億円未満	7億円以上 14億円未満	中会社 (0.75)
7,000万円以上 7億円未満	4,000万円以上 4億円未満	5,000万円以上 4億円未満	5人超 30人以下	2億円以上 25億円未満	6,000万円以上 6億円未満	8,000万円以上 7億円未満	中会社 (0.6)
7,000万円未満	4,000万円未満	5,000万円未満	5人以下	2億円未満	6,000万円未満	8,000万円未満	小会社

(注) ①総資産価額と②従業員数を比較していずれか下位の区分を選択し，その結果と③取引金額の区分とを比較していずれか上位の区分が判定結果となる。従業員数が100人以上の場合には，常に大会社に該当する。
(出所) 筆者作成

(4) 種類株式の評価

平成18年5月に会社法が施行され，種類株式についても活用幅が広がった。種類株式は，その権利の内容により株式の価値に差があると考えられるものの，現在のところ相続税および贈与税の計算にあたり，原則的にはその権利の内容

に関わらず同一の株式として評価し，一部の種類株式がある場合にのみ調整を加えることとされている。具体的には，以下のように整理される。

図表 2 − 8　種類株式の評価

評価方式	類似業種比準方式	純資産価額方式	配当還元方式
配当優先株式	年配当金額について優先・劣後の種類ごとに区分する	普通株式と同様	配当について優先・劣後の種類ごとに区分する
無議決権株式	一定の要件を満たす場合には，選択により，無議決権株式の評価額から5％相当額を控除し，その控除額を議決権株式に加算することができる	普通株式と同様	
社債類似株式	一定の要件を満たす場合には，利付公社債の評価に準じて発行価額により評価する		
拒否権付株式（黄金株）	普通株式と同様		

(出所) 筆者作成

5　バイアウトに関連する税務上の取り扱い

　第3節および第4節において，相続税および贈与税の概要や非上場株式の評価について説明してきたが，バイアウトを検討するにあたっては，キャピタルゲイン（譲渡益）課税等についても理解が必要となる。

(1) 株式譲渡に係るキャピタルゲイン課税

　株式の譲渡を行った場合には，譲渡人にキャピタルゲイン課税が生じる。
　非上場株式のキャピタルゲイン課税については，個人株主が20％（所得税15％，住民税5％）であるのに対し，法人株主は約40％（実効税率）であるため，譲渡人が個人であるか法人であるかによって税負担割合が違うこととなる。
　また，個人のキャピタルゲインは他の所得から生じる損失と相殺できないのに対し，法人のキャピタルゲインは他の損失や繰越欠損金と相殺することができる点にも留意が必要である。

(2) 低額譲渡および高額譲渡

　株式の譲渡にあたって，株式の譲渡価額が税務上の適正な時価より低額または高額とされた場合には，適正な時価と譲渡価額との差額について追加的な課税が行われる可能性がある。なお，オーナーと無関係のバイアウト・ファンドがオーナーから株式を購入する場合には，交渉等により決定された価格であり，恣意性が介入していないことを前提として，第三者間取引として税務上も譲渡価額を時価と考えることが一般的である。

図表2－9　低額譲渡および高額譲渡の課税関係

譲渡側→譲受側	低額譲渡		高額譲渡	
	譲渡側の課税関係	譲受側の課税関係	譲渡側の課税関係	譲受側の課税関係
個人→個人	－	贈与税	贈与税	－
個人→法人	みなし譲渡課税（注1）	受贈益（注2）	給与所得 退職所得 一時所得	給与等
法人→個人	給与等	給与所得 退職所得 一時所得	譲渡益（注3）	－
法人→法人	寄附金	受贈益	譲渡益（注3）	寄附金

(注1)　個人が法人に対し，時価の1/2未満で資産を譲渡した場合，時価で譲渡があったものとみなして課税が行われる。
(注2)　法人の既存株主に贈与があったものとして贈与税が課税される可能性もある。
(注3)　既に課税済みのため，追加課税はない。
(出所)　筆者作成

(3) 発行法人へ株式を譲渡する場合の課税関係

　株主が，発行法人へ株式を譲渡する場合には，原則として譲渡価額が資本金等の額に相当する部分を超える金額について，みなし配当課税（個人は最高税率約50％）が生じる。

　なお，個人株主が相続等により取得した非上場株式を，相続税の申告期限後3年を経過する日までの間にその発行法人へ譲渡する場合には，みなし配当課税はなく，キャピタルゲイン課税20％のみが生じることとなる。

(4) 相続財産を譲渡した場合の取得費加算の特例

個人株主が相続財産である株式を相続税の申告期限後3年以内に譲渡した場合には、相続税額のうち、以下の割合を株式の取得費に加算することができる。すなわち、取得費加算額に相当する額について、キャピタルゲインの金額が圧縮されることとなる。

$$\text{取得費加算額} = \text{譲渡した相続人が納付した相続税額} \times \frac{\text{譲渡した株式等の相続税評価額}}{\text{譲渡した相続人の相続税の課税価格}}$$

(5) 第三者割当増資における課税関係

増資は資本取引であるため、原則として発行法人、引受人とも課税は生じない。しかし、発行価額が税務上の適正な時価より低額または高額な場合には、その差額について課税が生じる可能性がある。

図表2-10　有利発行および高額引受の課税関係

引受人	有利発行（注1）			高額引受（注4）		
	引受人の課税関係	既存株主の課税関係		引受人の課税関係	既存株主の課税関係	
		法人	個人		法人	個人
個人	贈与税、給与等（注2）	寄附金等（注3）	－	－	受贈益	贈与税
法人	受贈益	寄附金等（注3）	－	寄附金・給与等	受贈益	給与等

(注1) 概ね10％を下回る発行価額で第三者割当を行う場合。
(注2) 同族会社の株主の親族等：贈与税
　　　役員・使用人：給与所得、退職所得、一時所得
　　　その他の個人：一時所得、事業所得、雑所得
(注3) 持分移動が利益の移転として、寄附金等と扱われる可能性もある。
(注4) 既存株主への贈与の意思がある場合。
(出所) 筆者作成

(6) 外国法人または非居住者によるバイアウト

近年、日本のオーナー企業に対して、海外のバイアウト・ファンドがバイアウトを行うケースも増えてきている。株主が外国法人または非居住者である場

合には，日本国内での税務上の取り扱いが内国法人や居住者と異なる上，租税条約の検討も必要になるため，特にエグジット時の税務上の取り扱いに留意する必要がある。

① 課税対象となる国内源泉所得

国内に恒久的施設を有しない外国法人または非居住者が，以下の国内源泉所得となる株式等を譲渡した場合には，日本国内において課税が生じる。非上場株式のキャピタルゲイン課税は，個人株主が15％（所得税15％，住民税なし），法人株主が30％（法人税30％，事業税，住民税なし）である。

図表2－11（ⅱ）のいわゆる事業譲渡類似株式の譲渡については，該当するケースも多いため，特に留意が必要である。

図表2－11　課税対象となる国内源泉所得

	国内源泉所得
（ⅰ）	同一銘柄の内国法人の株式等の買集めをし，その所有者である地位を利用して，その株券等をその内国法人もしくはその特殊関係者に対し，またはこれらの者もしくはその依頼する者のあっせんにより売却することによる所得
（ⅱ）	内国法人の特殊関係株主等である非居住者が行う次に掲げる要件を満たす場合のその内国法人の株券等の譲渡による所得 イ　譲渡の日の属する年以前3年以内のいずれかの時において，その内国法人の特殊関係株主等が，その内国法人の発行済株式の総数または出資金額の25％以上を所有していたこと ロ　譲渡の日の属する年において，内国法人の特殊関係株主等が，その内国法人の発行済株式の総数または出資金額の5％以上を譲渡したこと
（ⅲ）	不動産関連法人の株式譲渡
（ⅳ）	日本滞在中の株式の譲渡

（出所）　筆者作成

② 租税条約

①の課税対象となる国内源泉所得であっても，その外国法人または非居住者の居住国と日本との間で租税条約が締結されている場合には，租税条約の内容が優先されるため，各国との間の租税条約の内容を確認する必要がある。

③ 外国組合員に対する課税の特例

外国法人または非居住者で，国内にある恒久的施設を通じて事業を行う場合には，その組合員が組合の国内における事業から生ずる利益の配分に対して原則として20％の源泉所得税が課税される。

しかし，投資事業有限責任組合契約等を締結している外国法人または非居住者で，国内に恒久的施設を有するもののうち，以下の一定の要件を満たす者は，国内に恒久的施設を有しないものとみなされ，多くの場合において申告納税を要しなくなる。

図表 2 - 12　外国組合員に対する課税の特例の適用要件

	要件
（ⅰ）	投資組合契約によって成立する投資組合の有限責任社員であること
（ⅱ）	投資組合契約に基づいて行う事業に係る業務の執行を行わないこと
（ⅲ）	投資組合契約に係る組合財産に対する持分割合が25％に満たないこと
（ⅳ）	投資組合の無限責任組合員と特殊の関係のある者でないこと
（ⅴ）	投資組合契約に基づいて国内において事業を行っていないとしたならば，国内に恒久的施設を有する非居住者または外国法人に該当しないこと

（出所）　筆者作成

④ 恒久的施設を有しない外国組合員の課税所得の特例

国内に恒久的施設を有しない外国法人または非居住者は，①の課税対象となる国内源泉所得に該当する場合には課税が生じる。

また，組合を通じて内国法人の株式を保有している場合には，**図表 2 - 11**（ⅱ）の事業譲渡類似株式の譲渡の判定にあたって，原則として他の組合員を含め組合を一体として判定される。

しかし，③の外国組合員に対する課税の特例の適用要件に該当する場合には，事業譲渡類似株式の譲渡の判定にあたって，個々の組合員がその組合持分に対応した株数を有しているものとして判定することができ，要件が緩和されている。

6 事業承継対策としてのバイアウト

これまで相続税および贈与税の概要やバイアウトに関連する税務上の取り扱いについて説明してきたが，実際に事業承継対策としてのバイアウトがオーナーやバイアウト・ファンドのキャッシュフローにどのような影響を与えるのか，簡単な設例を基に検証する。

(1) そのまま相続を迎えるケース

そのまま相続を迎えた場合には，相続税課税のみが生じるため，納税資金を確保する必要がある。手元に納税資金がない場合には，対象会社へ自社株式を買い取ってもらうか，金融機関等からの借入れにより納税資金を確保しなければならない。

【設例1】そのまま相続を迎えるケース

＜関係図＞

オーナー
↓ 簿価100百万円
100%
対象会社
相続税評価額1,000百万円

＜キャッシュフロー＞（単位：百万円）

	オーナーおよび相続人	ファンド
相続税	(*1)△500	－
差引手元資金（△必要資金）	△500	－

（*1） 1,000×50%（最高税率）＝500

(2) バイアウト・ファンドが議決権の100%を取得するケース

バイアウト・ファンドがオーナー個人から議決権の100%を取得する場合には、オーナー個人にキャピタルゲイン課税が生じるが、その後の相続税の納税資金が確保される。役員等が少額出資するケース（MBO）についても、同様に考えることができる。

【設例２】バイアウト・ファンドがオーナー個人から議決権の100%を取得し、その後相続を迎えるケース

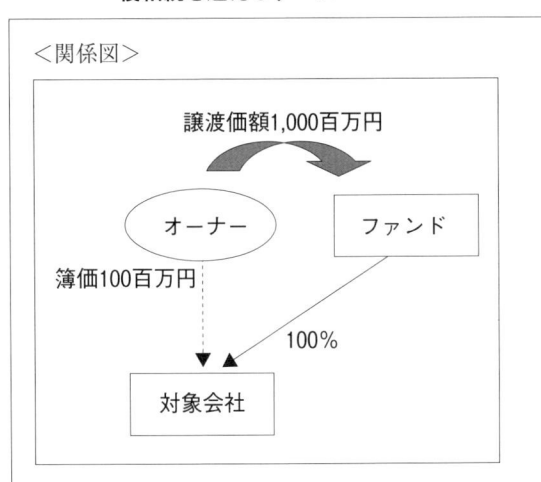

＜関係図＞

譲渡価額1,000百万円

オーナー → ファンド

簿価100百万円

100%

対象会社

＜キャッシュフロー＞（単位：百万円）

	オーナーおよび相続人	ファンド
株式譲渡	1,000	△1,000
キャピタルゲイン課税	(*1)△180	－
相続税課税	(*2)△410	－
差引手元資金（△必要資金）	410	△1,000

(*1) (1,000−100)×20%＝180
(*2) (1,000−180)×50%（最高税率）＝410

(3) バイアウト・ファンドが議決権の50%超100%未満を取得するケース

バイアウト・ファンドが議決権の50%超100%未満を取得する場合には、オーナーの相続税計算における対象会社株式の評価は、バイアウト・ファンドが同族株主となり、オーナーの持分は特例的評価方式（配当還元方式）となるため、一般的に評価額は下がることとなる。

このケースでは，オーナーは対象会社に対して一定の影響力を保ちつつ，相続税評価額を大幅に引下げ，さらには納税資金も確保できる可能性がある。

なお，バイアウト・ファンドがバイアウトを行った後，短期でオーナーまたは対象会社が買い戻すような場合には，同族会社等の行為計算否認（相続税法第64条）等の税務リスクについて慎重に検討する必要がある。また，ファンドが同族株主となるか否かについては，ファンドの形態等によって一人の同族株主と考えるのか，ファンドへ投資している複数の投資家が保有していると考えるのか異なる場合があるため，同族株主の判定にあたっては十分に留意する必要がある。

【設例3】バイアウト・ファンドがオーナー個人から議決権の60%を取得し，その後相続を迎えるケース

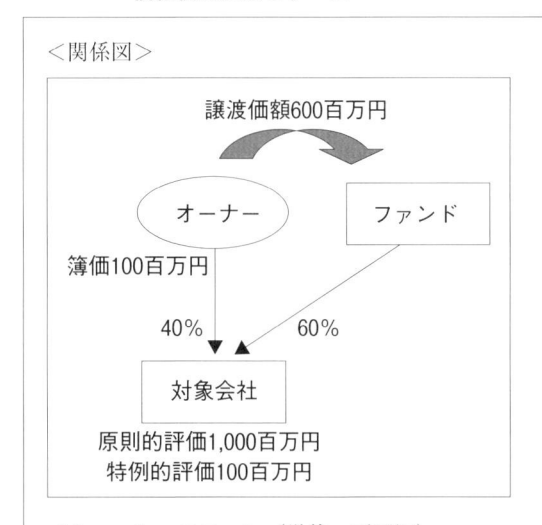

<関係図>

譲渡価額600百万円

オーナー → ファンド

簿価100百万円

40%　　60%

対象会社

原則的評価1,000百万円
特例的評価100百万円

<キャッシュフロー>（単位：百万円）

	オーナーおよび相続人	ファンド
株式譲渡	600	△600
キャピタルゲイン課税	(*1)△108	－
相続税課税	(*2)△266	－
差引手元資金（△必要資金）	226	△600

（＊1）　$(600-100\times 60\%)\times 20\% = 108$
（＊2）　$((600-108)+100\,(特例的評価)\times 40\%)\times 50\%(最高税率) = 266$

(4) バイアウト・ファンドが議決権の50％未満を取得するケース

バイアウト・ファンドが議決権の50％未満を取得する場合には，オーナーが引き続き同族株主となり，オーナーの相続にあたって対象会社の評価は原則的評価方式となり，1株当たりの対象会社の評価額は変わらない。一方で，持株数が減少するため，相続税負担額の総額は減少することとなる。

したがって，オーナーは対象会社に対して引続き支配権を保有することができるとともに，納税資金の一部を調達することができることとなる。

なお，バイアウト・ファンドが無議決権株式を取得する場合には，対象会社の発行済株式総数の50％超を取得した場合であってもオーナーの議決権割合は変わらず，対象会社は原則的評価方式による評価となるが，持株数は大きく減

【設例4】バイアウト・ファンドがオーナー個人から株式の60％（無議決権株式）を取得し，その後相続を迎えるケース

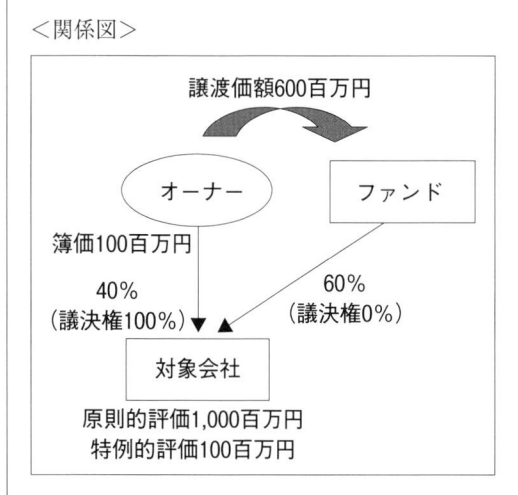

＜関係図＞

譲渡価額600百万円
オーナー → ファンド

簿価100百万円
40％（議決権100％）　60％（議決権0％）
対象会社
原則的評価1,000百万円
特例的評価100百万円

＜前提＞
- 議決権株式と無議決権株式は，同様の評価とする

＜キャッシュフロー＞（単位：百万円）

	オーナーおよび相続人	ファンド
株式譲渡	600	△600
キャピタルゲイン課税	(*1) △108	−
相続税課税	(*2) △446	−
差引手元資金（△必要資金）	46	△600

(*1) （600−100×60％）×20％＝108
(*2) （(600−108)＋1,000（原則的評価）×40％）×50％（最高税率）＝446

少することとなり，その結果相続税負担額の総額は減少することとなる。

(5) 役員退職慰労金を活用したバイアウト

オーナー企業のバイアウトにあたり，役員に対して退職慰労金を支払うケースがある。役員退職慰労金は，対象会社において損金算入することができるた

【設例5】株式譲渡前に役員退職慰労金を支払い，その後相続を迎えるケース

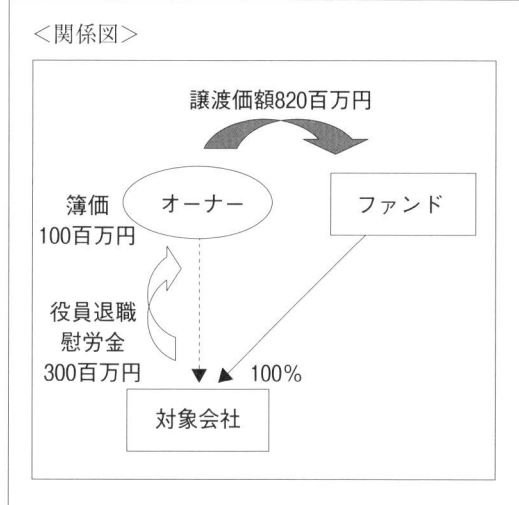

<関係図>

譲渡価額820百万円
簿価100百万円　オーナー　→　ファンド
役員退職慰労金300百万円　↓
対象会社　100%

<前提>
- 30年間の社長勤務分としてオーナーに対して退職慰労金を300百万円支払
- 役員退職慰労金支給後の時価820百万円（＝1,000百万円－180百万円）にてオーナーからファンドへ対象会社株式を譲渡

<キャッシュフロー>（単位：百万円）

	オーナーおよび相続人	ファンド	対象会社
退職金支払	300	－	△300
退職金に係る税効果	－	－	(*4)120
退職金課税	(*1)△71	－	－
株式譲渡	820	△820	－
キャピタルゲイン課税	(*2)△144	－	－
相続税課税	(*3)△452	－	－
差引手元資金（△必要資金）	(*5)453	(*5)△820	(*5)△180

（＊1）　(300－15（退職所得控除））×1/2×50%(最高税率)＝71
（＊2）　(820－100)×20%＝144
（＊3）　(300－71＋820－144)×50%(最高税率)＝452
（＊4）　300×40%(実効税率)＝120
（＊5）　オーナーおよび相続人の差引手元資金は453，ファンドおよび対象会社の必要資金は△1,000となり，設例2よりもオーナーにとって計算上有利となる。

め，対象会社において税負担軽減効果がある。

　ただし，オーナーが相談役として実質的に経営に関与する場合など退職の事実認定や過大役員退職慰労金の可能性について十分留意する必要があり，会社の業績や財政状態等も勘案の上，事前に功績倍率方式等による役員退職金規定を整備しておくことが望ましい。

おわりに

　ここまでオーナー企業の事業承継における税務上の諸問題とバイアウトとの関係について述べてきたが，自社株式以外の相続財産が少ないオーナーにとっては，相続税の納税資金対策は非常に重要な問題である。なぜなら，相続税が原則として金銭納付しなければならないにもかかわらず，非上場株式である自社株式は容易に換金することができないためであり，やむをえず発行法人が自己株式として取得しなければならないケースも多数見受けられる。その結果，発行法人から多額のキャッシュアウトが生じ，場合によっては経営危機に陥ることもある。

　言い換えれば，自社株式に係る相続税の問題は，オーナー一族の個人の問題のみならず，株式の発行会社自身の問題でもあるのである。

　したがって，相続税の納税資金負担が重いオーナーや後継者不足に悩んでいるオーナーにとって，バイアウトの活用は，個人財産の保全に加え，企業の継続，雇用の確保として有効な手段の一つと言うことができる。

　このように，事業承継問題の解決策の一つとして，バイアウトを活用するケースは今後さらに増えていくと思われるが，一方で，バイアウト・ファンドの投資にはエグジットがあり，エグジットをめぐって当初オーナーとバイアウト・ファンドが係争に発展するケースも見受けられる。

　将来そのような係争を回避し，バイアウト・ファンドとオーナーがともにWin-Winの関係となるように，バイアウトの実行にあたっては，エグジットについてもバイアウト・ファンドとオーナーが十分に協議をした上で進めていくことが重要であろう。

第3章 バイアウト・ファンドによるオーナー企業の経営改革

株式会社あおぞら銀行
事業法人業務部部長　伊東　武
事業法人業務部担当部長　伊藤　潤

はじめに

「バイアウト・ファンド（buy-out fund）」と聞いて最近はどのようなイメージを持つだろうか。以前は，日本を買収しに来た「黒船」，またはTVドラマの「ハゲタカ」のイメージか。実際にバイアウト・ファンドと直接接触する機会のある中小企業オーナーは数少なく，自分とは縁のない世界だと思っているオーナーが大半であろう。

ITバブル崩壊後の2003年，関西にある従業員200名ほどのオーナー系システム会社，株式会社A社がMBOを行った。創業オーナーは持株をファンドと残る経営陣に売却し勇退，長男が会社を引き継ぐという典型的なオーナー系中小企業のMBO（management buy-out）であり，筆者らが投資したオーナー企業のバイアウトの最初のケースである。

本稿では，この会社を一つのモデルケースとしてバイアウト・ファンドが，投資先企業（特にオーナー企業）とどのように関わっていくのかという点にスポットを当てて述べてみたい。オーナー企業のMBOに特有の課題，コーポレート・ガバナンス（経営者の選任等），事業戦略とその実践，エグジットまでを，筆者らが2002年から2008年までイデアキャピタルで運営したファンドでの経験をもとに，具体例を交えて解説する。実際にファンドを活用したバイアウトを考えている中堅・中小企業のオーナーの方々の一助となり，またはバイアウト・ファンドに対する多少の理解が得られれば幸いである。

1 オーナー企業に特有な経営的諸問題

　いざ事業承継を検討すると種々多様な問題に突き当たる。多くのオーナー企業はオーナーが株主兼経営者であることから，まず頭を悩ませるのは後継者と自社株の問題であろう。

　前述A社の事例では，オーナーが70歳を迎えたタイミングで，持株を手放すことを考えたことがきっかけだ。A社は30年前に関西にある重厚長大型の大企業のシステムメンテナンスを専門に行う会社として個人オーナーにより設立され，取引先企業の成長とともに堅実に成長してきた企業である。自然と自己資本も充実しており，単純に相続すると相続税が巨額になるという状況であった。幸い，後継者という観点では恵まれており，長男KM氏の承継が決まっていた。

　さて，次ページ図表3－1で示されているように55歳以上の中小企業オーナーの半数以上が後継者を決めていない状況である。事業承継の諸問題については，他章で詳しく述べられているので，ここでは簡潔に問題点を整理したい。

(1) 後継者不在

　経営を引き継ぐ者がいない（「引き継ぐ能力がある者がいない」，「引き継ぐ意思がある者がいない」）と感じているオーナー経営者は予想以上に多い。また，事業を引き継ぐ前提に，会社の債務の個人保証，個人財産の担保提供等を強いられることが，さらに事業の承継を困難にしている。中小企業において親族以外への承継が進まない大きな障害の一つだ。

(2) 自社株問題

　引き継ぐ会社の財務内容が良好な会社ほど，株の相続に対し相続税がかかる。反対に財務内容が悪い会社ほど借入金等負債が多く，個人保証等の負担が重い。

　以上のことから分かるように，オーナー企業に特有な事業承継問題は，「企業の経営者＝企業オーナー」という特徴に起因している。つまり社長を交代しただけでは実質的に事業承継には不十分で，同時に自社株も承継する必要があるのだ。仮にオーナーに相続が発生し，株が経営に関与しない少数の株主に分

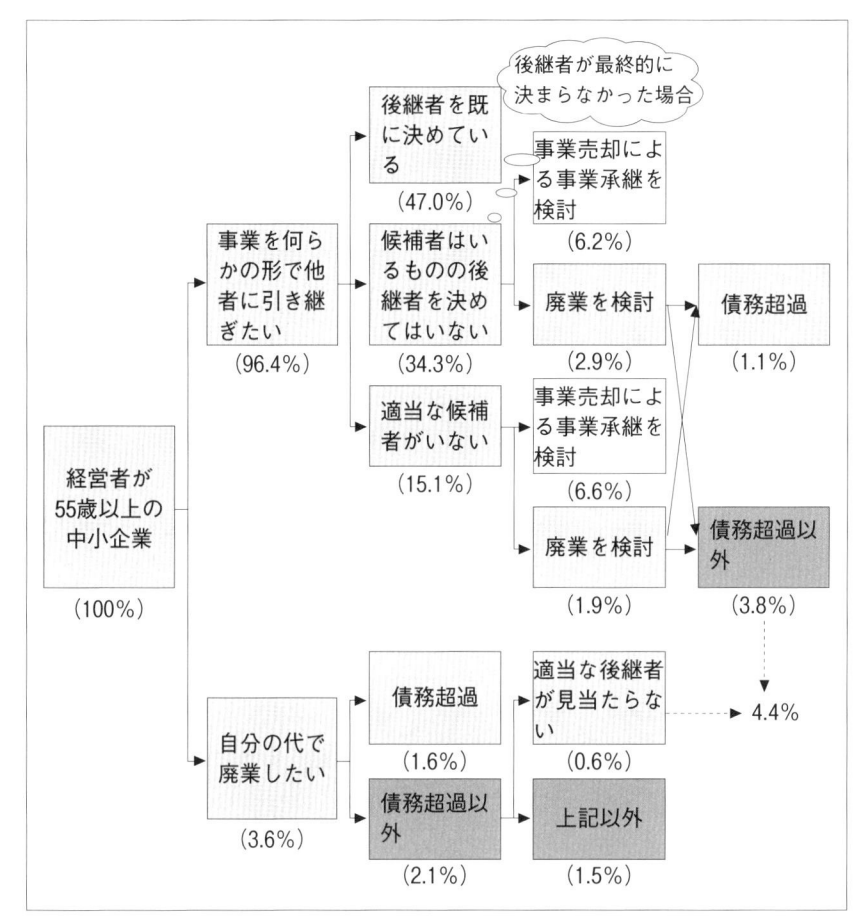

図表 3 − 1　55歳以上経営者の事業承継に対する検討内容

```
                                          後継者が最終的に
                                          決まらなかった場合
                        後継者を既
                        に決めてい
                        る               事業売却に
                                         よる事業承継を
                        (47.0%)          検討
          事業を何ら                       (6.2%)
          かの形で他      候補者はい
          者に引き継      るものの後     事業売却による    債務超過
          ぎたい          継者を決め     事業承継を検討
                        てはいない      廃業を検討
          (96.4%)        (34.3%)         (2.9%)           (1.1%)
経営者が
55歳以上の                適当な候補      事業売却に
中小企業                  者がいない      よる事業承継を
                                         検討
(100%)                    (15.1%)        (6.6%)

                                         廃業を検討       債務超過以
                                                          外
                                         (1.9%)           (3.8%)

                                         適当な後継者
                        債務超過          が見当たらな                → 4.4%
                                         い
          自分の代で      (1.6%)           (0.6%)
          廃業したい
                        債務超過以        上記以外
                        外
          (3.6%)         (2.1%)           (1.5%)
```

（注1）「債務超過」は，「赤字型（3期連続債務超過）」，「債務超過転落型」の合計。
（注2）「自分の代で廃業したい」，「債務超過以外」には無回答を含む。
（注3）「上記以外」は，「会社の経営状況が厳しいため」，「市場の先行きが不透明であるため」，「その他」の合計。
（原資料）　三菱UFJリサーチ&コンサルティング「「事業承継」「職業能力承継」アンケート調査」（2005年12月）
（出所）　2006年度版中小企業白書

散してしまうと，今後の経営にも支障をきたしかねない上に，次の承継をさらに困難にしてしまう。事業承継の方法が，親族への承継かM&Aによる売却にならざるをえないのが実態である。

(3) 人材不足

事業承継するに当たりまずオーナー社長が重視するポイントは，後継者が親族であるか否かに関わらず，「経営能力の高さ」である。しかし，優秀な人材の有無は企業の規模に比例するため，中小企業では意識的に後継者を育てない限りこの問題に直面する。ましてや，経営をサポートする優秀な人材の確保は，さらに難しい。後継者を，側面からサポートできる人材の確保も大きな課題である。

2　バイアウト・ファンドが投資するオーナー企業

　さまざまな課題を抱えるオーナー企業の事業承継であるが，「バイアウト・ファンドの活用」は，オーナーにとって事業承継問題を解決できる極めて有効な方策の一つである。また，企業の経営陣にとっても自己実現をする大きなチャンスである。経営をサポートする人材の確保，内部管理体制の整備，企業買収戦略の推進などファンドから得られるサポートは大きい。さらに旧オーナー企業時代の過去のしがらみで整理できなかった資産や取引関係をガバナンスが替わったことを理由にして整理することも可能である。

　さて，バイアウト・ファンドが投資するオーナー企業とはいかなる企業であろうか。その企業が中小企業である場合には，多くは事業基盤がしっかりした優良企業と呼ばれる会社であろう。再建を必要とする企業であっても，事業そのものは堅調である場合がほとんどである。事業そのものの再生を必要とする中小企業の再建は，再生手段，再生を担う内部人材，時間的猶予および資金が限られることから容易ではない。このような企業は，金融投資家であるファンドからすればリスクが高い投資対象であり，投資候補先は非常に限られてしまうのが現実である。もちろん，これは投資主がファンドに限った話ではなく，たとえ事業会社であっても手が出しにくいことには変わりがない。事業承継を進めるためには，株式と経営者の問題は残しても，事業そのものの問題は現経営陣で筋道を付けておくべきである。

　次に，企業規模はどうであろうか。通常バイアウト・ファンドの投資する企

業の規模は，ファンドの規模に比例する。ファンドの規模が数千億規模の大規模ファンドは１件当たりの投資金額が100億円以上となり，大企業ないしは中堅の優良企業が対象となる。一方，数十億円から100億円未満の比較的小規模なファンドであれば，１件当たりの投資金額は，数億円となり中小企業も対象となってくる。

A社に話を戻そう。オーナーの長男KM氏は，MBO実施当時30代後半と年齢も若く「会社を成長させたい，そしていずれは株式を上場させたい」という強い信念を持っていること，経営方針が堅実をモットーにしており財務内容が良好な割に華美なところがないこと（むしろ質素すぎると感じた），他の年配の役員にも受け入れられていることから，KM氏を社長にすることを前提に事業計画を組み立てていった。

一方，KM氏は，独力での継続的な会社の成長に限界を感じはじめており，友好的な提携先を模索していた。ファンドもそのターゲットとなると考えはじめており，もともと方向性が一致していた。その後MBOの成立まで何度かお互いに話し合いを重ね，お互いの理解を深めていきMBOの成立に至った。最後まで意見の相違が続いた点が，LBO (leveraged buy-out) というファイナンス手法を使うことによる借入金の発生である。元来設備投資等も少なく資金のニーズが少ない業種であるが，その中でも当社は創業以来30年間「無借金経営」をモットーに掲げてきており，多額の借入れに抵抗があった。

ここで，LBOの詳しい解説は行わないが，LBOがファンドの有効な資金調達手段であり，多くの案件で用いられているのも事実である。景気が回復基調になり，市場にリスクマネーが流れ込んでくると買収金額が高騰する。特に競争入札が行われる場合は，さらに買収金額が高騰し買収時に借入れる借入金も多額になる傾向にある。もちろんその後の景気がさらに改善し企業も成長を続けられる状態では何の問題も発生しないが，リーマン・ショックとその後の急速な景気後退のような急激な環境変化が起こると，多額の借入金の返済に苦しむというケースも出てくるので注意が必要である。もちろんタイミングによってその逆もあるし，景気の変動に影響されにくい業種もあるので一概には言えない。

A社のケースは，結局KM氏も納得し，その後業績が伸びたこともあり，３

年ほどで借入金を返済した。KM社長は適度な借入金の有効性に納得し，その後行った買収では積極的に借入金を活用していくことになる。

図表3－2　A社に投資を行ったポイント

- 長年かけて強固な顧客との信頼関係が構築されている。
- 安定したキャッシュフローが将来的にも見込める。
- 社長の経営手腕，人柄，リーダーシップが評価される。
- 買収戦略による事業拡大の可能性が高い。
- 損益および管理の改善余地がある。など

（出所）　イデアキャピタル

3　事業承継後の経営改革とバイアウト・ファンドによる経営改革

　バイアウト・ファンドのファンド期限は通常10年程度であり1社当りの平均的な株式保有期間は3～5年である場合が多い。そして，その間に投資先の企業価値を高めることがファンドの仕事である。企業の個性や状況，ファンドの個性によりその方法は異なるが，投資直後より企業価値を高める活動が開始される。また，企業価値を高めるのがファンドの仕事と述べたが，正確には価値を高める計画をファンド側メンバーと企業の経営陣とともに立案して（場合によっては経営陣の立案，ファンド側の承認を経て），経営陣・従業員が実行するのである。

　何もしないファンド，何もかも行うファンドはない。あくまでファンドは企業価値向上を指向する投資家であって，企業経営は経営陣が行うのである。そして経営改革の実行は現場が担うのであり，その成否は現場役職員の意識にかかっている。これら企業価値向上の一連の作動（計画・実行・モニタリング）とファンドとのコミュニケーションを通してオーナー経営から組織経営へと改革は進んでいくのである。

(1) 改革は投資前からはじまっている

　ファンドは投資実行の前から投資後の計画を練っている。買収監査などの言葉を聞かれたことがあるだろう。ファンドは企業投資に多額の金額を投下するので，投資前に十分な企業調査，業界調査を行う。これらは企業の過去と現在のみならず将来も（将来の事業展開の可能性をも）調査しているのである。もちろん，投資前なので企業の実態は100％分かるわけではないのだが，投資後数年間の事業戦略と，それら戦略の実行後の姿を財務予想値として算出している。一般的には，グロースシナリオ，ベースシナリオ，ダウンサイドシナリオと3シナリオを設定し，投資利回りや投資回収額を計算している。また，ダウンサイドシナリオの対応策も同時に検討されているのである。

　加えて，後述するが，ファンドの重要戦略の一つであるM&AやIPOも織り込まれている場合が多い。このファンドによる事業計画策定は，経営陣を中心に行われるマネジメント・インタビューといわれるファンドと経営陣の対話からはじまる。ファンドは，インタビューを通じてビジネスの実態を把握するとともに経営陣の経営能力，人柄などさまざまな観点から企業を分析する。一方，企業の側も，投資後のファンドの考え方，戦略を逆にインタビューできる好機でもある。ここからファンドと経営陣のコミュニケーションがはじまる。

(2) 経営陣と経営幹部
① 社長は外部招聘か内部昇格か

　事業承継の最大の問題といってもいい経営の承継である。経営陣の人選（特に社長）は，ファンドにとっても大変重要なポイントである。それは投資前に決定し，投資直後の臨時株主総会で決議されることが多い。その権利は，大株主であるファンドにある場合がほとんどである。社内候補者，経営状態，経営戦略，ファンドのポリシーなどにより外部招聘か内部昇格かが慎重に検討されていく。

　オーナー企業は，オーナーが後継者を育成していないことが多い。また経営者としての素養ある人材が社内に見当たらない場合には，代表者は外部招聘とならざるをえないだろう。事業再生や財務リストラクチャリングを必要とするような事業承継である場合には，通常の経営状態ではないため専門的なスキル

やノウハウが必要とされることから，多くの場合には外部招聘となる。外部招聘の場合，ファンドの投資の可能性が（事業承継の実施の可能性が）ある程度高まってきたら，ファンドの人脈や，ファンドと付き合いがあるヘッドハンティング会社からの紹介により，ファンドの投資担当者は相当数の候補者と面接していくこととなる。また，外部招聘の経営者のケースでしばしば行われるのが，ファンドとの経営委任契約である。ファンドと経営者との間の権利義務関係を詳細に取り決めるもので，インセンティブ条件もその中に盛り込まれる。経営陣自らの出資をファンドの投資条件としているところもある。

一方，経営状態も良く，既に後継者が代表者として活躍している，もしくは後継者が存在する場合は，留任，内部昇格する場合が多い。経営状態が良いにもかかわらず外部招聘する理由もなく，役職員，取引先から最も受け入れられやすいからである。

「企業業績の大部分は社長により決まる。だから実績を残した社長経験者を招聘する」というファンドもあれば，「事業承継は円滑な引継ぎが必要である。だから可能な限り内部昇格（留任）とする」というファンドもある。どちらも企業価値維持向上の観点からの基本ポリシーである。

② **経営陣の構成**

オーナー企業の経営改革の一つとして組織経営への変革がある。オーナー経営の良さとして経営のスピード感があるが，これは長年の経験と感覚に頼った部分が多分にあるし，そもそも所有と経営が一致（いわゆるオーナー社長）しているからこその即断即決である。組織経営への変革を推進するためにも，経営陣による十分な議論，多様な意見の検討と可能な限りデータに基づく意思決定が必要であるが，スピード感を損なうことながない構成が望まれる。申し上げるまでもないが，常勤役員および非常勤役員の総数と構成については，株主総会決議事項である。特にファンドが過半数の株式を保有する場合，取締役の過半数をファンドから派遣する（多くは非常勤）か，過半数未満かはファンドの方針による。

③ 経営幹部の人選

　社長が外部招聘となる場合，その他の経営幹部の人選は非常に重要である。経営戦略を実行する上で，社内人材が不適当であれば当然ながら外部招聘とならざるをえないが，ファンドまたは外部招聘社長の人脈で外部から採用される場合がある。つまり外部招聘者が中心となった常勤マネジメント・チームが出来上がることがある。その場合注意したいのは，プロパーの経営幹部と外部招聘の経営幹部との間に溝ができやすい点である。それは，経営改革に向けたエネルギーを減少させ，従業員へ伝播し業績となって現れるので要注意だ。

　さて，A社に話を戻そう。オーナーの長男KM氏は，「会社の成長に向けて改革の意欲も旺盛で，M&Aによる成長を指向していた」という点において，ファンドの考え方とベクトルが同じであった。よってA社のケースでは，MK社長と営業担当の取締役が，ファンドとともに自社株に投資しMBOとなった。役員構成は，この二名に加え，ファンドから常勤CFO（chief financial officer）一名，非常勤二名を派遣し，その他の役員は退任した。この最初に会社の経営についてのベクトルを合わせることが，今後の運営上，非常に大切なことである。また，マネジメント・チームを派遣するか否かは，ファンドの方針にもよるが，実際は投資先のマネジメントの考え方・人材によるところが大きい。

(3) インセンティブ

　経営陣に対するインセンティブは，ボーナス等の金銭による成功報酬と株式を使ったインセンティブがある。後者のインセンティブとしてストックオプションがある。これは，ファンドが投資する企業ではなくても広く一般に見られるインセンティブ施策である。ただし，一般的にはIPOが視野に，計画に入っているからこそ機能するインセンティブで，ファンドの保有期間は3～5年であり，その期間にIPOの好環境が訪れるか否かは誰も分からないし，自らコントロールできるものではない。ファンドのエグジット（株式の売却）の7～8割程度の案件が第三者への売却であるという事実は，インセンティブ設計の際には考慮せざるをえない。

　それでは，IPOを想定しない場合のインセンティブとはどのようなものがあるだろうか。その一つにファンドの主目的と経営陣のインセンティブを合致さ

せるものがある。ファンドの主目的は、投資期間中に投資先の企業価値を高めて、株式の売却によりキャピタルゲインを実現することにある。経営陣はそれに合わせ、企業価値計算の基礎となるFCF（フリーキャッシュフロー）やEBITDA（利払前税引前償却前利益）の増加額の一定割合を毎年のインセンティブとしたり、キャピタルゲインの一定割合を最終のインセンティブとしたりできる。A社のケースはこれに当たる。また経営陣自らの投資もある。これはインセンティブというよりは、ファンドと同じリスクリターンを取ろうという、いわゆる経営陣のMBOに対するコミットメントである。

(4) 運営権限

ファンドはどれだけ経営陣に企業経営を任せるのだろうか。経営への関与の度合いは、ファンドによっても大きく異なる。いわゆるハンズオン（hands-on）型のファンドであれば経営への関与度合いは大きいが、重要事項の決定以外はほとんど経営には関与しないファンドもある。中小のオーナー企業では、

図表3-3　ファンドの事前承諾事項の一例

- 定款の変更
- 取締役会規則その他の重要な内部規則の制定、変更または廃止
- 事業の譲渡および譲受け
- 合併、株式交換、株式移転、または会社分割
- 重要な業務上の提携、企業結合もしくは資本提携、またはその変更もしくは解消
- 新株、新株予約権、新株予約権付社債、社債の発行など
- 株式分割、株式の任意消却、または法定準備金の減少
- 自己株式の買受、株式併合など
- 配当、その他利益処分
- 年次予算の承認、ならびに年次予算を超える経費支出・設備投資の承認
- 単年度事業計画、中期事業計画の決定および修正
- ○○円以上の借入れ、○○円以上のリース、債務保証、担保設定等
- ○○円以上の年次予算外の支出
- 子会社の異動を伴う株式または持分の譲渡または取得
- 事業の開始・廃止
- 組織の設置・変更・廃止
- その他

（出所）　イデアキャピタル

取締役会決議事項や社内規則を明文化していないケースが多い。後に述べる株式の上場準備においては，社内規則の整備，チェック機能の体制作りは必須であり，たとえ株式上場を指向しなかったとしてもオーナー企業経営から組織経営に変わっていくためには必要なプロセスである。また，ファンドと企業もしくは経営陣との間で，事前承諾事項というルールを明文化する場合も多い。

さて新体制で出発したA社の運営は，月に1回の取締役会を除いては，原則KM社長，営業担当役員，ファンドから派遣したCFOの三名体制で行われた。日常業務は社長に委ねたことが多く，その代わりに最初に運営ルールの設定を話し合いながら行った。

(5) コミュニケーション
① ファンドと経営陣のコミュニケーション

ファンドの投資直後は，経営とファンドの距離感の計り方が互いに難しい。ファンドは，この度の投資をもってはじめて株主になる。しかも，多額の資金を投資した筆頭株主の場合がほとんどである。ゆえに，投資当初は力も入り積極的に関与される場合が多いが，意見衝突やボタンの掛け違いが起こりがちな時期であり，慎重かつ十分なコミュニケーションが望まれる。一方，ごく少数だがあまり関与されない場合もある。経営陣や従業員にとっては権限と自由度の拡大でモチベーションが高まることもあろうが，オーナー不在で緊張感も低下し，経営改革が進まない可能性もある。ファンドと経営陣の立場の違いや役割分担はあるものの，今後数年間にわたり二人三脚で企業価値向上に邁進するのであり，互いに適度な緊張感とともに，密なコミュニケーションを保つべきである。

② 経営陣と従業員のコミュニケーション

ファンドによっては，ファンドのメンバーが企業に長期間在中して現場の従業員とコミュニケーションをとる場合もあるが，一般的には，従業員とファンドとの間には距離があり直接的かつ十分なコミュニケーションをとれないことが多い。したがって，経営陣が短期間でかつ強力に推進しなければならないのが従業員とのコミュニケーションである。

経営陣がファンドにコントロールされている，場合によっては経営陣と対立構造があるかのような印象を従業員に与えることはご法度である。経営改革ができないばかりか，経営陣の能力が誤解され，従業員に不安を与え指揮を下げ，やがて業績となって現れはじめる。経営陣は，株主ファンドと策定した経営戦略の実行と達成を確たるものにするために，すべての従業員のベクトルを合わせモチベーションを高める必要がある。このようなコミュニケーションを短期的にかつ強力に推進し，また長期的に維持できるようにすることが望まれる。

(6) 企業理念，ミッション・ビジョン・バリュー

　企業理念は，企業の存在意義・判断基準を定義した普遍的な企業活動の軸である。行動基準として定めている企業もある。中小企業の半数が理念を定めていないとの調査結果もあるようで，これはオーナー社長自身が企業の軸であり，常時オーナー自らの声を伝えていために理念設定の必要性も低かったのであろう。そのオーナーも事業承継を決断し，経営を後任に譲ることとした。新経営陣はこの事業承継を期に，役職員みんなで理念や行動基準を文書として作り上げてはいかがだろうか。

　新経営陣は企業理念や行動基準と整合性を取りつつ，自社のミッション（使命）・ビジョン（志）・バリュー（価値観）を定義すべきである。大株主がファンドとなり，経営陣も顔ぶれが変わった。役職員を含め，多くのステークホルダーに多少なりとも動揺があるはずだ。企業のエネルギーが分散，ベクトルがぶれはじめる前に，一刻も早く，事業承継プロジェクトは無事船出したことを内外に示さなければならない。社員一人ひとりに素早く浸透させることにより，より多くの社員のベクトルを合わせ，そのエネルギーを増加させることができるかが，事業承継，経営改革の成否に繋がる。対象企業の役職員が主体，中心となり検討すべき事項であるが，ファンドがその検討を促すことも，場合によっては社員に交じり検討会議に参加することもしばしばである。筆者らもいくつかの投資企業において，事業承継やMBOの実施にあわせてミッション（使命）・ビジョン（志）・バリュー（価値観）の定義（再定義）について提案したことがある。

　A社のケースでは，役職員の職場が複数に分散していたことから，全役職員

のベクトル合わせの必要性を感じて提案することになった。役員，経営幹部，マネジメント層にファンドのメンバーが加わり休日を使って議論した。従業員の声を直接聞く機会にもなり，ファンドの考え方を話し相互に理解を深める機会にもなり，その後のコミュニケーションの円滑化にも大いに資することとなった。

(7) 経営戦略・事業計画

　本書の対象企業が事業承継を必要とするオーナー企業≒中小企業とすると，多くの企業は，単年度の予算計画はあっても，短・中期的な経営戦略や，それに基づく事業計画がない場合が多い。事業承継を確実なものとし，その後の企業価値向上を推進するためにも，経営戦略や事業計画の策定は必須である。ファンドは投資の前に，基本的な経営戦略と，それに関する事業計画，将来財務諸表の複数のシナリオを作成している。それらを基に，経営陣は，実務までブレイクダウンさせた戦略・計画をファンドとともに練り上げる。

① BS／PLの最適化

　オーナー時代には，なかなか手を付けられなかった資産・取引等を見直し，不要なものは売却・清算するという当たり前のことではあるが，いざとなると躊躇してしまう事項を，「大株主の交代」または「IPO準備」という大義名分で断行することが可能になる。

　A社の場合も，遊休不動産の売却，中国合弁会社の清算，在庫の整理などバランスシートの圧縮を行い，また取引関係においても過去からの商慣習で行っていた取引方法も取引先と交渉し見直した。そしてPLの面では，もともと堅実経営でコストについては無駄が少なかったので，プロジェクトごとに収益管理方法を変更し，採算の基準を下回る異常値に対してワーニングが出るシステムを導入した。これまで手管理や感に頼ってきたために報告が遅れ結果赤字になったプロジェクトがなくなった。ワーニングの出たプロジェクトに対し早め早めに対処することが可能になった。このように，BSをスリム化しその資金をPLの改善につながる資金として投じることは，業暦の長いオーナー企業ほどその余地があるケースが多いと思う。

② 買収戦略

　大企業・中堅企業でなければ，あまりM&Aを意識したこともなく，経営戦略に組み込むことも少ないだろう。特に，内部昇格の経営陣からすれば，たびたび耳にすることはあっても日々のオペレーションからかけ離れた戦略である。一方，ファンドにとってはM&Aの取り組みは日常であり本業である。ファンドにはM&Aに関する情報収集力があり，いざ話が進めば交渉力・調整力もある。もちろん買収資金の調達も相談できる。このように経営戦略としてのM&Aの推進はファンドの経営支援の一つである。ファンドが投資を検討する際に，既にM&Aを経営戦略として組み込んでいることも多い。しかも，個別具体的な候補企業を複数ピックアップしている場合もある。

　ファンドの買収戦略の一つにロールアップというものがある。再編，統合が進んでおらず，多数の同業者が存在している業界において，同業の買収を繰り返しながら企業規模を拡大させ，規模のメリットを享受していこうというものである。ロールアップ戦略の成功ポイントとしては，①ロールアップの核となった買収会社が安定したキャッシュフローを生み出していること，②買収会社の経営管理手法が被買収会社へ有効に移植できること，③両社が経営統合作業をスムーズに進めることができること，④妥当な買収金額であること，である。

　さて，A社の場合は，社長がM&Aに積極的であり，IPO指向も強かったことから二件のロールアップを実行した。最初に手がけたのは，大手企業のシステム子会社で，親会社の合併によりノンコアとなった従業員70〜80名のB社である。会社同士が地理的にも比較的近く，A社にとっては顧客層の拡大が図れたこと，そして買収価格が妥当であったことから，ファンドで買収しその後A社と合併した。A社が直接買収するケースもあるが，ファンドの資金を活用できることはファンドが大株主の企業にとって非常に大きなメリットである。

　規模の大小にかかわらず合併という作業は，双方に非常に大きな作業となる。特に人事面での処遇が難しく，人材が財産であるシステム会社にとってモチベーションを落として辞められてしまっては買収の意味がない。従業員の処遇，管理職の対応は，各人と面接を重ねながら慎重に行った。A社がB社を吸収する形になったこの合併では，その後B社の役職員が何人か自主的に退任したも

のの，人員整理を行うこともなく完了した。

　B社の合併後しばらくして，あるシステム会社の関西撤退の話があり，その中で10名弱の従業員と顧客を営業譲渡で譲り受けることとなった。この10名弱の小さな部隊が後に大きな部署に成長し，その後のA社にとって，第二の収益の柱となる。

③　IPOと留意点

　ファンドのエグジット方法の一つとして株式の上場がある。最近は，新興市場相場の低迷からIPOを目指す企業も減っているが，IPO準備をすることは内部管理体制の構築という観点から非常に有効である。当然，証券会社に支払う報酬や監査法人への報酬等コストはかかるが，一度整備できればそれを維持することは容易であるし，それ自体が企業価値の大きな向上である。実際にバイアウト・ファンドがエグジットをIPOで実現するケースは多くはない。ファンドがその企業を保有する期間の関係，株式市場の動向に大きく左右されること，そして100％近い保有比率をファンドが持っている場合，安定株主作りに時間がかかることなどが主な理由である。多くの比率をファンドが保有したまま上場するケースもあるが，市場での売却は難しい。

　一方で，ファンドのエグジット後に上場するケースもある。今年6月に東証二部に上場した株式会社電算である。この会社の場合はA社の次にイデアキャピタルでバイアウトした会社である。投資した当初から上場準備を行い，時にはファンドが「悪者」になって改革を断行した。その後，ファンドは業務提携を前提とした事業法人，取引先，取引銀行に分散して株式を売却し，その後も上場機会を狙って2010年6月に上場を果たしている。

4　エグジット

　2000年以降，多くのバイアウト・ファンドが設立され，5年ほど前からエグジットを迎えている。ファンドのエグジットは，①事業会社への売却，②他のファンドによる再MBO，③IPOおよびIPOに向けた資本政策の三通りであろ

う。MBOにより企業価値が向上したか否かは，このエグジットの時に結果が現れる。もちろん，ファンドは投資時の簿価と売却時の株価の差額で評価されるが，これは景気の循環と株式相場に大きく左右される。リーマン・ショック直後などは，実質的にエグジットができない（買手不在）状況も発生した。しかし，株式相場に影響されない企業価値部分はたくさんある。ファンドがエグジットを迎えるとき，再度の買収監査を受けることになる。このときに前述したIPO準備や内部管理体制の整備，監査法人の監査等が大きく影響してくる。特に組織経営を重視する大企業が買手候補となる場合はなおさらである。

また，ファンドの買収監査は弁護士・会計士とチームを組み詳細に実施されるため一次的にスクリーニングされていることに加え，その後のIPO準備や徹底したモニタリングと短期間での経営改善努力により企業としてのブラッシュ・アップされているケースが多いし，通常そのように見なされる。

おわりに

6年間のバイアウト・ファンドの運営，またその後のM&Aアドバイザリーの仕事の中で，非常に多くの経営者の方々とお会いする機会に恵まれた。経営トップの考え方とその企業を見ていると自然と「会社の良し悪しは経営者トップにより決まる」と思えてくる。成功している会社には必ず優れた経営者がいるし，厳しい環境下でも乗り切れる。最後に筆者がこの業務を通じてお会いし，また感銘を受けた三人のバイアウト・ファンド投資先の経営者の方について記したい。

まずは，A社のKM社長こと三和一善氏（株式会社サイプレス・ソリューションズ代表取締役社長）である。オーナー企業の跡取りとしてバイアウト・ファンドを活用したMBOをともに実践し，最初のMBO時は売上高18億円，従業員200名ほどの企業であったが，7年後の今売上高50億円，従業員500名の企業に成長した。三和氏とのMBOと成長戦略の実践については本文中で述べた通りである。経営は堅実経営をモットーにしているが，M&Aや事業拡大のチャンスは逃さない勝負師でもある。一見温和で大人しそうに見えるが，内に

秘める芯の強さは，人一倍であり，社員の信頼も厚い。

次に，同じくイデアキャピタルが投資した株式会社電算の代表取締役専務である轟一太氏である。轟氏はファンドとともに短期間で，本当に多くの改革を断行した。時には，ファンドを悪者にしながら社内をまとめ800名ほどの社員を引っ張って行った。そのバイタリティと交渉術，物事の進め方，多くのことを氏から学んだ。2010年6月には，念願の東証二部に上場し，現在東証一部に向け邁進している。

そして，三人目は株式会社キョウデン傘下で再生を成し遂げたスーパー「長崎屋」の元社長で，現在英会話のGABAの社長である上山健二氏である。上山氏は銀行員出身で，筆頭株主であるファンドの要請を受けてGABAの社長に就任した。氏は「最初の3ヶ月で従業員が新社長についていく気持ちになるかどうかが勝負」と語る。長崎屋では，「商売っ気」の弱さと部門間に立ちはだかる壁を問題視し，徹底的に改善した。その結果，部門間の連携が可能になり，1階の食品売り場でセールがあれば，2階の衣料品売り場でチラシを渡すなど……。そして店を開けている限り利益を出さないといけないという収益意識を徹底した。意識の変革によりさまざまな改善案が社員からも出てきた。そして，氏のもう一つの特徴は，徹底した現場主義である。業務のことは，社員のほうが詳しい。よって業務のことは社員から徹底して学ぶ。社長の仕事は，すべての会社に存在するBSとPLの最適化である。そしていかに現状が厳しいか，どうすれば改善するのかを丁寧に社員に伝える。また社員の士気が落ちることを懸念し，外部からのマネジメント・チーム招聘は行わない主義だ。これからも，プロフェッショナル経営者として新しい成功事例を作っていただきたい。

最後に本稿の執筆に当たりご協力，ご指導いただいた「三人の経営者」の方々に，改めて感謝の念を述べたい。また，このような機会をいただいた，株式会社日本バイアウト研究所 代表取締役 杉浦慶一氏に厚く御礼を申し上げる。

第4章 オーナー企業からファンドへの事業承継
―― 承継後の企業の問題点とCFOの役割 ――

株式会社デルタウィンCFOパートナーズ
代表取締役社長 安藤秀昭

はじめに

　2002年2月,プライベート・エクイティ・ファンド(以下「ファンド」という)2社の要請を受けて当社を設立した。それまで,私自身がファンドの投資先にCFO(chief financial officer)として行っていたが,当時,ファンドはいわゆるアメリカ型の経営請負人としてのCFOの確保に大変困っていた。後述するが,このファンドが要求するCFOにはファイナンシャルスキル,経営企画(経営管理,経営戦略,問題解決)スキル,マネジメント力と多岐にわたる高度なスキル,経験が要求される。これまで,日本ビジネス界ではこのような最高レベルの経営手法を駆使し,企業価値を高めるCFO人材の養成はされてこなかったため,当然CFO人材の需要に対し,供給が追い付かず,特に,外資系ファンドや独立系大手ファンドの中には,投資先はあるものの経営体制が敷けず,深刻な状況に置かれていたものもあった。

　私は当時,バブル崩壊後の危機的状況にあった日本経済を救う一つの手は,アメリカ型CFOの登場であると確信し,「企業のCFO本部(経営管理統括部門)をサポートする」とともにファンドの要請に応えることにした。そのための手段として,優秀なCFO人材を発掘するための「CFO人材評価法方法」の確立とCFO人材の育成のためのCFO人材ネットワーク(「CFOベストプラクティス・ネットワーク」,以下「CFOネットワーク」という)を立ち上げることにした。現在,前者は192項目のスキル・経験のチェックを通してCFO人材の発掘を行っており,後者は1,500名の人選されたCFO適格者およびその予備

軍(会員)を抱えるにいたった。

　さて，本稿のテーマは事業承継についてである。事業開始からのこの8年半の間に，最終クロージングまで至らなかった案件を含め，約1,200件のCFO関連案件に関わってきた。企業再生，MBO等事業再編，事業承継，グロース・マーケット案件，ベンチャー案件など多様な形態のファンド案件があるが，CFOネットワークの研究活動（CFOベストプラクティス研究会）の一環として，企業再生や事業再編についてはいく度も研究を重ねてきたが，これまで疎かにしてきた「事業承継」について，今後3年間，急増すると思われることもあり，同研究会で研究テーマとして取り上げた。

　その研究は，CFOネットワーク会員の中で事業承継CFO等を経験した約30名の中から15名を人選し，座談会，討論会，個別ヒアリングを通して行った。本稿は，その成果物であり，事業承継に関する私自身の体験を加味してまとめたものである。

　一般的に，企業オーナーがファンドを使って事業承継を行う事情・背景には，「後継者が一族の中にいない，社内にもいない」，「後継者候補が社内にいても，オーナーの株式を買い取る資金がない」，「株式を一括売却したいが，競合他社や特定グループの傘下には入りたくない」，「株式売却を機会に，優秀な外部人材を登用し，会社をさらに成長させ，企業ファウンダーとしての足跡を永遠に残したい」などがあるが，本稿では，この最後の「外部人材の登用」，中でもCFOの起用に焦点をあて，事業承継特有の企業の問題点，事業承継におけるCFOの役割，事業承継におけるファンドとマネジメントの問題点を中心に展開し，最後にこの重要な役割を果たすCFO人材の育成のための提言を行うこととする。本稿が，ファンドを活用した事業承継を検討されている企業オーナーの方々，事業承継案件を扱うファンドの方々，経営請負人として事業承継案件に取り組むCFO人材の方々に，少しでもお役に立てばこの上ない喜びである。

1 CFOが直面する承継直後の会社の（全社的な）問題点

事業承継案件に関与したCFOが共通して指摘する承継直後の会社の全社的な問題として，以下があげられる。

① 社員の指示待ち姿勢

社員が受身で対応し，指示・命令がないと動かない。社員と経営陣の気持ちが通いあっていない。長い間，カリスマ的なオーナーの下，そのトップダウン的な業務遂行に慣れた社員は，自ら考え，工夫をし，上司に提言するという当たり前のことができない。あるCFOは，入社時を振り返ってこう表現する。「池に泳いでいる魚みたいな人が多かった。黙って見ていて，寄って行くと逃げてしまう」。これは，CEO，CFO等外部から招聘された新経営陣が「会社の変革」という面で，最も腐心するところである。特に，事業承継でも「再生型事業承継」の場合は，モチベーションの問題も絡み，最も厄介と言える。

② 旧オーナーの経営への継続関与による変革への障害

承継後も，旧オーナーの経営に対する関与が残ると，会社の変革の障害となる。これは事業承継のみならず企業再生でも，旧オーナーの持分が一部残り経営に関与し続ける場合がある。たとえ，旧オーナーが持分をすべて売却した場合でも，新経営陣へのスムーズな移行を考慮し，相談役，会長，顧問として残るケースが多々ある。この場合，社員は大株主が代わったということは分かっていても，旧オーナーの顔を見ながら，従来と同じスタイルで業務を行う。つまり意識の変革がなされないのである。どんなに優秀なCEO，CFOが会社に招かれても，なすべき変革が実行できない。これは何も旧オーナーに限ったことではなく，旧経営陣（取締役・執行役）を引き継いだ場合も同じで，変革に対する拒否反応を見せることが多い。

③ 旧オーナー退陣による業務の停滞

上記とは逆のケースだが，承継後，旧オーナーが去ったため，社員が右往左

往し，バラバラになり会社としての機能が麻痺することがある。指示・命令待ちに慣れた社員は，その発信元の旧オーナーがいなくなると，何をしてよいのかわからず，管理部門の業務でいうと，例えば，月次の決算が極端に遅くなったり，業務報告すらしなくなるケースがある。これはひとえに新経営陣がいかに円滑に経営を引き継ぎ，新しい企業風土をいかに早く醸成できるかにかかっている。

④　社員による投資ファンドに対する警戒感

「投資ファンドに買収された。何年か経ったらまた売却される」という被害者意識とともに，ファンドは本当に良い経営をもたらすのかという懐疑心と不安定感を覚え，モチベーションが極端に低下するケースが多々ある。一般事業法人，特に伝統的な産業の社員・従業員から見ると，「ファンドを含む金融およびその関係者というのは，別世界の人，ずるい人」と映っていることを忘れてはならない。

⑤　不必要な旧オーナーの親族残留の問題

こういうケースも見受けられる。旧オーナーの親族等で，ほとんど会社には出ず多額の報酬を得ていた人が，そのまま居続ける。承継前の旧オーナーとファンドとの合意に基づくもので，例えば，1年間限りという期限を設けていることが多いが，特にMBOのようにスタート時点で，「独立した！」という意識を持ち始めた中で，こういうことがあると，社員に「大株主（ファンド），経営陣は何をやっているんだ！」という意識を持たれる。

⑥　経営実態を知らない社員・経営陣

再生型事業承継に多いが，社員の多くが破綻した，あるいは破綻状態であることを，ファンドに売却されてはじめて，「そんなに悪かったのか」と知ることがある。旧オーナーは，経営数値を全く社員に知らせない。経営幹部すら知らないこともよくある。逆に，競合他社に対しての優位点も認識せず，クロージング後の全社的なキックオフで，「え〜，うちの会社ってそんなにすごいの？」とはじめて知ることがある。

⑦ 外部プロフェッショナルと付き合いができない社員・幹部

　承継前は，旧オーナーが外部との接触はすべて行っていたというケースも多い。そのため，いきなり「弁護士に会ってくれ」，「銀行の支店長と融資の話し合いをしてくれ」と言っても，右往左往する。

⑧ 投資ファンドに対する理解度の低さ

　MBOのケースで，承継直後，経営トップ（承継前は経営陣の一人）とファンドがぎくしゃくすることがある。これは，その経営トップにファンドについての予備知識がないことや，経営・経営管理についての理解がない場合が多い。こういうケースは間違いなく，CFOは外部から入れなくてはならない。

⑨ 効果的な人材の見極め

　承継後，「優秀な人材が埋もれている」，「パフォーマンスの悪い人が優遇され過ぎている」というのが，どの事業承継案件にもある。ファンドが経営幹部・社員の評価を承継前に行うのは難しく，またその時点でやるのは危険とも言える。派遣したCFOのほとんどが「承継後，半年から1年経ってやるのがいい。早くやりたいが，それくらい経たないと分からない」と言う。ファンドが，これまでのぬるま湯から脱し，幹部・社員にショック療法与えるために，埋もれていた人材を二階級特進，パフォーマンスの悪い，評判の悪い（でも，旧オーナーの受けは良かった）役員を降格させることがよくあるが，承継直後ではなく，よく見極めて一斉にやるほうが有効か。

⑩ チームワーク・組織力の欠如

　チームワークで成し遂げるという意識がない。承継前の会社のオペレーションは，組織はあるものの，組織の有効性を発揮するということはなく，オーナーを頂点に全社員・従業員がその下にぶらさがり，号令一家動き出すというフラット組織の非効率さ丸出しのケースがよくある。したがって，チームで物事を達成するという意識が極端に欠如している。もちろん，課単位，グループ単位で動くことはあるだろう。しかし，そこには真の燃えるような団結心はなく，見せかけのお付き合い程度の集団行動でしかない。

⑪ **管理者のリーダーシップの欠如**

　上述した，オーナー（社長）の号令一家で動くような会社の仕組みの中では，当然，本来，管理職に求められる指導性・リーダーシップというものは，必要とされなくなる。ある一定以上の規模の企業となった場合（例えば，従業員30人以上），組織で動くことにより，その生産性が大きく上昇することは間違いなく，これも承継後，新マネジメントが取り組まねばならない重要課題の一つである。

2　CFOが直面する承継直後の経営管理部門の問題点

　これは事業承継に限ったことではないが，ファンドが新しくオペレーションをスタートさせる時に，経営管理部門について，検討すべき「改善三点セット」というのがある。それは「CFO関連業務」「人事制度」「システム」。経験から感覚的に言うと，事業承継案件では，CFO関連業務の見直しは100％行われる。人事制度の再構築は70％くらいの企業が行っている。システムの見直しは30〜40％くらいだろうか。ようするに，やらねばならないのは「普通の会社の経営管理レベルにする」ことである。以下，問題点の具体例を示す。

① **経営管理・経営分析の弱さ**

　マネジメントレポート（経営管理・分析月報）がない。事業承継案件では，ほとんどすべてといっていいくらい，この問題がある。まず，会社の経営実態を如実に示すKPI（key performance indicator）の設定がなされていないし，過去，そうした議論がなされたこともない。唯一，売上高と経常利益のみを追うという会社がほとんどだと言っても過言ではない。次にKPIが設定されていてもそれで十分というわけではない。これを見たら月次の経営実態がすべてわかるという「マネジメント・レポート」を持っていなければならない。実は，事業承継案件だけではなく，日本企業は欧米企業に比べてここが弱い。ファンドの事業承継CFOがまず最初に取り組むのがこの「KPIの設定とマネジメント・レポートの作成」である。

② 不正確な経理処理

　経理処理が間違っており，公開企業なみの経理には程遠い。事業承継企業は非公開企業であり，それゆえ，公開企業に比べ，経営管理部門では，多々問題がある。その一つが「経理処理の妥当性」である。簡単に言えば，おかしな（間違った）経理処理を行っているケースがよく見受けられる。最も散見されるのが，売上計上のいい加減さ。明確な「売上計上基準」を持たず，その場限りの計上処理を行う。これが度を超すと，売上高を膨らませるための不正経理へと発展していくこともある。ただ，オーナーとファンドとの承継交渉過程では，当然，会計デューデリジェンスも行われるわけで，その報告書を基に，CFOは監査法人と協力して妥当な経理処理を目指すことになる。

③ 非効率な業務遂行

　不正確。ファンドへ承継される前の企業では，その管理部門が一流の専門性の高い管理本部長やCFOによってコントロールされていたということは極めて稀で，管理部門業務すべてが「継ぎ接ぎ的処理」の積み重ねで，無駄も多く，業務の遂行の仕方も含め，非効率極まりないケースが多い。ここは，管理部門の業務を知り尽くしたプロフェッショナルな管理本部長やCFOを起用すれば，半年～1年で完全に解決できる。そのために外部コンサルティング会社を使うことはさらさらない（注意しなければならないのは，一般事業法人で，実務経験のない，理屈だけのコンサルタントの指導を受けることだけは避けなければならない）。専門性が高く，業務を知り尽くした管理本部長，CFOであれば，業務見直し後も，常にベストプラクティスの吸収に努めるため，継続して効率を高めていくことができる。

④ 予実管理の甘さ

　これも原因・背景は上記と同じであるが，専門性の高い管理本部長，CFOがいなかったことに起因する。承継前は多くの企業が，「予実対比」まではするが，「その詳細な差異分析を行い，必要な打ち手を明示し，アクションに繋げる」ところまでは行っていない。この一連のプロセスは，通常，月次のマネジメント・レポート（上述）上に記される。

⑤ 遅い月次決算

これも承継企業に共通して発生する課題である。承継企業の経理担当者の口から出てくるのが,「月次決算は,翌月末目標に行っている」。中には,翌々月内というのもある。これは,締めの作業の割り切りと精度向上のための打ち手の問題であり,必ず解決できる課題である。

⑥ 利益よりも売上重視の考え方

企業であれば,成長を意識するあまり,「利益よりも売上に注力する」気持ちはよく分かる。しかし,儲かっていない事業をいくら続けても,先がないだけであり,一層利益が出る仕組みを見出さない限り,楽にはならないし,競合他社には勝てないのである。最後はキャッシュ・インフローとキャッシュ・アウトフローの問題であるが,この帰結に至る前に,利益を追求しなければならない。そのためには,上記の「月次マネジメント・レポート」で経営幹部の意識を変えることからはじめなければならない。

⑦ 事業部門別・商品別の収益管理の不徹底

企業が複数の事業部門を持っているケースで,各事業部門が本当に儲かっているのか否か分かっていないことが多い。また,事業部門は一つでも複数の商品・サービスを提供している場合,どの商品が儲かっていて,どの商品が儲かっていないかが分かっていないことも多い。もちろん,事業承継企業のみならず,中小・ベンチャー企業でここまでやっている企業は少ないかもしれない。しかし,これぞ利益性を高める宝の山なのである。時に精緻な原価計算の世界に入るが,これを経験しているCFO人材は世の中にたくさんいる。ちなみに,この作業の前に,原価計算制度の不備が発見され,新たな制度の構築を迫られるケースも多い。

⑧ 雑な資金繰管理

事業承継企業の中でも,この資金繰り管理が甘い企業が実に多い。資金繰りがタイトな企業でも多い。まず,資金繰りの種類であるが,年度単位の資金繰り,月単位の資金繰り,週単位の資金繰り,日単位の資金繰り(日繰り)とあ

るが，資金繰りが非常にタイトな企業には，日繰りまで行うことを奨めるし，そこまでの状態ではない企業でも，できれば週単位の資金繰表を作成することを奨める。これは，月末に資金が足りていても月中に不足するケースがあるからである。また，資金の効率運用の背景もある。現在のように金利率の低い時代はあまり効果がないが，金利水準が高い局面では威力を発揮する。つまり，一時的な余剰資金を普通預金口座に長く寝かすのは，財務責任者のやることではない。しかし，逆にリスクの高い資金運用は絶対に奨められない。

⑨　バランスシート対策の不徹底

一般的に，損益計算書は見るが貸借対照表は見ないという企業が多い。バランスシート対策とは，「資産圧縮」のことである。事業承継企業では，まず間違いなく，ここまではやっていない。過多な売掛金，在庫等は多額のワーキングキャピタルを生み，その削減は，資金繰り上も大きな効果をもたらす。これには，削減に伴う仕組みを構築したり，外部と交渉したりと決して簡単ではないが，これに有効なのがベンチマーキングである。効果は大きいゆえ，取り組む価値は十分ある。

⑩　人事制度の問題

事業承継企業で最適人事制度を持っている企業はないに等しい。決して年功序列の人事制度が絶対に悪いというつもりはないが，社員・従業員には明確な目標設定を行い，それに基づいて評価する。人事制度全般がモチベーション向上につながっているのか，時として，これは企業の命運を左右する最重要事項の一つとなる。

⑪　法務面の管理の問題

法務関係については，企業にとりその重要度は異なってくるが，総じて，特許やブランド価値，対外契約に対する重要性の認識が低く，したがってその管理も甘い。これは，場合によっては，企業を根底から瓦解させることにもつながりかねない事態を引き起こす。ファンドのデューデリジェンスの時には，当然，法務デューデリも行われるわけだが，その結果次第では，認識を新たに，

その精度，運営を見直さなければならない。

⑫ 業務のシステム対応の問題

最後は，「CFO」，「人事」，「システム」の三点セットの一つ，業務のシステム対応の問題である。ベンチャー企業ならともかく，事業承継企業でシステムに理解がある企業オーナーは少ない。もちろん，背景には，システム化に理解が少ないだけではなく，投資の優先順位としての問題もあるかもしれない。ファンドへの承継後はシステム化の方向へ走るわけだが，ここで注意しなければならないことが一つある。それは過度なシステム化に走ることである。ファンドの担当者から見ると「そんなこともシステム化できていないのか。やれ！」ということだろうが，最新のシステム状況を知っているファンドの安直な結論にブレーキをかけるのはCFOの大事な仕事だ。CFOがファンドを説得する手立ては，中期的な「重点・優先投資政策」ある。

3 事業承継におけるCFOの役割

(1) CEO～COO～CFOの経営体制

CFOの役割に入る前に，CFOを含む経営体制について説明する。通常，この経営体制は，CEO（最高経営責任者），COO（最高執行責任者），CFO（最高財務責任者）からなる。

まず，CEOであるが，そのミッションは「経営戦略の立案」にあり，企業の方向性を指し示すことだ。経営戦略の検討項目は**図表4－1**の通りであるが，正しく多岐にわたっている。次に，COOであるが，CEOの経営戦略立案を補佐するとともに，最大のミッションは「経営の執行」にある。では，CFOのミッションは何か。もちろん，COOとともに，CEOに対する経営戦略の立案を補佐することも任務であるが，最大のミッションは，「資本効率を上げ，企業価値の最大化を図る」ことである。まだまだ日本では，このような明確なミッションを持った経営体制というのは主流とは言えないが，ファンド関連案件では，これが一般的となりつつある。

(2) CFOの使命と役割

前項で述べたミッションを達成するために、CFOは四つの役割を持つことになる（**図表 4 − 2 参照**）。まず、最初の役割は、前項で述べた「CEOの戦略立案に対する補佐」である。時として、この経営体制の中で、最も情報が集まるCFOがそのリード役となることも多い。

図表 4 − 1　経営戦略検討事項

■企業理念	■ビジョン	■事業ドメイン
■内部環境（自社）分析　−　自社の強み，弱み		■コアコンピタンスの選択
■外部環境分析　−　市場，業界，競合分析		■成長戦略，多角化戦略
■新規事業戦略・撤退戦略		
■事業ポートフォーリオ	■事業再編戦略	■バリューチェーンと事業変革
■グローバル化戦略	■マーケットセグメンテーション	■ターゲットマーケット
■ライフサイクル	■規模の効果把握	■ポジショニング
■差別化戦略	■投資戦略	①成長のための投資戦略 ②生産性向上のための投資戦略 ③技術力向上のための投資戦略 ④管理体制強化のための投資戦略
■商品力向上戦略		
■CS向上戦略		
■生産性向上戦略	■人事基本政策	■社員モチベーション向上戦略
■コンプライアンス基本思想	■財務基本政策	■資本政策，IPO戦略，IR戦略
■成長性，生産性，収益性，安定性　−　目標設定		■グループ戦略

(出所)　デルタウィンCFOパートナーズ

第二の役割が「経営検証」である。これには、価値評価とリスク管理がある。社内のさまざまな投資やそのプロジェクト活動における価値評価を行うとともに、潜在するリスクに関する分析と対策を打ち出す非常に重要な任務の一つである。ちなみに、リスクには、(1) 経営戦略上の意思決定に関連した「経営戦略リスク」、(2) 業務の有効性と効率性、従業員、情報システム、コンプライアンスや財務に関した「業務リスク」、(3) 企業を取り巻くビジネス環境に関

図表 4 - 2　CFOの使命と役割

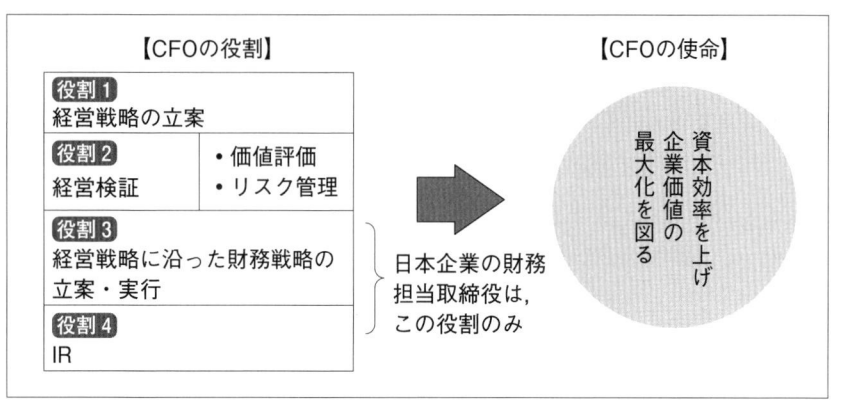

```
【CFOの役割】                              【CFOの使命】
┌─────────────────────────┐
│ 役割1                    │
│ 経営戦略の立案            │
├──────────┬──────────┤          ┌─────────┐
│ 役割2     │・価値評価  │          │ 資企最 資 │
│ 経営検証  │・リスク管理│          │ 本業大 本 │
├──────────┴──────────┤   ⇒    │ 価化 効 │
│ 役割3                    │          │ 値を 率 │
│ 経営戦略に沿った財務戦略の│          │ の図 を │
│ 立案・実行                │          │   る 上 │
├─────────────────────────┤   日本企業の財務       げ │
│ 役割4                    │   担当取締役は，    └─────────┘
│ IR                       │   この役割のみ
└─────────────────────────┘
```

(出所)　デルタウィンＣＦＯパートナーズ

連した「経営環境リスク」に大別される（新日本E＆Yリスク・マネジメント編（2002）『ビジネス・リスク―基礎知識から実務対応まで―』中央経済社）。

　第三の役割が，上記の第一で固まった経営戦略に沿った「財務戦略の立案と実行」である。最適資本構成，投資戦略，財務目標の設定，予算方針の骨格，フリーキャッシュフロー最大化，資金調達方針，利益配分方針など多岐にわたる。

　そして最後の役割が「IR」である。株高誘導のためではなく，適正な株価形成を行うための施策を打つ（ディスクロージャー活動を行う）のである。

(3) 特に，事業承継CFOに求められる役割

　ファンドの事業承継案件にもさまざまな問題があり，CFOもその解決に振り回されるが，それぞれ企業固有の問題を除けば，CFOの重要な枠割は，「経営管理のレベルを普通の会社並みにする」ことと，「会社の風土を変え，社員・従業員の意識変革を行う」ことの二つである。この二つが軌道に乗りはじめれば，成功への道を70％くらい進んだと言ってもよいだろう。

① 経営管理のレベルを「普通の会社」並みに引き上げること

　経営管理で最も重要なことは，「2. CFOが直面する承継直後の経営管理部門

の問題点」でもあげたが（a）マネジメント・レポートと言われる当該月の経営実態を詳細に的確に分析し，その結果取るべき打ち手を明示した月次経営管理・分析月報をタイムリーにマネジメント，株主へ開示することである。これを定型化することは決して容易なことではなく，事業そのものの分析から管理会計の全面的な見直しを含む最適KPIの設定へ，そして「これを見たら，企業の業績，状況，今後のすべてが分かる」という数多ある企業内文書類の中でも最重要な経営文書を完成せねばならない。

また，ファンドも真っ先にこれを要求するが，このマネジメント・レポートを広く経営幹部クラスが理解するようになると会社の中で「経営の好循環」が生まれはじめる。その意味でも，新マネジメントにとって，ファーストステージの最重要課題といってもよい。因みに，この月次のマネジメント・レポートは，月次決算締め後，翌月10日までに完成しておかねばならない（したがって，月次決算は，翌月7日までに完了しておかねばならない）。

経営管理で次に重要なのが，（b）予実管理である。もちろん，この結果は，上記マネジメント・レポートの一部になるもので，同レポートの顔とも言える。この予実管理を成功させる秘訣は，予定（計画）を立てる時，可能な限り細かい前提条件を設定することである。そうすれば，差異分析も容易で，「何が予定を狂わせたのか」が明確になる。

事業承継案件ではほとんどが，（a）マネジメント・レポートなど社内に存在しないし，（b）予実管理では，せいぜい対計画差を出したものがある程度のことだろう。

② 企業風土を変える，意識変革を行うこと

「1. CFOが直面する承継直後の会社の（全社的な）問題点」であげられたもののうち，意識改革を要するものを整理すると次のようになる。

- ◆自ら考え提案することがない。工夫することもない。指示待ちが常態化している。
- ◆モチベーションが低い（よし，やるぞ！という気概がない）。
- ◆社員間にチームワークがなく，管理者のリーダーシップもない。全社的な一体感もない。

これまでの経験から，この意識改革の問題をファンドから派遣されたCEO，CFO等現有マネジメントだけで解決するのは至難の業であり，エグジットまで待っても解決できないだろう。この問題は，承継後半年から1年で解決しなければならない。それには，一種ショック療法を用いる意識改革のサービス（手助け）を提供する専門会社の手を借りつつ，マネジメント主導で行うことを奨める。1年間のプログラム・メニューに沿って辛抱強くやるわけだが，半年くらいから効果が表れはじめる。また，あるCFOは，意識改革の根幹に触れてこう言う。

「過去の企業文化がどうであったのかその文化をどのように変えていくべきかを考えることが必要かと。個人的には企業文化を『行動価値判断基準』と呼んで目標とすべきビジョンを示し，それを具現化した日常行動で取るべき行動の標語化を行い，人事評価でこのPDCA（plan-do-check-act）を試みた。長い目で見ると継続成長企業になるための種を植えられたのではないかと自負している。これが浸透すれば，例えば指示待ち人間は自然と撲滅できるはず」。

　最後に，**図表4－3**は，ファンド案件の中でも，事業承継が最も経営管理水

図表4－3　ファンド案件と経営管理・意識改革の重要性

（●最も重要　▲重要）

	企業再生	事業再編	事業承継	グロース	ベンチャー
経営管理のレベル向上	▲		●		●
意識改革	●	▲	●		

（出所）　デルタウィンCFOパートナーズ

準の引き上げと意識改革が最重要課題であることを示している。

4 事業承継CFOに必要とされるスキル・経験

(1) CFOに必要な基本スキル

　CFOに必要なスキルは，**図表4－4**にあるように，大別すると，①ファイナンシャルスキル，②経営企画スキル，③マネジメント力の三つであるが，それらはさらに細分化され，ファイナンシャルスキルは，118分類，経営企画スキルは53分類，マネジメント力は21分類，合計192のスキル・能力に分類され，私どもは，CFO人材の評価をこの192項目で行っている。

　日本企業のファイナンス担当役員なら①のみで十分かもしれない。日本企業の経営企画担当役員なら②だけでよいかもしれない。しかしながら，ファンドが求めるのは，先のCFOのミッション，役割を果たすために必要な（192の）スキル・能力をすべて有する米国型CFOである。そんな人材がこの日本にいるのだろうかと思われるだろうが，これが「CFOはスーパーマン」と言われるゆえんである。後述するが，そのために今CFO人材育成で必要なのは，"一流CFOになるための（個別）キャリア指導"とこの192項目それぞれの"実務体験"である。

　では，今，この三つのスキル・能力の点で，何が問題なのかを指摘したい。一つは，ファイナンシャルスキルに関して，192スキル・能力を「実務」を通して習得しておかねばならないということだ。ファンドの投資先というのは，一般的に企業価値が低い企業が多い。今，企業価値が低いが手を加えれば企業価値が上がると思うから投資することになる。そうした企業価値の低い企業は，経営管理のレベルも低く，人材面でも恵まれてはいない。そうすると，CFOが自らプレイヤーとして改革に乗り出さなければならないし，ハンズオンで（新しいやり方を）指導できなければならない。「おい，課長，連結決算のやり方を部下に教えておけ！」と言ってもその課長も知らないわけだから。「知っていることと，できるということは違う」とよく言われるが，やったことのない人はできないのである。管理会計が分かる，財務分析ができるだけでは駄目

である。実務のすべてを知り尽くしていないと，部下は付いて来ない。一般的に，「金融機関やコンサルティング業界の経験のみの人は，（米国型）CFOは無理。ファンドの投資先のCFOにはなれない。」と言われるゆえんである。

　次に二つ目の指摘は，経営企画スキルに関してである。経営企画は，(a) 経営管理，(b) 経営戦略，(c) 問題解決の三つからなる。(a) 経営管理は，既述のごとく，管理会計の分野をベースに，最適KPIを設定し，これに基づき，これを見たら経営のすべてが分かるという最適マネジメント・レポートを作ること，そして予実管理をしっかり行い，そのフィードバックと打ち手の実行である。(b) 経営戦略は，**図表4－1**にあるように，最適事業ポートフォリオや重点投資戦略を検討したり，その結果としてM&A等の施策を打つことである。(c) 問題解決とは，企業が抱える深刻な問題や今後露呈する可能性が高い，経営に悪影響を与える問題を，時にプロジェクトチームを組成して，片っ端から解決していくことである。

　そこで，この経営企画スキルについての問題というのは，(a)(b) までは持ち合わせていても，(c) が不足しているケースが多い。(c) を含む経営企画全般のスキル習得には，恐らくコンサルティング・ファームで一定期間修行するが効果的と思われる。特に，(c) については，コンサルティング・ファームに勤務しなくても，今属している企業が大きな問題を抱えコンサルティング・ファームの力を借りるという機会がもしあれば，その社内プロジェクトに参加

図表4－4　CFOに必要な基本スキル

大分類 （3分類）	①ファイナンシャルスキル	②経営企画スキル	③マネジメント力
中分類 （10分類）	■財務分野	■経営管理分野	■リーダーシップ力
	■経理分野	■経営戦略分野	■対人関係力
			■意思決定力
	■税務分野	■問題解決分野	■自己管理力
小分類 （192分類）	118スキル	53スキル	21能力

（出所）　デルタウィンCFOパートナーズ

するのである。それで十分だ。つまり、そこで、コンサルティング手法を盗むのである。

　三つ目の指摘は、CFOのみならず日本のビジネスパーソンの最大の弱点であるマネジメント力に関してである。ただ、このマネジメント力というのは、そう簡単には身に付かない。いくら本を読んでも、いくら研修を受けてもさほど効果はない。結論から言うと、「修羅場をくぐる」しかないのである。日本の産業界あげての対応が必要となる。この「マネジメント力養成」の問題は、本稿の最終節「7. CFO人材育成のための提言」で詳述する。

(2) 特に、事業承継CFOに必要とされるスキル

　事業承継CFO特有の必要スキルというのはないが、重要スキルとしては**図表4－5**に示されている三つのスキルの中でも、経営管理スキルとマネジメン

図表4－5　企業タイプとCFO分類

重要スキルによるCFO分類／企業タイプ分類	(1)ファイナンス実務系CFO			(2)企画系CFO			(3)マネジメント系CFO(COO型)(番頭型)
	①財務系CFO	②資金調達系CFO	③経理系CFO	④経営管理系CFO	⑤戦略系CFO	⑥コンサル系CFO	
(A)中小企業		●	●				
(B)ベンチャー企業		●	●	●			
(C)安定企業	●			●			
"変身"企業 (D)再生企業	●			●		●	●
"変身"企業 (E)再編企業	●			●			●
"変身"企業 (F)事業承継企業	●			●			●
"変身"企業 (G)成長途上企業	●			●	●		●
(H)大企業	●			●	●		●
(I)マルチナショナル企業				●			●
(J)外資系企業				●			●

(出所)　デルタウィンCFOパートナーズ

ト力である。

① 経営管理スキル

事業承継案件では，「2. CFOが直面する承継直後の経営管理部門の問題点」でも述べたように，経営実態を正確に把握する仕組みが整備されていない。そして，繰り返しになるが，そのためには，KPIの設定とその後の，これを見たら，経営実態のすべてが分かるという，いわゆる「マジメント・レポート（経営月報）」の作成が急がれる。このためには，管理会計を中心とし経営管理スキルが要求される。

② マネジメント力

「1. CFOが直面する承継直後の（全社的な問題点」で指摘されている多くの

図表 4 - 6　CFOに求められるマネジメント力（米キャリパー社による分類）

リーダーシップ	目標，戦略，ビジョン，方法を明確に主張することができるか。	M01
	自分の考えで相手を説得し，協力を得たり契約を獲得することができるか。	M02
	方向性，基準，求めるものを明確に伝えることができるか。	M03
	権限を委譲し，その後の動向をフォローすることができるか。	M04
	話し合いによりお互いが納得できる結果を生み出すことができるか。	M05
	部下の成長のために指導，垂範，意見を与えることができるか。	M06
対人関係	人間関係を積極的に作ることができるか。	M07
	人間関係を保つことができるか。	M08
	他人と協力することができるか。	M09
	助言や他の意見によく耳を傾け，受け入れることができるか。	M10
	上司の指導を受け入れ，指示に従うことができるか。	M11
問題解決/意思決定	問題点や論点を認識することができるか。	M12
	問題点や根本にある原因を分析することができるか。	M13
	さまざまな角度から解決策を検討し，考慮することができるか。	M14
	決定事項を実行に移すことができるか。	M15
自己管理/時間管理	既存の枠組みにとらわれず，自らの目標，目的，優先順位を設定することができるか。	M16
	組織のルールや規則，手順に沿って働くことができるか。	M17
	仕事の時間と優先順位を効率よく管理することができるか。	M18
	期限内に任務を完了させるまで，最後まで仕事をやりぬくことができるか。	M19
	仕事を丁寧かつ性格に完了させることができるか。	M20

（出所）『Management Development Report』（キャリパージャパン）

問題に共通するのが，会社の風土を変えることからはじまる。これは正に，マネジメント力が物を言う世界である（**図表4－6**参照）。

5　事業承継におけるファンド側の問題点とマネジメント（CEO，CFO）側の問題点

　これは何も事業承継に限ったことではなく，企業再生，企業再編等ファンドが絡む案件に共通する，案件の生死をも左右しかねない最重要問題点ととらえていただきたい。以下，ファアンド側とマネジメント側に分け，具体例を示し問題点を指摘する。

(1) 事業承継におけるファンド側の問題点

　ファンド案件へ送り出したCFOを見ていると，ファンド（大株主）との関係がおかしくなる，コミュニケーションが希薄になるのは，決まって会社の様子が分かってくる入社半年目，会社の最初の業績が出る入社1年目，そして最後がエグジット時点である。つまりCFOはその都度，「こんなはずじゃなかった！」と述懐するのである。では，この三回の「こんなはずじゃなかった」は何が原因で起きるのか。さまざまな要因があるであろうが，私は以下2点が最も主要なものと考えている。

①　ファンドによるマネジメントに対する情報開示不足

　私は，ファンドとマネジメントの信頼構築の第一歩は，ファンドがクロージング前に行ったデューデリジェンス，マーケットリサーチ，ビジネスプラン作り等，さまざまな投資検討で得た情報をネガティブ情報を含め，100％マネジメントへ情報開示することだと思う。しかし残念ながら，私どもから送り出したCFOのケースをみると，この100％開示を行っているファンドは皆無に等しく，主要重要情報に限っても，恐らく全案件の50％～60％くらいしか開示されていないだろう。特にCFOはある意味ファンド（大株主）の代理人であり，身内であることを考えると情報の100％開示は至極当然のことである。

　もう一例あげよう。それは新マネジメントがキックオフ後に作る（べき）ビ

ジネスプランのことだ。多くの送り出したCFOを見ていると、やっているのは、せいぜいファンドが作成したビジネスプランをベースに単年度の事業計画作りだ。私が言っているのは、単年度事業計画ではなく、中期の市場環境分析を含む事業戦略、戦略的施策のことだ。ここで会社の方向についてファンドと喧々諤々やるのである。そこに意味がある。これをやっているのは、おそらく全体の20%～30%だろう。これらを実行すれば「こんなはずじゃなかった」はなくなるだろうし、軽微ですむだろう。

② ファンドによるマネジメントに対する**全面的バックアップの姿勢**
　CFOは取締役CFOであるケースが多く、執行部隊の一員であるとともに、取締役として経営監視という相矛盾する役割をも担っている。これはCFOにとっては、とてもリスクが高い立場にいることになる。どういうことかと言うと、CFOが執行部隊の中で孤立する可能性が高いことを意味している。そこで重要なのは、CFOに対し、「思いきってやれ、執行部隊の中で孤立しても後は心配するな！」と全面的なバックアップの姿勢を見せるとともに、その保全策を講じていただきたい。CFOにとり、その安心材料の一つは、ストックオプション等のエクイティやエグジット・ボーナスの付与であろう。ファンドのエグジットまでに期間は3年前後。早ければ2年というケースもある。エグジットがM&Aの場合は、CFOポジションはバイヤー・サイドが押さえにかかるため、辞めることになる。CFOにとり、こんなばかばかしいことはない。何も、エクイティやエグジット・ボーナスがすべてではないが、欧米でこれが付与されないケースは皆無と言ってよい。日本のファンドがいかに遅れているかが如実に表れている。

(2) マネジメント（CFO）側の問題点
　これはもうこの一つといってもよい。それは、日本のビジネスパーソンの最大の弱点であるが、「マネジメント力の欠如」である。2003年に産業再生機構ができ、その機構が使命を終える2007年までの間、多数の企業再生案件が取り組まれたが、このとき、日本中、再生CEO不足、再生CFO不足が叫ばれた。このマネジメント力欠如の問題は、「4.(1)」とともに、最終節「7.CFO人材

育成のための提言」で詳述する。

6 ファンドのエグジット時点における懸念事項

　これまで，ファンドのエグジットで「社員の士気低下」という観点から，どうも気になることが二つある。それは，ファンドからファンドへの売却というケースと当初のIPOというエグジット方針が売却に変わるケースだ。

(1)「ファンドからファンドへの売却」による社員・従業員の士気低下

　旧オーナーよりファンドが事業承継を行った時，まず社員・従業員はどう思うか。それは共通して「ファンドというのは，いずれ売却する鞘取り業者じゃないか。腰を落ちつけて取り組むことはないし，われわれはそんな奴らにペコペコしてついていかなばならんのか」という意識を持つ。そのうち，ファンドに対する理解が深まるにつれて，「そうか，（企業再生なら）一時的に病院に入り最新の医療技術で（最新の経営手法で）元気になって，また戻ればよいのか」と思うようになる。そこで，またファンドへ売却された場合，「再入院か。またこれから5年間病院暮らしか。家に帰りてえな。せめて死ぬ（定年）までには…」と思う。この社員の士気低下，お分かりだろうか。もちろん，より高度な病院（ファンド）に入り，最先端医療をもって回復するケースは多々あるだろうが，問題は入院患者（社員・従業員）の気持ちをどうリハビリするかである。日本におけるファンドの歴史もまだ10年，今後の大きな課題であろう。ファンドに絡む問題は，だいたい米国の歴史に学べばその解決策は見い出せるが，こればかりは，「企業」，「就職」に対する考えが大きく異なる日米ですから，われわれ自らが考えるしかない。

(2)「エグジットがIPOから売却への方針転換」による社員の士気低下

　ファンドのエグジットは，多くは売却（M＆A）であるが，業種・業態，企業の特色によっては，IPOのほうが得策である場合がある。そして，ファンドも企業もIPOを照準に社員を鼓舞し，そのやる気を高める。しかし，ファンド

は，エグジットの千載一遇のチャンスが到来すれば急遽M&Aに切り替える。「これで上場企業になる」と，いったんは胸ふくらませたものが一気に凋んでしまう。社員・従業員にとり，もし売却先が一流企業であればその傘下に入るのも悪くはないと思う者も一部いるだろうが，多くは「ファンドが利益追求のために逃げた」ととる。これには，「次のファンドは，その前のファンドと違って，こういう貢献ができる」ということを理解させるしか方法はないのであるが，ほとんどのファンドはそれができていないし，説明を試みることすらやっていない。次のバイヤーが一般事業法人であれば，「運命共同体としてともに成長し，繁栄できる」ことを丁寧に説くことだろう。

7 CFO人材育成のための提言

　過去8年間，CFO人材をファンドの投資先に送り出してきた経験から，今，CFOの人材育成に何が急務の課題かと問われれば，それは間違いなく，CFO人材に対するキャリア指導とCFO人材にとって必要なスキル・能力の中でも，マネジメント力をいかに養成するか，の二点である。

(1) CFO人材に一流CFOに到達するためのキャリア指導を！

　今，日本でCFO人材にキャリア指導を行っているところはほとんどない。つまり，一流CFOになるためにどんなスキル・経験が必要で，それをどのように効果的に身に付けるべきか，この指導・ガイダンスが全くなされていない。これまでたくさんの会社がCFO教育と称して，教育を行ってきたが，現在まで継続しているところはない。ましてや，本人の持つスキル・能力を棚卸し，「今，あなたに何が欠け，今後，その欠けているスキル・能力をこのようにして身に付けなさい」と指導しているところは，私の知る限り1社もない。私どもの場合，CFOネットワークへの入会前にこれを実施しているが，会員に対してのみであり，会員以外に手広くサービスを提供しているわけではない。「4. CFOに必要とされるスキル・経験」でも述べたように，192項目のスキル・能力を身に付けなければならないのである。少しでも横道に逸れるようなことが

あれば，また非効率に習得するようなことがあれば，一流CFOにはなれないのである。日本ビジネス界に優秀なCFOを多数輩出するには，是非とも，これが欠かせないと信じる。

(2) CFO人材にマネジメント力の養成を！

次に優先すべき課題は，日本のビジネスパーソンの最大の弱点であるマネジメント力を身に付けることである。マネジメント力とは，**図表4－6**にあるようにリーダーシップ，対人関係，問題解決／意思決定，自己管理／時間管理に大別される。銀行やコンサルティング・ファームに長くいた人がCFOになりたいと言ってやって来る。無理だ。個々のファイナンシャルスキルの問題もさることながら，一番の問題はマネジメント力がないことである。金融・コンサル以外に一般事業法人でも，大企業ではマネジメント力は身に付かない。大企業では，しょせん一定の枠の中で，あーでもない，こうでもないとやっているにすぎず，この枠が取っ払われると，右往左往するだけである。本音が出ることは稀で，背面服従の部下に囲まれた大企業以外では通用しない，また大企業他社では通用しない見せかけのマネジメントである。では，このマネジメント力はどこで身に付くのか。それはもう中小・ベンチャー，中堅の秩序のかけらもない渾沌とした企業で，一つひとつ問題を解決し，山を乗り越えて行くしかない。破綻した，あるいは破綻寸前の会社などが最適かもしれない。元産業再生機構COOの冨山和彦氏がよく言われるように，「修羅場をくぐる！」しかないのである。

もう一点，このマネジメント力の欠如には，日本の大企業にも大いに責任があると思っている。大企業の中には，子会社・関連会社を何百社と持っているところがあり，こういうところへ30歳代前半の入社10年選手を出しておけば，数年前までの再生CEO，再生CFO不足は起きなかっただろう。残念ながら，未だにシルバー対策としてしか使われない。目覚めよ，大企業！

おわりに

　当社設立以来，この8年半は，CFO人材とともに，そしてファンドとともに歩んだ8年半だった。本稿を締めるにあたり，最後に，事業承継を検討されている企業オーナーの方々，事業承継案件を取り扱うファンドの方々，プロの経営請負人として事業承継案件に関わるCFO人材の方々，それぞれに以下大切なメッセージを送りたい。

＜企業オーナーの方々へのメッセージ＞

①後継者探し，後継者の株式買い取り資金，株式一括売却，分散株主との調整など複雑な問題を抱え，事業承継をされようとしている方には，効果的・効率的な方法として，ファンドの活用をご検討いただくことをお奨めしたい。

②事業承継後の会社の姿が気になりませんか？　ファンドの力（経営力），取り分け，成長戦略の下，外部人材を起用し，一層，社会に認知された企業の姿を見たいとは思いませんか？　そのきっかけを作るのは，ファウンダー（創業一族）としての最後のミッションである。足跡の仕上げを！

＜ファンドの方々へのメッセージ＞

①ファンドが経営に直接参画する時は，オペレーションを熟知したCOO経験者等を起用しよう！

②CFOには，適正報酬＋エクイティを！

③クロージング前の投資検討資料（情報）をすべてマネジメントに開示しよう！

④市場の先読みを！

＜CFOの方々へのメッセージ＞

①計画的なキャリア形成を！　時間は残されていない！

②頭の血管がブチ切れるくらい考え抜き，ビジネスモデルを変えるくらいの提案をせよ！

③修羅場をくぐれ！　逃げるな！（神様は大成功をもたらす前に，必ず窮状

を作り出し，乗り越えられるかどうかの踏み絵をさせる）
④場の先読みを！

　今後，日本経済の復活は，事業承継の成否にかかっていると言っても過言ではなく，その意味で，ファンド，CFO人材とも一層の鍛錬が期待される。

第 5 章 日本におけるオーナー企業のバイアウトの市場動向

株式会社日本バイアウト研究所
代表取締役　杉浦慶一

はじめに

　1998年にバイアウト・ファンド等の投資会社の出資を伴う日本初の本格的なバイアウト案件が成立してから十数年が経過した。その間に成立したバイアウト案件の件数は通算500件を超えている。その中で，「事業再編型」，「事業再生型」に続いて，三番目に多く成立しているタイプが「事業承継型」である。近年，オーナー企業の事業承継案件への投資を重視するバイアウト・ファンドが数多く登場し，具体的な事例も増えてきている。

　本稿では，まず，日本におけるオーナー企業のバイアウトの類型について述べる。次に，オーナー企業のバイアウト案件の市場動向について日本バイアウト研究所の統計データを用いて明らかにする。そして，バイアウト・ファンドが保有株式を売却してエグジットを達成した案件の特徴を明らかにした上で，日本高純度化学の事例について述べることとする。

1　日本におけるオーナー企業のバイアウトの類型

　近年，オーナー企業の事業承継や資本再構築を背景とする案件が急増している。オーナー企業のバイアウトのタイプのうち，従来はオーナーの保有株式の売却需要を起因とする事業承継（business succession）型が多かったが，近年は株主構成の最適化や成長資金調達などのように対象企業の資本再構築を起因

とするタイプも出てきている。さらに未上場企業だけではなく，上場オーナー企業によるバイアウト・ファンドの活用事例も多くなってきている。本節では，オーナー企業のバイアウトの種々のタイプについて，事例を交えながら明らかにする。

(1) 未上場オーナー企業の事業承継

　事業承継型は，創業経営者や経営の一線を退いている創業者一族による保有株式の売却需要を起因とするタイプである。創業社長や創業者一族は保有株式を売却することで創業者利得を達成する。バイアウト後に株式公開を目指す案件では，創業者が引退後も一部保有株式を残す場合もある。

　従来は，既に経営の一線を退いている場合や，高齢のために経営から引退する意向のある創業者が保有株式を売却するタイプが多かったが，近年は若手経営者が早期に保有株式を売却するアーリー・リタイア型の事業承継案件も登場している。英会話スクールのGABAの案件などはアーリー・リタイア型の典型的な事例である。

　図表5－1は，未上場オーナー企業の事業承継を伴う主なバイアウト案件を示しているが，多様な業種に及んでいる。

　事業承継案件への投資実績が豊富なバイアウト・ファームとしては，日本プライベートエクイティ，みずほキャピタルパートナーズ，ジャフコ，大和企業投資（旧大和SMBCキャピタル），オリックス，アドバンテッジパートナーズ，アント・キャピタル・パートナーズなどがあげられる。また，近年は，CLSA Capital Partners，CITIC Capital Partners，The Riverside Companyなどの外資系バイアウト・ファームもオーナー企業への投資を積極的に実施している。以前は，外資系ファンドに対する抵抗感もあったかもしれないが，海外の事業を伸ばしたい企業にとって，既に海外に拠点がある外資系ファンドのネットワークは魅力的なものであり，積極的な活用が進む可能性がある。

　なお，株式を売却した創業者が会長として一定期間残り，引き続いて経営に従事するケースもある。

図表 5 − 1　未上場オーナー企業の事業承継を伴うバイアウト案件

年月	案件名	事業内容	投資会社
1999年9月	日本高純度化学	貴金属メッキ用薬品の開発・製造	みずほキャピタルパートナーズ
2003年1月	木村電気工業	有線・無線・通信用・産業用などの各種高周波同軸コネクタの製造・販売	ジェイボック 日本プライベートエクイティ
2003年9月	エイチ・アイ・シー（現サイプレス・ソリューションズ）	コンピュータシステムの設計・開発	イデアキャピタル
2003年12月	信和	建設用仮設機材の製造・販売	SBIキャピタル
2004年4月	アールの介護（現ワタミの介護）	有料老人ホームの運営	ジャフコ
2004年7月	日本マニュファクチャリングサービス	製造請負，製造受託，修理・リペア受託，技術者派遣	ジャフコ
2004年7月	GABA	マンツーマン英会話スクール・英会話教室の運営	エヌ・アイ・エフSMBCベンチャーズ （現大和企業投資）
2004年10月	日本オイルポンプ	各種ポンプ，油圧モーターなどの産業用機器の製造・販売	日本プライベートエクイティ インテグラル・インベストメント
2005年10月	アントステラ	『ステラおばさんのクッキー』ブランドでのスイーツの製造・販売	アント・キャピタル・パートナーズ
2006年5月	第一建物管理	分譲マンションを主体とした不動産総合管理業	オリックス
2006年10月	フェニックスアソシエイツ	語学研修・ビジネススキル研修の企画，立案，実施	キャス・キャピタル
2006年12月	ニッコーシ	半導体・液晶製造装置部品の製造，電子材料の仕入・販売	みずほキャピタルパートナーズ
2007年4月	ケイビーエスシラカワ	分譲マンション，賃貸マンションを主体とした不動産総合管理業	オリックス

2007年5月	ANZEN Group	タクシー事業	ヴァリアント・パートナーズ
2007年9月	十勝	和菓子・生菓子・黒豆製品の製造・販売	J-STAR
2007年9月	バロックジャパンリミテッド	アパレル商品等の企画・製造・小売事業	CLSA Capital Partners
2007年12月	江戸一	焼肉・寿司中心の食べ放題セルフバイキングレストランの経営，和食・居酒屋・宴会場の経営	ソリューションデザイン 三菱UFJキャピタル ストラテジックキャピタルパートナーズ
2008年4月	コメダ	喫茶店チェーンの運営	アドバンテッジパートナーズ
2008年8月	フォーナインズ	眼鏡フレームの企画・販売	ジャフコ
2008年9月	三原機工	教育用机・椅子，給食用配膳台，各種作業台の製造・販売	福岡キャピタルパートナーズ 日本プライベートエクイティ
2008年11月	伸和精工	精密プレス金型の製造・販売，精密プレス部品加工	CITIC Capital Partners
2008年12月	サンカラー	印刷およびトータルなクリエイティブワーク，DM（ハガキ・名刺）の印刷	ドーガン・インベストメンツ
2009年11月	ヘルシーサービス	介護支援サービス	日本プライベートエクイティ
2010年5月	ナカアンドカンパニー	水晶発振器の設計・製造・販売	The Riverside Company
2010年11月	シカタ	バッグの企画・製造・販売・ブランド事業	インテグラル
2010年12月	サムカワフードプランニング	飲食チェーン店の経営	ポラリス・キャピタル・グループ

（出所）　日本バイアウト研究所

(2) 未上場オーナー企業の株主構成の再構築

　未上場のオーナー企業（ベンチャー企業を含む）が，株式公開を目指す過程で分散していた株主構成を是正するために，バイアウト・ファンドがいったん

株式を買い集めて新たな体制を構築する案件も登場している。具体的には，ワイエムシィ，アポプラスステーション，トライウォールの案件が該当する。

① ワイエムシィ

高速液体クロマトグラフィ用充填剤の製造を行うワイエムシィは，成長の各段階で資金調達や株式移動を実施してきた結果，株主構成の再構築の必要が生じていた。そこで，野村プリンシパル・ファイナンスの資金を活用し，株主の集約を行い，野村グループの支援を得ることとなった。

② アポプラスステーション

アポプラスステーションは，薬剤師職業紹介や薬剤師教育研修を主な事業として1993年に創業し，2000年からは，CSO（contract sales organization）事業を開始し，当該事業のリーディング・カンパニーとしての地位を築いていた。そして，複数のベンチャー・キャピタルからも出資を受け，事業を拡大し，株式公開を目指してきた。しかし，昨今の株式市場の状況を勘案し，上場戦略を見直していた。そこで，分散した株主構成をいったん集約し，経営の機動性を確保した上で事業運営にあたる方法を選択した。具体的には，独立系バイアウト・ファームのJ-STARが運営するファンドが，買収目的会社を通じて，アポプラスステーションの85名の全株主に対して株式取得の提案をし，議決権の3分の2を上回る株主の応募を得て，株式の取得に至っている。

本案件では，アポプラスステーションの経営陣が出資するMBO（management buy-out）の形態が採られており，現在の経営体制が維持されているが，J-STARから非常勤役員が派遣されるなどのサポートを受けており，今後の取り組みが期待されている。なお，株式取得に際しては，りそな銀行からの融資による資金調達が実施されており，LBO（leveraged buy-out）のスキームが採られている。

③ トライウォール

包装資材の製造・販売を行っているトライウォールについては，シティック・キャピタル・パートナーズ（CITIC Capital Partners）が関与するバイア

ウト・ファンドが株式の過半数を取得している。トライウォールは，アント・キャピタル・パートナーズ，ジャフコ，日本アジア投資を含むベンチャー・キャピタルから出資を受け，2008年にジャスダック証券取引所への上場の承認を得ていたが，株式市況の情勢などを勘案し，株式公開を延期していた。その後，2010年に，株主構成の再編成が実施され，シティック・ファンドが大株主となったのである。

シティック・キャピタルは，グループ会社が中国の産業・金融コングロマリットに属しており，その中国のネットワークを活用して，企業価値支援を行うことができるという強みを持っている。主要株主が，リード・インベスターとして役員派遣などのハンズオンで主導的役割を果たしてきたアント・キャピタル・パートナーズから，外資系のシティック・キャピタルに移行し，トライウォールの中国での事業拡大を含めた新たな取り組みが注目される。

図表5-2 株主構成の最適化を目的とした主なバイアウト案件

年月	案件名	売手	投資会社
2005年3月	ワイエムシィ	複数の株主	野村プリンシパル・ファイナンス
2010年7月	アポプラスステーション	ベンチャー・キャピタルを含む複数の株主	J-STAR
2010年8月	トライウォール	ベンチャー・キャピタルを含む複数の株主	CITIC Capital Partners

(出所) 日本バイアウト研究所

(3) 未上場オーナー企業の成長資金調達

未上場オーナー企業が成長資金の確保を目的とし，特に大株主である創業者オーナーが株式を売却せずに，バイアウト・ファンド等の投資会社が第三者割当増資を引き受けることで株式の過半数を取得するタイプも登場している。通常，レバレッジド・ローンを利用せずエクイティ投資のみで取引が遂行され，企業が調達した資金は設備投資などの成長資金に充当される。バイアウト・ファンドの持株比率は50％〜70％程度の場合が多く，エグジット方法として株

式公開が想定される場合が多い。具体的には，三起商行，イースタン，ソシエ・ワールドなどの事例が該当する。

① 三起商行

2006年8月には，「ミキハウス」ブランドで子供服製造卸事業を展開する三起商行が，東京海上キャピタルが運営するファンドを割当先とする第三者割当増資を実施して数十億円規模で資金調達を行っている。少子高齢化に伴い縮小する国内のベビー・子供服市場にあって，強力なブランド力と高品質で事実上一人勝ちしていた同社だが，保有不動産の時価低下で弱まったバランスシートを一気に改善して態勢を変える必要があった。この増資の結果，当該ファンドは株式の過半数を保有した。東京海上キャピタルは，複数名の取締役を派遣して，財務・人事などの内部管理面や事業戦略・資本戦略に関する助言を行うこととなったが，創業社長を中心とする経営体制や経営哲学を尊重し，両社の協力関係のもとで中国をはじめ拡大するアジア需要の取り込みにも重点を置きつつ拡大戦略に移行することとなった。

② イースタン

長野県茅野市に本社を置くイースタンは，半導体パッケージ基板や電源装置などの電子機器の製造・販売を行い，大手電機メーカーを主要取引先とする地方の有力企業である。2000年代半ばには，増収増益が続いて，主力製品に対する需要が旺盛で，既存の製造設備のフル稼働が続く中で設備投資を集中的に行うことが経営課題の一つとなっていた。そこで，野村プリンシパル・ファイナンスが第三者割当増資の引き受けを行うことで，積極的な事業拡大を追求していくこととなった。

③ ソシエ・ワールド

ソシエ・ワールドは，エステティック業界におけるトップブランドである「エステティックサロンソシエ」，「ビューティーアベニューソシエ」，「ラ・ファーストソシエ」，「ゲランパリ」などの展開と，ヘアーサロン業界におけるトップブランド「ヘアーサロンソシエ」，「ジャック・モアザン」などの展開を

行う総合美容サービス企業である。全国の有名百貨店や高級ホテルなどでサロンを展開するという独自の出店戦略を確立し，成長を図ってきたが，2007年6月に，さらなる成長を目指し，日興プリンシパル・インベストメンツ（現シティグループ・キャピタル・パートナーズ）の関連会社を割当先とする第三者割当増資を実施し，約100億円の資金調達を行った。

図表5-3　未上場オーナー企業の成長資金調達を目的とした主なバイアウト案件

年月	案件名	投資会社	概要
2006年8月	三起商行	東京海上キャピタル	数十億円規模の第三者割当増資を引き受け，内部管理面や事業戦略・資本戦略に関する助言を実施。
2006年9月	イースタン	野村プリンシパル・ファイナンス	約50億円の第三者割当増資を引き受け，設備投資および事業拡大を支援。
2007年6月	ソシエ・ワールド	日興プリンシパル・インベストメンツ（現シティグループ・キャピタル・パートナーズ）	約100億円の第三者割当増資を引き受け，内部管理体制の整備および業容拡大を支援。

（出所）　日本バイアウト研究所

(4) 上場オーナー企業の事業承継（非公開化のケース）

　近年，上場企業の非上場化を伴うバイアウト案件が増加しているが，創業経営者や創業者一族による保有株式の売却需要を起因とするタイプも存在する。通常，このようなタイプの場合，MBOを企図する経営陣とバイアウト・ファンドが買収目的会社（受皿会社）を設立し，公開買付け（TOB：takeover bid）を通じて全株式の取得を目指すこととなる。対象企業が上場廃止となることから，「非公開化」，「ゴーイング・プライベート」とも呼ばれる。

　大株主に高齢の創業者一族が連ねており保有株式の売却需要があり，市場での資金調達の必要性もなく，出来高も少ない上場企業には，ゴーイング・プライベートの検討の余地がある。過去の具体的な案件としては，大門（現マインマート），キューサイ，日本コンピュータシステムなどが該当する。

① 大門（現マインマート）

　上場オーナー企業の事業承継に伴うバイアウト案件で，対象会社の非上場化を企図した日本初の案件は，「公開企業の全株取得を目的としたプライベート・エクイティ・ファンドによる日本初の友好的株式公開買付け」という位置付けで2000年に実施された酒類販売チェーンの大門（現マインマート）の案件である。創業者と創業者一族で大門の54.8％の株式を保有していたが，ユニゾン・キャピタルがアドバイザーを務めるファンドが出資する買収目的会社が公開買付けを実施し，株式を取得した。大門の株式は，日本証券業協会に店頭登録されていたが，その後店頭登録取消となった。

　本案件の背景は，創業者が本公開買付け後に社長を退任し，資本力および新たな経営資源を提供できるユニゾン・キャピタルに大門の将来を託することとした点にあり，後任の社長には，ユニゾン・キャピタルのマネジメント・パートナーが就任した。

② キューサイ

　キューサイは，主力商品の「キューサイ青汁」の販売を開始して以来，全国的な知名度を獲得し，成長の基盤を形成してきた。また，健康志向の高まりに伴い，ヒアルロン酸コラーゲンや特定保健用食品といった新しい分野にも事業の拡充を図り，特にヒアルロン酸コラーゲンは青汁と並ぶ対象者のヒット商品に成長していた。しかし，健康食品業界では，アジアからの低コスト商品の輸入による商品の低価格化の影響を受け，企業間の競争は激化しており，キューサイとしても，事業の選択と集中により事業構造を見直し，より競争力の高い事業遂行を目指していく必要に迫られていた。

　このような状況の中，創業者である長谷川常雄氏は，創業以来のキューサイの業績の向上に一定の目処がついたとして，2006年5月26日開催定時株主総会をもって代表取締役社長を退任して経営の第一線から退いた。そして，キューサイのさらなる事業発展・企業価値の向上のためには，経営陣による経営を維持しつつ，ネットワーク・信用力に優れている第三者の下で新たな事業戦略を展開していくことが重要であるとして，MBOの方法にて保有株式を譲渡することを決意した。

キューサイの案件では、当時のエヌ・アイ・エフSMBCベンチャーズ（現大和企業投資）、ポラリス・プリンシパル・ファイナンス（現ポラリス・キャピタル・グループ）、日本産業パートナーズが運営するファンドの支援を得て、非公開化型MBOが実施された。

③ 日本コンピュータシステム

情報システムソリューションの提供を行っている日本コンピュータシステムは、大手SI企業間での合併や資本・業務提携が活発化している環境の中で、受注規模の拡大への要請や開発内容に対するニーズに応えるために、高度なスキルを有する人材を獲得する必要があり、また開発体制を支えるために営業力を強化していく必要もあった。

このような状況の中、日本コンピュータシステムの創業者は、業績向上に寄与してきたが、1997年に体調を崩して以来は、経営会議など主要な重要会議に出席し、事業活動に関する報告を受けるにとどまっていた。重要顧客への営業、日常業務のオペレーションなどの実質的な経営については、社長およびその他の経営陣に任せられており、創業者以外の経営陣による経営維持も十分可能な状態となっていた。そして、急激に変化する経営環境に対応するためには、持

図表 5-4　上場オーナー企業の事業承継案件（非公開化のケース）

年月	案件名	売手	投資会社
2000年9月	大門（現マインマート）	創業者一族（31.93%）資産管理会社（22.87%）一般株主	ユニゾン・キャピタル
2006年11月	キューサイ	創業者一族（64.09%）一般株主	ポラリス・キャピタル・グループ エヌ・アイ・エフSMBCベンチャーズ （現大和企業投資） 日本産業パートナーズ
2008年9月	日本コンピュータシステム	創業者オーナー（31.1%）一般株主	パレス・キャピタル

（出所）　日本バイアウト研究所

続的成長を可能とする企業体質を構築する必要があり，そのためには非公開化し，ネットワーク・信用力に優れている中核的安定株主の下で，経営陣による経営を維持しつつ，新たな事業戦略を展開していくことが重要であるとして，創業者はMBOにて自身が保有する株式を譲渡することを決意した。

このような事業環境の変化や創業者の意向もあり，パレス・キャピタルが運営するファンドが出資する特別目的会社が公開買付けを行い，非公開化型MBOが実施された。

(5) 上場オーナー企業の事業承継（上場維持のケース）

上場オーナー企業の事業承継を伴う案件には，バイアウト・ファンドが全株式の取得を想定せずに，上場を維持した状態で事業価値向上を目指すケースもある。この場合も，3分の1超の株式を取得する場合には，公開買付けが実施されるが，現在の株価水準に対してディスカウント価格での取得となるケースもある。バイアウト・ファンドが取得する株式が3分の1に満たない場合は，公開買付けを実施せずに創業者がバイアウト・ファンドへ譲渡することが可能である。

このようなタイプの案件としては，キャビン，京都きもの友禅，ナルミヤ・インターナショナル，東山フイルムなどの案件がある。キャビンと京都きもの友禅の案件は，いずれもバイアウト・ファンドが取得する株式の保有比率は3分の1未満であり，売手である創業者から相対で株式譲渡がなされている。

① キャビン

婦人服専門店を展開するキャビンの案件は，2004年9月に，創業者一族と資産管理会社の保有株式を大和証券SMBCプリンシパル・インベストメンツが取得することで実施された。キャビンには，大和証券SMBCプリンシパル・インベストメンツから，顧問一名（後に取締役も一名）が派遣され，経営管理手法の高度化，新規出店による売上の拡大，不採算店舗の閉鎖による事業効率の改善，海外生産比率の増加による原価率の低減などの施策の支援が実施され，2006年2月期決算では営業黒字転換を実現した。

2006年4月には，ファーストリテイリングと業務提携契約が締結され，大和

証券SMBCプリンシパル・インベストメンツの保有株式がファーストリテイリングに譲渡された。

② 京都きもの友禅

「振袖」を中心とした高級呉服の販売の全国チェーン展開を営む京都きもの友禅の事業承継案件は，創業者が保有株式の一部をOlympus Capital Holdings Asiaの関係先に譲渡することで実施された。呉服業界の環境は，業界内外の競争の激化，顧客ニーズの多様化，少子化による振袖市場の縮小などの問題に直面しており，京都きもの友禅においても，中核事業である呉服販売の拡大を図りつつ，コンプライアンスをより徹底させ，新規事業の取組など積極的な事業変革への着手が急務であることが認識されていた。

そして，従来の常識にとらわれない新たな経営陣に対して経営を名実ともに早期に承継する目的で，創業に参画して以来35年間にわたり経営の第一線に携わってきた河端雄樹社長が取締役を退任し，取締役経営企画部長を務めていた斉藤慎二氏が代表取締役社長に就任した。Olympus Capital Holdings Asiaから京都きもの友禅へは二名の社外取締役が派遣され，新経営陣はOlympus Capital Holdings Asiaおよび創業者一族と協議を行い，以下の目標を共有し，企業価値の向上を目指すこととなった。

- ・京都きもの友禅は，Olympus Capital Holdings Asiaとの資本関係構築を背景に，科学的な経営手法を導入することにより企業価値の向上を図る。
- ・京都きもの友禅は，既存の独自性に富んだビジネスモデルを一層強化するため，マーケティング機能および事業開発の充実化を図り，競合他社との差別化を促進する。
- ・Olympus Capital Holdings Asiaは，(1) 経営資源の提供，(2) 経営陣の補完ならびに社外取締役の派遣，(3) 企業価値の向上を図るための短期的および中・長期的戦略の構築等，を通じて企業価値の向上に貢献する。

③ ナルミヤ・インターナショナル

ナルミヤ・インターナショナルは，創業社長の成宮雄三氏のリーダーシップの下で，ベビー・ジュニア服小売業界において確固たる地位を築くべく，事業

を拡大してきたが，少子化やブランドに対するブームの沈静化の影響により，営業利益がピーク時よりも減少傾向にあった。

また，成宮雄三氏は，強力なリーダーシップを持ち経営に従事してきたが，高齢となり，近い将来に保有株式の売却を含めた次世代の経営者の問題を解決する必要があった。そこで，外部のスペシャリスト集団の協力を得るという決断をし，成宮雄三氏とその一族は，SBIキャピタルが運営するファンドが実施した公開買付けに応募し，保有株式を譲渡した。後任の社長にはアパレル業界での経験が豊富な岩本一仁氏が就任し，事業ポートフォリオの適正化を目指し，不採算店舗の大幅な削減，人員の効率化などのコスト削減策，中国本土への直営店の展開などの施策に取り組んでいる。

なお，2009年には，戦略的非公開化を企図した公開買付けが実施されている。

④ 東山フイルム

東山フイルムは，1949年に設立され，モーター巻線加工・絶縁材加工会社として住友電気工業の有力下請会社として成長してきた。1995年には，海外戦略の一環としてシンガポール，上海市に進出し，その後も工場の新設を行うなど成長を実現してきた。

その後，創業者より経営を引き継いだ深津昭彦会長が，脱下請業を掲げ，特定の企業との関係に依存しない「独立系」企業として，次の成長エリアとして海外，光学フィルム領域への進出という先見性に富んだ大胆な決断を行い，優位性の高い事業モデルを確立し，2007年にはジャスダック市場への上場を果たした。

一方で，2008年後半より米国発の未曾有の金融危機に伴う世界経済の落ち込みにより，外部環境は大きく変化した。そして，今後も継続的に成長していくためには，企業として再び大きな転換を図る必要があると考え，日本企業ではなくアジア企業として発展を実現可能な体制づくりを早急に行うことが必要と考えていた。

そのような問題意識がある中で，東山フイルムでは，2009年1月に代表取締役社長に松原茂氏が就任するなど，深津会長を中心としていた従前の経営体制から，緩やかな承継を進めていた。そして，深津会長は，経営体制の円滑な承

継を検討し，東山フイルムの強みを維持できるビジネス・パートナーへ大株主保有分を承継することが望ましいと考えるに至り，シティック・キャピタルとの複数回の協議・交渉を経て，公開買付けに応募する方法により売却することに合意した。公開買付けは，2010年6月に終了し，深津会長とその親族が全保有株式を売却した。

東山フイルムは，シティック・キャピタルをビジネス・パートナーとし，経営管理機能強化や中国を中心とするアジア市場における成長戦略遂行などの施策を遂行し，事業価値を高めていくこととなっている。

図表5－5　上場オーナー企業の事業承継案件（上場維持のケース）

年月	案件名	売手	投資会社
2004年9月	キャビン	創業者一族 (24.09%)	大和証券SMBCプリンシパル・インベストメンツ
2007年6月	京都きもの友禅	創業者一族 (30%超)	Olympus Capital Holdings Asia
2007年8月	ナルミヤ・インターナショナル	創業社長および創業者一族 (37.82%)	SBIキャピタル
2010年6月	東山フイルム	創業者一族 (55.27%)	CITIC Capital Partners

（出所）　日本バイアウト研究所

(6) 上場オーナー企業の戦略的非公開化

上場企業の非上場化を伴うバイアウト案件には，大株主の売却需要というよりも，現在の経営陣が非公開化することに意義を見出し，経営の自由度・機動性を確保するために実施されるタイプの案件も存在する。このような取引は，「戦略的非公開化」とも呼ばれている。近年，上場オーナー企業の創業社長や創業家出身の社長が主体となり，バイアウト・ファンドの資金支援を伴いながら，非公開化を企図する案件が登場している。

このようなタイプの場合，バイアウトのための買収目的会社（受皿会社）が設立され，公開買付けを通じて全株式の取得を目指す取引となるが，創業家はいったん株式を売却し，売却で得た資金により新会社に再出資することとなる。

あるいは、創業家の資産管理会社が公開買付者となり、創業家以外の全株式の取得を目指す場合もある。

創業家がバイアウト・ファンドの支援を得て非公開化型バイアウトを企図した事例としては、調剤薬局大手の阪神調剤薬局、コンビニ向け調理済加工食品・冷凍食品の製造を行うトオカツフーズの案件などが存在する。

図表 5 - 6　上場オーナー企業の戦略的非公開化を伴うバイアウト案件

年月	案件名	投資会社
2008年 1 月	阪神調剤薬局	ヴァリアント・パートナーズ
2008年12月	トオカツフーズ	かなえキャピタル

(出所)　日本バイアウト研究所

2　オーナー企業のバイアウトの市場動向

本節では、オーナー企業のバイアウトのうち未上場オーナー企業の事業承継の案件の市場動向について明らかにする。

(1) 未上場オーナー企業の事業承継型バイアウト案件の件数の推移

図表 5 - 7 は、未上場オーナー企業の事業承継型バイアウト案件の件数の推移を示している。

1999年にバイアウト・ファンド等の投資会社の出資を伴う日本初の本格的な事業承継型MBOが成立してから2010年12月末までに76件の案件が登場している。特に件数が増加したのは2006年からであり、4年連続で年間の成立件数が10件を超えていた。

なお、未上場オーナー企業の事業承継案件の取引金額は、売手が個人であるため公表されないケースが多いため統計を取ることが極めて困難であるが、ほとんどの案件は数億円から数十億円規模だと推定される。

図表 5 - 7　日本における事業承継型バイアウト案件の件数の推移

年	件数
1999年	1
2000年	1
2001年	1
2002年	1
2003年	4
2004年	5
2005年	6
2006年	14
2007年	15
2008年	12
2009年	10
2010年	6
合計	76

(注)　未上場オーナー企業の事業承継型バイアウトの件数のみを集計しており，株主構成の再構築，成長資金調達，上場企業の非上場化を伴う案件などの件数は含まれていない。
(出所)　日本バイアウト研究所

図表 5 - 8　日本における事業承継型バイアウト案件の年代別動向

年代	動向
1999年	・日本初の本格的な事業承継型MBOである日本高純度化学の案件が成立（9月）
2000年	・店頭登録企業の大門（現マインマート）の事業承継案件が，「公開企業の全株取得を目的としたプライベート・エクイティ・ファンドによる日本初の友好的株式公開買付け」という位置付けで成立（9月） ・日本アジア投資と日本M&Aセンターとの合弁により，中堅・中小企業のMBO（management buy-out）に特化したファンド運営会社である日本プライベートエクイティが設立される（10月）
2001年	・日本プライベートエクイティとジェイボックが共同で中堅・中小企業の事業承継・事業再編ニーズに特化したMBOファンドを組成（11月）
2002年	・日本高純度化学が株式公開を達成（12月）
2003年	・日本プライベートエクイティと三洋電機キャピタルが，中堅・中小の製造業を対象とする「TAKUMI継承ファンド」を共同で組成（8月） ・エイチ・アイ・シー，木村電気工業など地方の中堅・中小企業の事業承継型MBO案件が数件成立

2004年	・日本プライベートエクイティと三洋電機キャピタル（現インテグラル・インベストメント）が共同で運営する「TAKUMI継承ファンド」が，トロコイド・ホールディングスを設立し，日本オイルポンプの株式を取得（10月） ・アールの介護，日本マニュファクチャリングサービス，GABAなどサービス業の事業承継案件が複数成立
2005年	・アールの介護（現ワタミの介護）が，ワタミフードサービス（現ワタミ）の傘下に入り，ジャフコが運営するファンドがエグジット（3月） ・日興アントファクトリー（現アント・キャピタル・パートナーズ）が運営するファンドがアントステラへ投資（10月）
2006年	・GBIキャピタルと安田企業投資が，中堅・中小の食品加工会社に特化したバイアウト投資ファンドを共同で組成（3月） ・中小企業基盤整備機構が，後継者不在等の事業承継問題により新たな事業展開が困難となっている中小企業の事業継続を円滑化するとともに，新事業展開を通じた経営の向上を図ることを目的として，「事業継続ファンド」出資事業を創設することを公表（9月） ・GABAが株式公開を達成（12月） ・第一建物管理，フェニックスアソシエイツ，ニッコーシを含め14件の案件が成立
2007年	・ソリューションデザインが，日本国内の中小企業で，事業承継問題を抱える企業のうち安定したキャッシュフローが見込まれ，新事業展開意欲のある企業を投資対象とする「夢承継ファンド」を組成（1月） ・ドーガン・インベストメンツが「九州事業継続ブリッジファンド」を組成（5月） ・日本マニュファクチャリングサービスが株式公開を達成（10月） ・ケイビーエスシラカワ，ANZEN Group，十勝，バロックジャパンリミテッドなど15件の案件が成立
2008年	・アントステラが，森永製菓の傘下に入り，アント・キャピタル・パートナーズが運営するファンドがエグジット（1月） ・日本プライベートエクイティと福岡キャピタルパートナーズが九州地域の中堅・中小企業を対象とした「事業承継ファンド」を共同で設立（7月） ・コメダ，フォーナインズ，伸和精工など12件の案件が成立
2009年	・日本プライベートエクイティと福岡キャピタルパートナーズが共同で運用するファンドがセントラルホテル佐世保へ投資（10月） ・日本プライベートエクイティが運用するファンドが，ヘルシーサービスに投資（11月）
2010年	・ソリューションデザインが「夢承継2号ファンド」を組成（5月） ・中堅企業の成長を目的とした世界最大規模のプライベート・エクイティ・ファームであるThe Riverside Companyが，高精度水晶発振器メーカーのナカアンドカンパニーの株式を取得（5月） ・CITIC Capital Partnersが関係先を通じて，素材メーカーの東山フイル

	ムに投資（6月） ・「キューサイ青汁」などの健康食品の製造・販売を行うキューサイが，コカ・コーラウエストの傘下に入り，ポラリス・キャピタル・グループを含むファンドがエグジット（10月） ・ポラリス・キャピタル・グループが運用するファンドがサムカワフードプランニングへ投資（12月）

（出所）　日本バイアウト研究所

(2) 規模別の傾向

図表5－9は，日本における事業承継型バイアウト案件の売上高別の件数を示している。最も多いのは，「10億円以上50億円未満」の範囲の案件で44件（58％）であった。二番目に多いのは「50億円以上100億円未満」の範囲の案件で12件（16％）であった。100億円以上の案件は7件（8％）にとどまっている。一方，「10億円未満」も7件（9％）にとどまっており，あまり規模が小さいとバイアウト・ファンドの対象となることが難しいといえる。バイアウト・ファンドの投資先としては，売上規模で最低10億円は欲しいところである。ただし，近年は，地方の小規模案件への投資も行うバイアウト・ファンドも一部出てきている。

図表5－9　日本における事業承継型バイアウト案件の売上高別の件数

売上高	件数	％
10億円未満	7	9％
10億円以上50億円未満	44	58％
50億円以上100億円未満	12	16％
100億円以上	7	9％
N/A	6	8％
合計	76	100％

（注）　投資時（主に直前決算期）の売上高で集計した。
（出所）　日本バイアウト研究所

(3) 業種別の傾向

図表5－10は，日本における事業承継型バイアウト案件の業種別の件数を示している。事業承継案件で比較的多い業種は，「製造業」と「サービス業」で

あり，それぞれ27件（36％）と28件（37％）であり，「小売業・卸売業」やその他の業種の案件は少ないのが現状である。

図表5-10　日本における事業承継型バイアウト案件の業種別の件数

業種	件数	％
製造業	28	37％
小売業・卸売業	11	14％
サービス業	27	36％
メディア，放送，通信	0	0％
出版，広告，印刷	5	7％
運輸業	1	1％
金融業・不動産業・建設業	4	5％
合計	76	100％

（出所）　日本バイアウト研究所

(4) 地域別の傾向

図表5-11は，日本における事業承継型バイアウト案件の地域別の件数を示している。「東京地区」の案件が38件（50％）と最も多く全体の半数を占めている。次いで，「関東（東京以外）・甲信越地区」が15件（20％），「東海・北陸地区」が9件（12％），「近畿地区」が8件（11％）となっている。

図表5-11　日本における事業承継型バイアウト案件の地域別の件数

地域	件数	％
北海道・東北地区	2	3％
関東（東京以外）・甲信越地区	15	20％
東京地区	38	50％
東海・北陸地区	9	12％
近畿地区	8	11％
中国・四国地区	0	0％
九州・沖縄地区	4	5％
合計	76	100％

（出所）　日本バイアウト研究所

近年は,特定の地域の企業への投資に重点を置くファンドも登場しているため,今後は地方の案件が増加する可能性がある。

九州地区の経済活性化のために中小企業支援および事業再生のプロフェッショナルが結集した金融コンサルティング会社であるドーガン・アドバイザーズは,100%子会社であるドーガン・インベストメンツにてバイアウト・ファンドを運営している。ドーガン・インベストメンツのファンドは,主に九州地区に本店もしくは拠点を有し,優れたアイデアや技術,ノウハウ,ビジョンを持ちながら,後継者不在または,後継者はいるがその資力が十分でないことにより経営権の確立が困難な中小企業や地域経済,地域社会に貢献している社会的意義のある企業を投資対象としており,サンカラーなど既に数件の投資実績がある。

また,事業承継案件への投資実績では日本一の件数を誇る日本プライベートエクイティが,九州地域で不良債権や事業再生などの幅広い分野でファンド運営の実績がある福岡キャピタルパートナーズと共同で「九州・リレーションシップ1号投資事業有限責任組合」を設立している。本ファンドは,後継者不在などの事業承継問題を抱える中小企業に投資対象を絞った事業承継特化型のファンドであり,九州地域内に主たる拠点を有し,売上規模で数億円〜数十億円の中堅・中小企業を主たる対象としており,三原機工など既に数件の投資実績がある。

(5) 社長の就任方法

事業承継型の案件において,創業社長の退任後に内部に適切な人材がいない場合には,MBI(management buy-ins)方式により外部から社長が招聘されることになる。**図表5-12**は,日本における事業承継型バイアウト案件の社長

図表5-12 日本における事業承継型バイアウト案件の社長の就任方法

形態	件数	%
留任 or 内部昇格	53	70%
外部招聘	23	30%
合計	76	100%

(出所)日本バイアウト研究所

の就任方法を示したものであるが,全体の30％の案件で社長が外部招聘により就任している。

図表5－13は,社長が外部招聘により就任した主な事業承継案件を示している。「ステラおばさんのクッキー」の店舗を運営するアントステラでは,創業者のジョセフ・リー・ダンクル氏が退任し,日興アントファクトリー（現アント・キャピタル・パートナーズ）の近藤直樹氏が社長に就任した。現在,近藤

図表5－13　社長が外部招聘により就任した主な事業承継案件

年月	案件名	投資会社	外部招聘により就任した新社長の概要
2005年10月	アントステラ	アント・キャピタル・パートナーズ	創業者のジョセフ・リー・ダンクル氏は退任し,日興アントファクトリー（現アント・キャピタル・パートナーズ）の近藤直樹氏が社長に就任した。
2007年5月	ANZEN Group	ヴァリアント・パートナーズ	創業家出身の代表は退任し,大手運送会社のマネジメント経験のある本村正秀氏が社長に就任した。
2008年4月	コメダ	アドバンテッジパートナーズ	創業者の加藤太郎氏に代わり,サントリーの子会社の外食チェーンであるファーストキッチンで代表取締役社長を務めていた布施義男氏が2008年9月に社長に就任した。
2009年11月	ヘルシーサービス	日本プライベートエクイティ	山形銀行出身で,セントケア株式会社（現セントケア・ホールディング株式会社）と社団法人シルバーサービス振興会で経験のある佐久間則行氏が代表取締役に就任した。
2010年11月	シカタ	インテグラル	志方剛氏が引き続き代表取締役を務めることとなったが,新たにフジマキ・ジャパン副社長の藤巻幸夫氏を代表取締役プロデューサーに,インテグラル取締役の辺見芳弘氏を招聘し,三名の代表取締役体制となった。

（出所）　日本バイアウト研究所

氏は，アント・キャピタル・パートナーズの別の投資先であるバリオセキュア・ネットワークスの代表取締役社長に就任し，事業価値向上に向けた舵取りを行っている。複数の投資先のマネジメントの経験のあるプロフェッショナル経営者も少しずつであるが増えてきている。

　2008年4月にアドバンテッジパートナーズがサービスを提供するファンドに事業承継を行った喫茶店チェーンのコメダでは，一時代を築いてきた創業者の加藤太郎氏が退任し，サントリーの子会社の外食チェーンであるファーストキッチンで代表取締役社長を務めていた布施義男氏が社長に就任した。

　バッグの企画・製造・販売やブランド事業を手がけるシカタの案件では，志方剛氏が引き続き代表取締役を務めることとなったが，新たにフジマキ・ジャパン副社長の藤巻幸夫氏を代表取締役プロデューサーに，インテグラル取締役の辺見芳弘氏を招聘し，三名の代表取締役体制となった。藤巻氏も辺見氏も，過去に他のバイアウト・ファンドの投資先企業の代表を務めた経験がある。複数の案件で経験を積んだプロフェッショナル経営者が増えることは日本のバイアウト市場にとってプラスである。

3　エグジット案件の動向

　バイアウト・ファンドが保有株式を売却し，投資の回収を図ることは一般にエグジット（exit）と呼ばれている。本節では，種々のエグジット方法についての特徴について述べた上で，事業承継型バイアウトのエグジット案件の傾向を明らかにする。

(1) 各種のエグジット方法の特徴
①　株式公開

　株式公開によるエグジットとは，バイアウト・ファンドが保有する株式を，証券会社を通じて不特定多数の一般投資家に売却することである。バイアウト・ファンド等の既存の大株主が保有株式を市場に放出することは，「株式の売出し」と呼ばれる。

バイアウト・ファンドの投資会社の持株比率が高い株式公開では，ロックアップ契約が締結されることが多い。ロックアップ契約とは，バイアウト・ファンド，ベンチャー・キャピタル，創業者などの大株主に，一定期間の株式の売却を禁止する制度である。株式公開を達成した後もバイアウト・ファンドが株式を保有する場合には，ロックアップ解除後に，株価と株式売買高の推移を睨みながら，市場売却（ザラ場での売却），立会外分売，ブロック・トレード，二回目・三回目の「売出し」，公開買付けへの応募などを通じて，段階的に株式を売却していくこととなる。株式公開後のバイアウト・ファンドの持株比率が高い場合は，その後のエグジットのタイミングと方法の選択が極めて重要な課題となってくる。

株式公開によるエグジットを目指すケースにおいては，引受証券会社からの要請もあり，バイアウト・ファンドの持株比率を低くしておく必要がある。そのため，バイアウト・ファンドには，公開前に保有株式の一部を経営陣，従業員持株会，取引先企業，ベンチャー・キャピタルへ転売したり，第三者割当増資や投資先企業による株式の買戻しを実施したりすることで，持株比率を低下させる工夫が求められる。

株式公開においては，「売出し」の他に，新規に株式を発行して市場から資金を調達する「募集」が実施されることが多い。新規発行により調達した資金は，一般に設備投資や研究開発等に投入されるケースが多く，株式公開後も成長していくことが求められる。したがって，株式公開では，公開後の成長ストーリーが描けるかどうかも重要なポイントとなる。

② **M&A による株式売却**

M&A（mergers & acquisitions）によるエグジットは，バイアウト・ファンドが保有株式を事業会社に売却することにより達成される。M&Aによるエグジットの最大の優位点は，バイアウト・ファンドが一度に大量の保有株式を売却できる点にある。一方，対象会社にとっての優位点は，他の事業会社の傘下に入ることにより，買手の事業会社との事業シナジーを追求して，さらなる成長を目指すことができる点にある。

M&A が実施されると，当該企業の経営陣とともに事業価値の向上に努めて

きたバイアウト・ファンドから派遣されていた取締役は退任し、親会社となる企業から新たな取締役が派遣される。M&A後も現在の経営陣が留任するケースにおいては、当該経営陣が納得する企業への売却が望まれる。

③ 第二次バイアウト

第二次バイアウト（secondary buy-outs）とは、バイアウト・ファンドが投資先企業の保有株式を別のバイアウト・ファンドに売却し、対象企業の経営支配権が移動する取引である。この取引を通じて、最初に投資したバイアウト・ファンドがエグジットを達成する。50％超の株式の移動があり、経営権が移行するところはM&Aと同様であるが、売却先がストラテジック・バイヤーである事業会社ではなく、ファイナンシャル・バイヤーであるところが異なる。

第二次バイアウトでは、対象会社が引き続いて独立性を維持しながら経営を継続できるが、新たに主要株主となったバイアウト・ファンドのエグジットが大きな課題として残る。

④ 株式の買戻し

株式の買戻し（share repurchase）は、投資先企業による買戻しと経営陣による買戻しに分類される。株式の買戻しは、現在の経営陣が株式公開やM&Aによる株式売却を望まないケースにおいて有効なエグジット方法である。

投資先企業による買戻しは、バイアウト後に生み出したキャッシュでバイアウト・ファンドの保有株式を買戻すことである。一方の経営陣による買戻しは、投資先企業の経営陣が自己資金を用いて、バイアウト・ファンドの保有株式を買戻すことである。しかし、経営陣のみでバイアウト・ファンドの保有株式のすべてを買戻すことは困難であり、次項の⑤で述べるように、通常は取引先などの事業会社と共同で株式の取得が行われる。

経営陣による買戻しは、経営陣を中心とした新たな株主グループに経営支配権が移行するため、日本では「再MBO」と呼ばれることもある。投資先企業や経営陣がバイアウト・ファンドの保有株式を買戻し、抜本的な再資本構成を実施することは、リキャピタリゼーション（recapitalization）とも呼ばれる。また、買戻す際の資金の一部に融資が活用されるケースは、レバレッジド・リ

キャピタリゼーション (leveraged recapitalization) と呼ばれる。最近では，銀行の融資に加え，メザニン・ファンド (mezzanine fund) が優先株式で資金を拠出するケースも出てきている。

また，部分的な買戻しは，株式公開に向けた資本政策の一手段としても有効である。事業承継型の案件ではないが，The Carlyle Groupの投資案件であるキトーの事例では，株式公開前の業績が極めて好調であり，発行会社により一部の自己株式の買戻しが実施されている。

⑤ その他の戦略的売却

その他のエグジット方法としては，1社の事業会社にコントロール（経営権）を掌握されない形で，取引先などの複数の戦略的投資家に株式を保有してもらうエグジット方法も存在する。あるいは，取引先などの事業会社への部分売却と株式の買戻しを組み合わせて実施されるケースも存在する。

M&Aによる株式売却や第二次バイアウトでは，買手が50％超の株式を取得し，新たな株主に経営権を掌握されることになるが，このような方法では，対象会社の経営の独立性を維持した状態でバイアウト・ファンドがエグジットすることができる。

株式公開に向けた資本政策の過程でバイアウト・ファンドが事業会社などへ分散して株式を売却した事例としては，事業承継型の案件ではないが，東京海上キャピタルが運用するファンドなどが投資を行っていたゼロの案件が該当する。ゼロは，新車・中古車の輸送を手がける企業であるが，2001年に東京海上キャピタルの支援を得て，日産自動車よりMBOで独立していた。そして，2004年8月には，東京海上キャピタルが運用するファンドなどが，Zenith Logistics Pte. Ltd., エスビーエス，JBFパートナーズが運用するファンドへ株式の譲渡を行ってエグジットを達成した。その後，ゼロは，2005年8月に，東京証券取引所第二部に上場している。

⑥ 破産・清算

破産・清算とは，ゴーイング・コンサーンとしての企業の存続を断念し，債権の回収，債務の返済，株主への残余財産の分配を行うことである。破産・清

算は，バイアウト後の業績が悪化し，新たな支援者も現れないケースにおけるエグジット手段である。

(2) 事業承継型バイアウト案件のエグジット方法の傾向

図表 5 − 14は，日本における事業承継型バイアウト案件のエグジット方法を示している。バイアウト・ファンドがエグジットを達成した案件は，2010年12月末現在で31件に達している。傾向としては，M&Aによる株式売却が最も多く，全体の約半数を占める15件（48％）となっている。株式公開は 3 件（10％），第二次バイアウトは 6 件（19％），株式の買戻しは 1 件（ 3 ％）となっている。

図表 5 − 14　日本における事業承継型バイアウト案件のエグジット方法

エグジット方法	件数	％
株式公開	3	10％
M&Aによる株式売却	15	48％
第二次バイアウト	6	19％
株式の買戻し	1	3％
その他	6	19％
合計	31	100％

（出所）　日本バイアウト研究所

初のエグジットを達成したのは，日本高純度化学の事例であり，株式公開を果たしている。その他には，英会話スクールのGABAと技術者派遣の日本マニュファクチャリングサービスが株式公開を達成している。

M&Aによる株式売却でエグジットした案件で，新たな親会社の傘下で飛躍を遂げた企業としては，アールの介護の事例があげられる。ジャフコの投資案件であった有料老人ホーム運営のアールの介護は，外食事業を中心に多角化を推進しているワタミフードサービス（現ワタミ）の傘下に入っている。この買収により，ワタミフードサービスは本格的に介護事業に参入し，外食以外のグループ事業を積極的に推進することとなった。現在，アールの介護は訪問介護事業のワタミメディカルサービスと合併し，「ワタミの介護」に商号を変更している。ワタミの介護は，有力な事業会社の傘下に入り，施設数を拡大し，業

績を伸ばしている。

図表5－15　バイアウト・ファンドがエグジットを達成した事業承継型バイアウト案件

エグジット年月	案件名	投資会社	エグジット方法（売却先）
2002年12月	日本高純度化学	みずほキャピタルパートナーズ	株式公開
2005年3月	アールの介護（現ワタミの介護）	ジャフコ	M&Aによる株式売却（ワタミ）
2006年8月	木村電気工業	ジェイボック　日本プライベートエクイティ	M&Aによる株式売却（田中商事）
2006年12月	GABA	エヌ・アイ・エフ　SMBCベンチャーズ（現大和企業投資）	株式公開
2007年10月	日本マニュファクチャリングサービス	ジャフコ	株式公開
2008年1月	アントステラ	アント・キャピタル・パートナーズ	M&Aによる株式売却（森永製菓）
2008年3月	日本オイルポンプ	日本プライベートエクイティインテグラル・インベストメント	第二次バイアウト（ポラリス・キャピタル・グループ）
2010年1月	東都	オリックス	M&Aによる株式売却（リロ・ホールディング）
2010年10月	キューサイ	ポラリス・キャピタル・グループ　エヌ・アイ・エフ　SMBCベンチャーズ（現大和企業投資）　日本産業パートナーズ	M&Aによる株式売却（コカ・コーラウエスト）
2011年1月	ANZEN Group	ヴァリアント・パートナーズ	M&Aによる株式売却（kmホールディングス）

（出所）　日本バイアウト研究所

(3) 株式公開を達成した事例

　未上場オーナー企業の事業承継を伴うバイアウト案件で株式公開を達成した企業は，既に述べたように，日本高純度化学，GABA，日本マニュファクチャリングサービスの3件であり，いずれも新興市場に上場している。このうち2002年に上場した日本高純度化学は，上場後も業績を拡大し，段階を経て現在は東証第一部に上場している。

図表5－16　株式公開によりエグジットを達成した事業承継型バイアウト案件

公開年月日	案件名	投資会社	市場
2002年12月3日	日本高純度化学	みずほキャピタルパートナーズ	ジャスダック ↓ 東証第二部 （2004年3月22日） ↓ 東証第一部 （2005年3月1日）
2006年12月1日	GABA	エヌ・アイ・エフSMBCベンチャーズ（現大和企業投資）	東証マザーズ
2007年10月25日	日本マニュファクチャリングサービス	ジャフコ	ジャスダック

（出所）　各種資料に基づき筆者作成

(4) 事業承継型バイアウト案件のエグジット達成率

　図表5－17は，日本の事業承継型バイアウト案件のエグジット状況を案件成立年別に示したものである。この図表からは，当該年次に何件の事業承継型バイアウト案件が成立し，2010年12月末時点で何件のエグジットが完了しているかを把握することが可能である。

　2004年以前に成立した案件は，すべてエグジットが完了しているのが読み取れる。2005年に成立した案件は50％，2006年は64％となっており，投資の実行から5年程度経過している案件が未エグジットで残っており，これらの案件が今後どのようにエグジットを達成するかが注目できる。

図表5－17　事業承継型バイアウト案件のエグジット達成率（2010年12月末現在）

	1999年	2000年	2001年	2002年	2003年	2004年	2005年
バイアウト案件数	1	1	1	1	4	5	6
エグジット案件数	1	1	1	1	4	5	3
未エグジット案件数	0	0	0	0	0	0	3
エグジット達成率	100%	100%	100%	100%	100%	100%	50%

	2006年	2007年	2008年	2009年	2010年	合計
バイアウト案件	14	15	12	10	6	76
エグジット案件	9	3	3	0	0	31
未エグジット案件	5	12	9	10	6	45
エグジット達成率	64%	20%	25%	0%	0%	41%

(注)　本統計データでは，株式公開に向けた資本政策の一環としての一部売却や一部買戻しによる部分エグジットは原則として含めていない。ただし，バイアウト・ファンドの保有株式の相当な割合が売却されて案件の当事者がエグジット案件であると認識している場合は含めている。
(出所)　日本バイアウト研究所

4　日本高純度化学の事業承継型MBOと株式公開

　本節では，バイアウト・ファンド等の投資会社の出資を伴う日本初の本格的な事業承継型MBO案件であり，MBO企業の日本初の株式公開案件でもある日本高純度化学の事例について述べる。

(1) 会社概要

　日本高純度化学は，1971年7月に創業者の芹澤精一氏により，貴金属めっき用薬品の開発，製造および販売を目的として設立された企業である。1999年のMBO実施当時の従業員数は18人であった。「少数精鋭の専門家集団と最先端の技術力」を最大の強みとし，金・パラジウム・銀を用いた電子機器用の貴金属めっき用薬品に特化し，半導体搭載基板用，プリント基板用などで高シェアを誇っている。

図表 5 - 18　日本高純度化学の会社概要

創業年月	1971年7月
従業員数	18人（MBO実施当時）
売上高	約50億円（MBO実施当時）
経常利益	約 6億円（MBO実施当時）
事業内容	電子部品のプリント基板，コネクタおよびリードフレーム等の接点，接続部位に使用される貴金属めっき用薬品の開発・製造・販売
特徴	・高密度LSI用金属めっき薬品においては国内外ともに高シェアを誇る。 ・製品開発においては海外からの技術導入に頼らない自社独自の開発技術体制を構築している。 ・パソコン，携帯電話等の電子機器業界の市場動向に影響を受けやすい。

(出所)　各種資料に基づき作成。

図表 5 - 19　日本高純度化学の沿革

1971年7月	貴金属めっき用薬品の開発，製造および販売を目的として日本高純度化学株式会社が設立された。
1972年2月	半導体用高純度金めっき用薬品開発
1974年4月	コネクタ・プリント配線板用金めっき薬品開発
1981年3月	川口工場を新設
1985年9月	コネクタ用パラジウムめっき用薬品開発
1999年8月	MBOを目的とした合併を前提として，受皿会社が日本高純度化学の株式を取得し，持株会社となる。
1999年11月	受皿会社を存続会社とし，日本高純度化学を消滅会社とする合併を行い，商号を日本高純度化学とした。
2001年3月	フレキシブル基板用電解金めっきと銅除去薬品開発
2002年12月	ジャスダック市場に株式公開
2003年5月	高速MPU用亜硫酸金還元めっき薬品開発
2004年3月	東京証券取引所第二部に上場
2004年5月	株式分割を実施（2株を1株に分割）
2005年3月	東京証券取引所市場第一部に指定 川口工場を閉鎖し，本社工場に統合
2005年4月	ISO9001，ISO14001を同時認証取得
2005年11月	東京大学と実装技術に関する共同研究開始
2006年4月	・1株を2株に分割 ・無錫にて中国顧客への分析サービス開始

2007年3月	携帯電話マザーボード用置換金めっき薬品開発
2008年7月	微細コネクター用硬質金めっき薬品開発
2009年4月	深圳に技術サービス事務所開設
2009年10月	台北に技術サービス事務所開設

(出所) 有価証券報告書などの各種資料に基づき作成

　MBOの動機は，創業者である芹澤氏（当時64歳）による保有株式の売却需要にあった。創業者が経営から引退し，保有株式を処分する方法としては，M&Aによる株式売却を通じて事業会社に売却する方法もあるが，同業他社等の事業会社へ売却されれば現在の経営陣の経営の独立性が失われる可能性が生ずる。このような問題を回避するために，渡辺雅夫社長を中心とする経営陣とバイアウト・ファンドが共同でMBOを企図したのである。そして，MBOの実施により，芹澤氏は創業者利得を獲得し，経営陣は独立性を維持した状態でさらなる企業価値の向上を目指す体制を構築することができた。

(2) MBO案件の概要

　日本高純度化学のMBOのスキームは次の通りである。まず，渡辺社長を中心とした経営陣と当時の富士銀キャピタルの出資により受皿会社（ジェイピーシーホールディング株式会社）が設立された。そして，受皿会社が創業者オーナーである芹澤氏から95％の株式を38億円で取得した。この際の現経営陣と当時の富士銀キャピタルの合計出資額は16億円であったが，富士銀行（現みずほ銀行）から22億円を借り入れて買収を実施するというLBO（leveraged buyouts）方式が採用された。さらに，受皿会社を存続会社とする吸収合併が実施され新会社が誕生した。最終的なバイアウト後の持株比率は，富士銀キャピタルが80.6％，現経営陣が8.3％，創業者が11.1％となった。

　株式保有以外の経営陣に対するインセンティブ・システムとしては，新株引受権付社債が付与され，権利を行使すれば持株比率を高められる仕組みが導入された。

図表 5 –20　MBO案件の概要

MBO実施年月	1999年8月
対象企業	日本高純度化学
売手	芹澤精一氏（創業者）
買収金額	38億円
エクイティ・プロバイダー （バイアウト後の株主構成）	富士銀キャピタル（80.6%） 経営陣（8.3%） 創業者（11.1%）
デット・プロバイダー	富士銀行（現みずほ銀行）
経営陣に対する インセンティブ・システム	・株式の保有 ・新株引受権付社債（ワラント債）の付与

（出所）　各種資料に基づき作成

(3) MBO後の経営体制と株式公開の達成

　バイアウト・ファンド等の投資会社の出資を伴うMBOを実施した企業には，通常バイアウト・ファンド側から数名の役員が派遣され，種々の経営支援を受けることとなる。日本高純度化学の事例でも，みずほキャピタルパートナーズ（旧富士キャピタルマネジメント）との間でアドバイザリー契約が締結され，株式公開に向けた準備支援，ファイナンスに関する支援などが実施された。

図表 5 –21　アドバイザリー契約の概要

相手先	契約の内容
みずほキャピタルパートナーズ	アドバイザリー業務の内容 ①株式公開準備支援 ②資金調達を含むファイナンスに関するアドバイス ③各種経営課題に関するアドバイス ④取締役，監査役の派遣

（出所）　日本高純度化学株式会社「新株式発行並びに株式売出届出目論見書」(2002年11月)。

　経営陣とみずほキャピタルパートナーズが共同で企業価値の向上に取り組んだ結果，高収益体質を維持した日本高純度化学は，MBOの実施から3年4ヶ月を経た2002年12月に株式公開を達成した。バイアウト・ファンド等の投資会社が株式公開により投資の回収を図る場合には，持株比率を低下させる必要があったが，日本高純度化学の事例では，バイアウト・ファンドが従業員持株会，

取引先，ベンチャー・キャピタルなどに保有株式を転売することで資本政策を実施した。

また，取引先である山一電機，安田生命保険（現明治安田生命保険），イビデンが取引関係を強化する目的で第三者割当増資を引き受けた。このような資本政策の過程で，みずほキャピタルパートナーズが運営するファンドは，一部の保有株式を売却し資金化を図り，キャピタルゲインを獲得した。株式公開を達成した後にも，数回の売出しの実施やその他の方法により保有株式の売却が進められて，現在は完全エグジットを達成している。

図表 5 - 22　日本高純度化学の主な経営指標の推移

経営指標	1999年11月期	2000年3月期	2001年3月期	2002年3月期	2003年3月期	2004年3月期
売上高（百万円）	1,695	1,552	5,025	3,310	4,149	4,756
営業利益（百万円）	308	400	941	512	844	1,092
経常利益（百万円）	311	△62	△157	486	817	1,049
当期純利益（百万円）	175	△72	△486	271	460	614
営業CF（百万円）	—	—	816	700	784	623
投資CF（百万円）	—	—	△110	54	△89	△82
財務CF（百万円）	—	—	△500	△1,016	479	△133
従業員数（名）	19	22	23	23	26	30

経営指標	2005年3月期	2006年3月期	2007年3月期	2008年3月期	2009年3月期	2010年3月期
売上高（百万円）	5,501	7,448	9,537	11,269	8,146	8,087
営業利益（百万円）	1,255	1,961	2,033	2,144	1,078	1,329
経常利益（百万円）	1,249	1,960	2,040	2,170	1,119	1,371
当期純利益（百万円）	745	1,182	1,225	1,289	401	805
営業CF（百万円）	1,137	705	1,059	1,270	1,424	865
投資CF（百万円）	△336	△122	△843	△545	△383	△596
財務CF（百万円）	△119	10	△306	△367	△922	△490
従業員数（名）	33	35	36	40	47	46

（注1）　1999年11月期は旧日本高純度化学の1999年6月1日から1999年11月15日までの数値である。
（注2）　2000年3月期と2001年3月期には，合併により計上した営業権の償却により営業外費用が計上されている。
（出所）　有価証券報告書に基づき作成。

日本高純度化学は，株式公開を達成した後も業績は右肩上がりに向上した。近年は，中国や台湾にも拠点を開設し，さまざまな取り組みを行っている。

おわりに

以上，日本における事業承継型バイアウトの類型と市場動向について述べてきた。未上場オーナー企業の事業承継のみではなく，株主構成の再構築，成長資金調達，上場オーナー企業の事業承継や戦略的非公開化など，さまざまなシチュエーションにおいてバイアウト・ファンドが活用されていることを明らかにした。また，未上場オーナー企業の事業承継の案件では，売上高で10億円～50億円規模の案件が数多く成立していることを明らかにした。

近年，戦後創業された企業のオーナー経営者の引退の時期が到来しており，今まで以上にオーナー企業の事業承継ニーズが増えてくるのは確実と思われる。後継者問題を抱えている未上場オーナー企業にとって，M&Aによる他の事業会社への売却や独力での株式公開以外にも，バイアウト・ファンドを活用して経営的なサポートを得ながら体制を整えていくという選択肢が出てきたことは大きい。最終的には，M&Aで他社の傘下に入ることが想定されていたとしても，承継直後の数年間で内部管理体制の整備を行う際に，バイアウト・ファンドを株主に迎えるという方法は有力な手段となりうる。また，一定以上の規模を有する企業で成長性がある場合は，バイアウト・ファンドの支援を得て株式公開を目指すことも可能である。

また，第1節で触れたように，上場オーナー企業がバイアウト・ファンドを活用するケースもある。創業者一族が上位株主に連ねている上場企業は多いことから，さまざまな案件が出てくる可能性が高い。

注 本稿に記載されている個別案件に関する記述は，各社プレスリリース，有価証券報告書，半期報告書，決算短信，公開買付届出書，株式売出目論見書などを情報ソースとしているが，一部ヒアリング調査も実施している。なお，図表中の「投資会社」については，当該投資会社がサービスを提供もしくは

運用・助言に携わるファンドも含めて総称して「投資会社」と表記している。

参考文献

栗本興治（2007）「金融機関における・事業承継型M&A実行の留意点—MBOを題材に—」『ターンアラウンドマネージャー』Vol.3，No.8，銀行研修社，pp.79-83．

杉浦慶一（2006）「日本における中小企業・ベンチャー事業のバイアウト」『年報中小企業・ベンチャービジネスコンソーシアム』第4号，中小企業・ベンチャービジネスコンソーシアム，pp.35-47．

杉浦慶一（2006）「中小企業の事業承継としてのバイアウト」安田武彦・橘木俊詔編『企業の一生の経済学—中小企業のライフサイクルと日本経済の活性化—』ナカニシヤ出版，pp.189-199．

杉浦慶一（2007）「日本のバイアウト投資における株式公開によるエグジット」『年報経営分析研究』第23号，日本経営分析学会，pp.95-103．

杉浦慶一（2008）「日本のバイアウト市場の新展開」『年報中小企業・ベンチャービジネスコンソーシアム』第6号，中小企業・ベンチャービジネスコンソーシアム，pp.3-16．

杉浦慶一（2010）「スモールビジネスのM&A」鯨井基司・坂本恒夫・林幸治・中小企業・ベンチャービジネスコンソーシアム著『スモールビジネスハンドブック—不況を勝ち抜く事例企業に学ぶこれからの企業価値経営—』ビーケイシー，pp.208-223．

法田真一（2007）「MBO，MBIによる問題解決の可能性—事業承継ファンドの機能・役割に注目すべし—」『金融財政事情』No.2725，金融財政事情研究会，pp.25-28．

森大介（2008）「5地銀共同出資の受け皿ファンドで地方のビジネスをつなぐ」『金融財政事情』No.2785，金融財政事情研究会，pp.20-23．

座談会

事業承継型バイアウトの手法と成功への鍵

──討論者──

ヴァリアント・パートナーズ株式会社 共同代表パートナー 加藤　健氏

CLSAキャピタルパートナーズジャパン株式会社 マネージング ディレクター 清塚　徳氏

キャス・キャピタル株式会社 代表取締役パートナー 川村治夫氏

　近年，日本の中堅・中小企業の後継者問題が深刻化しているが，その解決手法の一つとして，バイアウト・ファンドを活用した事業承継の手法が注目されている。実際に，バイアウト・ファンドを活用して事業承継を実施した企業が増えてきており，各社は経営体制の強化や各種の経営施策に取り組んでいる。

　本座談会では，中堅・中小企業の事業承継案件への関与実績が豊富なヴァリアント・パートナーズ株式会社の加藤健氏，CLSAキャピタルパートナーズジャパン株式会社の清塚徳氏，キャス・キャピタル株式会社の川村治夫氏の三名をお迎えし，事業承継型バイアウトの増加の背景やオーナー企業におけるバイアウト・ファンドの理解度の変化などの現状についてお話しいただいて，バイアウトの成功の鍵や将来展望について議論した。(聞き手＝杉浦)

■ 事業承継型バイアウトの増加の背景

——この10年間でいろいろなタイプのバイアウト案件が登場しましたが，特に2005年くらいからオーナー企業の事業承継に伴う案件が数多く登場しました。まず，事業承継型バイアウトの増加の背景には，どんな点があげられるかというところからスタートさせていただきます。

加藤：戦後企業を立ち上げられたオーナーさんたちが，あるお年になられて，自分は引退するけれど会社は不安で，どのように会社を次の世代の人にやっていってもらえばいいのかと悩んでいらっしゃったところに，実はファンドというものがお金も出し人も出しということで役に立ってくれるのではないかというのが，だんだん認識されてきているのかなと思います。すぐに根付くものではないのですが，いくつかの事例が出てきてということ

加藤健氏

で，今まではどこか大きな会社や取引先に持ってもらうか，息子に借金させて無理やり継がせるかしかなかったのが，ファンドというものにお願いして任せるという道も出てきたなというのが，一つの背景なのです。

川村：戦後創業されて40〜50年やってこられて，そろそろ事業承継をしなければいけないという人たちが増えてきているのは事実だと思います。ただ，そういう人が増えていたとしても，バイアウト・ファンドに声をかけるかというとおそらく10年以上前はあまりなかったのではないかと思います。声をかけるとしたらむしろ，取引のある大企業さんや銀行さんに相談に行くとかだったと思うのです。しかし，1990年代後半から，アドバンテッジパートナーズさんやユニゾン・キャピタルさんなどがいろいろ地道な活動を

川村治夫氏

してこられて，徐々にバイアウト・ファンドの地位も上がってきたので，ファンドのほうにもお声がかかるようになってきたと理解しています。

清塚：若干技術的なことを補足させていただきますと，後継者難や子どもが少ないということも当然あります。さらに，お子さんがいても，日本の銀行の

借り入れの慣行ですと，社長が個人保証を入れなければならないなどのいろいろな問題があって，簡単に引き継げないという事情があると思います。また，MBO以外の承継の方法としては，以前は株式公開であるとか事業会社の傘下に入るなどもあったのですが，実質的に株式市場にかなりの閉塞感があって，あまり現実的なオプションでなくなってきました。また，事業会社もここ数年はかなり企業買収には慎重な姿勢を取っていますので，そういったM&Aを活用しての事業承継のルートも狭まっていました。そこで，バイアウト・ファンドという新しい資金の出し手が出てきたということで，事業承継型のMBOが増えてきたということではないでしょうか。

清塚徳氏

図表1　事業承継型バイアウトの件数の推移

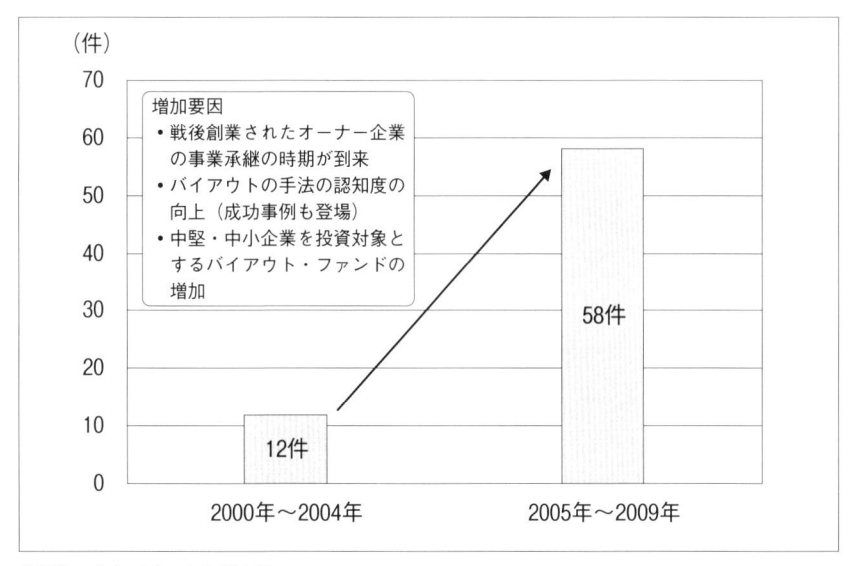

増加要因
- 戦後創業されたオーナー企業の事業承継の時期が到来
- バイアウトの手法の認知度の向上（成功事例も登場）
- 中堅・中小企業を投資対象とするバイアウト・ファンドの増加

2000年～2004年：12件
2005年～2009年：58件

（出所）　日本バイアウト研究所

■ 事業承継案件のソーシングルート

——事業承継型のバイアウトの検討機会が増えていると思いますが，皆さんが案件のソーシング活動を行っていて，どのようなルートでオーナー企業の紹介や事業承継の相談がくるケースが多いのでしょうか。

清塚：やはり一番大きなソースは，相談相手としての取引金融機関です。いわゆるメインバンクです。ここが大きいと思います。以前は，日本の商業銀行は，バイアウト・ファンドをやや否定的に見ていたこともありましたので，あまり積極的に推薦いただけなかったケースも5～6年前まではあったのが，最近は逆に驚くくらい積極的にご紹介いただけるようになってきました。

次が，いわゆる個人で独立して営んでいるコンサルタントやM&Aアドバイザーさんです。証券会社などの大きな組織に所属してコンサルタントやアドバイザーを経験した人が独立してやっているケースがあるのですが，こういう方に相談するケースも非常に多いですね。

川村：実際に案件のソーシングをしていて確度が高いというのは，われわれ自身が直接知っている人というのが一番ですね。われわれに近ければ近い人ほどキャス・キャピタルがどんな会社なのかということを分かってくれているので確度が高くなると思います。

もちろん，金融機関やコンサルタントなどをやっている方で，いろいろな案件をお持ちの方々から情報を提供していただいております。

加藤：創業者オーナーに近い距離にいる税理士さんや弁護士さんみたいな方というのもいると思うのです。それから，もう一つ面白いと思っているのは，いわゆるプライベート・バンカーさんです。ある程度の資産を保有しているハイエンドの富裕層を相手されているプライベート・バンカーさんの一部に，本当にオーナーさんが抱える問題を解決しようとして，「こんなやり方をしたらどうか」という提案をなさる方がいます。資産を運用するだけの方もいますが，いろいろな提案をする方もいるのです。日本の資産家というのは"土地持ち"か"自社株持ち"なのですが，そのどちらかを売却していただくことで金融資産家になっていただいて，それを運用するような提案をする方が一部いらっしゃいます。バイアウト・ファンドにとって，"土地持ち"は関係ないですけ

ど，"株持ち"については，場合によっては本当にそれを売却されることがご一族のためで会社のためにもなることがあるので，そこでお役に立とうと考えています。

　私たちの典型的な事業承継の案件は，安全（ANZEN Group）というタクシー会社なのですけれども，これはオーナーさんを私が直接存じ上げていて，オーナーさんが今いかにも会社経営以外に関心が移っている感じがありました

図表2　バイアウト・ファンドの事業承継案件のソーシングルート

銀行	近年，大手銀行の法人営業部門が営業店と連携し，取引先企業に対して，株式公開，M&A，事業承継などのソリューションの提案を能動的に行っている。バイアウト・ファンドへの案件の紹介と共に，LBOローンの提供も行うこともある。地方銀行も「法人ソリューション部」などの部署で，事業承継支援業務を強化している。
証券会社	オーナー企業に対し，資本政策，株式公開，M&A，MBOなどの助言を行っている。近年は，M&Aアドバイザリー業務を特に強化しており，対象企業の選定や評価の実勢が豊富にあり，オーナー企業と接する機会も多い。上場オーナー企業のMBOの助言や提案にも積極的である。
M&Aブティック会社	日本のM&A市場の成長に伴い，M&Aの当事者への助言を行う専業ファームが急増した。各バイアウト・ファンドの得意領域を理解した上で，事業承継案件の紹介を行うM&Aブティック会社も登場している。オーナー側は，信頼のおけるM&Aアドバイザーを慎重に起用することが重要である。
税理士・会計士	企業の経営者にとって，身近な相談相手である税理士や会計士も重要な役割を果たしている。会計・税務に特化したコンサルティング会社が，M&Aや事業承継を含めたサポートを手掛け，バイアウト・ファンドに案件を紹介するケースもある。M&Aブティック会社や金融機関と連携し，事業承継セミナーを開催する機会も増えている。
プライベート・バンキング	金融機関のプライベート・バンキング部門は，主に富裕層向けに資産運用コンサルティングを行っているが，近年は企業のオーナーに対して自社株の相続や事業承継のコンサルティングを行うケースも増えている。その一環として，オーナーにバイアウト・ファンドを紹介することもある。
ファンドのメンバーの個人のネットワーク	バイアウト・ファンドのメンバーは，過去の事業経験により豊富な人脈を築いており，個人のネットワークで企業のオーナー経営者と接することも多い。さまざまな場面での情報交換の機会が，バイアウト案件の契機となるケースがある。初期段階から，独占的に話を進めることができるため，お互いの信頼関係を築きやすい。

（出所）　日本バイアウト研究所

ので，ファンドに売却する線を考えたらどうかという話をしてはじまったのです。それはたまたま本当によく知っている方だったのでお話をいただきましたけど，知らないオーナーさんが直接電話してきてという経験はないです。

清塚：あとは，直接私のことはご存じなくても，たまたま相談した人が私を知っていて，ファーストコールで私のところに話に来たというケースは，年に数件くらいあるかと思います。その時に間に入った相談相手の人が，最初に「あの人だったら大丈夫ですから」と言ってくれるかどうかがポイントですね。

加藤：そのパターンは多いですね。最終的に成功に至る案件というのはどちらかというとそれがメインですね。非常に身近な方にご相談されて，その相談相手がわれわれをよく知っている人であるというケースというのは多いですね。

川村：たいていわれわれがそのオーナーを知っているか，それともわれわれに極めて親しい人がそのオーナーの信任を得ているかということがポイントですね。

加藤：だから，非常にいろいろな形でありとあらゆる方々に対して裏切りみたいなことはできないのです。何かあった時に，「こいつは嘘つきだ」と言われたら二度と案件がこなくなります。本当に信用商売だと思いますね。

■ オーナー企業における経営者の意識の変化

——オーナーさんがファンドというものに対して抵抗感を持つこともあるようですが，バイアウト・ファンドやMBOという手法の理解は進んでいるのでしょうか。

清塚：私は10年前にこの世界に入りMBOをはじめたのですが，10年前は案件の提案に行くと，いろいろな制約要因や前例がないということもあって，10人話せば9人が「何言っているの」という感じの反応だったと思います。では今，完全に認知されてそういう抵抗がなくなったかというと，そうではないと思います。数字で示すのは難しいですけれど，引き続き抵抗感はあると思います。

他方，かなりの方に，絶対にそれがベストの選択肢かどうかは別にしても，選択肢の一つとしてファンドへの事業承継を十分に考えていただけるように

なってきました。具体的に「どこのファンドがいいですよ」とか，「こんなファンドがありますよ」ということを紹介してくれるような会社もあって，現実的に十分選択できるようになってきました。この点は大きな変化だと思います。さらに，外資系であってもMBOの相手として海外のネットワークを利用できるなどのメリットもありますので，そこを強調することで，状況によってはむしろ選んでいただけるということもあります。

川村：オーナー企業に限らず，バイアウト・ファンドに対する認知度というのは，10年前に比べると理解度は深まっているのではないかと思います。オーナー企業に関していうと，私が知る限りにおいては，昔はなかなか難しいということもありましたが，近年はあまりそういうことを気にしなくなったという感じです。

ただし，ディールが起きるのか，われわれを気に入っていただけるのかというのは，オーナーさん自身がどういうニーズを持っているかにもよるのではないかと思うのです。例えば，既に後継者がいるときです。後継者というのはたいへん重要なファクターで，オーナー会社で自社の中に後継者がいるか，それとも外の人物で決まっているということになると，近年比較的よくあるのは，ファンドというよりも銀行さんと組んでLBOローンを引っ張ってきてMBOをするケースです。すべてがそうではないのですけれども，通常ではなかなか解決できそうにない経営課題を抱えた困った方のほうが，バイアウト・ファンドが役に立つ可能性が高いのではないかと思っています。

加藤：それでも多くの方が，ファンドって十把一絡げに言うと悪いやつもいるよねと思っていると思います。だから，分かりやすい言い方をすれば，「良いファンドと悪いファンドの両方がいますのでぜひ見てください」，「ファンドを最初に檻に入れて外から眺めて見て下さい」という言い方をして，お引き合わせいただこうとするということがあります。とにかく一度会っていただいて，自分たちファンドの考え方を示し，「会社は会社の方が経営するのです」ということをお伝えし，ファンドがしゃしゃり出て「これはこうやってやりましょう」ということは言いませんと説明します。ただし，その経営課題が解決できるように一生懸命寄り添いますよということを申し上げて，どれくらいご理解いただけるかということです。それで実際に話を聞いて下さる例というのは，

着実に増えていると思います。

　また,「MBOとは何か」みたいな勉強会というのが結構あって,事業会社の方やオーナーの秘書みたいな方が参加されているケースがあります。手法としてのMBOというのは,もう皆さん少し勉強すれば理解できるような時代になっているのではないかと思います。例えば,SPC（special purpose company）を使って,投資家がエクイティを入れてレバレッジをかけてという仕組みについては,たぶんもう真剣にやれば構造は勉強できると思います。あとはやはりファンドの人に任せて大丈夫かという根本的な不安があると思います。これは当然勉強では払拭できなくて,その人たちの顔を見ないと怖くて頼めないよということになると思うのです。そういう機会をいかに創るかというのが,私たちの仕事なのだろうなと思います。

■　事業承継案件のタイプ

——事業承継型のバイアウト案件には,創業者オーナーが高齢や健康上の不安を抱えて退かれるケースや,第二の人生として新たなチャレンジをしたいということで株式を譲渡されるケースなど,いろいろなタイプがあります。また,事業承継をする際に,社内に後任の社長がいるケースといないケースがあります。皆さんが関わった案件や検討した案件ではどんなタイプの案件が多いでしょうか。

川村：まず,創業者オーナーが引退したいというパターンが多いのではないでしょうか。私が過去に見てきたケースでは,年齢的には50代の人もいるし60代の人もいて,一役終わったので違うことをやりたいというパターンが多いです。健康上の理由というより,おそらくある程度のことを自分としてなしえたので,第二の人生として違うことをやりたいというケースが多いのではないかと思います。人によって,それが40代でくるのか50代でくるのか60代でくるのか70代でくるのかは別ですよね。

　その時に,後継者がいるパターンといないパターンがあるということで大きく分かれるのかなと思います。例えば,実際にもうエグジットも終わっていますが,われわれの投資案件でフェニックスアソシエイツという教育サービスの会社があります。これはパターンからいうと,トム・ケントという創業者が引

退してオーストラリアで悠々自適でやりたいという意向を持っていたのですが，もう後継者にピーター・オワンスというナンバーツーが社長として決まっているというパターンでした。そのケースでは，ナンバーワンもナンバーツーもよくお互いを知っているし，ナンバーワンはナンバーツーに譲りたいと思っているということで非常に承継がスムーズに進み，ハッピーなケースでした。そのように後継者がいるケースは結構上手くいきます。

加藤：われわれが投資したタクシー会社の安全のケースについても，オーナーが完全に引退したいということでした。安全は，社内に社長候補がおらず，外から後任を連れてくるのであれば事業承継を考えてもよいというパターンで，後継者の社長が社内にいないタイプの典型的なケースです。

私が最初に手がけたバイアウト案件は，1999年で10年程前でした。その時は，ファンドを活用してバイアウトや再生をやるというと，「何それ？」，「社長を招聘？」みたいな感じでした。その時に手がけた案件では，外資系の子会社の社長をされている方が，「そういうバイアウトの事例は海外にはありますね」ということで来て下さいましたが，当時は社長候補を探すのが至難の業でした。それが今では，いわゆるプロフェッショナル経営者的な方が結構たくさんいて，ヘッドハンターの方もそういう経営者のリストを持っています。そういう方々の中から，社長候補というのを探していくことができる時代になってきたというのも，バイアウトが実際に起こる要素になっているかもしれません。われわれがどのように会社をサポートするかということを理解していてくれるヘッドハンターさんもいて，安全のケースでは，その方のご紹介で社長候補をお呼びしてオーナーにご紹介したら，「この人ならいい」ということになって，社長を任せることになったという経緯があります。

オーナー企業のバイアウトという意味では事業承継ではないタイプもあります。オーナーが本当に引退するかどうかは決めていなくて，上場しているオーナー企業が戦略的に非公開化をするというタイプがあります。いずれは事業承継をという課題があり，かつ会社を何かの形で変えていきたいというニーズがある中で，少し外の知見や外の力も使ってみたいという要素もおありになるのです。実際に外の知見や外の刺激が入ると，会社がより活性化されることがありますし，われわれファンドもそれで会社が良くなると信じているのです。

「もっとこうすると良いのではないか」という議論をしながら，刺激を提供することでより良い会社なっていただくという余地はあると思います。

清塚：オーナー系の企業では，オーナーはものすごく特別な地位を占めていて非常にパワフルです。したがって，私が投資を検討する時に最初に考え，非常に重視するのは，そのオーナーさんとの関係をどうするかです。もっと言えば，そのオーナーから完全にバトンタッチを受けてやるのか，そのオーナーと共同で取り組むのかは，その後の会社の行く末を決める非常に重要なポイントだと思うのです。どちらが良い・悪いということではありませんし，それぞれに良い面・悪い面とリスク・リターンがあると思うのです。

弊社の案件で，直接オーナーから株式を譲っていただいたというケースは，アパレルのバロックジャパンリミテッドと健康食品通販会社のエバーライフがあります。いずれも完全バトンタッチ型で投資をさせていただいています。そのいい面というのは，どうしてもオーナー企業の場合ですと何らかの一定の課題がある場合が多いため，課題解決型でいくとなるとオーナーが替わるわけですから，大きな改革をやりやすいという面があります。一方，完全に会社の屋台骨が抜けるわけですから，それで大丈夫なのかということで，オーナーが抜けられても十分やっていけるようなプロフェッショナル経営者や社員がいるということが，デューデリジェンスの段階でも極めて重要になってきます。したがって，オーナーからのバトンタッチ型なのか，オーナーとの共同型なのかという区分があります。また，事業承継の後に，今までの路線で成長を支援していくタイプなのか，何かしらの問題を解決するためにあえてドラスティックな変化を起こしていくタイプなのかということがあります。この辺が絡み合って，非常に重要な軸になっていくのではないかと思っています。

■ 社長の外部招聘の留意点

――事業承継後の経営体制をどう構築するかは成功への鍵となると思います。特に社長を含む経営陣を外部から招聘するケースは難しいと思うのですが，どのような留意点がありますでしょうか。

加藤：まず，社長を外部招聘するケースというのは，会社を変えるチャンス

でもあり,リスクでもあるわけです。経営者が外から来るわけですから,「なんだこの社長は」,「なんだこのファンドは」とならないようにしなければなりません。最初は親和性を重視し,一緒のボートに乗るのだということを,醸成することが大事だと思います。「100日プラン」がどうのこうのということを,あまり振りかざし過ぎても,びっくりされては困るので,そこは注意しなければいけないなと思います。

　それから,ボールは会社のほうが持っていて,ファンドのほうが持っているのではないということを,徹底してご理解いただくことが重要です。ファンドの顔色を見るみたいなことはなるべくしないように,会社はファンドを見るのではなく社長を見るということを徹底するということですね。あまり下のミーティングにファンドの人が出てしまうと,社長を見たらいいのかファンドの人を見たらいいのか,どちらを見ればいいのか困ったりすることもあります。これは避けなければいけないと思います。とにかく社長が大事です。社長に求心力を付けていただくというのが,外部招聘のときの非常に重要なことだと思います。

　川村：弊社が今まで手がけた案件で,われわれから社長を送り込んだMBI(management buy-in)の案件は1件だけでして,残りはみんなMBO(management buy-out)のケースです。弊社のポリシーとしても,会社の中にいい人がいればその人に社長をやってもらうのが一番いいというのが基本的な考え方です。外から社長を連れてこなければならない時に,案件のクロージングまでに間に合えばやるけれども,間に合わなければその案件は見送るというのが,われわれの考えなのです。ですので,社長が見つからずに見送った案件も何件かあります。それくらい社長って大事なのではと思います。

　社長が信頼できるかということは,MBOでもMBIでも一緒で,信頼できないと思ったら基本的に投資を実行すべきではないと思います。そういう意味からいうと,MBOで信頼できる人がいるケースが一番いいと思います。MBIの場合は,相当気を付けて社長を入れないといけません。

　われわれの第一号の投資案件は,外食・食品製造のキンレイなのですがMBIのケースです。大阪ガスさんから社長さんが来ておられたのですが,弊社のパートナーを社長として派遣しました。マネジメントの移行については,

大阪ガスさんとキンレイのマネジメントの方と1ヶ月半くらいかけていろいろご相談させていただきましたので，スムーズにできました。

清塚：経営体制といったときに，社長とナンバーツー以下では，われわれにとって決定的に意味合いが違うということがあります。いい社長がいなかったら，それが理由で投資を見送ることも少なくありません。逆にいうと，その社長と組めるかどうかというのが決定的なポイントなのです。他方，オーナー企業であれば，ナンバーツーであったりナンバースリーだったりしますが，管理部門が弱いとか，管理部門の人材が実質いないケースも珍しくはありませんので，その場合は社長と話し合って合意した上で，われわれが中心になってヘッドハントをかけさせていただきます。ただし，面接は，当然最後は社長にしていただいて，社長が気に入ったら採用していただくというやり方をさせていただいています。

また，経営体制を築く上では，創業者との関係をどうするかというのも非常に重要です。変な形であいまいな影響力が残っていると，せっかく新体制を築いて改革をやろうと思っても，できなくなってしまいます。それこそ，どちらを見ているのかという問題になってしまいますから，とにかく重要です。逆に，新しく入っていくバイアウト・ファンドがどんな役割をするのか話し合い，本業のところは経営陣の皆さんでやっていくのだということで，その線引きをまずは明確にして運営していくというのは，初期段階では非常に重要だと思います。

川村：分けて考えると分かりやすいですね。絶対的な権力を持っているオーナーさんが残っている場合に，ファンド側としてどうするのか。一方，その人が完全に辞めてしまって，新たに何かを創るときというのは，チームの組み方も違います。

——バイアウト・ファンドの投資先企業へ送り込む経営人材を扱うヘッドハンティング会社や人材派遣会社が増えてきました。このような人材エージェントを活用する際の留意点についてご意見をいただければと思います。

加藤：自分たちのファンドは，投資先の会社をどのようにする会社なのかと

いうのをヘッドハンターの方にも分かっていただくことが大切です。バイアウト・ファンドは黒子ですよというようなことをよく分かって，あまりドラスティックなことはしないということをよく分かっている方がいいですね。会社を転々とされる社長さんっていらっしゃるじゃないですか。すごく頭が良くて，すごく能力があるのだけれど結構摩擦を起こす人というのは，僕らはいらないのです。やはり外から入るときに，ある程度優秀なのは当たり前ですけれども，摩擦をどう少なくするかが大事で，それを見分ける感性を持っているヘッドハンターというのは大事だと思いますね。

川村：われわれの考え方を本当に良く理解していただいているヘッドハンターさんかどうかが重要です。弊社の方針をよくご存じの方は，よりふさわしい人材を紹介してくださるわけです。あと，派遣する人については，会計が分かるとか経営企画の能力があるというのは最低限の話で，やはり腰が低くて謙虚な人は上手くいくと思います。

清塚：ヘッドハンターを使って人材補強をする上で意識していることは，まず探している人材のスペックを明確にし，見合う人材が出てくるまで妥協しないことです。また，短期間での転職歴の多い方は避け，履歴書以上に面接での直感を重視して判断します。さらに，どんなすばらしい経歴の候補者やわれわれが気に入った候補者でも，経営陣や幹部社員に必ず面接してもらい，納得が得られない場合は採用しない方針としています。会社に溶け込めるか不安な方を強引に採用しても多くの場合軋轢を生むばかりで，その後のフォローで苦労する結果になってしまいます。

■ 売手であるオーナーの留意点

——事業承継を考えている創業者オーナーが，バイアウト・ファンドへの売却を視野に入れている場合に，どのような点に留意して進めるべきでしょうか。

川村：私がオーナーであれば，ファンドでも銀行でもコンサルタントでもいいのですが，しっかりした後継者を連れてこられる人かどうかを重視します。それはもちろん信頼できるかというのは重要なのですけれども，本当に自分の後継者たる人たちを連れてこられるのかということが一番重要だと思うのです。

自分がせっかく何十年かで創り上げてきたビジネスを承継するときに，自分が創った会社が隆々となるような後継者を探してくれる人であれば，銀行であろうとコンサルタントだろうとファンドだろうと，あとは信頼感の問題だと思います。

清塚：創業者にとって，会社は子どもみたいなものだと思うのです。それを他人に養子に出すような状態に近いので，会社の強みをさらに発展させてくれるようなファンドであれば，新しい株主として選ばれるのではないでしょうか。あとはいろいろな利害関係が何年かにわたって続きますから，そこで変なことが起こらないような信頼関係，つまり話せば解決できるような信頼関係を築ける相手かどうかというのも，私の経験ではすごく重要視されているように思います。

加藤：一度ファンドが投資をすると，普通3～5年またはそれ以上の間ご一緒するわけです。その間当然いろいろな話はありますけれども，それでも相手の言っていることも分かるねと思ってもらえる範囲の人間でなければ駄目です。オーナーの立場でいうと，分かってくれるやつなのか，それとも自分には想像できない突拍子もないことをしでかしかねないやつなのかというところがあって，選ぶとしたら当然前者でしょうね。

自分が創り上げてきた会社もしくは自分が受け継いだ会社がどうなってもいいと思う方は絶対にいません。よくよく考えたらもう十分お金持ちであるわけで，ここからあと1億円価格が上がってどうなの？　というのは，オーナーには本当は関係ないのではないでしょうか。実際やってみると「俺の会社はそんな価値じゃない」となりますけれど，本心のところは値段もさることながら会社のあとの方々のことを考えていらっしゃいますから，そこをきちんと受け継ぐことができる人達なのかというのが大事な見方だと思います。

■ バイアウト後の成功への鍵

　——では，成功への鍵ということですが，バイアウトした後に気を付けなければいけない問題はありますでしょうか。

清塚：たくさんポイントがあると思いますが，あえて重要なことを二つ申し

上げます。一つは，当たり前のことですが，経営課題の洗い出しと合意です。それは何が課題かということと優先順位を付けるということです。これを，われわれファンドと経営陣と社員の間でしっかり合意するということが重要です。

二つ目は，センシティブなのですが，できるだけ早いタイミングで，エグジットとしてどういうことが起こるのかという点について議論しておくことです。ファンドのエグジットとしてどういう選択肢があり得て，経営陣，社員としてはどのルートを優先するのか，どういう場合であればファンドとしてはそれを支援できるのかということを，腹を割って話し合っておくことは非常に重要だと思っています。

加藤：バイアウトの後の成功のポイントといったときに，会社が成功するということと，投資として成功するということがあって，それぞれ微妙に違います。共通する点もあるのですが，まず会社ということでは，繰り返しになるのですが，私はボールを向こう側に置く，ファンドはボールを持たない（会社は会社の方々が経営し，運営する）ということの重要性があると思います。

それから経営課題というのは投資をする前にレイアウトされていますから，そこについてどのようにやるのかという合意ができるかどうかが重要です。当然事業ですから，予期せぬというか，できないことはやはりあるので，その時にはお互いの立場で腹を割って話して，信頼関係を作ることだと思います。

バイアウト・ファンドの投資としての成功であるエグジットの話も非常に重要なポイントです。最近思うのですが，ここ数年の案件というのは，「あなたたちはファンドだから，投資をした後でどうなるの？」ということを，投資する前に結構聞かれます。その時にどのようにお答えをするか，そのお答えと違わないような行動をするか，というのが大事だと思います。

川村：私は一番重要なのは，月並みですけど信頼関係かなと思います。課題を割り出してやるにしても，売上が思った通りに上手くいかない時なども，最終的にはその社長や経営幹部との信頼関係というのが重要かなと思います。われわれは実際にファンドから必ず人を派遣するようにしていますし，たいてい3分の2以上の議決権を持って，ボードの過半数を占めます。経営陣同士結構言いたいことが言えるように，特にオーナー会社の社長に対しても言いたいことが言えるような関係を作っておくというのが重要かなと思います。

清塚：われわれは，ほとんどのケースで株式の過半数とか100％を取得するわけですが，状況によっては，あえて取締役会の数にこだわらないケースがあります。この経営陣とこの会社であれば，むしろわれわれは黒子に徹して，社長や経営陣に表に出てもらったほうがいいという場合があったりするのです。もう一つ同じ意味でいえば，これはコストカットできるなと思えるときでも，あえてコストカットを経営課題にあげないで，成長できる余地があればむしろ成長のほうにフォーカスしてもらうなどということを意図的にやることもあります。

■ バイアウト・ファンドのエグジット

——最終的にはバイアウト・ファンドですから，オーナーさんから引き継いだ会社を支援した後に，何らかの形でエグジットしなければいけません。経営陣の意向も踏まえてエグジットの意思決定する時に，どのような議論がなされるのでしょうか。

川村：私はエグジットの議論は最初に正直に言います。「転売するのですか」，「上場させてくれないのですか」とか聞かれますので，「どちらがいいんですか」ということを聞きます。たいていの会社さんは「上場したい」とおっしゃるので，「それができるように努力をします」と言います。しかし，「絶対上場させます」というのは，世の中"絶対"というのはありませんので，オプションをくださいね」とも言います。

上場するのか転売するのかという話は，転売の相手先にもよりますので，私がよく話すのは，「まずはいい会社にしないと買う人が買ってくれませんし，上場もできませんよ」ということです。ファンドとしては，当然選択肢が必要で，上場するのか転売するのかリキャップ（資本再構築）するのか，いろいろな選択肢があるので，それは全部使えますよということです。

加藤：本当にその選択肢ですよね。再上場なのか転売なのかリキャップなのか。リキャップについては，リキャップをした後，誰かに株を持ってもらう。場合によっては１社の事業会社だけではなく，数社に株式を持っていただくというケースもありうるかもしれません。ただ，絶対上場させましょうとか絶対

小分けで売りましょうとかというのは，言っても約束できないわけですから，選択肢は出しますができないケースもやはりありうるということは，ご理解いただかなければいけないですね。

仮に上場しないということになった場合には，それはもう本当に腹を割って話すのです。ただ，中途半端な材料は良くなくて，ある程度整理をして，どういう選択肢には誰にとってどういうメリットがあり，誰にとってどういうデメリットがあるかというのは，やっぱりきちんと整理をしておかないと，オーナーさんやその会社の方が混乱します。そこをきちんと説明するのはわれわれの必要な仕事だと思いますね。

清塚：私が一番重視するのは，やはり経営陣，社員がどうしたいのかということです。幅広い選択肢をきちんと説明して，こうしたいという強い思いがあれば，それは許容できる範囲において，私個人としては最大限サポートするということを申し上げて，自分としても約束を守るようにしています。特に，外資系ファンドだと「資本主義の手先」とか「ハゲタカ・ファンド」とか言われ，転売屋とか短期でお金が儲かればいいというイメージで見られるのですが，それは全く違っていて，会社や従業員の方がどうなるのかということを，とても真剣に考えています。あるいは自分たちのファンドの長期のレピテーションというのも考えながら，会社の社員や経営陣にとっていい形になるように最大限努力をしています。

加藤：エグジットの時にやはりプライスというのは，すごく大事な議論じゃないですか。当然ファンドの投資家にもリターンとしてお返ししなければいけません。ただ，一番根幹にあるのは，その投資をしてバリューアップをしてエグジットをするという一連の仕事に胸を張れるかというのはすごく大事だと思うのです。最後にちょっとでも高いからと，会社の人たちから後ろ指をさされるような仕事をするというのは，それは長期的にはファンドとしても成り立たないと思うし，短期的にプロフェッショナルとしてやはりそれは落ち込むと思うのです。

やはり自分自身に問うた時に，それはいけないなと思うことは，してはいけないのだと思います。その範囲内でやるというのが，絶対大事だと思うのです。それをやる限りにおいて，バイアウト・ファンドというものの存在意義がある

と，世の中に思っていただけると思います。前のオーナーであり，今の社長さんであり，従業員であり，お互いの立場があるからちょっとずつ違う部分もあるけれど，時間が経過した後で，あの時はああだったけど，結局良かったと思ってもらえるということが大切だと思います。

川村：少し青い話をすると，会社ってその存在のための目的があるべきじゃないですか。キャス・キャピタルの設立の目的は一つで，「強い会社を作る」ということです。ですから，売却する時も，「この人たちにお譲りしてこの会社はもっと強くなるだろうか」というのを当然自問自答するわけです。お前のところみたいなそんな小さなファンドが偉そうにとお考えになるかもしれませんが，われわれがお譲りするときは買手さんのほうから，プライスだけではなく，その会社をどのように育成するのかという事業計画を出していただくのです。

例えば「フェニックスアソシエイツをその後どうされるのですか」とか，「A会社をどのように育てられるのですか」ということをお伺いします。つまり，「御社にお任せしたらどのようになるのですか」というのを，しつこいくらい聞くわけです。われわれにとってはプライスもすごく重要なのだけれども，高い価格を出すけれども事業をばらばらにしてしまいますという買手さんには，われわれとしてはお譲りすることは非常に苦しいところなのです。しかしながら，たいていの場合，いい事業計画を出してくるところは，いいプライスも出してくるのです。それだけ自信があるし，バリューアップできると思っているからこそ高い価格が出せるのです。この点はすごく重要だと思います。

ロングターム・プレーヤーとしてこういうマーケットで生きていくには，一緒にやってきた経営者や従業員の人たちに対して，「これはこういうことだよ」と説明できるような売り方をしないといけないと思います。

■ 日本におけるオーナー企業の事業承継の将来展望

——今後もオーナー企業の事業承継を伴うバイアウト案件は増えていくことが予想されます。最後に，事業承継型バイアウトに関する将来展望についてお話し下さい。

加藤：日本というのは，中堅のオーナー企業がたくさんあるわけで，事業承継にお困りの会社もたくさんあります。もう一つ，実はご子息自身が，個人保証だとかこんなに借り入れして俺本当にやれるのかなという状況や，もしくはお父さんから見て息子にそんなに任せていいのかなという状況があると思うのです。今までは，「しょうがないだろ，これは一族郎党のおやじの代から作って3代目，4代目とやっていくのが当たり前だ」と決めつけていたのが，バイアウト・ファンドという新しい選択肢が出てきて変わりつつあります。認知されてきているけれどもまだ認知されてない。これはもっと進むと思います。というか，進むべきだと思いますね。だから，この余地はあるという感じです。

清塚：ポイントは，バイアウト・ファンドの存在意義ですね。おそらくファンドというとコストカッターという印象を持たれているかと思うのですが，われわれは成長を支援できないといけないと思うのです。特に日本の中堅企業や同族系の企業は，いい商品やブランドや技術を持っているのに，この閉塞的な日本の中で埋もれてしまっているのです。何とかそれを伸びゆくアジア，特に中国に持っていくというのを，ぜひお手伝いしたいと思います。特にわれわれは，アジアのネットワークという背景を持っており，そこが最大の投資テーマですので，そこで何か日本企業の成長に貢献できたらと思っています。

川村：私も事業承継型のバイアウトはこれからも増加すると思います。加えて，企業の成長というのは，事業承継におけるバイアウトにとっても非常に重要だと思っています。コストカットをするよりはお店や工場に投資をして，企業価値を上げていかなければいけません。それから，事業承継におけるバイアウトに限りませんが，これからはますますアジアでの成長がキーとなると考えております。われわれの既存の投資先もどんどん日本からアジア，特に中国・インドへ出て行っております。

加藤健氏略歴

ヴァリアント・パートナーズ株式会社 共同代表パートナー
慶応義塾大学法学部卒業。コロンビア大学MBA取得。1982年、東燃化学株式会社に入社し、工場採算管理、物流、国内営業を経験。1990年、マッキンゼー・アンド・カンパニーに参画、さまざまな経営改善プロジェクトに従事。1995年、シュローダー・ベンチャーズ株式会社（現株式会社MKSパートナーズ）にパートナーとして参画。ベンチャー投資、MBO、再生と幅広い投資を手がける。2005年、あすかコーポレイトアドバイザリー株式会社の設立に参画。2006年、ヴァリアント・パートナーズ株式会社創設、共同代表パートナー。

清塚徳氏略歴

CLSAキャピタルパートナーズジャパン株式会社 マネージング ディレクター
滋賀大学経済学部卒業。カリフォルニア大学バークレー校ハーススクールオブビジネスMBA取得。三菱東京UFJ銀行に16年間勤務、そのうち7年間は東京およびシンガポールにおいてM&Aアドバイザリー業務やシンジケートローンアレンジ業務を中心に投資銀行業務に従事。2001年にカーライル・グループのディレクターに就任し、主にヘルスケア・消費財・化学業界のMBO投資を担当。とりわけ、コーリン・メディカル・テクノロジー宛投資の責任者として投資全般を指揮、社外取締役として同社の再生に貢献した。2006年4月、CLSAグループのマネージング ディレクターに就任、日本の中堅企業を対象とするMBO投資を推進。現在、社外取締役として投資先4社の成長を支援している。

川村治夫氏略歴

キャス・キャピタル株式会社 代表取締役パートナー
名古屋大学経済学部卒業。ペンシルバニア大学ウォートンスクールMBA取得。東京銀行を経て、ゴールドマン・サックス証券、モルガン・スタンレー証券において投資銀行部門のマネージング・ディレクターを歴任。20年以上にわたり事業会社・金融機関にM&Aアドバイザリーや証券の引き受けなどさまざまな金融サービスを提供する。東京工業大学非常勤講師。

第Ⅱ部

事例と経営者インタビュー

第6章 事業承継に果たすMBIファンドの役割
―― ヘルシーサービスへの投資事例より ――

元 日本プライベートエクイティ株式会社
ディレクター 大久保 亮

はじめに

　日本プライベートエクイティ株式会社は，日本アジア投資株式会社（JAIC）と株式会社日本M&Aセンターを株主として設立され，中堅・中小の未上場企業の事業承継や事業再編に関わるMBO（management buy-out）投資に特化したファンドを運営している。

　2000年10月の会社設立以降，2001年に組成した「ジェイジェイ・プライベートエクイティ壱号投資事業有限責任組合」をはじめ，中堅・中小製造業に業種特化した「TAKUMI 1号／2号投資事業有限責任組合（TAKUMIファンド）」や九州の地域金融機関を主たる出資者とする地域特化型の事業承継ファンド「九州・リレーションシップ1号投資事業有限責任組合」等のファンドを通じて合計18社に投資，うち7社がEXIT（エグジット）した実績を有している（2010年8月現在）。その中でも，中小企業の事業承継に関わる投資実績は，日本におけるプライベート・エクイティ・ファンドとしては最も多い12社に及んでいる。

　本稿で採り上げる「株式会社ヘルシーサービス」は，2008年8月に日本政策投資銀行を主たる出資者として組成した「JPE・プライベートエクイティ3号投資事業有限責任組合」より投資を実行した，オーナー企業の引退に伴う事業承継を背景とした事例である。

　事業承継に悩む中小企業経営者は今後ますます増えるばかりであろうが，事業承継問題の解決策の一つの事例として，その概要と経緯，経営者人材の派遣

も含めたファンドの関わり方をご紹介させていただくことで，ファンドについての理解を深めていただき，事業承継についてお悩みの経営者の方々や読者の皆様がファンドを活用して円滑な事業承継を実現するために多少なりとも参考になれば幸いである。

1 案件概要

(1) 会社概要

株式会社ヘルシーサービスは，訪問入浴サービスの受託から事業を開始，訪問介護を主体に事業を拡大した後，近年では小規模多機能型居宅介護施設を備えたグループホームの運営や高齢者向け賃貸住宅のオペレーション事業といった施設系介護サービスに注力するなど，地元に密着しながら常に先駆的な取り組みをしている老舗の介護事業者である。

図表 6 - 1　会社概要

会社名	株式会社ヘルシーサービス
設立	1981年10月12日
代表者	代表取締役　佐久間則行
本社所在地	千葉市美浜区中瀬1丁目3番地幕張テクノガーデンD棟14階
URL	http://www.healthy-service.co.jp/
資本金	1,000万円
事業内容	訪問入浴サービス，訪問介護サービス，グループホーム運営および小規模多機能型居宅介護事業による地域密着型サービスの展開
拠点	<営業所> 千葉，松戸，我孫子，南総，北総，東金，茂原，鴨川 <グループホーム> 東金，茂原，千葉さつきが丘，ちはら台 <グループホーム・小規模多機能ステーション（併設型）> 稲毛園生，常盤平，矢切，天王台，西船橋，船橋三山，川崎 <小規模多機能ステーション> 千葉中央 <高齢者専用賃貸住宅> 平塚，鎌ヶ谷，寒川，仙台東，東松山
従業員数	社員183名，パート社員472名（2010年6月末現在）
取引銀行	中央三井信託銀行，千葉興業銀行，京葉銀行，千葉銀行

（出所）　ヘルシーサービス

現在(2010年6月末時点)は,千葉県を中心に,グループホーム(施設名「ガーデンコート」)11ヶ所,小規模多機能型居宅介護施設8ヶ所,高齢者専用賃貸住宅5ヶ所等の合計25拠点の営業所および施設にて,入居者のケアから訪問介護まで地元でワンストップサービスを提供できる体制と実績を有して,地域の顧客から信頼を獲得していることが同社の特徴であり強みである。

同社は,1981年に設立,1985年に商号を現在の社名に改めると同時に訪問入浴サービスを開始している。当時,数名の従業員と入浴車2台から事業をスタートして以来,訪問系サービスだけでなく,グループホームや小規模多機能サービスへと領域を広げながら,各地域のニーズに応じたきめ細かな介護サービスを提供し続けてきたことで1985年から25年連続増収を達成,着実に信頼と

図表6-2 沿革

1981年10月	会社設立
1985年10月	訪問入浴サービス事業開始
1991年4月	委託自治体数13団体,介護用品機器の販売を開始
1991年6月	社団法人シルバーサービス振興会「訪問入浴・シルバーマーク」の認定を取得
1992年6月	長生郡長生村よりの委託を足掛かりに在宅介護サービス事業を開始
1994年9月	本店を千葉市中央区長洲1-24-1から千葉市中央区今井1-9-12に移転
1995年9月	資本金を1,000万円に増資
1996年10月	社団法人シルバーサービス振興会「在宅介護・シルバーマーク」の認定を取得
1999年11月	千葉県内6ヶ所の事業所にて介護保険指定受託支援事業ならびに介護保険指定居宅サービス事業(訪問入浴介護・訪問介護・福祉用具貸与)の指定を受ける。
2000年4月	介護保険指定事業所として介護保険下の事業開始
2002年1月	グループホーム施設「ガーデンコート東金」を運営開始
2003年1月	高齢者住宅オペレーション事業開始
2003年3月	千葉市中央区に「にじの丘デイサービスセンター千葉」通所介護事業として指定を受ける。
2005年4月	グループホーム施設「ガーデンコート常盤平」介護保険指定痴呆対応型共同生活介護事業として指定を受ける。 本店を千葉市中央区今井1-9-12から千葉市美浜区中瀬1-3-D-14Fに移転
2009年11月	「JPE・プライベートエクイティ3号投資事業有限責任組合」が,持株会社を通じて実質的に100%株式を譲り受ける。
2009年11月	代表に佐久間則行氏が就任。

(出所) ヘルシーサービス

実績を積み重ねて現在に至っている。

(2) 案件の背景

　同社は，創業者一人が全株式を所有するという，いわゆるオーナー会社であった。永年にわたる堅実な企業運営と誠実な経営スタイルにより着実に売上を積み上げ，財務健全性も高い状況であった。

　堅実な経営を貫いてきた同社が事業承継を考えているということを，会計士を通じて弊社にご相談いただき，創業者であるオーナーとお会いしたのは2008年の11月であった。オーナーからは，事業承継に至る経緯や思いをお聞かせいただいたのだが，20代の頃から20年以上にわたって同社の事業に心血を注がれてきたというものの，まだ43歳と若く，事業承継を考えた理由は年齢でも健康上の問題でもなかった。オーナー会社として，ここまで同社を成長させてきたが，さらなる高みを目指すにあたって，今のままの経営スタイル，つまりオーナー経営者に依存した状況では限界があることから『外部資本の力を借りることを考えた』とのことであった。

　事業承継にあたっての選択肢として「同業他社との協業・売却」もありうるのではないか，との問いかけに対しては，『同業とはいえ，企業文化が異なるケースも多い。従業員のこと，会社のカルチャーや性格を考えると，事業会社ではないほうが良いと考えた』との返答であった。

　このようなやりとりを通じて，同社は企業の成長フェーズが次のステージへ移行する段階にあるのだと認識した。おそらく，オーナー経営者を軸としたそれまでの経営スタイルであったとしても，当面は問題が起こるようなことはなかったと思われる。しかし，中長期的な視点から見た場合，会社をオーナーに依存した状況から脱却させる必要があると判断されたのであろう。こうして，次のステージへの移行を実現するための選択肢として，弊社との交渉が開始された。

　以下，同社の事業承継にあたってのスキームと外部経営者人材の登用の過程および事業承継後の会社における状況について具体的にご説明申し上げる。

2 投資に至るまでのプロセス

(1) 業界展望

　介護事業の市場規模は，2010年時点で7.9兆円程度であるが，2025年には20兆円規模に成長するといわれており，国内の産業の中では数少ない成長産業といえる。また，介護保険サービス利用者数も年々増加しており，この９年でも2.6倍近くになっている。

図表６－３　介護保険サービス利用者数（月間）の推移（単位：万人）

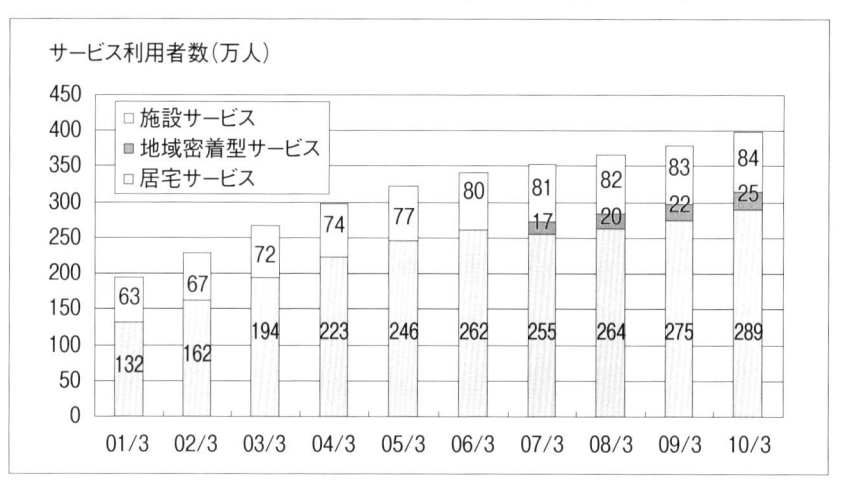

年月	居宅サービス	地域密着型サービス	施設サービス
01/3	132		63
02/3	162		67
03/3	194		72
04/3	223		74
05/3	246		77
06/3	262		80
07/3	255	17	81
08/3	264	20	82
09/3	275	22	83
10/3	289	25	84

（出所）　厚生労働省第25回社会保障審議会介護保険部会「介護保険制度の現状について」（2010年５月31日）

　介護サービスには，ホームヘルパーの訪問によりさまざまなサービスを行う「訪問介護」に代表される訪問系サービス，日帰りで通い，食事や入浴の介助のほか，レクリエーションなどの生活能力向上支援も受けられる「通所介護（デイサービス）」，有料老人ホームなどの施設系サービス，また2006年４月の介護保険制度改正により新たに創設された「地域密着型サービス」といった体系に分類される。

図表 6-4　介護サービスの分類

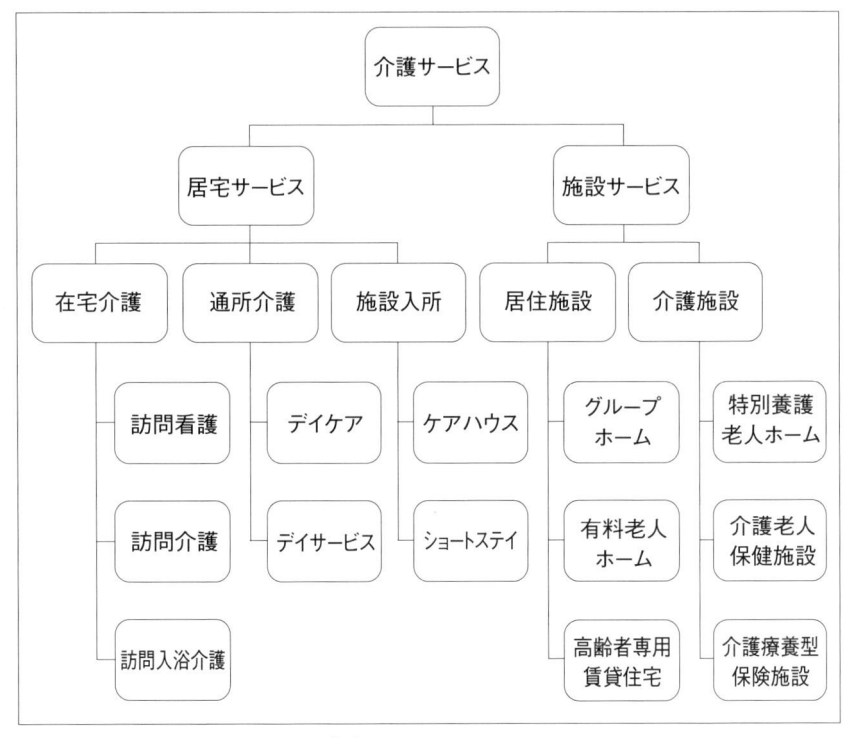

```
                        介護サービス
                    ┌───────┴───────┐
                居宅サービス         施設サービス
            ┌──────┼──────┐      ┌──────┴──────┐
          在宅介護 通所介護 施設入所  居住施設      介護施設
```

在宅介護	通所介護	施設入所	居住施設	介護施設
訪問看護	デイケア	ケアハウス	グループホーム	特別養護老人ホーム
訪問介護	デイサービス	ショートステイ	有料老人ホーム	介護老人保健施設
訪問入浴介護			高齢者専用賃貸住宅	介護療養型保険施設

(出所)　日本プライベートエクイティ作成

(2) 投資判断

　同社の場合，上記の介護サービスの中でも幅広いメニューを持ち，地元の顧客ニーズに対応してきた。また，一方で，業法改正等のリスクを抱えた業界であるため，無理をせず，資産も持たずに"持たざる経営"に徹してきた。自社で資産を持たないということは，1年がかりの地主営業にみられるように，新たな施設展開には時間がかかり，事業展開のスピードは抑制される。よって，人材の採用や育成にも時間をかけながらじっくりと"持たざる経営"を進めてきたのが同社の背景であった。

　そうした同社について，弊社がファンドとして評価した点は主に下記の6点であった。

　① 千葉県内では実績のあるオペレーターとして，自治体からの信頼や評価，

知名度も高いこと
② 堅実な企業運営がなされており，財務内容も充実していること
③ 高齢者の増加とともに介護サービスへの需要が高まることは必至であり，今後も成長が見込まれる業界であること
④ 景気の影響を受けにくいセクターに属しており，ダウンサイドリスクは限定的であると思われること
⑤ 介護事業は高齢化社会を支える，社会的意義の高い事業であり，投資対象としても相応しいと思われること
⑥ 介護施設開設には総量規制があることから，業界では事業規模を拡大するためのM＆Aの動きが活発であること

ただ一方で，法規制と人に伴うリスクも存在しており，介護保険法等の規制の下での新規施設の開設の難しさや介護報酬引下げによる収入減，利用者負担割合の増加による利用者減少などのリスクが想定された。また，人材面でのリスクも大きく，人材獲得の難しさ（待遇，採用），労務問題やその管理体制等は，必ずしもデューデリジェンスだけでは把握しきれない，今後の事業展開の中での潜在的なリスクでもあった。

また，ファンドとして単に投資利益を追求するというだけではなく，"介護"という，まさに人の生き方や生死そのものに直接関わっていく事業に投資をするということに，ファンドとしても中途半端な気持ちで携わることはできないという思いがあった。ただ，同社の場合，創業当初からの『介護はサービス業である』という理念が社員に徹底されていたことや，今後も介護保険制度の利用者の増加が見込まれる中，同社のように中小規模で，地域に密着したサービスを展開する介護事業者の存在と永年の経験から得られたノウハウは，今後の介護業界のあり方を考えていく中では不可欠であると考えた。

図表6-5　MBO前の業績推移

	2005/8	2006/8	2007/8	2008/8	2009/8
売上高（百万円）	1,462	1,568	1,689	1,764	1,874
経常利益（百万円）	154	194	250	259	322
拠点数	16	18	22	23	24

(出所)　各種データに基づき日本プライベートエクイティ作成

こうして、ファンドとしての現実的な判断と投資の意義を踏まえて、投資が実行された。

(3) 事業承継のストラクチャー

今回の株式譲受においては、SPC（special purpose company）を活用した。これは、弊社の運用するファンドがオーナーから株式を取得するにあたり、ファンドからの出資金に加えて、銀行からの借入金（シンジケートローン）を活用するためであり、SPCとして「株式会社JHホールディングス（以下「JHHD」という）」を設立した。

ファンドからの出資金と銀行からの借入金を原資として、前オーナーが保有

図表6－6　株式譲受のスキーム

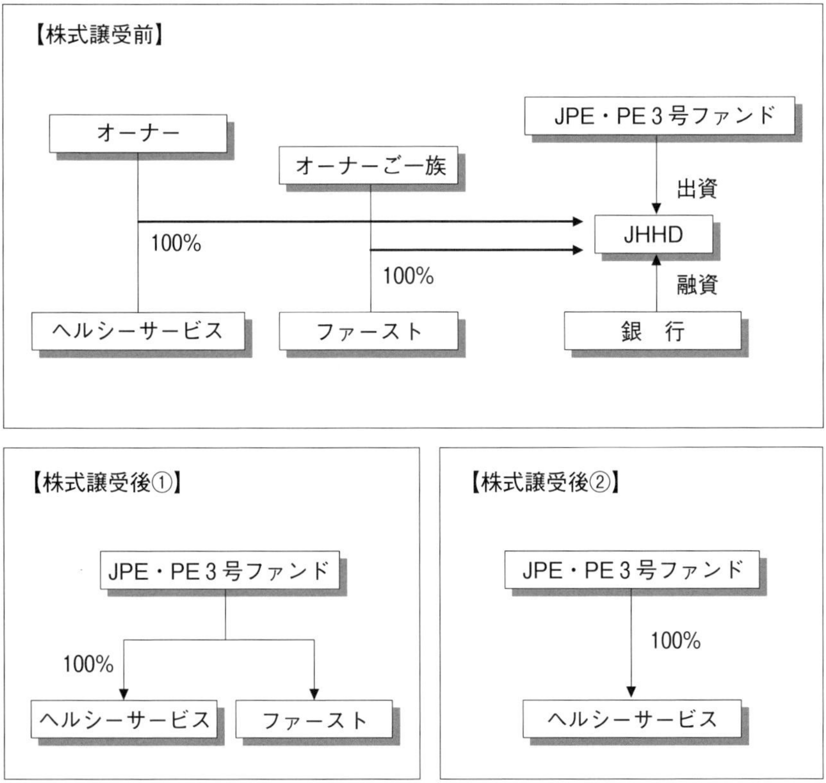

```
【株式譲受前】

  オーナー                                    JPE・PE 3号ファンド
                    オーナーご一族                    │
     │                  │                          │出資
     │100%              │100%                      ▼
     ▼                  ▼                        JHHD
  ヘルシーサービス      ファースト                    ▲
                                                   │融資
                                                   │
                                                  銀 行
```

```
【株式譲受後①】                    【株式譲受後②】

  JPE・PE 3号ファンド                 JPE・PE 3号ファンド
     │                                      │
     │100%                                  │100%
     ▼        ▼                             ▼
  ヘルシーサービス  ファースト              ヘルシーサービス
```

（出所）　日本プライベートエクイティ作成

する同社株式100％をJHHDにて譲り受けると同時に，同社の管理業務を委託している人的関係会社（有限会社ファースト）についても，オーナー一族から株式を100％譲り受け，この２社をJHHDの100％子会社とした。

その後，事業運営の効率化等を目的として，JHHDをはじめとする３社の組織再編を実施．現在では，ファンドが同社の100％の株式を保有するシンプルな形となっている。

また，銀行からの借入金を活用するため，複数の金融機関に資金調達の可能性を打診．具体的に検討を開始したのが2009年６月頃であったが，まだ多くの金融機関にリーマン・ショックの後遺症が残っており，キャッシュフローを担保にした融資に対しては非常に慎重になっており，実質的に融資は機能していない状態であった。また，各金融機関の見方もさまざまであり，『融資規模が小さすぎる』，『レギュレーションにキャッシュフローが左右されるので業種的にファイナンスに向かない』，『オペレーションが極めて重要な事業であり株式譲受後の経営体制が見極められないと難しい』等々の反応や回答を頂戴し，最終的には，業界への知見もあり，条件も合致する金融機関から調達できたものの，非常にローンの調達には苦労した時期でもあった。

3 企業価値向上（Value-Add）への取り組み

(1) 基本的な考え方

同社が展開している，民間の介護事業者としてのサービスへの需要が今後も増加することを考えると，短期的な視点ではなく，10年後や20年後を見据えた経営を行っていく必要がある。M&Aによってオーナーが代わったものの，積極的な拡大策や急激な経費削減が裏目に出て，当初想定していたような成果が出せなかったという事例は枚挙に暇がない。そのため，同社については，安定的な企業運営を行い，ご利用者様および介護人であるご家族の皆様に安心してご利用いただけるような会社にすべきことが重要であると考えて，その実現ためのValue-addを実践している。

また，介護は"サービス業"であると捉えており，サービス業として考えた

場合，他の業種と同様に，顧客が求めているものは時代とともに，顧客を取り巻く環境や介護者，ご家族の思いや関わり方によっても変わってくる。そうした中で，同社が用意するさまざまなメニューの中から，顧客が求めているサービスを選んでもらえるようにすることが重要であり，訪問系サービスから施設系サービスを拡充し，その質も維持しながら，より多くの顧客ニーズに継続的・恒常的に応えられるようにして，質の高い，多様なサービスを取り揃え，地域で信頼される介護事業者，サービス業であり続けたいと考えている。

(2) MBI（management buy-in）ファンドとしての役割

　オーナー経営者の引退というのは，会社にとっては非常に大きな節目となる重要な局面であるが，例えば，弊社ではこれまでに手がけてきた18社の投資案件に対して，延べ16名の経営者人材（COO，CFO，監査役等）を外部から登用し，派遣してきた。いずれの投資先においても，派遣した経営者人材と投資先，弊社との間でのコミュニケーションや信頼関係は相互に非常に高く維持されていると自負している。特に，弊社では，投資にあたっての経営者人材の選任は非常に重要視しており，資金と同じくらい，もしくは，それ以上の重みと慎重さをもって判断し，人選を行っている。中小企業のカルチャー，業界知識，コミュニケーション能力，マネジメント能力，人柄，ファンド事業への理解等々，ファンドとして経営者人材に求めるものは多々あるが，資本と経営という立場を共有する者として，お互いに理解しあえる相手か，信頼しあえる相手かどうかが最も重要と考えており，弊社では，MBOファンドであると同時に，"MBI（management buy-in）ファンド"としての在り方や意義，役割について改めて重視している。

　例えば，同社への派遣人材の選定のポイントとしては，これまでの経緯や会社の歴史を踏まえると，"成長性"より"安定性"を高めることに重きを置くべきと考え，その経営方針に沿うべく人という観点からリサーチを行った。今後，高齢者人口の増加により介護事業者へのニーズは高まることはあっても低くなることは考えにくく，事業者としてご利用者様に充実したサービスを安定的に提供できることが肝要と考えたためである。また，新社長となる経営者人材の選任にあたっては，業界や現場のことはもちろん，会社の基礎をより強固にす

るために必要な知識や経験を有している人にお願いしたいと考えていた。繰り返しになるが，今回の案件では"安定性"を重視すべきとの結論に達したことが，社長の人選にも大きく影響した。複数の候補者の方々との面談を踏まえて，弊社が正式に代表への就任を依頼したのが現社長の佐久間則行氏である。

　佐久間氏は，金融機関の出身であるが，その後，民間の介護事業者に転身され，現場や営業統括などの業務を経験されていた。また，その後は，社団法人シルバーサービス振興会にて，民間の介護事業者向けにさまざまな指導を行いながら，種々の制度の立案・構築に携わるなど，非常に貴重な経験をお持ちであった。こうした背景から，金融機関で培われたバランス感覚やファンド事業への理解，民間の介護事業者での現場に即した経験とマネジメント実績，行政と民間をつなぐ立場からの介護業界への見識等を総合的に評価してお願いしたという経緯がある。

　ただ，佐久間氏にお願いした理由は，単に職務経歴の中での実績や経験というだけでなく，ご自身の介護事業への熱意や思い，そして介護事業そのものの本質を理解しておられるという信頼感も大きな理由となっている。顧客と向き合いながら，行政とも向き合う。また，経営者としては株主と向き合い，社員と向き合う。そんな非常に難しい立ち位置において，自分の考えと会社経営の軸をぶらさないでいるためには，事業そのものへの確固たる思いと信念が不可欠である。特に，これからの日本の介護のあり方を考える際に「事業承継ファンド」という機能を活用して，介護業界で頑張っている中小事業者の存続と発展にまで思いを及ばせておられ，われわれ以上に現実を知り，将来の介護業界の姿を見据えておられる方として，新・ヘルシーサービスには必要な経営者人材であった。

　会社の"基礎"が充実すれば，それだけ安定感が増し，成長機会も自ずと増えてくる。それはピラミッドを建てるにあたっての基礎作りに時間をかけることに似ており，基礎を疎かにしたピラミッドは不安定なものとなってしまい，高く，大きなピラミッドにはなりえないことは想像に難くない。安定性を重視する中で"基礎"をさらに固めたいと考えていた中，佐久間氏との出会いがあり，社長への就任を快諾いただけたことで，経営陣の"要"は固まった。

(3) 組織の再構築

　前オーナーから株式を譲り受けるにあたって，今後の経営の中で"キーマン"となる方々をご紹介いただき，現在も執行役員や管理職として新・ヘルシーサービスをともに支えていただいている。事業承継に限った話ではないが，事業承継後の会社のさらなる成長に向けての成否は，新オーナーであるファンドや新社長だけではなく，会社の社員の方々の協力が得られるかどうかに尽きると考える。

　オーナーからの株式譲受が完了した後に"キーマン"と評価される方々とお会いし，今回の事業承継の経緯をご説明申し上げた。逆の立場に立てば，ある日突然，社長がいなくなり，ファンドがやってくるわけであり，蜂の巣をつついたような騒ぎになってもおかしくない。しかし，前オーナーがこのキーマンの方々を前にして，今回の事業承継を考えるに至った経緯を説明し，またファンドを運営する弊社のことをご紹介してくださった。また，弊社からは，オー

図表6－7　組織図

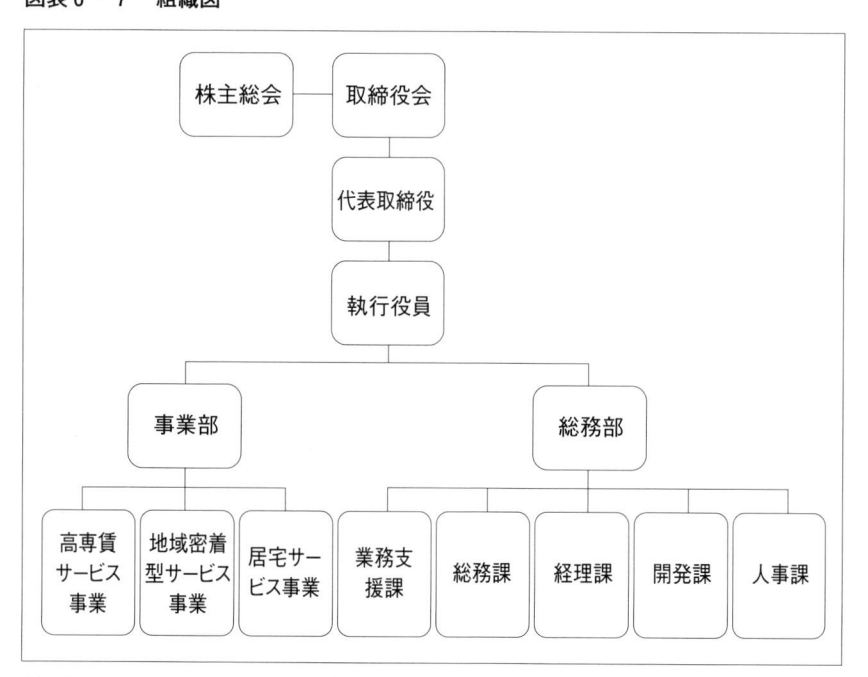

```
        株主総会 ── 取締役会
                      │
                    代表取締役
                      │
                    執行役員
           ┌──────────┴──────────┐
         事業部                  総務部
    ┌──┬──┬──┐        ┌──┬──┬──┬──┐
  高専賃 地域密着 居宅サー  業務支  総務課 経理課 開発課 人事課
  サービス 型サービス ビス事業 援課
  事業   事業
```

（出所）日本プライベートエクイティ作成

ナーよりバトンを受け継がせていただいたこと，オーナーのご退任後はキーマンである方々には経営参画の意識を持っていただきたいこと，新社長と皆様で株式会社ヘルシーサービスの第二の創業期を築いていっていただきたいこと等を率直にお伝えした。

現在，その"キーマン"と称される方々は，いずれも会社にとって欠かせない重要なポジションで，引き続き，ご活躍いただくと同時に，取締役会にも参加いただき，次のマネジメントを視野に置いて，日々の経営課題にともに取り組んでいる。

新社長とキーマンとなる方々を中心にして，株式譲受後に最初に取り組んだのは「組織体制の再構築」である。前オーナーの時代には，指揮命令系統が1本であり，オーナー会社ではごく普通のことだと思われるが，今後，事業が拡大していけばどこかでひずみが生じるのは避けられない。

よって，本社機能を「事業部」と「総務部」に分けた上で，両部門を統括する「執行役員制度」を導入した。また，それまで二名で統括していた「事業部」は，現場の状況を詳細かつタイムリーに把握するため，事業部を統括する次長の下に，サービス事業単位で四名のエリアマネージャーを配置，この結果，それまで見えていなかった事業部単位での損益状況や課題などが把握できるようになった。

また，本部業務においても，手作業や重複作業が多いことや個人に依存した業務があることでシステマチックな運用がなされていないという問題を抱えていた。この問題についても，社内の管理体制の充実を図る上でシステムの導入が不可欠と判断し，10年，20年先を見据えた経営判断として，新システムの導入が図られている。

会社を良くしようとすればするほど，資金も費用も必要となってくるが，同社の"収益性"を支えているのは「利用者数」と「人員配置」のバランスをどのようにするかという経営判断であり，同社の"成長性"を支えているのは，"人"と"人"が行う仕事ゆえの，まさに人の成長でもある。こうしたことを考えると，この収益性と成長性を維持していくためには，会社の歴史を重ねていく中で，将来を見据え，弊社がファンドとして関わる時期にやるべきことはしっかりやっておくことが，その役割であると考えている。

4 創業者の思いを継承

　後継者問題を抱える中小企業が年々増加している。廃業という選択肢をとらざるをえず、消えていく企業の数は年間数万社、失われる雇用は年間数十万とも言われている。本業が先細り、業況が厳しくなる中、そのような選択肢をとらざるをえない企業もある一方で、存続する力のある会社が後継者問題のために消えていくのは何とかしたい。

　弊社では、そのために事業承継ファンドの運用を行っており、世の中に数多ある企業の中でも、中小・中堅企業の事業承継問題と真摯に向き合い、創業オーナーや新経営陣、社員の方々とともに企業文化や価値観を理解し共有しあえるパートナーでありたいと考える。

　創業者が経営者も務める会社においては、資本と経営が一致している。確かに、"資本と経営の分離"が効率的な事業運営を達成するための有効な選択肢の一つであることは事実であるが、実際、日本企業の中で、資本と経営の分離が図られているのは、その1％にも満たない上場企業などごく少数である。

　資本と経営が一致した状態で健全な企業運営は行われないのか。

　決してそのようなことはない。むしろ、経営基盤が安定する前の企業においては、オーナー経営者が英断を下して迅速な意思決定を行っていかないと経営は立ち行かなくなる場合があり、権限を分散させることなく経営者に権限を集中させるやり方がかえって望ましいこともあると考える。

　オーナー経営者に権限が集中する、逆をいえば権限委譲が進みにくいのはやむをえないことであり、私はこれまで多くのオーナー経営者とお会いしてきたが、ほとんどの方が自らの資財を会社に投下し、銀行からの借入に対して個人保証を行っている。さらに従業員とその家族を路頭に迷わせないように一心不乱で会社の舵取りを行っている。そのような状況下では、頭では分かっていても容易に権限を委譲できないのはやむを得ないのではないかと思われる。

　では、オーナー経営者に依存する体制が長く続くことが良いことかどうか。これについては一概には言えないところもあるが、外部環境に応じて企業の置かれるステージが変わってくればそうも言っていられない。オーナー経営者が

会社全体を見て，意思決定を行うには物理的に無理がある。

ここに，同社の創業者である前オーナーの思いを継承していくためにも，弊社に株式譲渡がなされる前の2009年2月に，社内で策定した中期事業計画の冒頭に記載されている。社長の言葉を抜粋，引用させていただく。

　介護保険制度開始からの当社の戦略は社会的意義があり，満足のいくものであったし，これからの少なくとも15年間の事業基盤となる施設整備も順調である。しかしながら，振り返ればやり残した事が多くあることも否定できない。そして，そのやり残したものとは，新たなステージに向かって当社が"飛躍""進化"していく上で，必要不可欠なものとして，顧客や地域・社会全体がわれわれに対して要求してくる流れであると予測する。それは，ある種のパワーであり，バランスであり，秩序，規範でもある。そして，営利企業が一定の規模を有したとき，果たさなければならない社会的責任でもある。今後，われわれがさらに業績を伸ばし，成長を継続することへの不安は微塵もないが，それに相応しい"器"も手にしなければならない。具体的には，人的体制・組織体制・内部統制・人材育成体系の充実を図っていく必要がある。

　現在まで，当社は，ワンオーナー（個人）によって運営されてきた企業である。今までの規模であるが故に，良くも悪くも出来たことは否定できないが，それが組織力・統制力の弱さに繋がっている側面もある。しかしながら，当社がこれから標榜するステージは，そのような脆弱な体制では通用せず，また当社の事業の性格上，お客様に真の信頼を得られない。安定し，バランスのとれた経営陣と役職員で組織され，各々が与えられたあらゆる職務に責任を持ち，全うし後輩を育てる。新しい企業価値・企業風土が必要となる。3年後の2012年に介護保険改正が行われる。われわれが今成すべきことは，そのときの経営方針・事業戦略を立案し，全従業員に発令するのは，個人ではなく新しい企業価値に見出された機能的組織とするための実行である。

創業者の上記の言葉にある「新しい企業価値と企業風土」を培っていくことを，まさに弊社が託されたといえる。

おわりに

　今後の法規制の下での介護事業者は，中小規模での展開や，事業の本質を理解しない新規参入，オーナー個人に依存した事業展開では，各々限界が来ると感じている。では，大規模に展開するのがいいかというと必ずしもそれでは地域に密着した展開やニーズに応えきれないという問題も起こってくる。

　そのような背景の中で，弊社が"ファンド"として，オーナー会社から組織運営へと企業を脱皮させ，次のステージへの移行を支援することは，特に，介護業界において必要とされており，意義のあることだと感じている。

　MBIファンドとして投資をすると同時に，経営者人材を派遣し，同社の資本と経営の承継問題を解決し，ファンドと経営者人材，社員が三位一体となって社内体制をさらに強化して企業価値の向上を図るという，今回のような事業承継のモデル，あるいは，会社としての成長モデルを介護業界に広めていくことで，必ずしも事業会社によるM&Aだけではなく，ファンドが介在することのメリットや資本が果たす役割を理解していただき，これからの介護業界に少なからず貢献できると確信している。

　MBIファンドとして，新たな経営者人材を送り込み，各社員自らが組織経営への移行のプロセスを実践して"自立"へと到達することを支援することが，弊社に求められている役割であると考え，これからも，弊社が掲げる，"変えるべきところと変えるべきでないところを見極め，変えるべきところを変えていく。足りないものを補っていく"という考え方を真摯に実行していくのみである。

　また，弊社は「事業承継ファンド」として，"志を継いで，夢をカタチに。夢を継いで，新たなる時代へ。"という企業理念を掲げている。この理念の下，こうした創業者の思いを熱く受け止め，創業者から託された"志"を受け継ぎ，新しい経営陣や社員の方々が描く"夢"をともに実現していくことを目指す。創業者が築き上げてきた思いを基礎として，新経営陣と社員の方々，そしてファンドが一緒になって企業価値の創造を行うことで，託された会社をより強く，大きな会社にしていきたい。

経営者インタビュー

強固な資本構築を目指した介護事業の事業承継

株式会社ヘルシーサービス
代表取締役
佐久間則行氏

Q 御社は，介護業界でも先進的な取り組みを行っているとのことですが，どのような点に魅力を感じて社長を引き受けたのでしょうか。

　私は，銀行を出てからは，ずっと介護業界に携わっております。2000年に介護保険制度が施行され10年目という中で，介護事業者の株式上場企業にて事業拡大等に関与し，そのあと厚生労働省等の行政施策策定等のお手伝いをさせていただきました。それから今回の社長就任のお話がありました。

　介護業界全体の流れの中で，「事業継承」というものが，非常に今後大きなテーマとなってくるということは強く感じていたところでした。

　介護業界では，民間企業と公益法人の2極が支えております。事業者数からいうと圧倒的に民間の事業者のほうが多いというのがこの業界の特徴です。ですが，介護の大手上場企業のすべてのお客さんの数を足しても介護保険制度利用者数の全体の20％のシェアまでいかないのが現状です。ですから，上場している介護事業者のシェアもその程度しかないのが実態です。

　大部分はどこが占めているかというと，たくさんのお客さんを支えているのは，実は小規模な民間企業だということが言えると思います。そういう中で考えたときに，事業者自身がしっかりしないと非常に問題だという認識があります。コムスンの問題の時に，私は行政の所管団体におりましたから，コンプライアンスの問題や財務体質も含めて，足腰の弱い小規模な事業者が，今後の介護保険制度ないしは高齢者ビジネスを支えるにはいささか問題があろうという意識が非常にありました。

　M&Aという形の登竜門を通って審査がなされて事業継承の形になっていく会社が，より強固な資本構築をした上で社会信用性を高めていくというスキームは，この業界に今までほとんどありませんでした。今回の社長就任のお話があって，こういう事業会社の成長のあり方というものに，自分が携わることも何となく運命的なものも感じていました。24年間，この会社を育て上げてこられたオーナー経営者のバトンを受け取って，

何とか上手く，新たな資本構成により，より強固な信用構築をした事業者として，再度事業展開に向けて邁進していく会社にしていきたいと思いました。

　大げさに言うと，介護事業の事業承継の一つのモデルになるくらいの気持ちも実際に持っています。ファンドという一つのふるいと言いますか，プライベート・エクイティの視点をきちんと通ったところで，信用の構築をしていくという形式のほうが，実はその介護事業会社の独自性が発揮できると思っています。こういうM&Aという形態で，企業が一つのステップアップをしていくという成長の仕方について取り組むべきだという思いと，上手く成功させていきたいという思いを強く抱いております。

南総営業所（新規入浴車両とスタッフ）

ガーデンコート常盤平のグループホームスタッフ

Q バイアウト・ファンドの投資先企業の社長に就任するということに対して何か特別な思いはありましたでしょうか。また，**日本プライベートエクイティのメンバーに最初に会った際の印象はいかがでしたでしょうか。**

　地方銀行でしたが，銀行員当時からファンドに近い形で特別目的会社を設立し，会社を継承していくというやり方については，勉強をしていました。ローンのシンジケート団として，どう取り組むかという部分での見方もしていましたから，違和感はあまりなかったのです。その経験がありましたので，ファンドという話を聞いても抵抗感はほとんどありませんでした。逆に，ファンドを活用するということは，あるべき姿の一つだろうなと思っていました。

　日本プライベートエクイティさんからお話の際には，もっと仰々しい計算やデータベースの部分の話があるのかと思っていました。ファンドによる投資を検討する時は，当然審査をやりますので，それを最初にやるのだろうと思って来たのです。そうしたら，意外にもそうではなかったという感じがありました。介護業界は，新参の産業でありますが，仕組みについてあまりご存じないということを，かなりはっきり言われたものですから，これはお任せいただけるのだなとすぐに思えました。

　収益率や投資効果をどうするかとか，上場狙いなのかとか，売上を何倍にするのかとかを議論するのはよくある話ですが，それ以前にこういう会社があってという話が先にあり，その絵を見て描いて下さいというお話でしたので，その点は非常に入りやすかったです。もし，最初に，収益率や投資効果の議論をされていたら，かなりきついなと思

ガーデンコート船橋三山のグループホームスタッフ

いました。

Q 新体制を構築するにあたって，長年事業を築き上げてきた前社長から託されたものやアドバイスはありましたでしょうか。

引き受けるに当たって，前社長から最初に言われたのは，「非常に優秀な部下がいます」ということでした。個別には，取締役候補者の名前が上がりました。

もともと私の考え方の中に，会社の基本でもありますが，介護事業は人対人の事業でもあり，幹部社員等をあまり変えない人事が良いだろうと考えておりました。新体制を早期に構築するには，理論上で言うと，専門の人間を連れてきたほうが早いということがあるわけです。例えば，私がよく知っている財務系の人材を連れてくるとか，人事系の人材を連れてくるとか，そういう人材を招聘してもらうほうが早いというのが当然あります。しかし，今いる現有の社員たちとどこまでやれるかというところが大事であると考えました。

その中で優秀な部下が二人いると言われた方を，幹部に入れたという背景がありました。だから，私以外に誰も外から招聘した人間はいません。現在，現有の人材を活かしています。

ただ，事業承継をするにあたって，考え方を前の経営者とかなり大きく変えた部分と残した部分とが存在していますので，私が就任してからまだ半年ですが，新体制の構築がまだこなしきれていない部分も当然あるわけです。この点は今後の課題です。

あとは，システム化です。新規システム導入の必要性についても，前社長から最初から言われました。それをこれからやっていくということですね。

Q 株主が変わるということは会社を変えるチャンスです。最初の半年間で特に重視して取り組んだ経営施策は何でしょうか。

財務面については，以前の体制でコスト管理が非常に行き届いていたので，それはまったくいじらないということを決めました。

いわゆる管理部門の強化ということで，本部の機能は変えなければいけないというのが第一義的にありました。また，システム化という宿題がありましたので，それも合わせてやらなければいけないという課題がありました。今までの体制でいうと，コストが優先的にされていたので，そのための人材しかここにはいません。いわゆる集中管理というシステムがないわけですから，そういう思想もなければ仕組みもなかったのです。

そういったものを構築しなくてはいけないということで、新たに人事課を設けたり、総務が一人だけだったところを一人増員したり、コンプライアンスの事務局の専任担当者を一人加えたりしました。

あと、人材育成のシステムを変えるように今やっているところです。以前は、育成プログラムがほとんど機能していない状態でした。介護業界は、人の産業ですので、人材育成は必須課題です。大学新卒者から、既に入っている大卒の社員に対しても、新規プログラムに沿ったものに移行させるようにしています。そのために、現在、人事管理制度全般を見直しています。

加えて、コンプライアンスの強化です。そもそもオーナー企業というのはトップダウンで形成されている組織です。私も少し絡んでいたのですが、介護保険制度で求めている内部統制の法律ができました。ようするにPDCAが自社内でちゃんと機能するようにしなさいよということが主眼なのです。そうすると、いわゆる現場対本社という形の中で、きちんとお互いに牽制作用が起こるような体制にしていくことが大事です。

規程を作ることは、比較的容易にできるわけですが、それが動くようにするための組織変更をやりました。26の事業所の拠点がありますが、業態別に4ブロックに分けて、それにエリア長という役職者を付けました。そして、それぞれに管理をさせることとし、その上に次長職を置いて、その上に今まではなかった執行役員を付けました。そして、執行役員は現場の統括と本部の統括をするという形をとって、組織的に管理の単位を作って、それぞれの役割を担うような形をまず作りました。

旧来の思想になかったことをやりましたので、抵抗感は結構あったと思います。しかし、今のところスムーズに進んでおりまして、おかげさまで、私が来てからの変更やら何やらの関係で、管理職クラスで辞めた人はまだいませんから、一応は上手くいっているのかなと思っています。

Q 全社一体となり取り組むことが重要ですが、従業員のモチベーション向上策で特に重視した施策は何でしょうか。

まず、組織上からいうと、本社オフィスのレイアウトを変えました。経理課は別室を設けて、その中に入っていたのですが、そこを会議室にしてしまって、経理の人間を外に出しました。そういうことで、本社の組織をオープンにしたのです。まずそういうところからはじめました。

幹部社員3人（執行役員、総務部部長、事業部次長）に取締役会に出るようにしても

らいました。当社ではこれまで、株主に対して報告をするという習慣がなかったものを、毎月１回やることで彼らの意識は当然変わりました。今までは社長に対してだけやっていればよかったのが、株主という形の取締役に対しても書面を作成して報告をすることを月１回必ず行います。最高決議機関ですので、社長の決裁以上の決議は今までなかったのですが、そうではなくなったという中で、彼らの幹部社員としての責任感というものと意識というのが仕組みから変わりました。それは私がしたわけではなくて、ファンドという仕組みにより、株主が新たに来ていただいたおかげでなったという部分があります。

　当社のサービス業態として、グループホーム事業と高齢者専用賃貸住宅という形態があり、非常に注目されている事業でもあるのですが、その他にも訪問入浴と訪問介護があります。それは介護保険がスタートした時には非常に脚光を浴びたのですが、今はあまり儲からないということで、モチベーションの低下という問題がありました。

　訪問入浴車というものがあるのですが、その入れ替えをしました。私はスタッフとして訪問入浴の体験をさせてもらった経験があるのですが、当社の訪問入浴車は、一回も更新したことがなかったのです。減価償却も終わって部品もないくらいの車を使って仕事をしているのは、他の会社でもあったのですが、就任してすぐに古い順から全部廃車にして新しい車に全部入れ替えました。要するに、こういう設備が必要な仕事をしていて、減価償却したら更新する仕組みがない事業が長く続くわけがないとの考えから、それを実際に実行しました。訪問して顧客のところに行ってサービスをするというのは、

千葉市美浜区にあるヘルシーサービスの本社オフィス

この介護事業の原点ですので，僕はそこから学んだという話を現場でしています。多少なりとも，彼らのモチベーションは上がって欲しいと思っています。

その他には，事務所も非常に手がかかってない状態でしたから，あえてそこにお金をかけるようにしました。

Q 最後に，経営ビジョンや今後の事業の中長期的な方向性についてお話し願います。

介護保険制度は，規制の市場ですので，制度自体が3年に一度法律上改定するということが決まっています。ちょうど今，第四期なのですが，第五期の平成24年というのは，医療改正と介護改正が重なるダブル改正の年になります。何を申し上げたいかと言うと，2年に一度報酬改定があって，3年に一度制度改正があるような状況で仕事をするわけです。長期に安定した制度下での仕事は，ありえません。それはこの業界で仕事をする上での宿命なのです。

では，これからの10年を見据えたときに，ご存じのとおり2025年問題が15年先に来て，高齢率が30％を超すわけです。その中で私どもがどういうビジョンを持ってやっていなくてはいけないのかというと，その時になっても生き残っているというか，事業がきちんと展開できているということが一番の目標と考えています。

当社は，今年25年目を迎えます。四半世紀，介護の現場で仕事をやってきているわけです。生き残り方として大事なのは，マネジメントをできる人材が自社の中から出てこなくてはならない時期に来ているということです。

介護保険制度が立ち上がった時は，まさしく私もそうですが外の業態から来た人間が，介護事業のマネジメントをやってきました。それが今まで支えた10年なのです。これからの10年は，生え抜きがマネジメントをする10年にならなければなりません。そこで，どのように当社ヘルシーサービスが事業展開できるかが，これからの5年ないし10年が勝負どころだと思っています。今，22歳・23歳で入社している人間が32歳・33歳になる時に，マネジメントをきちんとやれて，現場を仕切れて，事業展開をやっていく姿になっていることが，10年後の目標です。

佐久間則行氏略歴

山形県出身。山形県立米沢興譲館高等学校卒業。福島大学経済学部卒業
1983年に株式会社山形銀行入行。2002年セントケア株式会社（現セントケア・ホールディング株式会社）入社。2006年社団法人シルバーサービス振興会入社。2009年11月株式会社ヘルシーサービス代表取締役就任。

第7章 新総企・マオスのファンドを使ったMBO事例
—— 駐車場経営事業の承継と事業統合化への取り組み ——

株式会社リバーサイド・パートナーズ
代表パートナー　森　時彦
代表パートナー　中野淳文

はじめに

本事例は，二つの異なる会社の経営者が，別々の理由からファンドを使ったMBO・事業売却を行い，その後，この2社がファンドの元で事業承継を実現して統合化を進め，顧客はもちろん，投資家・従業員にも満足されるエグジットを目指すケースである。

1　新総企のMBO

株式会社新総企（以下「新総企」という）は，1983年7月に設立された新潟の会社である。当時出はじめたばかりのコインパーキング用のロック付きの無人駐車料金徴収装置とそのメンテナンス・サービスを提供する会社としてスタートしたが，その後，新潟県で最大のコインパーキング事業に成長する。

同社を創業した田伏赦夫氏は，2006年に同社を株式交換方式でJASDAQ上場企業YOZANに売却，その子会社となることを決意した。田伏氏は多くを語らないが，上場企業であり，成長著しいモバイル事業を展開するYOZANと組むことで，さらなる発展を期待したものと思われる。なお，このYOZANとの株式交換は，社内の意見を二分する一大議論となり，最終的にオーナーである田伏氏の一存で決まったようである。

YOZANは，2001年12月にポケベル事業を当時の日本テレコムから買収。翌

年4月には，アステルブランドのPHS事業も取得し，首都圏エリアでのPHSサービスをスタートした。しかしその後まもなくこのPHS事業から撤退し，その基地局を転用して2005年12月から，法人向けWiMAX事業をスタートした。そのアンテナ敷設場所を新潟県に確保するために，新潟で最も多くの駐車場を運営する新総企を買収したとされる。しかし，このWiMAX事業も2007年12月末日に事業を凍結，翌年6月30日をもって事業を廃止した。

WiMAX事業の行き詰まりが明らかとなった後，YOZANは資産整理を迫られる。新総企は，当時既に親会社のYOZANよりも大きな収益を稼ぎ出す事業となっていたが，その事業売却も検討されはじめた。

自ら創業し，四半世紀かけて新潟最大のコインパーク事業に育ててきた田伏社長は，自ら創業した新総企が大手コインパーキング事業者の手に渡ることを危惧し，同社を取り戻すべく活動を開始した。とはいえ，株式交換であったため手元にはほとんど無価値となったYOZANの株式しかなく，買収資金はほとんどなかった。

YOZANを既に退社していた元財務企画担当者も，自分が手がけた買収案件が結果的に短期間で売却されることを憂慮しており，田伏社長にファンドを使ったMBOという手法があることを教え，アジアに展開を開始したばかりの米国のプライベート・エクイティ，リバーサイド・カンパニーを紹介した。

新聞などの情報からファンドに対し必ずしも好意的なイメージを持っていなかった田伏氏は，リバーサイドと数度にわたり面談を繰り返した。その中で，プライベート・エクイティとリバーサイドの投資方針を理解するに従い，ファンドを使ったMBOの可能性を真剣に考えはじめた。

少しでも高額で新総企を売却して資金回収をしたいYOZANの債権者も加わり，新総企のMBO交渉は一筋縄では行かなかったが，事業の発展性や役職員の強い希望もあり，2007年9月にはじまった交渉は，翌年1月に終結を迎えた。田伏社長が10パーセント出資し，残りをリバーサイド・カンパニーのアジアファンドが出資するMBOとして1月31日にYOZANからの買い戻しに成功したのである。

図表7-1　会社概要

会社名	株式会社新総企
本社	〒950-0078　新潟市中央区万代島5-1　万代島13階
設立	昭和58年7月4日
資本金	20,000千円
代表者	代表取締役　増田昭彦 代表取締役　スチュアート・バクスター
取締役	氏平正彦，森時彦，デービッド・レイス
従業員数	38名（2010年11月末現在）
株主	Riverside Asia Car Park, LLC（出資比率75.0%） 増田昭彦（出資比率20.8%） 田伏靫夫（出資比率4.2%）
事業内容	・コイン式時間貸駐車場の運営・管理 ・月極駐車場の運営・管理 ・病院・銀行・一般有料駐車場などの運営・管理 ・駐車場管理機器システム販売
主要取引先	新潟大学医学部／新潟大学歯学部／新潟市役所／新潟県立がんセンター／万代島ビルディング／NTTリース／第四銀行／北越銀行／三条信用金庫など
事業地数	106事業地（2010年11月末現在）

（出所）　新総企

2　新総企の価値創造

2008年4月。MBOを実現し，会社を取り戻した田伏社長は，従業員全員を集めて新しい株主となったリバーサイドを紹介した。このお披露目の席には，リバーサイド・カンパニーの日本におけるアドバイザーを務める株式会社リバーサイド・パートナーズからも三名が出席し，リバーサイドというプライベート・エクイティの経営方針を説明した。

その中の一人で同社の外部役員となった森時彦は，「みなさんは，高校野球でいえば新潟ブロックのチャンピオンです。しかし，この地位に甘んじないで，甲子園での優勝を狙いましょう」と社員を激励し，全社員が議論を重ねて「新総企の3年後のありたい姿（ビジョン）を作成して欲しい」と促した。

3ヶ月後，繰返し開かれた全社員を巻き込んだミーティングの結果，「夢三倍25」というビジョンが創られ，壁に大きく掲げられた。この3年間に会社を

3倍にし，その中で社員ひとり一人が自分の夢を実現しようという思いが込められたものである。

リバーサイドが株主になるまで，全社員が会社の将来像について議論を繰返すことなどは一度もなかった。すべては創業者の田伏社長の一存で決まってきた。社員はただ言うことを聞いていればよかった。そのやったこともない議論を3ヶ月も続け，ついにビジョンステートメントを創り上げたのだ。

この全社員によるビジョン作りと並行して，リバーサイドは，営業・財務・技術部門のトップ三人からなる業務横断的な「変革推進チーム」を編成するように田伏社長に依頼した。新総企を，創業者によるワンマンカンパニーから組織として経営される会社に変貌させるための仕掛けである。チームは毎週金曜日に定例ミーティングを開き，はじめの1年間は，毎週，森がファシリテーター（進行役）として参画した。

「みなさんの駐車場の中の稼ぎ頭はどこですか？」
「この駐車場の主たる利用者は誰でしょう？」
「今日は，土地オーナーのリストをじっくり見てみましょう。この中で他に駐車場に展開できる遊休地を持っていそうなオーナーはいませんか？」

などと問いかけ議論を促したが，メンバーの口は重く，なかなか意見らしい意見は出ない。営業・財務・技術という異なる部署の人たちが頭を寄せて事業戦略なるものを議論することなどなかったのだから，当然と言えば当然である。

このミーティングでは，田伏社長は議論そのものには参加しないことをこの会議のルールにした。創業者である田伏社長がミーティングに入れば，それだけでみんなが頼って意見を言わなくなる。社長は発言を控え，変革推進チームのスポンサーに徹する。スポンサーとは，変革チームから出てくる提案を聞いて意思決定し，必要な経営資源を承認する役割である。

こうして口の重いチームに問いかける会議を根気よく毎週続けていくと，少しずつ意見が出始めた。

「新潟最大のコインパーキングであることを活かし，地場のガソリンスタン

ドで共通回数券を販売してはどうか？」
「ガソリンが値上がりしているから，うちのコンパーキングの領収書でガソリン代が安くなるキャンペーンをしてはどうか？」
「銀行に土地オーナーを紹介してもらっては？」
「廃業しそうな旅館などに駐車場提案をしては？」

　数週間が過ぎる頃から，回を追うごとに質のいいアイデアが出るようになってきた。思いつきだけではなく，少しずつではあるが，駐車場ごとのいろいろなデータの整備を進め，分析に基づく議論ができるようになっていった。高収益の駐車場の条件をみんなで抽出して新事業地開発の判断基準を作った。エクセルを駆使し，毎週数字をアップデートできる管理テーブルを作成して工夫を重ねた。100余りあった事業地ごとの収益性を分析し，競合他社の動きを観察し，利用者の利便性を高めるために何をすべきか，ファクトベースの議論とアクションを繰り返す。新しい事業地を開拓するための新しいアイデアを全員が考え，毎回話し合っては優先順位を付けてトライした。

　毎週，誰が（Who），いつまでに（When），何をするか（What），という三つのWを書き出すエクセルシートを使ってアクション中心の議論になるように工夫した。そのシートを使いながら毎週活動をレビューし，次週以降のアクションを決めては行動と反省を重ねていった。

　6ヶ月も経つと，それは新総企にとって組織の新しい習慣となった。自発的に変革推進チームの下に，各組織のチームミーティングが毎週行われるようになっていった。

　こうやって毎週議論を重ねる中で，変革推進チームは次第に戦略性の高い課題にチャレンジするようになっていった。例えば，他県展開である。これは創業以来の田伏社長の夢だったが，今まで果たせずにいた。それが，この変革推進チームミーティングの議論で，宮城県，福島県，長野県，石川県などへの進出を試みることになった。

　新総企の中には小さな不動産事業があった。これは成長戦略の一つとして田伏社長がはじめたものだが，それを今後どう扱うかも大きな議論になった。何週間かデータを集めて議論を重ねていく中で，変革推進チームはこの事業には

将来性がないと判断し，撤退方針を出した。担当している人を成長性の期待できる駐車場事業に振り向け，最小限のコストで運営をしつつ機会を見て撤退する。田伏社長はこの提案を承認した。これに伴い，テナントのいた本社ビルもセールスリースバックし，借入金を減らして身軽になった。不動産部門から駐車場事業に異動した優秀な人材のモティベーションも心配されたが，出口のない不動産事業から解放され，かえって元気になった。

新総企の社員は，以前は事業買収など考えたこともなかったが，リバーサイドとともにチームは事業買収候補を数十件ほど洗い出し，順次検討していった。先方に事業売却の意思があれば，仙台や長野に足を運んで面会した。そういった活動の中で見つかった優良企業の一つに，東京を拠点として急成長していた株式会社マオスがあった。

3　マオス買収

株式会社マオス（以下「マオス」という）は，1989年に設立された東京のコインパーキング事業会社である。設立から6年ほどは，飲料用自動販売機のロケーション開発を本業とし，その後，コインパーキング事業に展開，持ち前の営業力で大きく事業を拡大してきた。同社を創業した増田昭彦社長は，事業の成長に伴って株式上場（IPO）を目指すようになり，そのための体制を整え，準備を進めていた。

しかし，上場基準が厳しくなり，さらに日本版SOX法への対応を迫られるようになった2008年頃には，上場への夢は覚めていた。実際，上場には3年程度の準備期間とその間に発生するコストだけでも数億円はかかる。めでたく上場できた暁にも毎年数千万円の上場維持コストが発生する。このような金銭的な負担以外に，四半期ごとに不特定多数に業績を開示するIR活動が必要になる。そのために要する幹部社員の時間的負担は，社員数十人，利益額数億円程度の企業にとって，大きすぎる程に大きい。

それでも株価がドンドン上昇するのであれば，やり甲斐もあるというものだが，ほとんどの中小企業の株価が上場直後に最高値を付け，その後一方的に下

がりつづけるという傾向をたどっている。数十億円程度の売上規模の企業にとって、上場にはステータス以外のメリットはほとんどなくなってしまったのだ。

　これは日本だけでなく、世界的傾向である。例えばアメリカでも、SOX法の導入で上記のような金銭的・時間的負担が増し、中小企業にとっての上場メリットは著しく小さくなった。さらに2008年9月のリーマン・ショックが追い打ちをかけた。痛手を受けた証券会社が多くのアナリストを解雇したため、株式売買出来高の少ない中小企業の動向をフォローする人がほとんどいなくなったからである。

　こうしてIPOを諦めた増田社長は、一方で、コインパーキング業界が転換期にきていると認識していた。2004年の道路交通法改正を期に新規参入した事業者の多くが、不況のあおりを受けて厳しい経営状況となっており、業界再編が進むと読んでいたのだ。「資本力のあるところが勝ち残る」と考えた増田社長は、M&Aアドバイザーを雇い、マオスの事業売却を検討しはじめた。自分の人生より自分が創業した会社、マオスは長生きし、そこに多くの人が社員として関わって生活の糧を得ている。マオスを活かすには、もっと資本力のある企業傘下に置いて、業界再編の時代を生き延びようという戦略である。買収者の意向によっては、社長である自分はリタイヤしてもいい。引き続き経営できるならする、と自分の身の振り方については両睨みで考えていたようだ。

　アドバイザーの指導で、まずいくつかの事業会社への売却を検討したが、決断できなかった。売却後、自分がいなくなった時、その事業会社がマオスや従業員をどう扱うのかという心配を払拭できなかったようである。そんな中で出会ったのが、当時、新総企の追加買収を検討していたリバーサイドだった。

　将来的な事業統合を前提にし、新総企とのシナジーがある企業の買収を検討していたリバーサイドは、一、二回の面談の後、新総企の田伏社長とのミーティングをアレンジした。増田社長は、一見強面のする人物であるが、実際は他人への配慮の行き届いた折り目正しい経営者である。オフィスでのミーティングと会食を経て、増田社長の人物を見抜いた田伏氏は「経営の考え方が、これまでに検討した会社の中で一番自分に近い」と買収に賛成した。

　その後、増田社長との話を進め、持ち株会社の下に新総企とマオスが兄弟会

社として並立する形で買収が実行された。

　リバーサイドと面談した当初，増田社長は買手の意向に配慮し，会社売却後は引退して趣味の大物釣りに興ずると話していた。しかし，何度か面談する中で優れた経営手腕の持ち主であり，まだまだ経営にも意欲のあることを理解したリバーサイドは，増田氏を慰留し，引き続きマオスの経営にあたることを依頼した。一方，リバーサイドの投資方針に共感した増田氏は，この事業売却から得た代金の一部を持ち株会社に再投資し，田伏氏・リバーサイドのアジア

図表7－2　会社概要

会社名	株式会社マオス
本社	〒176-0001　東京都練馬区練馬1-4-1　ユニティフォーラムⅡ練馬5階
支店	神奈川支店 〒223-0053　横浜市港北区綱島西6-13-32　ワコー電子ビル4階
設立	平成元年3月28日
資本金	30,000千円
代表者	代表取締役　増田昭彦 代表取締役　スチュアート・バクスター
取締役	森時彦，氏平正彦，デービッド・レイス
従業員数	26名（2010年11月末現在）
株主	株式会社新総企100％
事業内容	・コイン式時間貸駐車場の運営・管理 ・バイク月極駐車場の運営・管理 ・バイク時間貸駐車場の運営・管理 ・マンション来客用駐車場の運営・管理 ・各種自動販売機のロケーション開発業務
主要取引先	東京都／横浜市／株式会社ジェイアール東日本都市開発／株式会社オリンピック／株式会社ドン・キホーテ／日本レンタカーサービス株式会社／日進レンタカー株式会社など ・コイン式時間貸駐車場の運営・管理（取扱メーカー） 株式会社アイテック／アマノ株式会社 ・各種自動販売機のロケーション開発業務 株式会社ユカ／東京コカ・コーラボトリング株式会社／東京キリンビバレッジサービス株式会社／株式会社伊藤園／アサヒ飲料株式会社など
事業地数	418事業地（2010年11月末現在）

（出所）　マオス

図表7-3 新総企投資時のストラクチャー

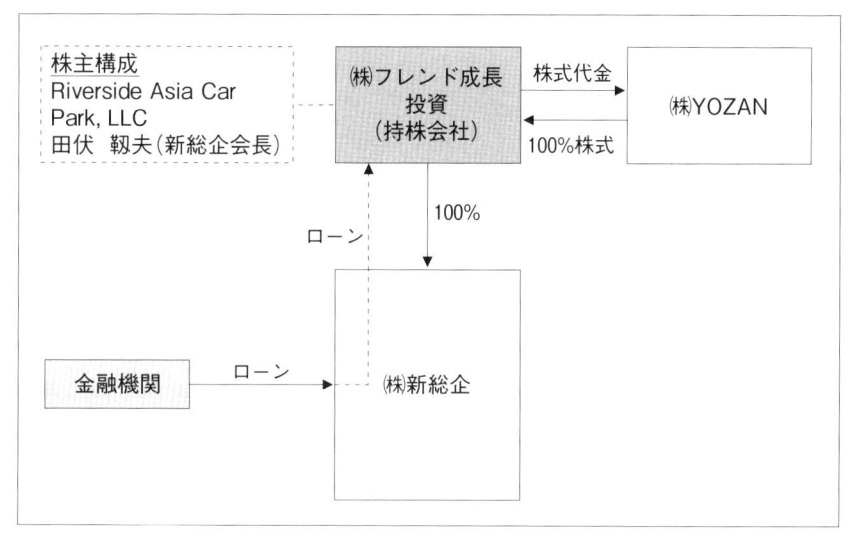

```
株主構成
Riverside Asia Car Park, LLC
田伏 靱夫（新総企会長）
                         ㈱フレンド成長投資      株式代金      ㈱YOZAN
                         （持株会社）    ←→
                                     100%株式
                            │ 100%
                            ↓
  金融機関  ──ローン──→  ㈱新総企
           (ローン)
```

（出所）リバーサイド・パートナーズ

図表7-4 マオス投資後のストラクチャー

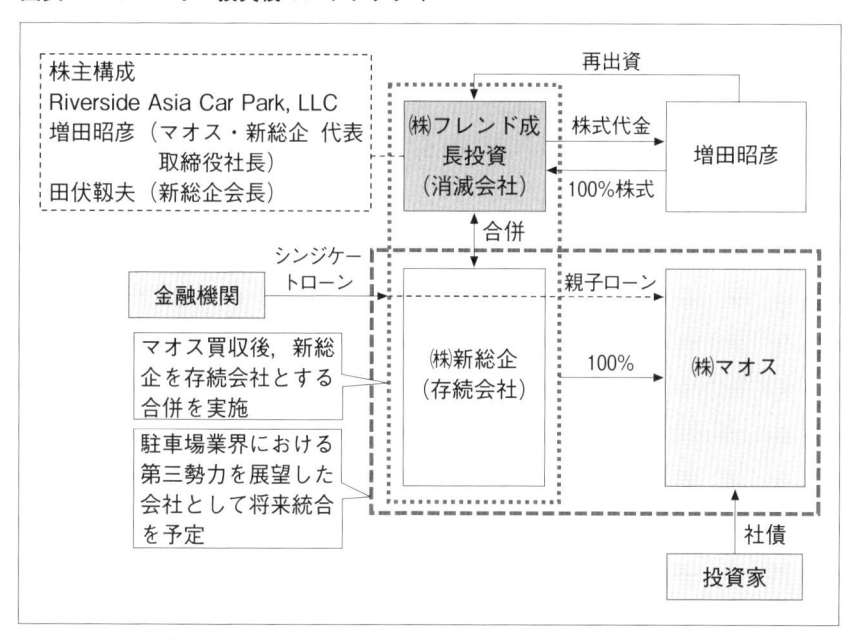

```
                                        再出資
株主構成
Riverside Asia Car Park, LLC
増田昭彦（マオス・新総企 代表取締役社長）
田伏靱夫（新総企会長）
                         ㈱フレンド成長投資      株式代金     増田昭彦
                         （消滅会社）    ←→
                                     100%株式
                            合併
        シンジケートローン
  金融機関 ─────→
                                   親子ローン
   マオス買収後、新総企を     ㈱新総企          ㈱マオス
   存続会社とする合併を実施   （存続会社） 100%→

   駐車場業界における
   第三勢力を展望した
   会社として将来統合
   を予定
                                         社債
                                       投資家
```

（出所）リバーサイド・パートナーズ

ファンドと並んで，株主の一角を担うことになった。

　投資家から見れば，成功している会社の経営者交代は大きなリスクだ。増田氏のように優れた現経営者が，事業売却後に自分のお金を再投資し，つまりコミットして，引き続き事業経営にあたるのは，リバーサイドのようなプライベート・エクイティが求める理想型の一つである。

4 マオス百日計画

　マオスの買収は2009年3月31日に実行された。新総企の買収から1年2ヶ月の時間が経っていた。

　買収成立直後の4月上旬，増田社長はマオス全社員を集め，自分が株式を売却し，リバーサイドというファンドが新しい株主となったことを紹介した。新総企の時のようにこの場に立ちあった森時彦は，リバーサイドというファンドを紹介するとともに「引き続き増田社長の下で成長戦略を実行していって欲しい」と全社員に伝えた。さらに，コンプライアンス重視の経営方針を徹底すること，業績に連動した賞与やストックオプションがあることなどを付け加えた。

　その後すぐに，リバーサイドは増田社長をトップとする経営幹部と，「百日計画」を具体化する議論に入った。M&Aの直後，希望と不安で関係者の心理は不安定になっている。この時期を無為に過ごしてしまわないように，リバーサイドは買収直後の100日間を有効活用するためのプログラムを用意している。それは以下のような項目からなるものだが，具体的な活動は，各企業の状況に応じて大きく異なる。

- 全従業員とのコミュニケーション
- ガバナンスの確認
- 事業計画・月次事業計画の確認・見通し
- 戦略計画策定（ビジョン，マイルストーン，3年計画，追加買収計画などを含む）
- 組織図・要員計画のアップデート
- キーマンの採用・処遇計画

- 前オーナーからの引き継ぎ完了

　先に述べた新総企のいろいろな活動は，このプログラムに従って行われたものである。

　新総企の場合には，業務横断型の変革推進チームを組成し，そこが戦略の策定と実行の要となっていったが，マオスの場合には，既に毎週開催される営業会議が確立されていた。上場準備を進めていたこともあり，会社の業績を確認し個人の営業成績まで見られる仕組みがあり，それをもとに管理部門の人間も参画して，前週の業績と今週の活動を議論していた。マオスの外部役員となった森は，新しい会議体を創るのではなく，それに出席し気付いたことをその営業会議の中で議論したり，増田社長と懇談したりする形で，経営革新を支援することにした。

5　新総企・マオスの統合化

　マオス買収から2ヶ月後，6月上旬に新総企とマオスの社長ならびに幹部社員，総勢15名が，両社の中間地点にある越後湯沢のホテルに集合した。一泊二日のオフサイトミーティングで事業戦略の確認と，両社の連携意識を高めることを狙った合宿である。

　このオフサイトミーティングに先立って，両社の役員会議・株主総会が開かれ，新総企の社長であった田伏毅夫氏が社長職を辞して会長に就任，後任社長としてマオスの増田社長が兼務することが承認された。同時に，新総企のCFOであった氏平正彦取締役がマオスの役員となり，同社のCFOに選出された。

　結果的にたすき掛け人事のようになったが，実際には，リタイヤを考え後継者を探していた田伏社長の後任に考え方の合う増田氏が就き，強力な財務責任者がいないマオスのCFOに，駐車場事業の経験豊かな氏平氏が就く実務的な判断だった。内部に適格者がいなければ外部から採用していただろう。結果として，新総企・マオスの両社は，まったく同じ役員構成となった。

　合同オフサイトミーティングでは，最初に，まずこの新しい役員構成が参加

者と共有された。その後すぐに，3時間かけて増田社長のリーダーズ・インテグレーションが行われた。これはリーダーに対して，参加者が楽しく笑いながら言いたいことを言い，訊きたいことを訊くワークショップである。ゲーム性のあるセッションで，参加者から率直なコメントや質問を引き出し，リーダーに自己開示と気づきの機会を提供することが狙いである。普段セクハラやパワハラをしていれば，それがたちどころに暴露される。いいことをしていれば，もちろんそれも指摘される。リーダーとしては，肝が据わっていなければやりたくないワークショップだ。これに堂々と応えたリーダーへの信頼感は強くなる。増田社長は，リバーサイドが想像したとおり，堂々と従業員からの指摘を受けとめ，信頼感を増すことに成功した。

両社の新社長について理解が深まった時点で，今度は新総企とマオスの幹部社員がお互いを知るワークショップが行われた。各自，自分の全人生の中から他人に話してみたいエピソードを四つ選び出し，そのうちの一つをウソに変えて自分を紹介する。そのウソをみんなで見抜くという趣向の自己紹介で全員が大いに盛り上がった。長年付き合ってきた同僚にこんな面白い過去があったのかとはじめて知ることも多かったようだ。ここでの話題が，夜の夕食・飲み会の話題へと繋がって相互理解がさらに深まった。

このように5時間ほどかけてしっかり盛り上がった後，「強いチーム」についてみんなで考えるワークショップで合宿の初日を締めくくった。15人の参加者を，新総企・マオスの混成チーム二つに分け，それぞれで強いチームの具体例を話し合い，そこに共通する特徴を書き出していった。それを見ながら，自分たちが「強いチーム」になるためにはどういうルールを課すべきかを，このワークショップのアウトプットとした。

オフサイトミーティングの初日はこのように推移し，お互い初めて顔を合わす幹部も大いに盛り上がった。打ち解け合い，ポジティブな気持ちになっている中で，二日目は，事前の役員会議で承認された事業目標をどうやって達成するかをみんなで議論した。前向きな意見がたくさん出されたことは言うまでもない。

このようなワークショップ体験は，両社幹部にとってはじめての経験であった。わずか一泊二日の合宿であったが，M&Aの後，お互い相手に対して疑心

暗鬼になっている中で，一気にそれを吹き飛ばし，どうすればよりよい成果を出せるかに考えを向けるきっかけをこのオフサイトミーティングが提供した。

6 顕在化するシナジー

　この合宿の後，増田社長は，頻繁に新潟を訪れるようになった。「私は誰もレイオフしない」と全社員を集めて宣言し，増田流の営業術を伝えるために，新総企の社員一人ひとりと対話を繰り返した。その結果，わずか1ヶ月ほどの間に増田新社長は新総企の社員の心をつかんだ。会長となって現役を退いた田伏氏も社員の顔色を見て自分の選択が正しかったことに胸を撫下ろした。

　新総企はフレンドパーク，マオスはJPARKというブランド名でコインパーキング事業を展開しているが，新潟と東京という地理的な隔たりから，ブランド統一を考える必要性は全くなかった。これだけ離れていると営業面での協力関係もほとんどないように思えた。

　しかし，1ヶ月も経たない間に営業面でのシナジーが現れはじめた。新潟の空き地（正確には建物の解体）情報が東京にあるマオスから入ってきたのだ。早速，誰もその土地が空き地になるとは知らない間に営業をかけ，見事駐車場事業地としての契約に成功した。逆に，東京の地主が新潟在住ということもあり，お互いに情報交換する中で，新しい営業チャネルが見えてきた。

　それまで新総企単独で新潟県外への進出を試みていたが，マオスと事業計画を共有している中で，隣県の大手地銀の幹部に増田社長の知己がいることが明らかになった。マオスは銀行や病院の駐車場経営ノウハウがなく，単独で新潟近県に駐車場展開することは考えられなかったが，新総企から見れば話は別だ。早速両社が連携して新潟近県での駐車場事業地開発に取り組んだ。増田社長は，マオスのトップセールスマンの金沓郁氏を新潟に送り込み，新総企の営業と一緒にこの新しい営業に取り組んだ。新総企の営業マンたちは金沓氏の営業スタイルに刺激を受け，急速に隣県での駐車場開発は加速しはじめた。逆に，新総企の営業マンが東京のマオスに出向し，まだまだ事業地開拓余地の大きな東京での営業活動に参画した。

管理サイドでは経営管理システムの導入が大きな効果をあげた。氏平取締役は，リバーサイドと共同で選択・導入したSaaS型の経営管理システムは財務会計の面のみならず，事業地単位でのタイムリーで正確な管理会計を実現していたが。その実績をベースに同じシステムをマオスにも導入することを決め，両社で定義の異なる勘定科目の一つひとつを付き合わせて統一を図り，1年がかりで導入を進めた。これによって，統合した形で事業値単位での業績評価が可能になり，またSaaS型のため，遠隔地からでもいつでもリアルタイムの会計データおよびKPI（重要業績指標）の確認が可能になった。

　増田社長はメールさえ秘書頼みで，パソコンも使わない人だったが，このSaaS型経営管理システムの導入を期に，全員にiPhoneを持たせ，自分もiPhoneだけでなくiPadまで使いこなすようになった。これによって，同社の計数管理能力や対応スピードが格段に向上したことは言うまでもない。

7　継続する経営改革

　マオス買収後1年ほど経った役員会議でのことだ。すべての議事を終えた後，リバーサイドの発案で，会議室から増田社長は退席，残った役員で増田社長の「いいところ」「改善すべきところ」を話し合うという時間を持った。

　実は，事前に他の幹部社員からも増田社長の普段の行動やリーダーシップについて聞き取り調査をしていた。それを役員会メンバーで共有しながら，「従業員からはこういう声が聞こえてきましたが，みなさんはどう思いますか？」と話し合いを進めた。増田社長に退席願ったのは匿名性を担保してフェアに議論するためにほかならない。20分ほどで議論を終えてから，増田社長に席に戻ってもらい，社員や役員が増田社長のリーダーシップをどう評価しているかを具体的な事例を出しながらフィードバックした。1年前のリーダーズ・インテグレーションの時と同様，増田氏はこそばゆそうな顔をしながらも前向きにフィードバックを受けとめた。オーナー経営者の時には得られない経験だったに違いない。

　その後，1ヶ月ほどして増田社長から営業体制の強化策が出された。営業を

先輩と後輩でペアを組ませてチームで競わせる。そのために若手の営業マンを若干採用する。これと連動して，毎週行われている営業会議の進め方にも注文を出した。議論すべき指標を新たに設定し直し，営業マンの達成目標（契約成立件数・金額）だけでなく，毎週訪問すべき顧客数や調査すべき事業地数などの行動目標を設定し，その進捗をイントラネット上で他のチームと比較できるようにしたのだ。この行動目標によるマネジメントは，以前リバーサイドからも提案したことがあるものだった。

　管理部隊には，この新しい運営に必要な数字を毎週出すというプレッシャーがかかった。チームのリーダーには，管理職として部下を育成する気持ちを持たせることも重要な狙いの一つで，以下のようなリーダー心得も通達された。

- ぐちを言わない
- 行動で示す
- 他人の事を言わない
- 会社全体を見る目を持つ
- 他チームとの競争意識を持つ
- 自信を常に持つ
- 管理能力を養う
- 前向きの話をする（後向きの話をしない）
- 部下の責任を持つ
- 会社内を明るく活気づける

　おそらくこれは，増田社長個人が自分を律してきた行動規範なのだろうが，1年前のオフサイトミーティングで，みんなで考えた「強いチーム」に共通する内容でもある。経営改革には時間がかかる。しかし組織変革の定石を踏まえ，的確なフィードバックを得ながら進めれば，想像以上に短い時間で変革を実現することが可能となる。そのことを新総企とマオスは実績で示してきた。

　いまや両社の幹部社員は，これまでのしがらみや古い思いこみから自由になって，事業価値の向上という一つの目標に向かって進みつつある。リバーサイドはいずれこの事業を次の株主に託すことになるが，その後も，この経営改革の歩みが止むことがないことを祈念している。

おわりに

　ファンドによる事業買収というとハゲタカイメージを抱く人が多いようだ。数ヶ月単位の短期的な視点で経営を判断し，少しでも数字が悪化すればレイオフを強要する。そういうイメージが一般的に定着しているように思う。破綻した事業を安値で買収し，復活させるターンアラウンド型の買収の場合には，そういう荒療治が不可欠だが，それはファンドのビジネスモデルの一部でしかない。

　健全な事業に投資し，その事業の成長支援を通じて価値創造を図るリバーサイドのようなビジネスモデルがあることは余り知られていない。価値創造の過程では，株主と経営陣・従業員の利害を一致させるための株式の共有があり，事業価値を表す明確な数値目標に向かって経営を進める優れた経営ノウハウや人材の投入・採用が行われる。このような事業モデルでは，レイオフよりも有能な人材の育成や登用，採用が重要であり，ファンドは事業戦略の策定を支援するだけでなく，組織論的な経営支援を行う。言うまでもなく企業の要は人であり，経営者や従業員の能力とモチベーションの高さが，業績を大きく左右するからである。このようなファンドのビジネスモデルの社会的意義が広く知られることは，閉塞感の続く日本社会にとって重要である。新総企・マオスのケースが，その一助となれば幸いである。

経営者インタビュー

経営統合によるシナジー効果の創出に向けて

株式会社マオス
代表取締役
増田昭彦氏

Q まず，新たなパートナーとしてリバーサイド・カンパニーを選択した理由についてお教え願います。

　当社は，ある程度の急成長を遂げていたのですけれども，駐車場ビジネスに関しては，やはり先行投資をしなければなりませんので，ものすごい資金が必要になります。拡大して勝ち組に入るためには，もう上場しかないということで株式公開を目指していました。しかし，リーマン・ショックで株式市場が低迷しました。上場基準もかなり厳しくなってきまして，また上場維持コストでかなりの部分を費やしてしまうのではないかとも考えるようになりました。

　何年も上場を目指してきたわけで，今後はどうしようか考えたときに，今までのように戻して堅実経営をやるというのでは，会社の士気のこともありますので，もう無理なわけです。それ以上を目指すためには，やはりどこかの株主と組む必要がありました。

　そこで，一番簡単な方法としては，同業他社に売却するということは誰でも思い付くことかもしれません。しかし，それですと，私どもが築き上げてきた独自の考え方とか文化が死んでしまう可能性があり，それは避けたいと思っていました。

　それでは，どうすればいいのかということですが，大手企業で駐車場も少しやっているのだけれども上手くできていない上場会社さんの傘下に入るという選択肢がありました。そういうところであれば，逆に私どものノウハウを活かすことができますので，いいかなと思ったのです。あるいは，全く駐車場をやっていない事業会社の傘下に入るという選択肢もありました。

　それを考えた時点では，ファンドという選択肢は考えていませんでした。というのは，リバーサイドさんみたいなファンドがあるということを私は知らなかったのです。それで，数社と話し合っていった中で，リバーサイドさんの存在を聞いて，「これは面白い」と思ったわけです。それで，ファンドを活用して事業価値を高めていける手法があるということを知ったのです。

Q 事業会社を株主に迎え入れるという選択肢もあったかと思います。バイアウト・ファンドが株主となることの優位性についてはどのようにお考えでしょうか。

リバーサイドさんは，一緒に成長していこうという考え方のファンドですので，余計な口出しはされません。成長することに関して，バックアップはするけども足枷になるようなことはないですから，その辺はすごく良かったです。

事業会社の傘下では色が付いてしまいます。例えば，マオスは不動産会社ではないということを前面に出して営業をしてきました。「駐車場の会社であり，不動産屋さんではないですよ」，「駐車場としてはお借りしますけれども，その後の売買は行いません」という方針でしたので，不動産会社さんとは協力関係にあったのです。ですので，大手の不動産会社系の駐車場会社の傘下に入るのは難しいと思っていました。

あと，ファンドと組んで良かったということでは，「資金的にあそこは問題ないだろう」，「もう資金的な心配はないですね」と，プラスの安心感が生まれたということがあります。リバーサイドさんからは当然デューデリジェンスも受けていますし，安心感が生まれたのでしょう。

Q グローバル・ファームのリバーサイド・カンパニーは，海外で中堅企業の追加買収や事業変革の支援を行った実績が豊富にあります。最初にリバーサイドさんからお話しをお伺いした際には，どのような印象を持ちましたでしょうか。

非常に紳士的だなと思いました。米系のファンドというイメージはあまりしませんでした。新潟の新総企という駐車場会社に既に投資していましたので，「今後の展開として都心部中心の会社に興味をもつのは当然だ」と思いましたし，「これはいい巡り合わせなのかな」とも思いました。

リバーサイドさんの取り組みのビデオを見たり，投資対象の規模的なものを聞きますと，だいたい当社と似通った規模の会社がターゲットになっているなと感じました。リバーサイドさんの米国の代表とも会ったのですが，やはりその辺の方針というのは，日本で聞いた通りでぶれてないという気がしました。

アジアでは，新総企が第一号案件で，韓国の企業が第二号案件だったようです。日本では，当社が2社目の駐車場会社になりますので，当社に賭ける思いというのは相当あるなというのを感じました。

Q リバーサイドのメンバーは，日々どのような形で経営に参画していますでしょうか。

　役員会は毎月開催していまして，月次報告会もあります。それから，毎週月曜日の午前9時から営業会議をやっているのですが，この会議にもリバーサイドの森時彦さんに毎週出席いただいています。私が新総企の代表も兼任する前には，統合に向けたオフサイトミーティングのファシリテーターを森さんにやってもらいました。その後は，経営のことについては基本的には任せていただいていますが，役員会でいろいろな分析の仕方のアドバイスをいただいています。

　追加買収をしたいという話を絶えずしているのですが，相手のあることですし，あまり小さい規模の会社では意味がないですし，ある程度の規模の会社ですと決して業績が悪いわけではありませんので，なかなか難しいです。都内中心の会社を追加買収したいと思っていまして，いろいろな案件を検討し，結構時間を割いて議論しています。

　私どもから，「こういう会社に興味があります」ということで，ファンドを通じて声をかけていただくこともあります。逆に，リバーサイドさんが駐車場の会社を二社買収したということは結構いろいろなところが知っていますので，「こういう会社から話がありますがどうでしょうか」という案件持込の話がくることもあります。

　戦略として一番やりやすかったのは，値下げ交渉や解約です。ちょうどリバーサイドさんとのクロージングの最中に，ガソリンが高騰し，駐車場を取り巻く環境が変わり，不採算事業地というのがかなりできてしまったのです。その中で，赤字現場・黒字現場がある中で，赤字事業地をなくしたいという思いがありまして，一気に100箇所解約したのです。これは，ファンドと組まなかったら，できなかったと思うのです。金融機関を見ながらですと，当然売上は一気に下がりますし，解約に伴う費用も発生しますので実行は難しかったと思います。それを一気にできましたので，その後の経営状態も本当に良くなりまして，今につながっています。

Q マオスと新総企はグループ企業となり，新総企の代表取締役にも就任されましたが，どのような統合の効果を期待していますでしょうか。

　当初は，私が社長でいるということはあまり考えていませんでしたが，リバーサイドさんと話をしていく中で，「経営は引き続きやってください」ということでした。そこで，ファンドの資金的なバックアップを得て経営ができるのであれば，マオスの規模を拡大できると考えました。また，規模を拡大するということは，企業価値を高めるというこ

秋葉原にあるコインパーク「J. PARK」

福島三河南にある新総企の「フレンドパーク」

とですので，例えば5年後のエグジットのときに，当社の社員にとってもメリットがあるなと思いました。

ただ，新総企については，当初は，「私に代表になってくれ」という話はありませんでしたので，マオスのクロージングまでの間に新総企の社長に就任するということまでは考えていませんでした。マオスという会社は私が創業した会社でしたが，新総企は違う会社ですので，「私が代表として迎え入れてもらえるのか？」という不安はありました。そのためには，「人を切らないで，とにかくこの会社を伸ばしていく」ということを打ち出すしかないと思っていました。

マオスの本社オフィス

　新潟という市場は、商圏がかなり狭くて、頭打ちになっているということも聞いていました。ただ、頭打ちになっていても、そのままですと落ちていくわけですので、一緒になるからにはお互いに成長していかなければならないと考えました。新総企の社員も、「今のままでいいのか？」と聞くと、やはり「成長したい」というわけです。その中で、お互いに出向いて、いろいろな勉強会をしたりしました。そして、新総企は福島県と長野県に新たに進出し、すごく会社として良くなっていると思います。

　通常の経営統合ですと、お互いにプライドがあって、「あっちには負けたくない」とか「こっちのやり方はこうだ」というような感情があると思うのですが、マオスと新総企の社員は一切ないのです。これは、モデルケースになるくらい統合が上手くいっているケースだと思います。お互い会うのを楽しみにしていますし、飲んだら仲がいいですし、非常にいい関係になっています。

Q 最後に、今後の駐車場運営業界の展望と御社グループが目指すポジショニングについてお聞かせいただければと思います。

　道路交通法の改正により、駐車違反の取り締まりを民間委託するということで、駐車場業界に数多くの業者が参入してきました。この業種というのは、参入障壁が低いのです。新たに会社を立ち上げて独立系で参入したところもあれば、大手企業が新たな部門を立ち上げて参入したり、不動産会社さんが参入したり、いろんな会社が参入しました。と

新総企の本社オフィス

ころが，ガソリンの高騰などがありまして，勝ち組と負け組がはっきりしてきました。

私は，もともと自動販売機業界にいました。オペレーターが何百社とあったのが，東京ですと，もう数社に淘汰されています。それを見ていましたので，当然，駐車場業者も淘汰される時代がくると思っていました。そのために上場して，他社の買収をしてということも考えていたのです。今は，ファンドと組みましたので，追加買収をすることによって，業界再編の上位に入り込みたいという気持ちがあります。

多くの業者が拡大して失敗した要因としては，台数や売上高で勝負していたということがあげられます。しかし，利益を見なければなりません。利益を見なかった会社は失敗しています。利益の観点も重視しながら，業界の上位に入りたいと思います。

その規模を勝ち取れば，また次のステップが生まれると思います。将来，リバーサイドさんは，ファンドに売却するのか事業会社に売却するのか分からないですけれども，それはリバーサイド単独では決めないとおっしゃってもらっています。やはり大きくすることは，社員の幸福でもありますし，もっと次の展開を考えるということにつながると思います。

増田昭彦氏略歴

1989年3月に飲料自動販売機ロケーション開発会社として有限会社マオス（2005年1月に株式会社に組織変更）を設立。1994年3月より「J・PARK」のブランドで駐車場運営事業に進出し，管理台数が5,000台を超えるまでに成長させる。2009年6月株式会社新総企代表取締役就任。

第8章 ウェーブロックホールディングスの非上場化を伴うMBOについて
―― ビジネスモデルの変革に向けて ――

みずほキャピタルパートナーズ株式会社
シニアインベストメントディレクター　佐藤正秀

はじめに

2009年1月，東証二部に上場（当時）するウェーブロックホールディングス株式会社（以下「WHD」という）の経営陣は，みずほキャピタルパートナーズ株式会社（以下「MHCP」という）が業務受託するファンド（以下「ファンド」という）と共同して，自社株式に対する公開買付を行い，非上場化を伴うMBOを目指すことを公表した。以下では，WHDの事業概要および環境から実施に至った背景，MBO後の状況までについて説明させていただきたい。

1　ウェーブロックホールディングスの概要

WHDは，年商230億円（2009年3月期）の各種プラスチックと繊維，紙等を原材料とした複合素材のメーカーである。概要は**図表8－1**の通りである。

図表8－1　会社概要

会社名	ウェーブロックホールディングス株式会社
本社所在地	東京都中央区
代表者	木根渕純
売上	232億円
従業員数	653人
上場市場	東証二部

（出所）　ウェーブロックホールディングス2009年3月期有価証券報告書

図表 8 − 2　沿革

1964年6月	イタリアのブルーノ・ロマーニン氏より糸強化プラスチックシート製法特許"ウェーブロック"技術を導入するために，日商株式会社（現双日株式会社），日本カーバイド工業株式会社，丸登化成工業株式会社の3社が均等出資し資本金6,000万円の日本ウェーブロック株式会社を設立（本社：東京都千代田区神田神保町，工場：茨城県猿島郡総和町（現茨城県古河市））。
1965年2月	ウェーブロック製品の生産，販売を開始。
1974年9月	塩化ビニルフィルム，ウェーブロック，ターポリンの生産から高周波溶着加工までの一貫生産工場として,韓国に韓国火薬グループ（現ハンファグループ），日商岩井株式会社（現双日株式会社）との合弁会社ユニオンポリマー株式会社（現ハンファポリマー株式会社）を設立（1997年9月全所有株式をハンファグループに売却）。
1979年11月	壁紙業界に参入，塩化ビニル壁紙ベースの生産，販売を開始。
1980年4月	本社を東京都中央区築地に移転。
1983年8月	ポリプロピレン（PP）シート業界に参入，成型用シートの生産，販売を開始。
1986年1月	三菱化成ビニル株式会社（現三菱樹脂株式会社）と業務提携，ハウス用ウェーブロック製品を同社系列代理店ルートに乗せ拡販を図る（2004年4月より同製品の販売は同社と三井化学プラテック株式会社の共同出資会社エムケーブイプラテック株式会社に移管）。
1990年10月	日本証券業協会に店頭売買銘柄として登録，当社株式を公開。
1991年9月	岩手県一関市東台に一関工場（現一関事業所）を竣工し，コーティング設備を新設（建築工事用メッシュの生産，販売を開始）。
1994年1月	本社を東京都中央区勝どきに移転。
1995年8月	塩化ビニル壁紙ベースの拡販を図るため，チバグラビヤ株式会社（現サクラポリマー株式会社）に資本参加。
1996年12月	東京証券取引所市場第二部に上場。
1997年9月	総和第二工場（現古河事業所 押出2工場）竣工。
1997年12月	総和第二工場（現古河事業所 押出2工場）に非塩ビ専用の押出成型設備を増設，ポリスチレン（PS）成型用シートの生産，販売を開始。
1998年7月	サクラポリマー株式会社を完全子会社化。
2000年12月	電子関連部品用包装材および工業用シートの生産，販売のため完全子会社デスタック工業株式会社を設立。
2003年12月	ダイオ化成株式会社を子会社化。
2004年5月	本社を東京都中央区明石町に移転。
2005年4月	商号を「ウェーブロックホールディングス株式会社」に変更し，新設会社「日本ウェーブロック株式会社」に事業の全てを承継し，純粋持株会社となる。株式交換によりダイオ化成株式会社を完全子会社化。
2006年4月	インテリア事業の基盤強化のため，ヤマト化学工業株式会社（2006年4月に旧ヤマト化学工業株式会社から会社分割により壁紙事業および住居関連事業に関する全ての営業を承継して新設。現,株式会社ウェーブロックインテリア）の発行済株式総数の60.0％を取得し，連結子会社化。

2006年4月	機能性樹脂製品の製造販売を行うため完全子会社株式会社シャインテクノを設立。
2007年5月	ヤマト化学工業株式会社の発行済株式総数の40.0%を取得し，完全子会社化。
2007年10月	樹脂シートへの微細孔加工を行うため合弁会社株式会社ワイズ・マイクロテクノロジーを設立。
2008年7月	株式会社ワイズ・マイクロテクノロジーに増資をし，連結子会社化。
2009年3月	ウェーブロックインベストメント株式会社による当社株式等の公開買付けにより，ウェーブロックインベストメント株式会社が当社の親会社となる。

（出所）ウェーブロックホールディングス有価証券報告書

　WHDの設立は1964年まで遡る。社名の由来であるイタリアの糸強化プラスチック製法特許"ウェーブロック"技術を導入し，製品の生産および販売を開始したことにはじまる。"ウェーブロック"とは正にその名の通り，「ウェーブ（wave）＝波」と「ロック（lock）＝鍵」の組み合わせである。縦糸と"波"状の糸をビニルフィルムで挟み込み，糸を固定（ロック）することで，貼り合わせたビニルフィルムの破れに対する耐性強化を図る技術である。ベース技術が単純であるがゆえに，製品の耐破性能を向上しつつも生産スピードの大幅改善が図れるユニークな生産手法であった。WHDは，このウェーブロック技術からスタートして，塩化ビニルフィルム，壁紙およびポリプロピレンシート等の製造へ順次事業領域を拡大し，1990年日本証券業協会に店頭売買銘柄として登録して株式を公開，1996年には東京証券取引所市場第二部に上場した。その後，網製品製造のダイオ化成株式会社，壁紙製造のヤマト化学工業株式会社の買収等を通じて，一層の事業強化に取り組み，2005年商号を旧商号「日本ウェーブロック株式会社」から「ウェーブロックホールディングス株式会社」に変更し，持株会社となった。MBO実施当時のWHDは，**図表8-3**の通り主に五つの事業部門から構成されていた。

　全体から見たWHDの事業の特徴は，原材料の外部仕入れを前提とする加工ビジネスであり，一般的な製造業企業に比べて製造原価に占める原材料比率が高いこと，そして原材料の大半が樹脂材料であるという点にあった。この事業構造が，WHD経営陣がMBOを決断するに至った理由の一つであった。

図表8-3　事業部門概要

インテリア部門	壁紙中間製品および最終製品製造
包材部門	ポリプロピレンシートやポリスチレンシートとその成形品製造（製品例：ヨーグルトの容器【写真①】）
コンバーティング部門	自動車用光輝テープ，メディカル用シートおよび包装材料開封テープ等製造（製品例：自動車ホイールキャップ【写真②】）
汎用品部門	建築工事シート【写真③】，フレコン用シート等製造，間仕切りシート
編織部門	各種合成繊維製網製品加工 （製品例：網戸の網【写真④】，防虫ネット，農業用遮光ネット）

【写真①】　【写真②】

【写真③】 　【写真④】

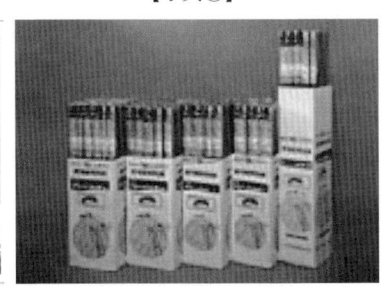

（出所）　ウェーブロックホールディングス

2 MBO時の事業環境

　WHD経営陣がMBOを決断するに至った背景には，大きく分けて三つの経営課題があった。第一は，先述した通りWHDは樹脂原料に大きく依存していること。第二に事業の大半が成熟市場に立脚していること。第三が，新規事業の立ち上げである。

　WHDが使用する樹脂原料とは，具体的に塩化ビニルやポリプロピレン，可塑剤等のことであり，いずれの仕入価格もナフサに代表される石化原料の市場価格に左右される。従来は，石化原料の変動幅が然程大きくなく，樹脂原料依存は必ずしも大きな経営課題にはならなかったが，2005年からはじまる石油価格高騰により事態は一変した。財務省貿易統計によれば，ナフサ3ヶ月平均価格は2005年の33,200円／klから2008年には85,800円／klまで上昇している。単純にWHDの原料仕入価格が比例して増加したわけではないが，それでも20億円以上の製造原価上昇要因になったではないかと推定している。WHDの営業利益の水準（**図表8－4**）を考えれば，そのインパクトの大きさは想像に難くなかろう。2008年後半から原材料価格の高騰は沈静化しつつあったが，中長期

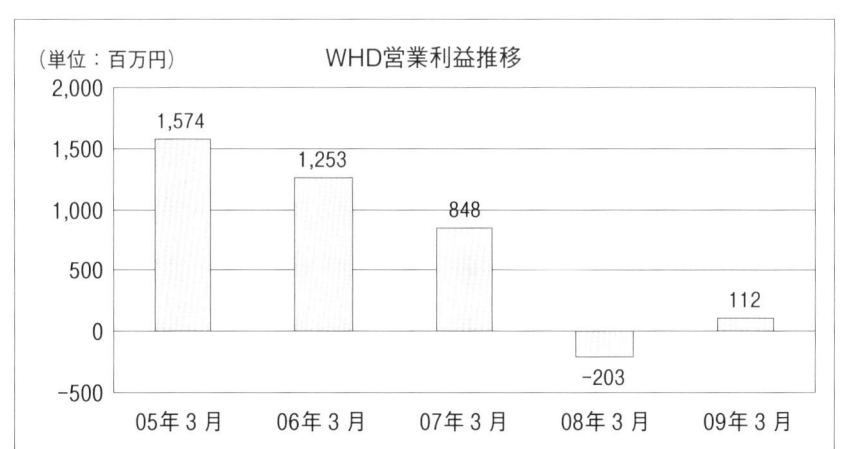

図表8－4　ウェーブロックホールディングスの営業利益の推移

決算期	05年3月	06年3月	07年3月	08年3月	09年3月
営業利益（百万円）	1,574	1,253	848	-203	112

（出所）　ウェーブロックホールディングス有価証券報告書

的に見た場合引き続き不透明な部分が多く，いつ何どき原料価格上昇という荒波に晒されるか分らない状況であった。

　加えて，サプライチェイン全体におけるWHDの位置付けも，原材料の問題を大きくしていた。WHDは，積極的な価格政策により大口顧客を獲得することで，売上の成長を図ってきた。ただし裏返せば，大口得意先であるがゆえに，原材料の高騰を転化するのが容易ではない取引上の力関係にあった。他方，仕入れサイドに目をやれば，近年主要原材料メーカーの統合が続いていることにより，WHDの仕入先に対する価格交渉力も低下傾向にあった。こうしたサプライチェインにおける構造変化も合わせて抱えており，樹脂原料への依存度低下は避けては通れない経営課題となっていた。

　次に，WHDの5事業のうち4事業，具体的にはインテリア部門，包材部門，汎用品部門，編織部門は成熟した市場に依存しているという事業構造である。商品としては，**図表8−3**に示した壁紙，建築工事シートや網戸の網等をイメージいただければ，国内市場の成熟度合いはご推察いただけるであろう。さらに，市場の成長余地が限られているにもかかわらず，近年の海外企業の参入等により，輸入廉価品との競争が激化している状況にあった。目の前に迫りつつある市場縮小や価格競争による採算悪化を乗り越えて成長を実現するには，従来の戦略とは異なる処方箋が必要な状況であった。

　ここでいう従来の戦略とは，概略以下のようなものである。設備投資を最小限に抑えて，国内競合他社に比べてコスト競争上で優位に立つ。生産コスト優位性を活かした積極的な価格提示により，大口顧客を獲得する。大口受注により拡大した生産規模を梃子に，仕入先に対する価格交渉力を強める。低価で仕入れた材料が，さらに生産コストの優位性を高める。これがWHDを東証上場企業にまで押し上げた戦略であり，WHDの強みでもあった。しかし，環境の変化が，従来戦略のマイナスの側面を大きく浮かび上がらせ，WHDの競争力低下の要因となっていた。国内競合他社との対比では勝っていた価格競争力は，一部の製品では海外企業の参入により優位性が低価。生産コスト競争力の源泉となっていた限定的な投資戦略は，そもそものコスト構造が異なる海外企業の前では優位性を保てず，むしろ設備面からの技術的または品質的な差別化を困難にし，価格競争から一線を画す製品開発や供給の余地を狭めていた。WHD

に規模の経済メリットをもたらしてくれた大口販売先依存は，原料原価高騰による価格転嫁交渉を厳しいものにしていた。加えて，仕入先統合が価格交渉力をWHDから仕入先へ移行させ，低価仕入れの強みも薄れつつあった。こうした一連の変化により，戦略メリットがデメリットへと転嫁し，戦略そのものの転換が迫られていた。

　一方で，WHD各事業には独自の強みがあり，経営陣はその強みを再認識した上で，従来戦略の延長線ではない施策またはビジネスモデルの構築を，MBOに至る前から徐々に進めてきていた。しかし，後述する二頭体制や変革を望まない企業文化が壁となり，経営陣が望むスピード感では進められない状況にあったと推察している。成熟市場における自社戦略の崩壊を受けて，変革への行動は急を要していた。

　最後に，新規事業である。WHDは，MBO実施の数年前から，新規事業分野への展開を進めてきた。その背景には，先の二つの課題があった。樹脂原料への依存および成熟市場に立脚する事業構造という二つの問題を同時に解決する手段の一つとして，原材料を樹脂に過度に依存せずかつ成長性が見込める新規事業育成は避けて通れないとの，WHD経営陣の判断があったと認識している。そういう意味では，三つの経営課題ではく，二つの経営課題と一つの打ち手と整理することもできる。

　既存事業の特定要素への依存や市場の成熟に対して新規事業成長で対処する……ここまでは，日本国内に製造拠点を構える会社の戦略としてよく聞く類の話である。WHDの違うところは，新規事業へのコミットメントというか本気度の大きさであった。新規事業を一つではなく複数同時に立ち上げ，かつ各新規事業にかなりの経営資源を投入したのである。2006年に立ち上げた薄膜多層シート事業を例にあげよう。性質の異なる素材から成る透明シートを，単層シートと同程度の厚さや平面歪み精度を維持しながら多層に成形することで，単層シートでは困難な高機能・高性能シートを製造する技術である。携帯電話やノートパソコンのディスプレイ等での用途を期待して開発を進めてきた。この新規事業では，初年度に約6億円の投資を行い，翌事業年度に3.9億円の赤字を計上している（WHD2007年3月期および2008年3月期決算説明会資料）。WHDの利益水準からすれば，一つの新規事業に対するものとしてはかなりの

リスクをとった投資といえ，WHD経営陣の当該事業に対するコミットメントの強さを示すものといえる。また別の言い方をすれば，経営課題に対する経営陣の危機感の表れとも捉えることもできる。

　新規事業の内のいくつかは，MBO時点で今後成長が期待できるレベルに達していたが，本格的な事業化のためには，さらなる追加投資が必要な状況にあった。

3　MBOへの決断

　樹脂原料依存，成熟市場に立脚する事業構造，そして新規事業立ち上げの要因が複合的に絡み合い，WHDの業績は急速に悪化していた。**図表 8 - 4** を見ていただきたい。2005年3月期に15億円以上あったWHDの営業利益は年々減少し，2008年3月期には遂に営業赤字に転落した。翌2009年3月には1億円の営業利益を計上して黒字を回復するものの，収益低下のトレンドからは脱しておらず，経営課題への取組みは待ったなしの状況にあった。

　立上げコストが先行する新規事業は，本格的事業展開を控えて，短期的にはさらに赤字幅が拡大するリスクを内包している。しかし，将来の企業成長のためにはアクセルを緩めるわけにはいかない。樹脂材料依存と成熟市場依拠は，ある意味では40年以上にわたるWHDの企業戦略の結果とも言え，実際に過去にはWHDに成功をもたらした事業モデルでもある。つまり，WHDがやろうとしていることはビジネスモデルの変革であり，実現には時間を要するし，一時的に収益力が低下する可能性もある。短期的な収益を確保しつつ，これらの課題を克服し，中長期的にさらなる成長を図るのが理想的ではある。しかし，WHDくらいの中堅企業あれば経営資源は限定的であり，構造的な課題を抱えつつ，短期収益も長期成長もと二兎追えば，経営課題への取組みは中途半端になる可能性が高く，問題の解決や成長の実現により多くの時間を要すことになり，長い目で見れば結局企業価値を毀損することになりかねない。最悪のケースでは，問題が解決せず，企業生命を絶たれることにもなる。

　ただし，足許の収益を犠牲にすれば，短期志向の株式市場から十分な評価を

得られない可能性がある。WHDの株価は業績低迷を受けて，2006年初の2,060円／株から，MBO公表直前には300円／株を下回る水準まで下落していた。いくら中長期的視点に立った経営戦略を説明しても，単純かつ表面的指標として数字で分りやすい株価がこれ以上低迷すれば，対内的にも対外的にも経営の舵取りは困難になる。大胆なビジネスモデルの変革に反対する抵抗勢力の口実に株価が利用されることもあり，企業にとって本当に必要な改革が実行されない事態を招くことになる。

　WHD経営陣は，経営課題の大きさ，深さ，緊急度に鑑み，企業の長期的安定のためには，今"上場"の看板を捨てて，徹底的に改革に取り組む必要があると判断したのであろう。

4　MBOのもう一つの意味

　実はMBOに伴い，ビジネスモデルの転換以外にも，重要な転換がなされている。WHDの創業者にして筆頭株主である木根渕弘水氏から，同氏の長男である木根渕純WHD社長への経営の承継である。弘水氏は，1997年に社長から会長へ退いた後も実質的なトップとしてWHDを牽引。一方，純氏はWHDと異なる業界業種で経験を積んだ後，2002年にWHDに入社，翌2003年に社長に就任した。弘水会長－純社長という二頭体制は，経営承継期間としては必要な時間だったのかもしれない。確かに，安定期であればそうであろうが，当時のWHDが置かれた経営環境を考えれば，負の側面も否定できない。つまり変革に関して，二頭体制が時には経営に軋轢を生み，会社にとって必ずしもプラスではなかったのではないか。2008年に弘水氏が会長から相談役に退き，形式的には純社長のワントップ体制となったが，筆頭株主でもある弘水氏の影響力は依然として大きかった。

　しかし，今回のMBOにより世代交代が完了する。弘水氏は，公開買付に応ずることで所有するWHD株式を売却，その後の株式総会を機にWHDのすべての役職から退いた。これにより，純社長が名実ともにWHDのトップとなった。ビジネスモデル変革のような大きな変動期には，経営トップが一人である

メリットは大きい。変革期は，平時以上にリスクを取って経営判断を行わなければならない時である。リスクの感じ方や取り方は経営者にとって正に千差万別であり，複数のトップがいることは，異なる意見を交わらせて熟慮するメリットよりも，経営方針が定まらず会社が迷走するデメリットの方が大きいと言える。その意味で，経営の承継は，WHDという会社にとっても超えなくてはならないもう一つの課題であったと認識している。

5 MBO後の経営

2009年1月30日，WHDは公開買付に対する賛同表明をプレスリリースし，翌日から経営陣とファンドが出資する買収目的会社によるWHDへの公開買付が開始された（厳密には，木根渕純氏を除く経営陣は公開買付終了後に買収目的会社へ出資）。同年3月16日に公開買付が成立，その後株主総会決議を経て，7月20日東証二部上場廃止となった。

WHD常勤取締役六名は，年齢等の事由による退職者一名を除いて全員がMBO後も経営の陣頭指揮にあたっている。本件はMBO＝Management Buy-outであり，経営陣の継続は当然であるが，継続した経営の中にはいくつかの違いが出てきている。まずは，何よりも木根渕純氏がワントップになったことで，新しい経営戦略の実行スピードが向上したことである。木根渕社長は洞察力に優れた経営者であり，本講で述べている事業構造に関わる強みや弱みあるいは変化についてはMBOよりも前から認識し，対応策についても整理をしていた。欠けていたのは，実行に移しやすい環境だけであった。

次に，2005年に持株会社制に移行した後も一部混在していた事業部門について，機能別子会社への整理を完了させ，経営陣の責任を明確にした。WHDには，製品や顧客層の違いではなく，成熟事業と新規事業という成長ステージの違う事業が混在している。新規事業を他事業から切り離すことで，一律管理運営によるデメリットを排除し，各事業の特性にあった経営を可能にした。さらに，事業子会社制による縦割りの弊害を抑制するために，事業子会社のトップが他子会社の取締役を兼務した上で，横断的に経営戦略について意見を交わら

せる仕組みも導入した。

　最後に，ファンドの存在である。大きな変革は，経営トップと言えども周りからのサポートがなくては成しえない。特に，現在のように環境が目まぐるしく変化する時代には，変わらないビジョンはあっても，個々の戦略は柔軟に変更することが必要になる。現実的には，走りながら考える場面も多くなる。このような環境下で，経営陣と大株主であるファンドが経営方針を共有している意味は大きい。柔軟な思考や変更が，朝令暮改や分りづらいと周りから非難を呼び，時として必要な決断を遅らせる。大株主がサポートしてくれるという信頼があれば，経営執行のトップは，入り口では曖昧な部分を内包する戦略も大胆に実行できる。ファンドという経営方針を共有する株主の存在が，経営の安定度と変革への行動力向上に寄与していると自負している。

おわりに

　ビジネスモデルの変革は，企業ライフサイクルの過程においてどの会社も直面する課題である。WHDの場合は，はじめは小さな綻びだった市場とのズレが，過去の成功体験，創業オーナーの存在，上場企業という制約，変化に積極的でない企業文化等と相俟って，次第に大きな破れとなり，内からの力だけでは補修するのが容易ではない状況に陥ったのであろう。少なくとも経営陣が考える時間軸では，変革を成し遂げるのが困難な状況になったのではないかと認識している。その変革を達成するための手段の一つとして，WHD経営陣はMBOを選択した。このように考えれば，WHDのケースのようなMBOは企業にとって必ずしも特別な行為ではなく，企業の成長や価値向上のために経営課題を解決する手段に取り組む通常の企業活動と同一線上にあるものと言える。買収という側面が強調されるMBOであるが，実は企業の経営戦略の手段としての側面もあることを示す事例と言える。

経営者インタビュー

安定的かつ継続的な成長を目指す価値創造の取り組み

ウェーブロックホールディングス
株式会社
代表取締役兼執行役員社長
木根渕純氏

Q 2009年の前半にみずほキャピタルパートナーズの支援に基づいてバイアウトが実行されましたが、その背景についてお話し願います。

　当社はもともと、今年83歳になる私の父親がはじめた会社で、創業者が40年以上にわたり、一般的に言う『ワンマン経営者』としてかなり強いリーダーシップを持ってやってきた会社です。その上、事業のほとんどが成熟した事業で、付加価値という意味においてはかなり限定的で、利益がなかなか出しにくい状況にありました。ちょうど私がこの会社に来た8年前というのは、そういう状況の中で、どのようにこの会社をもう一度元気な会社にするかという課題を抱えていました。

　そこから、いくつかの会社を買収してグループ化することや、いくつかの新規事業に取り組むことで事業構造を変える挑戦をしてきたのですが、それと時期をほぼ同じくして強烈な原油の高騰が起こります。

　当社の事業の柱は樹脂の中間加工業で、収益は樹脂材料の価格に大きく依存します。ご存知のように、この5年程の間に起こった樹脂材料の高騰は想像を絶するもので、企業努力どうこうというレベルで対処できるようなものではなく、産業構造そのものを変えざるを得ないレベルだったと思います。したがって、当社としても、この激変に対応するためには、従来から行ってきた生産現場の努力を中心とするコストダウンだけではなく、事業の抜本的な再構築を進め、従来とは違う次元でコスト競争力を増すとともに、新規事業を推し進めることで樹脂依存度の少ない高付加価値事業を急ぎ確立することを目指しました。

　そこで、リスク覚悟で、P／Lがある程度痛むことも承知の上で、トップダウンの形で、いろいろな挑戦を行いました。そんな中、姉歯事件に端を発する住宅着工件数の激減や、リーマン・ショックが起こります。その結果、会社の収益の柱である従来事業の収益も落ちましたし、新規事業の立ち上げにも影響が出ました。そのことにより当然の結果として、金融機関や株式市場の当社に対する見方も厳しいものになったわけです。

そんな時期のバイアウトだったわけですが，バイアウトの切っかけそのものは，会社自体の都合というよりは，株主の都合だったと思います。

当時，当社の筆頭株主であった木根渕弘水氏，および二番目の株主である三菱ケミカルホールディングスからは株式売却の意向を聞いており，株主構成の再検討の必要がある状況にありました。創業者と創業時からの大株主が株式を手放すという状況だったわけですが，創業者の息子である私自身はこの会社にファミリー企業という感覚はあまり持っておらず，むしろこの機会は，当社がファミリー企業を脱し，一人前の企業となる絶好の機会だと感じ，バイアウトの可能性を積極的に検討しました。

このような背景の下，複数のファンドさんとお話しをさせていただいた上で，みずほキャピタルパートナーズさんにお世話になることにしたわけです。

Q みずほキャピタルパートナーズは日本の老舗のバイアウト・ファームです。他のバイアウト・ファームと比較して，どのような特徴がありますでしょうか。

みずほキャピタルパートナーズには『投資エグジットはIPO』という基本方針があるということが一番大きな特徴だと思います。

投資エグジットをIPOで狙うということは，単純にバランスシートをきれいにすることによって一時的に企業価値を上げるのではなく，再上場のための『成長ストーリー』を必要としますし，そのストーリーの実現のための成長戦略にかなりのリソースを割くことが必要になります。

実際にいろいろとお話をさせていただいている中でも，当社のグループとして力を入れなければいけないと私が思っている新規事業にご理解をいただけたのは，みずほキャピタルパートナーズさんが『投資エグジットはIPO』という基本方針を持っていらっしゃったことが大きかったと思いますし，私としても，出会って間もないファンドの方達の「新規事業の立ち上げもサポートします」という言葉を信用に足りると感じられたのも，『投資エグジットはIPO』という基本方針が有ったことが大きかったと思います。

言い方を若干変えると，立ち上げ期で，ハッキリ言って金食い虫であった新規事業をも前向きにとらえて当社に投資するには，バイアウト・ファンドであると同時にベンチャー・キャピタル・ファンド的要素も必要で，この辺がみずほキャピタルパートナーズさんの非常にユニークな面なのでは，と私自身は思いました。

それと，大畑社長を含め，実際にパートナーの方達とお会いした印象も他のファンド

とは違う感じがしましたが，この辺の会社のカルチャー的な部分は，リーダーである大畑社長の個人的キャラクターからくる部分と，『投資エグジットはIPO』という投資の基本方針が影響しているのでは，と思います。

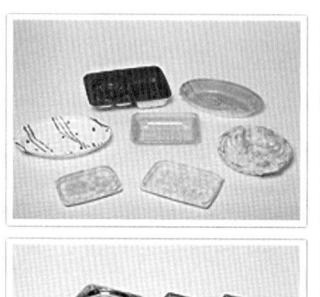

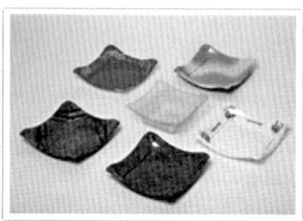

日本ウェーブロックが提供する食品包装材用シート

Q MBOの実施を公表した際に，従業員の皆様はどのような反応を示しましたでしょうか。また，経営陣とファンドのメンバーからは従業員の皆様に対してどのような説明をしましたでしょうか。

　当社の場合，まず，背景として，私がこの会社に来てからの約7年の間に，いくつかの企業買収，持株会社制の導入，事業の統合，分社化をしてきました。今居る700人程度のグループ社員のうち，私が来た時にもともといた社員は300人くらいなのです。残りの人達は買収や，新規の事業を立ち上げる際に新たに参加してもらった人達です。

　このような背景がありましたから，彼らにとってみると，非常に穏やかな波のところに急に突然バイアウトという大波が来たということではありません。それ以前からの会社再編の延長として捉えてくれたのでは，と思っています。実際，事業再編の中で，会社の資本が変わったり，働いている会社の名前が変わったり，すぐ隣の席に知らない人達が大挙して移ってくることが起こっていたので，MBOが突然の独立した出来事とは受け取られなかったと想像します。言い方は悪いかもしれませんが「ああ，またか」くらいに感じる人達も少なからずいたと思います。

ただ，私に対して直接言いに来なかったかもしれませんが「俺が勤めていた会社はせっかく上場会社だったのになぜ非上場になってしまうんだ」と思った人達もいたと思いますし，MBOそのものを苦々しく感じている人達もいたと想像しています。そのような理解の下，MBOとはどういうことか，なぜそのような決定に至ったか，という理由はそれなりに説明したつもりです。しかし，それがどこまで従業員の人達の心の中に入っていったかというのは，ちょっと私には分からないところです。

この辺は私の悪いところかも知れませんが，700人もいれば，価値観や，考え方，知識・理解力も違うわけで，説明努力はある程度まででOKで，それよりも，理解者，同調者を中心に，とにかく結果を最大化することに努力を注力すべきだとの考えで進んできたつもりです。

Q ここ数年，中堅上場企業の非上場化を伴うバイアウト案件が増加しています。上場企業が戦略的に非上場化することの意義についてお話し願います。

バイアウトは，それぞれの会社にそれぞれのご都合があってなさってらっしゃると思います。したがって，その意義を一般論的に議論するのはなかなか難しいと思います。また，バイアウトの特徴というのは，会社ではなく株主の事情，意向からスタートするケースが多いと私は思います。会社の側が事業戦略上から非上場化したいという気持ちがあるケースもあるとは思いますが，前提として主要株主に売却の意思があることが確

約50年の実績を持つダイオ化成が家庭園芸愛好家に提供するネット／シート

認できないと，なかなか話は持ち出せず，かつ，進めにくいと私は思います。

　非上場化にはいろいろな意味がありますが，基本的には外的環境の波風が立ったときに，いったん港に入って船を停泊し，そこで船をメンテナンスし，食糧や燃料も積み込んで次の船出のタイミングを見計らう，ということだと思います。当社の場合も，ちょうどリーマン・ショックという嵐のタイミングでしたし，買収を重ねてある程度バランスシート上の有利子負債も増えていましたし，既存事業の再構築や，いろいろな理由から立ち上げが遅れていた新規事業を何とかすべき状況にありました。そこで，いったん港に入って船をきれいに直すという選択肢を選んだわけです。

Q　実際に非上場化したあとに，非上場化する前ではできなかったことができるようになったとか，会社全体として変わったことというのはどんなことがあげられますか。

　いくつかの事業の再編を行っています。例えば，壁紙の事業は4ヶ所の工場で物を作っていたのですが，それを2ヶ所に集約するということをやっています。工場の集約，統合はかなりバタバタするプロセスで，一時的な出費もかさみますが今期中にはほぼ完了すると思います。それから新規の事業を別会社化して切り出しをするということもやっています。良く言われることですが，短期の収支を余り気にせず，中長期的な視野に立った再編ができるようになったと思います。

　それから，非常に精神論的なところではありますが，創業者のファミリー会社という部分がいろいろな意味ですごく薄れたと私自身は感じています。それと，ファミリー企業から社会の公器としての企業へ移行するプロセスを経ている中で，若干期待も込めてですが，皆のメンタリティも変わりつつあるのではないかなと思います。このことは会社にとって大きくプラスに働いているのではないかと思います。

　また，創業ファミリーもしくは創業者の個人の意向ではなくて，人様からお金を預かって運用されているファンドが株主となることで，重要な経営判断が，ある意味非常に単純で，非常にピュアな判断基準で決められるようになってきたと思います。このことで，会社で働いている人間や経営に携わっている人間にしてみると，影響力の強い個人の主観をベースとした判断で決められるよりも判断基準が明確になり，よりフェアな状況になると思います。

　その一つが指名報酬委員会をみずほキャピタルパートナーズさん主導で作っていただいたことです。それ以前からも，同様の社内決定機関の必要性は感じていましたが，実

際に立ち上げるには，私を含めたすべての経営陣メンバーに中立な，かつ，誰から見ても適当な委員会メンバーの構成が必要で，これが結構難しい課題でした。その点，会社の株式の大半を保有しているファンド主導で委員会を運営することは非常にすっきりしていると思います。

　それから，出口が再上場ということで，明確なメッセージを出しやすく，すごくいろいろなところでの議論がしやすくなっていると思います。人類において，最も明確なミッション・ステートメントはNASAがつくった「go to the moon」というアポロ計画のそれだと私のアメリカ人の友達が言っていましたが，いわゆるミッション・ステートメントとしての「go to the IPO」は極めて前向きで，明確なメッセージだと思います。

Q この10年間で数多くのバイアウト案件が登場しました。バイアウト・ファンドは，どのような役割を果たしてきたと思いますでしょうか。

　一種のブリッジというか，企業のあるステージと次のステージの橋渡し役的な役割を果たすことで，企業に対し貴重な『時間』を提供してくれていると思います。バイアウト・ファンドは，いったんは大多数の発行済み株式を購入しますが，数年以内にはこれを売却してエグジットしてしまう『期間限定のオーナー』です。したがって，企業から見た場合には，従来株主から売られるタイミングと，会社にとって将来に向かってより望ましい株主を見つけてきて出資をしてもらう間の一定期間を『つなぎの時間』を提供してくれるのがファンドの役割だと思います。この『つなぎの時間』が企業にとっては非常に価値あるものだと思います。この与えられた時間の間に，会社の事業再生にも集中して取り組めますし，会社の将来に則した新しい株主探しや資本政策も計画的に行えます。

　株主構成をどうするかは，IPOを目指す上でも大事ですが，同時に，株主からのいろいろな呪縛，制約条項から解き放ってくれるという意味からも極めて重要だと思います。例えば，どこかの会社の系列子会社であれば，親会社の競合会社とはなかなか取り引きしにくいのですが，バイアウト・ファンドの力で親会社から独立できれば，いろいろな会社との取引がよりしやすくなると思いますし，うちのような企業がファミリー企業から脱することもできます。

Q 最後に，今後の御社の事業展開の方向性についてお聞かせ願います。

　私が目指しているところは，安定的で継続的な成長です。花火を打ち上げるような急激な成長をするつもりはなく，継続的でしかも安定的な成長を続けたいと思っています。ものすごく漠としたイメージですけれど，年率15%で会社が大きくなっていくような，そういう成長を一つの目安として持っています。年率15%というのは，計算上，5年でちょうど倍になる成長率です。そのイメージの中でいろいろなことをやっていくつもりです。これを安定的に続けて行くためのキーワードは『組み合わせ』だと思っています。既存事業の強化と新規事業による事業の多角化の両立，『組み合わせ』が必要で，また，新規事業の立ち上げのためには，グループ内にある従来資産と，社外にある新たな資産を『組み合わせ』る必要があると思います。とにかく，今はそれを一生懸命やっています。『創造』って『組み合わせ』から生まれるんだと思います。これからも，いろいろな『組み合わせ』を創り出すことで，他にはない価値創造に取り組んでいきたいと思います。

木根渕純氏略歴

1982年慶應義塾大学工学部卒業。1984年慶應義塾大学大学院経営管理研究科修士課程修了。1984年ソード株式会社入社（社長秘書）。1985年シェアソン・リーマン・ブラザーズ（リーマン・ブラザーズ証券）入社（投資銀行部M&A担当）。1995年9月株式会社オーエス・キャピタル入社。1996年9月CSKインターナショナル入社（ビジネス・デベロップメント担当）。1998年3月イグナイト・アソシエイツLLC入社。2000年3月株式会社イグナイト・ジャパン代表取締役就任。2002年10月日本ウェーブロック株式会社専務取締役就任。2003年4月代表取締役社長就任。2008年7月ウェーブロックホールディングス株式会社代表取締役兼執行役員社長就任（現任）。

第9章 バイアウト・ファンドを活用した中国事業強化
―― 伸和精工の事例 ――

シティック・キャピタル・パートナーズ・ジャパン・リミテッド
ディレクター 小林進太郎

はじめに

　本件は，精密技術で名高い長野県諏訪に位置し，優れた金型技術を有するオーナー系中堅企業の事業承継問題を解決するとともに，これからの成長市場である中国においてその事業展開を支援し，グローバル企業へと発展させることを目指している。わが国には本件と同様に高い技術力を有しながらも成長余地が限られた国内市場に企業活動が限定されていたり，経営資源の制約から独力では海外展開が難しい中堅企業が多く存在する。そのような企業に対して制約条件を解放し，技術の次世代への継承の実現をはかる一つのモデルケースとなりうるものであり，その意味で社会的意義の高い投資であると考えている。

1　会社概要

　株式会社伸和精工（以下「伸和精工」という）は，高い金型製造技術力を基にして，精密プレス金型設計制作，精密プレス部品加工事業を営んでおり，デジタルカメラや携帯電話等向け高度な加工精度が要求されるステンレス精密部品加工を得意としている。生産拠点は，日本国内の本社工場と中国工場の2ヶ所，営業拠点は，国内では本社と大阪，海外は香港の計3ヶ所にて事業活動を展開している。顧客は，各製品にて市場リーダーである日系大手電機メーカー複数社が中心である。

図表9－1　会社概要

会社名	株式会社伸和精工
設立	1985年9月1日
代表者	代表取締役社長　小澤強
本社所在地	長野県上伊那郡箕輪町大字中箕輪8650
事業内容	精密プレス金型設計，製作，販売及び精密プレス部品加工
拠点	＜工場＞ 本社，深セン ＜営業拠点＞ 本社，大阪営業所，香港事務所
関係会社	伸和精工（香港）有限公司 先端精密金属製品（深セン）有限公司
従業員数	連結・約840名

(出所)　伸和精工

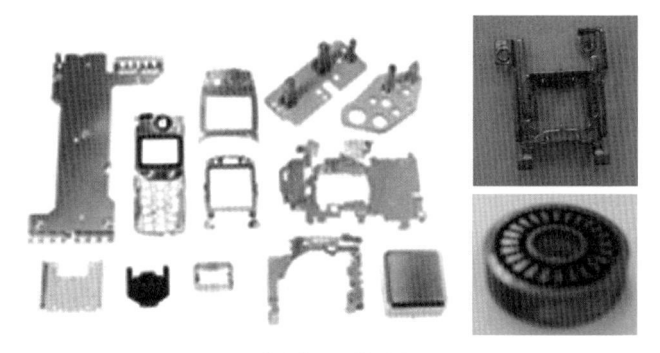

伸和精工の製品例

2　案件の背景

　伸和精工は，1985年の設立以来，創業者である浅井光春氏のリーダーシップのもと金型製造技術力の強化に注力しながら精密プレス金型の設計制作，および精密プレス部品の加工事業を営み，これまで着実な事業拡大を続けてきた。とりわけ主要顧客の製造拠点のグローバル化に対応し，中国に進出してからは大きく事業を成長させてきている。その一方で，浅井氏には親族に事業の後継者がなく事業承継の課題が存在していた。また，中国事業が急拡大し，日本から現地の経営状況が見えにくくコントロールが難しいという問題にも直面して

いた。

　中国事業を主とした成長戦略を描く伸和精工にとって，資本力強化，中国拠点の経営基盤，組織体制の強化が大きな課題であった。解決策として伸和精工の事業，特徴を理解，尊重しつつ，中国における事業の深い知見と経験を有するパートナーの支援を受けることが最適であると判断し，シティック・キャピタル・パートナーズ・ジャパン（CITIC Capital Partners Japan，以下「シティック・キャピタル」という）を最良のパートナーとして選定していただいた。本件により，シティック・グループ（CITIC Group）の経営資源・ノウハウを採り入れることにより中国事業の経営基盤強化を図るとともに，創業者経営から次世代の組織経営体制へ承継への道筋を整え，一層の成長を実現していくことを目指している。

図表9－2　本案件の意義

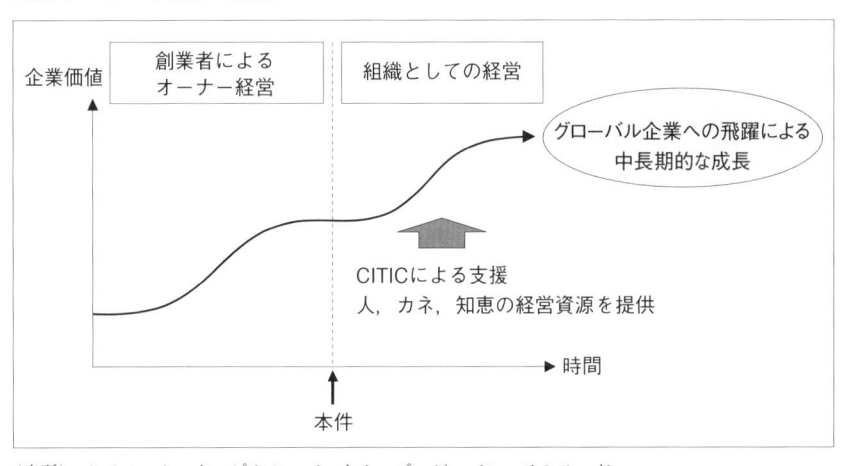

（出所）　シティック・キャピタル・パートナーズ・ジャパン・リミテッド

3　ストラクチャー

　本件では，創業者である浅井氏の株式の譲渡を受けるに際し，買収目的会社を受け皿とするLBO（leverage buy-out）のスキームを採っている。資金調達においては，本件趣旨にご賛同いただいたメイン銀行を含む地域金融機関から

行っており，地方における地域金融機関とグローバル・ファンドとの協調による中堅・中小企業支援という観点からも一つの新しいモデルの可能性を提示できたのではないかと考えている。

図表 9 - 3　伸和精工のスキーム図

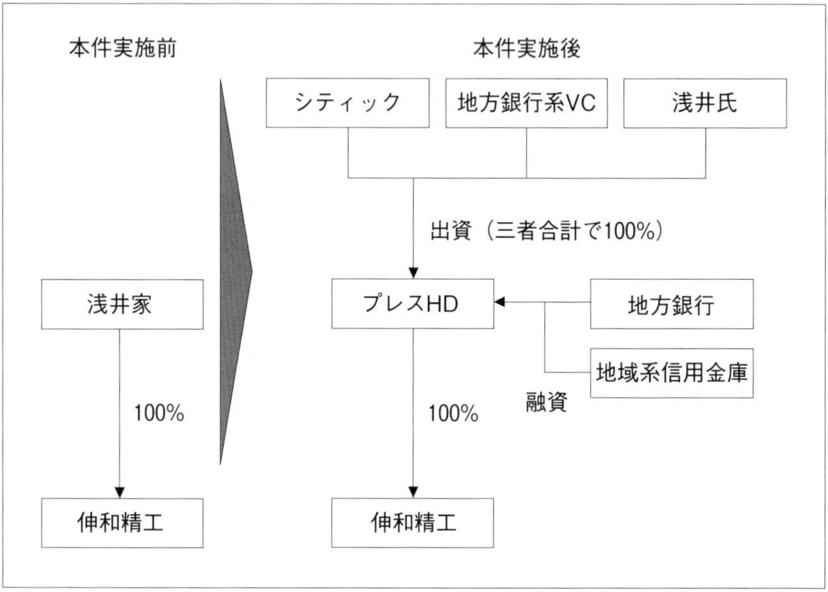

```
本件実施前                    本件実施後

                    シティック    地方銀行系VC    浅井氏
                        │            │            │
                        └────────────┼────────────┘
                                     │
                              出資（三者合計で100%）
                                     ▼
   浅井家                        プレスHD  ◀─── 地方銀行
     │                               │      ◀─── 地域系信用金庫
   100%                            100%          融資
     ▼                               ▼
   伸和精工                       伸和精工
```

（出所）シティック・キャピタル・パートナーズ・ジャパン・リミテッド

4 投資に至るまで

　シティック・キャピタルでは，過半数超株式取得を原則として投資を行っており，事業の本質的価値を評価し，潜在力を最大限引き出す経営計画に落とし込み，経営陣の実行をハンズオンで支援していくことを基本方針としている。したがって，案件を評価する際にも，事業性評価とシティック・キャピタルの支援効果・可能性の大きさの精査に重きを置いている。

　また，投資後のハンズオンでの支援活動は，投資先経営陣との信頼関係のもと協調して行うことが前提であるので，いわゆる敵対的な買収手法はとらず，

投資合意前に，投資対象先経営陣と，投資後の対象会社の目指す姿，その実現のための課題，シティック・キャピタルの関与の仕方，経営基本方針等について，十分議論し，全体感において互いに共有しておくことを重視している。そのため，案件によっては，投資対象会社と最初にお会いしてから投資するまで，1年超かかることも普通である。本件でも，創業者浅井氏のご紹介を受けてから実際に投資実行までに1年超を費やしている。

図表9－4　シティック・キャピタルの投資検討プロセス

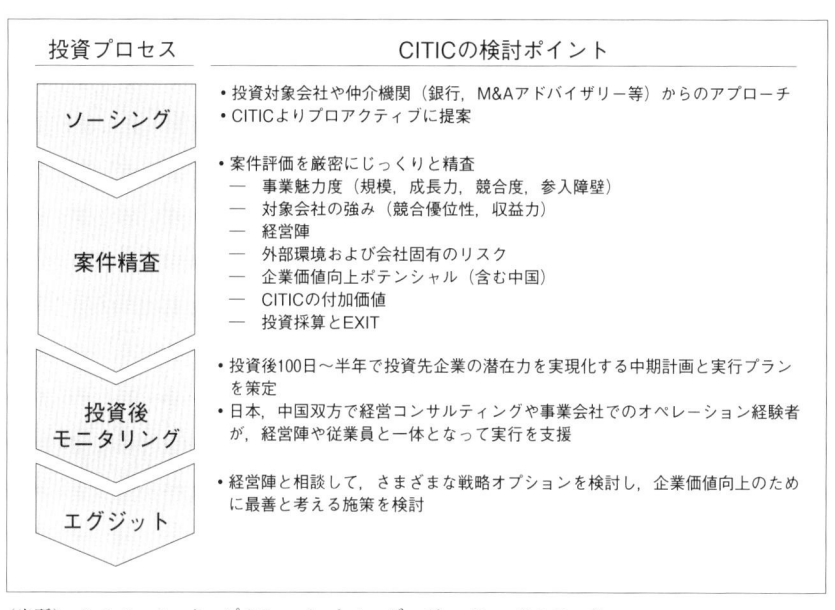

投資プロセス	CITICの検討ポイント
ソーシング	・投資対象会社や仲介機関（銀行，M&Aアドバイザリー等）からのアプローチ ・CITICよりプロアクティブに提案
案件精査	・案件評価を厳密にじっくりと精査 　― 事業魅力度（規模，成長力，競合度，参入障壁） 　― 対象会社の強み（競合優位性，収益力） 　― 経営陣 　― 外部環境および会社固有のリスク 　― 企業価値向上ポテンシャル（含む中国） 　― CITICの付加価値 　― 投資採算とEXIT
投資後モニタリング	・投資後100日～半年で投資先企業の潜在力を実現化する中期計画と実行プランを策定 ・日本，中国双方で経営コンサルティングや事業会社でのオペレーション経験者が，経営陣や従業員と一体となって実行を支援
エグジット	・経営陣と相談して，さまざまな戦略オプションを検討し，企業価値向上のために最善と考える施策を検討

（出所）　シティック・キャピタル・パートナーズ・ジャパン・リミテッド

投資評価においては，案件にもよるが，通常1～3ヶ月くらいの期間で事業面，財務・税務面，法律面等の精査（デューデリジェンス，DD）を専門家を活用しながら実施し，評価を行っている。前述の通り，重視する事業面については，シティック・キャピタル内部でも日本，中国のチームリソースの投入を行い，ビジネスの魅力度，強みは何か，その強みは維持可能か，等，多面的な要素から厳密に調査・評価している。また，シティック・キャピタルの支援効果・可能性という点については，われわれはチャイナ・アングルと称して，中

国での対象事業の成長可能性の大きさ、そしてその実現にわれわれの支援が効果的か、という視点で独自の調査・評価を実施している。われわれは、中国上海に、シティック・キャピタル・パートナーズ・ジャパンのメンバーとして全員中国人で構成される中国チームを有しており、この中国チームが、投資先の中国事業の支援を提供しており、投資案件の評価においても、中国におけるインサイダーとしてチャイナ・アングルをはじめ積極的に関与している。

本件においては、顧客インタビューも含めた多面的な事業精査の結果、伸和精工社は精密プレス金型、部品加工分野における高い技術力、高品質部品の中国における供給体制、安定的な優良顧客とのリレーションにより競争優位性を有しており、高い成長の可能性を有している点で投資案件として大変魅力的と考えた。一方で、一層の成長のためには、資本力強化、中国事業を主とした経営基盤強化という課題を有しており、その課題解決にシティック・キャピタルのネットワークと経営資源を役立てることが可能でわれわれの付加価値も大きく、伸和精工グループの経営陣および従業員の方々とわれわれが一丸一体と

図表9－5　案件精査ステージにおける互いの評価ポイント

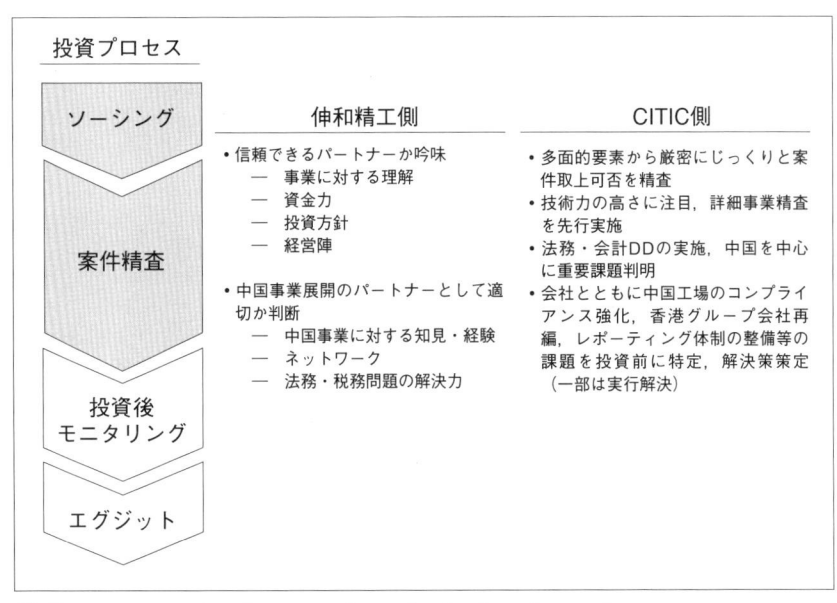

投資プロセス	伸和精工側	CITIC側
ソーシング		
案件精査	・信頼できるパートナーか吟味 　― 事業に対する理解 　― 資金力 　― 投資方針 　― 経営陣 ・中国事業展開のパートナーとして適切か判断 　― 中国事業に対する知見・経験 　― ネットワーク 　― 法務・税務問題の解決力	・多面的要素から厳密にじっくりと案件取上可否を精査 ・技術力の高さに注目、詳細事業精査を先行実施 ・法務・会計DDの実施、中国を中心に重要課題判明 ・会社とともに中国工場のコンプライアンス強化、香港グループ会社再編、レポーティング体制の整備等の課題を投資前に特定、解決策策定（一部は実行解決）
投資後モニタリング		
エグジット		

（出所）　シティック・キャピタル・パートナーズ・ジャパン・リミテッド

なって協働することによって同社グループの成長シナリオが描けると判断したことが，投資決断の理由である。

本件におけるチャイナ・アングルという視点について少し補足すると，投資検討時点で既に売上の6割程度が中国となっており，会社の事業成長の方向性は明確に出ていた。一方で，前述の通り，創業社長（当時）である浅井氏は，日本から中国現地の経営状況がよく分からないという問題を抱えており，その解決策を模索していた。シティック・キャピタルの案件精査プロセスにおける財務，税務，法務DDにおいても，中国工場のコンプライアンス，香港グループ会社ストラクチャー，レポーティング体制等の課題が浮き彫りになった。

シティック・キャピタルでは，これまで数多くの日本企業から中国事業における課題について相談を受けてきた。中国事業展開では，規制等の事業環境か

図表9-6　日本の製造業が中国で抱える3大課題

①負の遺産（レガシー）～過去の失敗・過ちへの対応	・未整備なビジネス法・会計制度，複雑・不明瞭・変化する規制とコンプライアンスの甘さから，法務・税務問題を抱えているケースが多い ・パートナー選びの失敗 　― 不平等な合弁契約 　― 技術流出，乗っ取り 　― 安易な折半合弁により，役割分担が不明確で成果が上がらない
②ガバナンス～透明性欠如	・中国ビジネスのパフォーマンスが正確・タイムリーに把握できない ・全て現地任せでノー・コントロールとなるか，全て日本決定となり，現地事情に即した迅速な対応が取れない過剰管理の両極端になりがち
③人材管理	・現地の従業員を管理できる日本人が少ない ・有能な中国人のマネジメントが採れない，育たない，定着しない ・工場スタッフの不正・横領等が相当頻度で発生

（出所）　シティック・キャピタル・パートナーズ・ジャパン・リミテッド

ら,技術開発,製造,物流,販売,顧客までビジネスのあらゆる要素で日本国内とは異なるハードルが多く存在するが,われわれの経験では,中でも「①負の遺産」,「②ガバナンス」,「③人材管理」の三つが日本の製造業の多くが中国において直面している課題である(**図表9－6**)。さらに言えば,経営資源に制約のある中堅企業では,経営資源が自社内に豊富な大企業と違い,この三つの課題はなかなか解決することが難しい。

伸和精工も例外ではなく,まさにこの3点が大きな課題であり,この課題について確信をもって解決のイメージを持つことができないということが,経営陣が中国事業へさらに踏み込んでいけない理由であり,したがって長期的な成長シナリオが描けないという状況にあったのである。シティック・キャピタルでは,これらの課題について投資前に解決可能か分析を行い,解決策を特定,一部については投資前に実行を支援,解決している。

5 経営支援の内容

シティック・キャピタルの投資後のハンズオン経営支援のテーマとしては,日本と中国の両方において「経営機能強化」,「成長の支援」,「ガバナンス強化」が中心となる(**図表9－7**)。本節では,その中で,(1)中国での支援,(2)コスト削減プロジェクト,(3)可視化,について少し詳しく説明することとしたい。

(1) 中国での支援

前項で述べた通り,伸和精工の中国事業に関しては,①負の遺産,②ガバナンス,③人材管理の三つの課題が投資前に特定されていた。

① 負の遺産

負の遺産については,法務・会計・税務,かつ中国に強い弁護士,会計士等の外部プロフェッショナルの効果的活用とシティックのネットワークによる規制当局のライトパーソンへのアクセスにより,正確な規制面の理解に基づき課

題を整理，解決できない法務リスクについては，投資実行前に海外関係会社を再編し，隔離する等問題解決に着手，解決をサポートした。

外部プロフェッショナルの活用については，概して日本の中堅企業は不得手である。一つには，適切な専門家を知らないという要因，二つには，法律，財務・会計面での知識・経験不足のため専門家に最終判断まで丸投げしがちであるという要因が大きいように思う。その点で，われわれのようなファンドは業務特性上，ネットワークも広く，協働経験も豊富で，得意であるので，投資先への支援の中で，適切な専門家を上手く活用するということが多くのケースで付加価値を提供できることが多い。とりわけ中国において，われわれシティック・キャピタルのリソース・ネットワークは，大変ユニークで有益な価値を提供できると考えている。シティック・グループのネットワーク活用においては，われわれの中国チームメンバーが，水先案内役となり，適切なリソース，プロフェッショナルを紹介・提供できる体制を組んでいる。

② ガバナンス

ガバナンスについては，まず業績数値の早期把握のためのリポーティングシステム構築，連結決算，管理会計の導入まで，会計士と密に協力しながら現地で徹底的にハンズオン支援を実施している。経営状況・課題の把握に関しては，現地での調査・ヒアリングを重ね，客観的事実に基づく，現状認識，課題発見，問題解決の方向性の明確化を行い，「可視化（見える化）」を徹底的に支援している。なお，可視化については日本本社も含めての大きなテーマであるので，後でもう少し説明したい。

③ 人材管理

人材管理については，シティックの看板をフル活用，現地での人材採用，管理体制見直し支援を行っている。大きなテーマとして中国工場経営を任せられる現地マネジメントチームの構築支援があり，中国人のことは中国人が一番上手くマネジメントできるとの当たり前の認識のもと現地化を促進している。中国チームが中心となりネットワークを活用し，採用面より支援をしている。優秀な中国人の採用においては，中国においてのシティック・グループの知名

度・ブランドがプラスに働くことが多く，われわれが大きな付加価値を提供できる領域の一つである。

　短期優先課題であった財務管理にあたるCFOは，投資前よりサーチを開始し，投資直後より業務に就いて入社していただき，手腕を発揮していただいている。新CFOの指揮のもとスクラップ管理体制を徹底的に見直した結果，ロスが激減する等具体的な成果も既に上がっている。また，現地人材マネジメントに経験豊富な有能な中国人人材の発掘，採用をサポートし，人事教育制度制定支援等，工場の中国人管理職人材育成に注力している。

(2) 全社的コスト削減運動

　投資直後は，サブプライム問題に端を発した世界的な経済不況に直面し，伸和精工の事業も多大なる影響を受け，最悪時には月間売上高が前年比半分以下まで落ち込むという状況に直面した。シティック・キャピタルより投資後6ヶ月ほどは週3～4日，担当責任者が長野県上伊那の伸和精工本社に常駐し，経営陣と短期的な対策についてや，どのようにして会社を良くしていくかを文字通り朝から晩まで議論を重ねる中で，急ぎ取り組むべき課題として全社的な緊急コスト削減があがった。プロジェクトチームを設置し，1ヶ月で全社的なコスト削減プランにまとめ，抽出された削減策を経営陣とシティック・メンバーが月次で実行進捗管理することにした。経営陣より全社に指示，即実行に移された。

　プロジェクトの設計，運営にあたっては，いくつか留意したことがある。まずは聖域なしであらゆるものを改善対象にすること，次にスピード重視でまず全社各部署でできることより着手，あとは走りながら考えるというアプローチで進めていくこと，そしていわゆるPDCA（plan-do-check-act）の徹底である。どんなに美しい計画をたてても，実行されなければ意味がないし，むしろ価値を生み出さない作業に貴重なリソースを投入するだけ無駄である。また，適切な修正が適宜なされないと効果は出ない。そういう意味で，PDCAのCAがきちんとなされる仕組みを担保することがとても重要と考えている。実行前からすべてが予見できるわけではない。前提が変化することもあるし，やってみてはじめて明らかになることも数多く，それにどう対応できるか，どれだけ

早く修正できるかが重要であり、究極的にはそれが経営力の差につながると考えている。

迅速かつ適切に修正対応するためには、最初のplanのところで、どのような前提にたってその施策、行動計画を立てたのか、どのくらいの頻度で、どのような指標を持って、効果をモニタリング・評価するのか、ということを、事前に明確にし、共有しておくことが重要になる。この点はまさにわれわれのようなファンドの支援余地が大きい分野であり、計画の詰めや進捗管理役等、進んで嫌われ役を買って出て支援を行った。

本プロジェクトは約半年にわたり実施したが、結果として、伸和精工経営陣をはじめとする従業員の努力により、短期間で大きな成果に結実した。2010年3月期は、利益率が前期比2倍超の水準に向上し、利益額についても伸和精工はじまって以来の最高額を達成することができた。未曾有の危機を、経営基盤強化をはかるチャンスとして上手く活用することができたのではないかと捉えている。また、直接的に業績に表れる効果ではないものの、投資直後の本プロジェクトでの密な協働を通じ、経営陣をはじめとする伸和精工従業員とシティック・キャピタル・メンバーの間に相互理解が深まり、信頼関係が醸成できたことが大きな収穫であったと考えている。

(3) 可視化

可視化（見える化）は、経営機能の強化とガバナンス向上というハンズオン経営支援のテーマの二つに利く解決策である。本件での可視化には、具体的には、業績の見える化、組織の見える化、経営の見える化がある。

業績の見える化は、(1)②で説明した財務数値リポーティングの正確性向上、スピードアップ、管理会計のレベルアップということである。組織の見える化は、職務分掌、規定を改訂し、各組織や職位の役割、責任と権限、リポーティングラインの明確化ということが主な内容である。経営の見える化は、内容説明がもう少し複雑になる。経営状況についての説明責任を果たすということであり、経営上の重要課題には何があり、各々の課題がどのような現状にあり、その要因は何であり、どのような解決策を講じているか、等についてタイムリーに適切な報告・指示がなされる仕組みの構築がここで目指していることで

あり，(2) で触れたPDCAの仕組みを会社の全レベルで実施することが究極の目標である。

　そのため，まずはトップレベルからという認識のもと，グループ経営委員会という会議体を設置した。毎月中国工場にて，経営陣とシティック・キャピタル・メンバーにて，月次業績ならびに伸和精工グループの優先課題について，まとまった時間をとって集中的に議論，付議された案件の意思決定，個別課題の改善進捗確認を行う体制を導入した。本会議体設置の理由は，グループの一体感を高めること，経営会議を問題解決の場としての会議へ変換すること，スピーディな意思決定と進捗管理徹底の実現がある。会議開催場所を中国工場としたのは，伸和精工の今後の成長の余地，また現状オペレーション改善余地が中国工場の方に集中していることが理由である。

　会議では，シティック・メンバーが規律を持ち込みつつ，ファシリテーターとして課題解決実行・推進をサポートしている。運用に際しては，優先課題については部門横断的に解決にあたること，課題進捗管理に際して実際に現場での課題解決責任者に会議に参加し，報告してもらうようにして，責任感醸成と

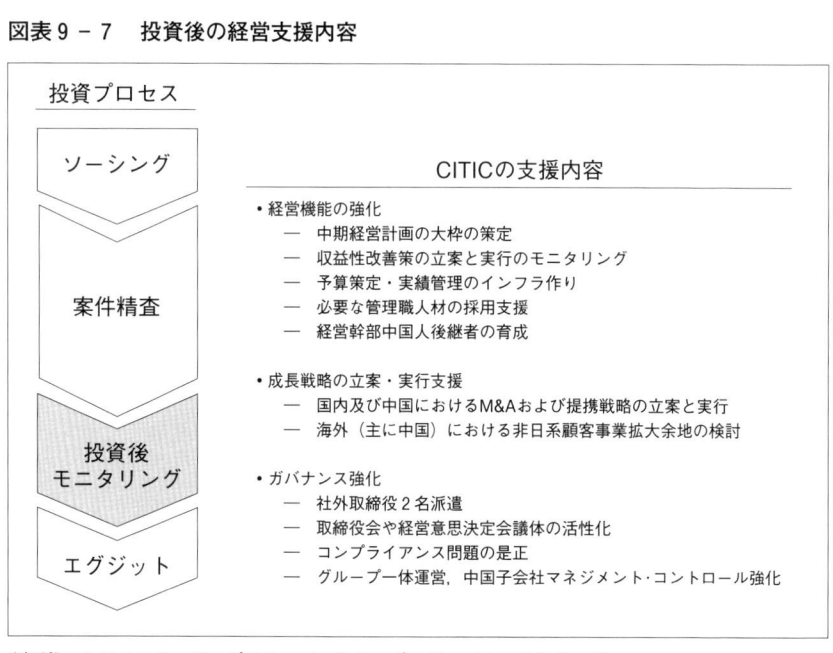

図表 9 – 7　投資後の経営支援内容

投資プロセス	CITICの支援内容
ソーシング	・経営機能の強化 　― 中期経営計画の大枠の策定 　― 収益性改善策の立案と実行のモニタリング 　― 予算策定・実績管理のインフラ作り 　― 必要な管理職人材の採用支援 　― 経営幹部中国人後継者の育成
案件精査	・成長戦略の立案・実行支援 　― 国内及び中国におけるM&Aおよび提携戦略の立案と実行 　― 海外（主に中国）における非日系顧客事業拡大余地の検討
投資後モニタリング	・ガバナンス強化 　― 社外取締役2名派遣 　― 取締役会や経営意思決定会議体の活性化 　― コンプライアンス問題の是正 　― グループ一体運営，中国子会社マネジメント・コントロール強化
エグジット	

（出所）　シティック・キャピタル・パートナーズ・ジャパン・リミテッド

意思決定指示事項の実行確率，スピードをあげるように留意している。

6　エグジットについて

　執筆時点（2010年11月）においては，投資前に特定した課題についてほぼ解決がなされ，よりしっかりした経営基盤をベースにした事業拡大に向けて着実に動きだしたところである。シティック・キャピタルは，5年程度の期限付株主であるため，エグジットという課題が必然的にあるが，エグジットについては，現時点において具体的な形態や時期について何ら決定されたものは存在していない。さまざまな戦略オプションを検討し，伸和精工社の企業価値向上のために最善と考える施策を経営陣とともに検討していく所存である。

おわりに

　本件のようなハンズオン型プライベート・エクイティの業務においては，ファンドとモノづくりの現場一筋の経営陣・社員という異なるバックグランドの人間の協働であり，意見が異なることは頻繁に発生し，議論が白熱することも多々ある。また，ただでさえ通常業務で忙しい経営陣や社員の方に全く新しい仕事・作業を若輩者がお願いするということもしばしば発生し，正直なところ抵抗にあうこともあったことは事実である。ただ，いずれの場合も真剣に伸和精工を良くすることを考え，真摯に粘り強く説得にあたれば，本気度が伝わり，相手も本気で答えてくれるというのが経験上分かっている。

　また，双方が真摯に本気で解決策特定にあたれば，何らかの解は発見できるということも分かっている。このような投資先の経営陣，従業員と会社をより良くするために何が必要か，何ができるか，というようなことを熱く議論をすることができる関係を作り，共に実践し，結果を出し，共に成果を喜び合うという経験が，プライベート・エクイティ業務に携わる者の最大のやり甲斐ではないかと筆者は感じている。

経営者インタビュー

中国工場での生産体制の確立を目指して

株式会社伸和精工
取締役会長
浅井光春氏

株式会社伸和精工
代表取締役社長
小澤強氏

Q 2008年には，既に多くのバイアウト・ファンドが活動していました。バイアウト・ファンドを活用して事業価値を高めるという手法があるということはご存知でしたでしょうか。

浅井：当時，ファンドというと，上場株式に投資を行うヘッジ・ファンド的な印象が強く，いわゆる乗っ取りというイメージもあり，あまりイメージが良くありませんでした。やはりバイアウト・ファンドのような企業を支援するファンドの存在がなかなか理解されてなかったということが実態としてありました。特に地方に来ると，バイアウト・ファンドに対しての知識というのがあまりないものですから理解するにも理解していただくにも時間がかかりました。しかし，日本の物作りの将来性や大手企業の動向から，企業を成長させていく一つの方法として活用する意味が十分あるという判断をして，受け入れさせていただいたというのが現実です。

小澤：私も決していいイメージを持っていたわけではないのですけれども，企業価値を高めるためにそういう方法を用いたらどうかということを聞きまして，シティックの皆さんともいろいろ話をさせてもらって，このやり方であれば当社の企業活動ということに対しても理解をしてもらえるなということで，賛成させてもらったということです。

Q シティック・キャピタル・パートナーズが運営するファンドを活用して事業承継を実行すると決断したポイントは何でしょうか。

浅井：私が独立しスタートした会社ですが，国内は，かつての高度成長期とは違い後継者問題が非常に難しい時代です。特に個人企業的な会社を身内で継ぐという固定した考え方で会社は発展しません。幅広い知識を持った人材を活用しグローバル展開せざるをえないという状況の中で視野を広げて会社の将来を創造していくことだと考えました。

当社は，偶然にも同業者間では早くから中国に展開していたこともあり，中国で力のあるところが，どこか後押ししてくれないかと考えていたこともあり，そのタイミング

でシティックさんの関係先を知りました。

　シティック・グループの前身である中国国際投資信託投資公司は，1979年に中国国務院が設立を認可して，中国政府とも強い関係を持っています。現在も銀行，証券，信託，保険，ファンドという金融事業の幅広い分野に従事しており，国内にも甚大な影響力を持っています。当社が素人集団で中国展開をしてきた中で日本人的には理解しがたい，いろんな経験をした経緯もあり，そんな意味でもシティックさんのバックアップが必要と感じたわけです。やはり世界の工場と言われる中国であり，当社のお客様もほとんど拠点を移していましたので，そういった面でも多くの利点があるのではと考えたこともあります。特に，シティックさんが運営するファンドが，ヘッジ・ファンドとかではなくて，いわゆる株式を友好的に引き受けるバイアウト・ファンドということで，時間をかけて地均しをして契約に至ったわけです。

2008年12月に完成した中国工場

　小澤：シティックさんとはじめてお会いしたのは，まだ私自身が社長になる前の段階でしたから，少し緊張した中で話を伺っていたのです。話を聞いてみると，今ある伸和精工の体系を崩さないで，事業展開をする上での支援をしてくれるということでした。足下を固めて財務的にも強くして，中国で少しでも企業を大きくしていこうというときに，そういった外部の力を借りてやっていくということに，私自身も賛同しました。従業員にも，逆にこのままにしておいたら先行き先細りしてしまうこともあるので，いろ

いろな形で力を借りてやっていくことによって，今後の展望が開けていきますよという話をしていたということです。

Q 事業承継の取引が円滑に進んだのは，地域企業への支援を重視する地元の金融機関から協力を得られたことも大きかったでしょうか。また，地元の人からの反応はいかがでしたでしょうか。

浅井：当然，創業以来お世話になっている金融機関の強い支援が根底にはありました。円滑に進んだかと言えばそうでもありません。シティックさんは外資系ですから，金融機関側とすれば多少の抵抗感があったと感じています。

しかし，外資系ファンドとははじめてのお取引とは言いながら，当社の意気込みに時間をかけるなかで理解していただき成立させていただいたということです。

今後も，シティックさんの力をお借りし，当社が中国展開含めどのように成長していくかというところを重視されながら，地元金融機関として支えていただいているというのが現状です。

地元の理解は，と言いますと，過去，敵対的買収などとマスコミが取り上げた問題も影響し，地方に来るとファンドに関する理解が浸透していないということがありました。「会社を売ってしまったのか」，「乗っ取られたのか」というイメージもあったのです。しかし，当社がシティックさんの投資を受けた直後，日本国内もリーマン・ショックに

中国工場内の様子

よる急激な落ち込みに直面し，自力ではなすすべもないほど各企業が苦しむ中，「自分の会社もどこか投資会社など紹介してほしい」と私のところに相談に来た企業も何社かありました。

地域の金融機関の皆さんも，地元の研究会などを通じて，「このようにファンドを利用して企業価値を高めるという道もありますよ」と言っていただいたおかげで，地元でもファンドに対する理解が徐々に変わった気がしています。

今では逆に，同業者からも賞賛の声までいただくようになりなりました。

Q バイアウト・ファンドが株主となることを知った従業員の皆様の反応はいかがでしたでしょうか。バイアウトをすることの理解が得られるようにどんな工夫をしましたでしょうか。

小澤：この話が本決まりになる前に，当時の社長だった浅井会長のほうから従業員に対しては，外資系のシティックさんと組むことによってどのようなメリットがあるのかということを事前にずっと話をしていてくれました。部品加工ということを考えたときには，これからどうしても中国展開なしには考えられませんので，中国に非常に精通しているところに支援を受けるということに対しては，非常に前向きだという話をさせてもらったのです。

従業員の人たちというのは，特に反対だとか賛成だとか不安だとか，そういったこと

中国での会議風景

を口にしたことはないですね。皆さんの生活を守るためにもこういった手法が必要なのだという話をだいぶ前からしてきましたので，理解は得られたと思っております。

Q 2008年12月には中国の新工場も完成し，生産能力を高めていくこととなりました。シティック・キャピタル・パートナーズのメンバーからは，どのような支援を受けていますでしょうか。

　浅井：シティックの小林さんに経営内容や改善計画などの助言を受けながら，当社としても積極的に動いています。中国は労働問題含め，複雑な税関業務など日本と違ったところがたくさんあります。シティックさんの力をお借りしながら，日本企業が苦手とする部分を克服できれば間違いなく大きな前進になります。

　経営会議も基本的に月一度開催しています。なるべく中国工場で行うようにしています。今では改善計画の数字が見えるまでになってきましたので，その数字を見ながら，徐々にいろいろな体制を整えていっているというのが現実です。

　小澤：今後期待する部分ということでは，人事や総務などのレベルをどのように上げていくかというところで，運用の仕方などをご教示いただきながら，ネットワークを使って支援いただけたらと思います。工場の運営については，どのように改善して，どのように管理していくかということで，今ご指導を受けながら少しずつレベルアップしていると思います。

中国工場の玄関（中央はシティック・キャピタルの小林進太郎ディレクター）

Q 最後に，御社の将来展望についてお聞かせ下さい。

　小澤：生産の拠点というのは，日本中心というわけにはいかなくなってきていますから，どうしても中国が中心の形でものを考えていかなければいけません。ただ，日本は本社ですから，少なくとも利益は確保していかなければなりません。製造業ですから物を作らないわけにいきませんが，開発的な要素があるものをきちんと押さえていきます。そのためには，よりお客様との密接度を上げて，営業を重視させてやっているというのが今の重点的な活動です。それをもとに，日本の中で日系の企業とがっちり手を組んだ形で，生産は中国でやりましょうということです。

　そういった中で，今後ずっと日系だけの会社でいけるのかというと，ある時期から中国のローカル企業をお客様として大事にしていかなければならなくなると思います。そういったときに，シティックさんの看板を持っているというのが営業的な利点になればいいし，また設備投資を充実させていく上でも，お力添えを得なければいけないだろうと思っています。

　浅井：最近の日中関係は険悪になっていて，シティックさんの投資先とはいえ不安はあります。コスト競争力で勝てない日本，円高も重なり苦しいというところに国内の空洞化がはじまっているわけです。先進国の経済が回復するまでに，国内のものづくりはこぞって外へ出てしまうのではないかという状況になっています。

　その中で，当社の場合は同業者と比較すると他社が苦手とする特殊なものがいろいろできます。新工法の金型技術から量産，組立てまで一貫生産できる企業ですから，試作開発的な要素でいろんなテーマがあります。そのテーマを一点ずつ確実に立ち上げていくことで，国内で生き残りの道を切り開いていきます。

　中国においては，多くの日系企業様とお付き合いをさせていただいております。近い将来，日本の大手企業に似た企業が中国にも出てくると考えています。そこでもシティックさんの力を借りて，そういった企業ともお付き合いができるようになればと考えています。

　特に最近は，日本と同じスタイルで，試作から量産までを中国で立ち上げ，外注化してコストメリットを考えて下さい，という話も多くなってきています。

　海外進出企業がチャイナプラスワンと言われる中でインドネシア，タイ，フィリピンなどにも目が向けられています。最近の日中情勢からその流れは強くなる可能性があります。しかし，当社は現在，中国しか拠点がないものですから，当面はその中でやって

いくことになりますが，中国も13億人超の市場ですからまだこれからいろんなチャンスがあります。焦らず，慌てず着実に進んで行きたいと考えています。

浅井光春氏略歴

1949年長野県上伊那郡辰野町生まれ。地元高校出身（普通科）で地元企業に入社，金型の設計製作，精密加工分野一筋に専念。1985年4月退社，個人企業で地域の企業に密着。同年9月，有限会社伸和精工として会社設立し，現在に至る。

小澤強氏略歴

1950年長野県松本市生まれ。東海大学工学部機械工学科卒業。株式会社サンコーでプレス事業に専念，取締役事業部長を経て退職後，2003年に株式会社伸和精工入社。専務取締役の後，2008年11月に代表取締役に就任し，現在に至る。

第10章 フォーナインズの事業承継
―― 100年続くブランドの創造と永続企業を目指して ――

株式会社ジャフコ
執行役員　加納恒典

はじめに

　私どもジャフコは，1973年の創業以来，ベンチャーキャピタルとして主に日本，米国，アジアで約3,600社の未上場企業に投資を行い，約870社の株式上場の支援を行ってきた。

　1998年からは，日本におけるMBO（management buy-out）投資に取り組みはじめ，約30社のMBOを支援してきた。

　その中の何社かは，本稿のテーマでもあり最近相談を受ける事例が増えてきている，主にオーナー系未上場企業の「事業承継」に関わるものである。

　今回本稿の依頼をお引き受けするにあたり，正直に言ってどうしようかと，かなり迷った。投資後2年でエグジット前のいまだ途中過程にある本件を，事業承継の事例として果たしてどれほど的確にお伝えできるだろうか。

　事業承継。わずか漢字4文字だが，これほど重みを持つ言葉はない。創業経営者が，創業後数年，いや，多くの場合10年を超える歳月と大変な苦労を重ねながら育ててきた事業や従業員を，一時的にとはいえ経営権ごと引き継ぐのである。

　私自身は，事業承継に関わる投資会社の最大の使命を「going concern（企業の永続化）への道筋づくり」と位置付けている。どんな素晴らしい経営者にも命には等しく限りがあるが，顧客のため，従業員のため，企業はgoing concernでなければならない。

　後継者難等で事業承継で悩んでおられる経営者が増え続けている中，投資会

社を活用したMBOスタイルによる事業承継の事例やご相談は日増しに増えているが，going concernのへ道筋づくりを実践するのは生半可なことではない。

　創業経営者にとって，会社は自分そのものであり，生きてきた証である。私は永年ジャフコに身を置き，数多くの創業経営者と接してきた中で，その証を第三者に売却するという決断がいかに重いものであるかということを，身に染みて分かっているつもりである。だからこそ，さまざまな思いを乗り越えて会社を売却してでも次世代に承継を図っていこうとする経営者を，私は大変尊敬する。

　その一方で，そのようなご縁をいただいたときに，私どもが果たしてその任を預かるに足るのであろうか，託してくれるオーナーや引き継ぐ経営陣の期待にきちんと応えていけるのか，といったことを常に自問自答するのである。しかも，それを実践しつつファンドの出資者に対しては同時にリターンを出していかなくてはならないことは当然である。

　フォーナインズのMBOによる事業承継を前オーナーから託されて以降，創業時からの経営メンバーであり，MBO後に経営を引き継いだ飯村現社長を中心とする現経営陣，従業員の方々とともに，本稿の副題にもある「100年続くブランドを創造する企業」を目指し，邁進している。

　いろいろ悩んだが，本稿が，同じような悩みを抱えていらっしゃる経営者の方々にとって少しでもお役に立ち，また少しでも私どもの取り組みをお伝えできればと，筆を執ることにした。

1　フォーナインズについて

(1) 会社概要

　フォーナインズは，1995年（法人化は1996年），前オーナーと，現経営陣でもある飯村社長，櫻井専務，他数名で「フォーナインズ・プロジェクト」として創業された。

　独自ブランド「999.9」（フォーナインズ）の眼鏡フレームの企画，販売を営み，全国500を超える眼鏡店への卸売と直営6店舗での販売を行う純国産眼鏡

フレームのトップブランドである。

　創業2年後の1998年に，当時業界ではタブーとされたメーカー直営店舗の銀座店をオープン。以来，顧客との直接対話を重視し，今年（2010年）7月にオープンした銀座並木通り店を含めて6店舗の直営店と，「selected by」と呼ばれるフォーナインズ専門店を展開している。

図表10－1　会社概要

会社名	株式会社フォーナインズ
本社	東京都世田谷区成城2丁目11番12号
設立	1996年（平成8年）4月
代表取締役	飯村祐一
資本金	1億円（2010年8月現在）
売上	約26億円（2009年8月期）
従業員数	100名（2009年9月現在）
事業内容	眼鏡フレームの企画，製造，販売 直営店における小売販売 その他関連商品の輸出入
直営店舗	フォーナインズGINZA（東京都中央区銀座3丁目） フォーナインズSHIBUYA（東京都渋谷区神南1丁目） フォーナインズSHINJUKU（東京都新宿区新宿3丁目） フォーナインズTAMAGAWA（東京都世田谷区玉川3丁目） フォーナインズAOYAMA（東京都港区南青山5丁目） フォーナインズGINZA NAMIKI-DORI（東京都中央区銀座7丁目）
SELECTED BY 店舗	フォーナインズ selected by GLABBISH（愛媛県松山市大街道） フォーナインズ selected by KAIROS（岡山県岡山市北区表町） フォーナインズ selected by G.style（大阪府大阪市中央区西心斎橋） フォーナインズ selected by Stella（京都府京都市中京区御幸町） フォーナインズ selected by Stella（京都府京都市中京区烏丸） フォーナインズ selected by OPTIQUE S.S（愛知県名古屋市西区城西） フォーナインズ selected by HASHIMOTO（茨城県つくば市研究学園）

（出所）　会社ホームページ等よりジャフコ作成

図表10-2　沿革

1995年9月	999.9ブランド設立
1996年4月	有限会社フォーナインズ設立
1996年10月	IOFT '96年に初出展
1997年4月	フォーナインズファクトリー部門設立
1997年10月	IOFT '97に出展　新作10型発表
1998年4月	フォーナインズGINZA　Showroom&Shop をオープン
1998年5月	有限会社エムアイエスイー設立
1998年10月	IOFT '98に出展　新作12型発表
1999年4月	フォーナインズGINZA　Test&Delivery をShowroom&Shop の3階フロアにオープン
1999年9月	「Four Nines tribe！」ワールドフォレスト社より発表
1999年10月	IOFT '99に出展　新作17型発表
1999年11月	有限会社ファイル設立
2000年4月	フォーナインズSHIBUYA　Press&Shop をオープン
2000年4月	有限会社フォーナインズデザインラボラトリー設立
2000年9月	「有限会社フォーナインズ」から「株式会社フォーナインズ」に組織変更
2000年10月	IOFT '00に出展　新作23型発表
2001年10月	IOFT '01に出展　新作12型発表
2002年4月	フォーナインズGINZA 3階を増床オープン
2002年9月	フォーナインズGINZA 2階フロアをフォーナインズWORKSとしてリニューアルオープン
2002年10月	IOFT '02に出展　新作12型発表
2003年4月	フォーナインズ公式サイトオープン
2003年9月	フォーナインズSHINJUKUを伊勢丹新宿店メンズ館1階にオープン
2003年10月	フォーナインズTAMAGAWAを玉川高島屋S・C南館5階にオープン
2003年10月	IOFT '03に出展　新作9型発表
2004年4月	フォーナインズ公式サイトをリニューアル Webマガジン「999.9 flip」創刊
2004年10月	Tokyo Designer's Week 2004にフォーナインズSHIBUYA、フォーナインズGINZAの2店が参加
2004年10月	IOFT '04に出展　新作14型発表
2005年4月	999.9ブランド設立10周年「Four Nines FAIR 10 YEARS」開催
2005年10月	IOFT '05に出展　新作12型発表
2006年9月	本社に総合加工室を設立
2006年10月	IOFT '06に出展　新作16型発表
2006年12月	フォーナインズGINZAテストルーム増設
2007年2月	デザイン・エクセレント・カンパニー賞　受賞
2007年3月	Four Nines SHIBUYAをリニューアルオープン
2007年10月	IOFT '07に出展　新作17型発表
2007年10月	フォーナインズ公式サイトをリニューアル
2008年4月	フォーナインズGINZA 満10年
2008年9月	フォーナインズAOYAMAを青山・骨董通りにオープン

2008年10月	IOFT'08に出展　新作15型発表
2009年10月	IOFT'09に出展　新作16型発表
2010年7月	フォーナインズGINZA NAMIKI-DORIを銀座にオープン

（出所）　会社資料よりジャフコ作成

(2) フォーナインズのこだわり

「999.9」は社名であるとともにブランド名でもある。純金の品質表示の刻印である999.9に由来し、そこには下記の意味が込められている。

- 眼鏡フレームとしての最高純度を目指す。
- いつまでも1000にならない、けれども、いつまでも1000を追い求め続け、残された0.1に秘められた無限のプラスの可能性を追求する。

「眼鏡は道具である」というコンセプトを打ち出し、いかに品質の高い眼鏡フレームを顧客に提供するかということに、妥協なく、徹底的にこだわっている。そのこだわりが、身体の一部と思えるような絶妙の「着け心地」（注：フォーナインズでは眼鏡は「かける」ではなく「着ける」という）と、機能をとことん追求した必然としての美しいフォルムを生み出している。実際に着けてみると素晴らしいフィット感で、一度手にしたら他社の眼鏡は着けられない。著名人にもフォーナインズファンは多い。

製造は、日本の眼鏡フレーム生産のメッカである福井県の鯖江にある企業に委託している。限定された委託先は、長年にわたる取引の中でフォーナインズのこだわりを造り手として実現し、高度な生産技術で極めて品質の高い眼鏡フレームを生産している。

こだわりはそれだけに止まらない。直営店での接客も極めて高いクオリティを実現している。お店を訪れると、品格にあふれ、出過ぎず、検査やフィッティングがとても丁寧で、非常に心地よい対応ぶりだ。機会があればぜひ訪れていただきたい。

それらを支えているのは、「100年続くブランド創り」を全社の合言葉として結集している経営陣と約100名の社員である。こだわりは隅々までに浸透している。フォーナインズの社員はすべて正社員で、新卒採用や社員教育に積極的に取り組み、価値観の共有化と伝承をはかっている。匠の世界を組織として実現している稀有な企業である。

(3) フォーナインズとの出会い

フォーナインズとの出会いは，本稿を執筆している今から2年ほど遡った2008年前半で，日本M&Aセンターからの紹介であった。複数の候補者がいて紆余曲折があったが，最終的に私どもにご指名をいただいた。

前オーナーは，数社の眼鏡関連企業を経て眼鏡フレームのフリーデザイナーとして独立。その後「自分の造りたい眼鏡フレームを独自のブランドで」との思いで1995年にフォーナインズ・プロジェクトを立ち上げ，翌年法人化した。フォーナインズ・プロジェクトには現社長の飯村氏をはじめとした意を同じくするメンバー数名が集まり，そのまま会社の形態となっていった。

プロジェクトを立ち上げたときからメンバーは，他にない品質の高い眼鏡フレームを世に送り出すことと，ブランド創りを強く意識し，「会社もブランドも特定の個人のものではない。ブランドを創る以上は最低でも100年は続くものでなければならないし，誰かが一人でできることではない。ましてや世襲するものでもない」という考えを共有していた。

投資検討の過程で前オーナーや経営陣からいろいろと話を伺ったが，前オーナーの並々ならぬ事業やブランドに対する自信と真摯でひたむきな事業への姿勢を強く感じ，次第にフォーナインズの素晴らしさに魅せられ，何としてでも役に立ちたいという思いを強めていった。

(4) 前オーナーの思い

MBOの検討が進行していた当時，フォーナインズは創業14年目であり，前オーナーは49歳であった。「事業承継」という言葉から一般的に思い浮かぶイメージは「経営者の高齢化と後継者不在」というものだが，そういう面で本件は趣きが異なる。

前述のように，そもそも「誰がやっても100年続くブランドを創る」という，個人を超えた意識が前オーナーの根底にあった。承継自体も，話が具体化する1年ほど前から既に決意され，他の創業メンバーに伝え，準備をしてこられたとのことだった。そうは言っても，大変な苦労を経てご自分が創りたい眼鏡フレームを創りたくて創業した会社である。決断に至るまでには大変な葛藤があったと思う。

MBO後は即座に身を引かれた。あまり多くお話しをする機会はなかったが，いろいろな意味で非常に潔い方であった。

2　フォーナインズのMBOによる事業承継

(1) MBOの検討と実現
① 誰が経営を引き継ぐのか

　事業承継型のMBO案件においては，創業経営者から経営を引き継ぐ経営者がいるかどうかは，非常に重要である。直接経営自体を行うわけではない投資会社にとって，信頼できる経営者（経営陣）が経営を引き継げることが，MBO支援の大前提である。

　しかしながらオーナー系未上場企業においては，後継経営者が社内には見当たらない，あるいは，いたとしても交代できるまで少し時間がかかる，というケースが非常に多い。

　社内にいない場合は，探して外部からスカウトしてくることになるが，経験的に外部招聘はなかなか容易ではない。日本でもいわゆる「プロ経営者」が増えていることは実感するが，これまでお会いした多くの「プロ経営者」方は，会社の組織が既に一定レベルで機能し，それを支える経営層人材がある程度揃っていることが，経営力を発揮する上での前提となるタイプの方だ。

　一方，オーナー系未上場企業の多くは，良くも悪くも実質的に組織はあってないような状態であり，経営層人材も薄い。さらに，顧客との繋がりや目に見えないノウハウ，社員の統率といったようなことを含むいわば経営そのものが，オーナーである創業経営者に帰属してしまっている場合が多い。すなわち，企業価値の大半が創業経営者そのものであったりする。したがって，創業経営者がいなくなること自体が，事業承継案件に常に伴う大きなリスクでもある。

　フォーナインズの場合も，前オーナーはMBO後すぐに会社を離れたいという意向であると聞かされていたので，後継経営体制についていちばん心配していた。

　しかし，検討のプロセスにおける後継経営メンバーへのインタビューを通じ，

この人たちであれば大丈夫であると安心した。創業経緯がプロジェクトチーム的にスタートした会社であったこともあり，理念や目指すものはメンバー全員が完全に一枚岩だった。このメンバーなら経営を任せ，組んでいけると思った。

前オーナーが1年程度前から後継経営陣に承継する意向を伝え，その準備を進めてきたことも，本件が後継経営陣にとって突然ではなかったという意味で非常に良かった。

ただ，多くの事業承継案件においては，後継経営者を外部から招聘する場合であれ，内部の方を引き上げていく場合であれ，MBO後しばらくの期間は，創業経営者に何らかの形で経営に関わってもらう必要がある。

② 事業の特徴，競争力，収益力

事業承継案件に限ったことではないが，その会社の事業にどのような特徴や競争力があるのか，収益力とその持続性はどうか，成長ポテンシャルはどうか，といったことが，投資に際する事業性の観点からの検討ポイントである。

フォーナインズの事業性についてもさまざまな観点から検討したが，評価ポイントは以下のような点であった。

- 眼鏡業界における極めて高いブランド力
- 高品質の眼鏡フレームを生産する磐石な委託製造体制
- 直営店舗を通じた顧客直結（システム？）から生まれる強い商品企画，販促，販売体制
- ブランドを重んじる全社的な企業カルチャー
- それらに裏打ちされた高く安定的な収益力
- さらなる直営店の出店や海外展開等，さまざまな成長ポテンシャル

低価格化の浸透等，眼鏡業界全体は大変厳しい状況が続いている中で，フォーナインズは，業界において他の関連企業とは完全に一線を画し，むしろ業界を超えた素晴らしいブランド創造企業であると判断した。

③ デューデリジェンスの実施

通常，会社の会計／税務面，法務面に関して何か問題はないかという点については，専門家（会計士，税理士，弁護士）に依頼していわゆるデューデリ

ジェンスを行うが，未上場企業の場合は比較的念入りな調査が必要である。

会計面については，ほとんどの場合監査法人による監査が行われていないので，バランスシートにおける資産の正確性や，簿外債務の有無等についての精査が重点となる。税務面については，過度な税務対策を行っていて将来問題が起こりえないかどうか，法務面については，取締役会の開催実績やその内容，顧客や仕入れ先との契約書の有無，契約内容と実際の取引状況，適切な従業員の時間管理等々，未整備の場合も多い。

フォーナインズは，こういった点に関しても非常にクリアで，ほとんど問題となるものはなかった。

④ MBOの実現

約3ヶ月の検討プロセスを経て，最終的にご縁をいただけることとなり，2008年8月にMBOが実現した。

MBO実行直後，前オーナーは，自らの退任と後継体制を本社に集まった約100名の全社員に告げた。われわれはその場に居合わせなかったが，当然ながら少なからず驚きと衝撃が走ったそうだ。中には涙ぐむ社員の方もいたようだ。

混乱を心配したが，本件の場合は後継経営陣が従来の経営メンバーのままであり，後継経営陣が，今回のいきさつや今後のことについて，MBO直後から社員の方々と直接対話を行ってくれたことで，比較的短期間に落ち着きを取り戻していった。

われわれも，後継経営陣や社員の方と会って会話をする機会をできる限り多く持つようにし，とにかくまずはわれわれのことを知ってもらうことに努めた。

⑤ アドバイザーの存在

オーナー系未上場企業がM&AやMBOによる事業承継を行う場合，アドバイザーの存在と役割は非常に重要である。その役割はいろいろあるが，中でも重要で有り難いのは，オーナーとの意思疎通の仲介役を果たしてくれることだ。

オーナーにとって会社を第三者に売却するのは初めての経験である。具体的なプロセスの途中でも，悩み，迷い，気持ちが揺れる。時に買い手候補に対して疑心暗鬼になる。われわれとしても，そのような心境にあるオーナーと直接

話し合ったり交渉したりするのは，局面によっては非常に難しい。もつれれば破談になったりする。

さらに，社内的にはトップシークレットで進められるため，動ける社内スタッフが物理的にも制約され，日常業務を行いながらのデューデリジェンス対応は，会社にとってかなりの負担となる。

本件は，日本M&Aセンターがジャフコへの紹介者であるとともに前オーナー側のアドバイザーでもあったが，同社の担当の方がオーナーからとても信頼され，われわれの依頼や要求をきちんと咀嚼してオーナーに伝えてくれるなど，本件をスムーズに進める上でたいへん助かった。

(2) ジャフコの取り組みスタンス

本件に取り組むにあたり，会社の生い立ち，前オーナーや現経営陣の会社やブランドに対する価値観をベースに，将来の会社像はどうあるべきか，それに向けてどう支援するべきか等々，さまざまな観点から，投資後も常に経営陣とざっくばらんに話し合いながら進めてきている。

少なくとも経営陣・ジャフコ相互の共通の認識は，「フォーナインズにとっての企業価値＝ブランド価値であり，ブランド価値を薄めるような無闇な拡大は企業価値をも毀損する」ということだ。逆に言えば，「100年続くブランドをいかに創り上げるか」への取り組みが，業績等の数字を超えた企業価値の増大に繋がるということである。これはかなり難しいテーマである。

もちろん企業である以上，売上・利益の拡大や，無駄なコストを削減しながら利益の増大を図ることは当然だが，拡大のスピードやコストセーブの仕方をどう行っていくべきか，逆にどこにお金をかけるべきか，といったことは，常にブランド価値増大に繋がるかどうかが判断の軸足となっている。

そして，もっとも大事なのがgoing concernへの道筋づくりであり，それらを念頭に置きながら，ジャフコは投資後の経営支援に取り組んでいる。

3 MBOの仕組み（ストラクチャー）

(1) MBOのストラクチャー

MBO実行時から現在に至るまでの流れ（ストラクチャー）は**図表10－3**の通りだが，本件は，受皿会社を使ったLBO（leveraged buy-out）スキームで行った。

前オーナー等から株式を譲り受けるための受皿会社をあらかじめ用意し，その受皿会社が，前オーナー等が保有していたフォーナインズと関連会社2社の

図表10－3　ストラクチャー

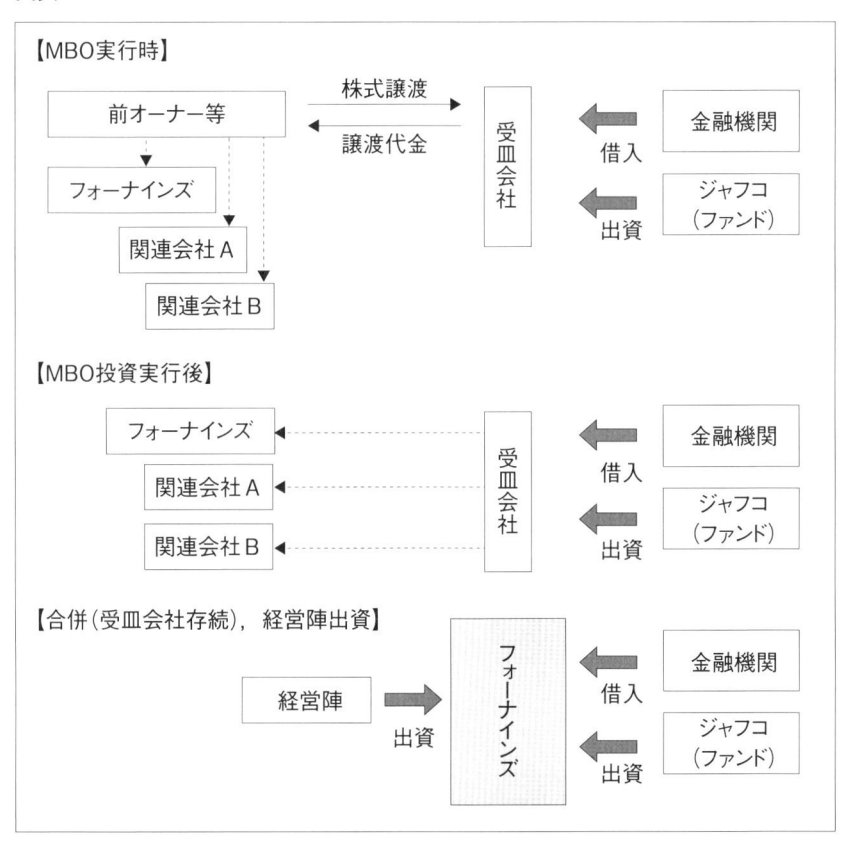

【MBO実行時】

前オーナー等 →（株式譲渡）／←（譲渡代金）受皿会社 ←借入 金融機関／←出資 ジャフコ（ファンド）
前オーナー等 ⇢ フォーナインズ ⇢ 関連会社A ⇢ 関連会社B

【MBO投資実行後】

フォーナインズ ← 受皿会社 ←借入 金融機関／←出資 ジャフコ（ファンド）
関連会社A ← 受皿会社
関連会社B ← 受皿会社

【合併（受皿会社存続），経営陣出資】

経営陣 →出資→ フォーナインズ ←借入 金融機関／←出資 ジャフコ（ファンド）

(出所)　ジャフコ作成

全株式を譲り受けた。オーソドックスなスキームである。

　フォーナンズおよび関連会社2社はすべていったん受皿会社の100％子会社となるが，その後受皿会社を存続会社として3社合併をし，現在では一つの会社になっている。それに合わせて現経営陣からも出資をしてもらい，一連のMBOストラクチャーが完了した。

　関連会社2社は直営店舗の一部が別会社になっていたものだが，フォーナインズとは決算期も違っていたので，一本化を図った。それにより，3社にわたる決算実務等の手間やコストは削減され，MBO後に導入した月次ベースでの予実管理も非常にシンプルに行える形態になっている。

(2) 資金調達

　株式を譲り受けるための受皿会社の資金調達は，ジャフコが運営管理するファンドからの出資と，金融機関からの借入により調達している。

　本件の実行当時の2008年夏ごろは，リーマン・ショック直前で，その前年からのサブプライム問題発生以降，日本の景況感はかなり不透明感を増していた時期だ。

　そのような時期に重なったことや，眼鏡業界全体が厳しかったことなどにより，銀行からの資金調達には少なからず苦労した。銀行にとっては，企業規模があまり大きくなく，売上・利益計画の先行き，すなわち借入の与信のベースとなる将来の事業キャッシュフローの安定度が見通しづらい，ということだ。

　いくつかの銀行に打診したうち，3行から意欲的な支援のもと協調融資が得られ，無事，実行にこぎつけることができた。

4　投資後の活動と支援

(1) MBO直後の数ヶ月

　MBO実行後の数ヶ月は大変慌しかった。

　まずは，ジャフコが何者かを経営陣や社員の方により知ってもらうため，社内会議を含めさまざまな場面で接する機会を持ち，会話を行った。お互いに最

初は緊張感が漂っていたが，それも顔を合わせるごとに徐々に和らいでいった。

フォーナインズは8月が決算であるので，MBO実行後すぐに決算作業が到来する。加えて，毎年10月に行われる日本最大の新作眼鏡商談会であるIOFT（International Optical Fair Tokyo）と，5年ぶりの直営店舗となる青山店の出店が同じ10月に控えており，会社として大きなイベントが重なっていた。

われわれは，まずは現場の様子を肌で知るために，会場設営を手伝いがてらIOFTに足を運んだり，オープン直後の青山店を訪れたりした。一方で，管理部門全般を一手に統括していた前オーナーの奥様である専務も同時に退任され，管理部門責任者がいなくなってしまった状態であった。このため，本業に支障が出ないようバックオフィス業務のフォローに回った。

決算は，創業から支援をしていただいていた顧問税理士事務所が滞りなく進めてくれた。日常の経理実務は，投資検討時に会計・税務でデューデリジェンスをお願いした株式会社エイ・ジー・エス・コンサルティング（以下「AGS」という）から，責任者代行と実務スタッフを常駐で派遣してもらった。結局この状態は新たなCFO（chief financial officer＝管理部門責任者）が見つかるまで3ヶ月ほど続いたが，支障なく運営してもらえてたいへん助かった。

(2) CFOの招聘

CFO探しはMBO直後からすぐに着手した。

事業承継案件に限らず，MBO案件において，社内管理体制を作り上げていく上でCFOを外部から招聘するケースは非常に多い。特に本件は，専務の退任に伴い速やかにCFOを探す必要があった。

オーナー系未上場企業の多くは，経営管理体制が極めてスリムになっている。それ自体悪いことではなく，むしろ肥大化した管理組織よりはよほど良い。一方で，業務が属人的になっていて，急に人が抜けたりすると途端に回らなくなる，という状況が往々にしてある。

企業規模の拡大や企業価値向上のためには，社内管理を一定レベルの組織的運営体制に整えていくことと，その要であるCFOを置くことは極めて重要である。攻めと守りのバランスは大事だ。将棋に例えれば，王様の周りに守り駒がいないまま飛車角が飛び回って攻めている状態では，安心して戦えないのと

同じである。

　CFO探しに際しては，人材紹介会社を通じて，経営陣とともに相当数の方とお会いした。CFOとしての実績はもちろん，会社や経営陣との相性も慎重に確認しながら選考を進め，12月に現CFO（三井取締役）と良い縁を得た。

　ほどなくしてAGSからの常駐は必要なくなり，バックオフィスは急速に安定していった。経営陣は憂いなく本業に集中していけるようになった。

(3) 経営管理体制の仕組みづくりと強化

　MBO直後のリーマン・ショックにより，世の中の情勢はますます混沌としてきていた。業績は比較的堅調であったが，フォーナインズにとってリアルタイムに計数把握が行える管理体制の強化は，喫緊の課題であった。

　CFOの合流とともに，早速月次決算の早期化，正確化と，予実管理体制の構築に取り組んでもらった。数ヶ月後にはそれまで1ヶ月ほどかかっていた月次決算が2週間ほど早期化され，詳細かつ正確に把握できるようになった。

　今では取締役会や幹部会議等で部門ごと，店舗ごとに予算や前年実績との対比を見ながら原因分析や対応策に関して議論し，速やかに対応策の実行に移せる体制となっている。

(4) リファイナンスの実行

　MBO時に調達する借入金，いわゆるバイアウトローンは，通常の借入金に比べると金利等のコストが高く，コベナンツと呼ばれるさまざまな制限条件が付く。MBOによる株主や経営交代に伴うリスクに見合うものとしてやむをえないが，投資や資金使途の制約も伴う。ただし，MBO後一定期間を経て経営や業績の安定度が認められれば，銀行はリファイナンス（借り換え）に協力してくれる。

　環境がいまだ不透明な中，経営陣の頑張りにより業績が維持できた結果，今般，MBO時に資金提供をしてもらった3行からリファイナンスの支援を得ることができた。金利条件やコベナンツの緩和が図れ，経営陣はさらに前向きな業容展開に取り組める状況になっている。

(5) 現状と今後

　MBO後ここまでは，比較的順調に推移してきた。

　業界全体が低調な中，昨年（2009年）10月のIOFTや春の商談会で前年並みの受注を確保し，今年のIOFTに向けて準備が進んでいる。直営店も堅調である。われわれも改めてブランドの強さを感じている。

　飯村社長をはじめとする現経営陣は，より次世代を意識した幹部社員中心の組織運営，社員独立制度の創設，6店舗目の直営店となる「銀座並木通り店」，アジア地域への販売拡大等，一段上の新しいフォーナインズ創りを進めている。もちろんそれらのすべては，創業からのテーマである「100年続くブランド創り」に繋がっている。

　われわれの支援体制も，これまでの内部体制構築支援中心から，事業拡大支援等，新たなステージに入らなければならない。目指すはフォーナインズのgoing concernである。

おわりに

　投資会社を活用した事業承継は，ますます増加すると思われる。事例も増え，投資会社への理解も，従前に比べて進んでいるように思う。投資会社に身を置く人間として非常にやりがいを感じる。ただ，「はじめに」で述べさせていただいたとおり，オーナー経営者から会社や事業を受け継ぐ責任の重さも，それ以上に感じている。

　投資会社は結局いずれどこかに売却してしまうではないか，というご意見も聞こえ，それもまた事実である。

　しかし，「事業承継」とは，まさに事業が承継され継続することであり，そのこと自体が大事なことであると考えている。投資会社は，その中継ぎ役として十分機能と役割があると思っている。中にはMBO後に上場し，独立企業としてさらに成長発展している企業もある。

　経営や事業を誰に引き継ぐべきか，持株を誰に引き継ぐべきか…。答えは，経営者観，企業の成り立ちや歴史，将来展望，周囲の状況によって千差万別で

あり，一律ではない。100年続いた紀ノ国屋の事業と経営をJR東日本が承継するケースもあれば，永きにわたり身内で承継されていく事業や企業もあり，どちらが良い悪いではないだろう。

　私は，いずれにせよ大切なのは，事業承継を通じて企業（事業）のgoing concernの実現を図っていくことだと考えている。そのために投資会社が何らかの役割を果たし，同時にファンドの投資家にリターンを実現出来たとき，自分自身としては仕事冥利に尽きるのである。

　本稿が，事業承継にお悩みの経営者の方々にとって少しでもご参考になったり，お役に立つようであれば，誠に幸甚である。

※文章中の社名等への敬称は略させていただきました。

経営者インタビュー

100年続くブランドの次世代への承継

株式会社フォーナインズ
代表取締役
飯村祐一氏

Q 2008年にジャフコが運営するファンドが株主となりましたが,バイアウト・ファンドを活用して事業価値を高めていく手法があるということはご存知でしたでしょうか。また,最初にジャフコのメンバーと会った際にはどのような印象を持ちましたでしょうか。

そういう言葉があるんだなというレベルでしか知りませんでした。いろいろなことに直面していく中で,それを徐々に思い出し,そして少しずつ見えてきたというのが実情です。正直なところ,最初は本当に何も分かりませんでした。

M&A仲介業者さんから話があり,それがジャフコさんと会うきっかけになりました。ジャフコさんと会って話をしていく中で,こういうことができるのだなと,徐々に感じていきました。そこに至る前は,ただ単に「ファンド」というイメージで,「ファンド」は怖い言葉という印象もありました。けれどもジャフコさんと実際に会い,思ったほど怖い人ではないなと,まず感じました。一緒にやっていける人達だというイメージのほうが強かったのです。この人達は,僕達の足を引っ張る人でもなければ,僕達を利用しようと考えてもいないと感じたのです。そして,ジャフコさんと手を組んで一緒にやっていこうという感覚を持ち始めました。

実をいえば,この時お会いしたのはジャフコさんだけではありませんでした。決め手になったのは,やはり日本の会社ということです。この先僕達に,自分達の会社を自由にやらせてくれるということを,話をして感じたのです。自由というのは,責任を伴うことだというのは,もちろん認識しています。ともかく,自分達のやり方を理解してくれるといいますか,完全に受け入れてくれる会社だなと思ったんです。

会社を創って以降これまでは,よくいわれる個人商店のような状況でした。そもそも4人で創業した会社でしたから,4人が非常に強い決定権を持ち,すべての意思決定を行っていました。そうした個人経営の会社だったのです。それが100人規模の会社になっていく過程で,それだけではいけないだろうと思いはじめるようになりました。もっと

もっと社会性のある会社にならなくてはいけないタイミングなのかなと、ちょうど感じはじめた時期でもあったといえます。

Q　ジャフコのメンバーが非常勤役員として就任しましたが、日々どのような方法でコミュニケーションを取っていますでしょうか。

　僕達もそうですし、ジャフコの担当の方達もそうだと思うのですが、最初からお互いに敵対意識はまったくなく、明るく接しています。会社のイベントや新年会に来てくれたりとか、フォーナインズの展示会にも参加してスタッフと一緒に準備をしてくれたりとか、とにかく一緒にやってくれています。そういうお付き合いを僕達はもちろん、スタッフに対してもしてくださり、結果、皆で打ち上げに行って盛り上がれる「仲間」になり、普段から気さくに話ができる環境ができています。

　もちろん本社で月1回行っている役員会にも来ていただいて、密なコミュニケーション、そしてかなりの議論をしています。ただ、そこで激論を交わすというよりも、もともとお互いにわかり合えていますから、「こういうことをしたいと思っています」という話をすることが多い気がします。お互いに相反することはなく、同じ方向を向いていますから、もちろん僕たちも無茶を言うことはありません。

　ベンチャー企業だということも、すごく理解してくださった上で、僕達に接してくれているということも感じます。それは足を引っ張ることは絶対にしないという姿勢で、そのおかげで諸事が非常にいい方向に向かっているのだと思います。僕達は独創性を

経営会議の様子

持ったブランドを創っているので，時にはかなり偏りのある考え方もするのですが，それを十分に理解してくれています。だから上手くいっているのでしょう。

　僕達は今，フォーナインズというブランドを100年続けることをテーマに掲げています。それが自分たちの考え方や方向性の大きな部分を占めているのですが，ジャフコの人たちもそれを一緒に達成しようと思ってくれています。だから話をしていても，自然と同じ方向を向くのだと思います。

Q 株主が変わるということは会社を変えるチャンスとも言われています。バイアウト・ファンドが株主となって会社全体として最も変わったことは何でしょうか。また，今後，ジャフコの支援を得ながら実施していきたいことは何でしょうか。

　まずは，やはり個人商店からの脱却です。フォーナインズは社員にとっての会社であり，社員一人ひとりが自分の会社だと思える会社にしていく。このぐらいでいいかな，ではなくて，どんどんそうしていきたいと思っています。それが「100年続くブランド」につながっていくと確信していますから。ただ，何かを変えなくてはいけないという焦燥感で行っていることではありません。何か問題点があったり，事業が下向きになっていたりということではないのです。事業として安定した利益を上げていますから，特別に何かをしなければいけないという感覚ではありません。

　進化することで，変わらずにそこにある。そして，それをずっと継続していく。これが僕達のやり方だと思っています。

　ジャフコさんにいちばんお願いしているのは，お客さまをご紹介いただくことです。そして実際に，いろいろなお客さまをご紹介していただいています。僕達は眼鏡屋です。フォーナインズの眼鏡を使っていただけるのがいちばん嬉しいわけで，つまりはそれが何よりの支援なのです。

Q 組織の強化や人材育成において力を入れた施策はありますでしょうか。

　ずっと役員主導でやってきた会社ですので，すべての決定権が僕達にありました。100％のトップダウン。「これやれ」「こうしろ」でやってきましたが，それを必死に直さなくてはいけません。もう何年も前に，このままでは駄目だろうと，自分たちでも完全に気付きました。だから，店長に権限を与えるなど，いろいろなことを考えて，ずっ

とやり続けてきています。それは，株主の変更を機にということではなく，もう10年くらい前から取り組んでいることです。トップダウン，僕達があまりにも力を持ちすぎては駄目だろうみたいな感覚を，今も強く持っていて，さらに具体的な取り組みもしています。

例をあげると，経営企画室というのを新設しました。ちょうど株主変更のタイミングでした。それが社員に，自分たちの会社だという認識をもっと強く持ってもらうチャンスの一つになったと思います。フォーナインズは誰のものでもないと，社員にはよく言っています。誰か特定の人間だけのものではなく，関わっている一人ひとりすべてのものという根本的な考え方を認識してもらえるように心がけています。

Q 最後に，御社の今後の事業展開についてお聞かせ下さい。

まず，フォーナインズは眼鏡のフレームメーカーとしてやってきましたが，16年前の設立当初というのは，わずか5店舗の眼鏡店での取り扱いからスタートしました。そこから少しずつ眼鏡屋さんに広まっていって，現在は日本全国約500店舗のお店で扱っていただいています。ただしこの先，短期間でさらに倍増させるということは，考えにくいといっていいでしょう。現在扱ってくださっている500店舗というのは，お互いにある程度同じ方向を向いて，眼鏡という商売のやり方において同じ価値観を持っている人たちなのです。日本に約20,000店ある眼鏡店が全部同じ方向を向いているのであれば，お取引もできますが，なかなかそうはいきません。僕達が確固たる考え方を持っている

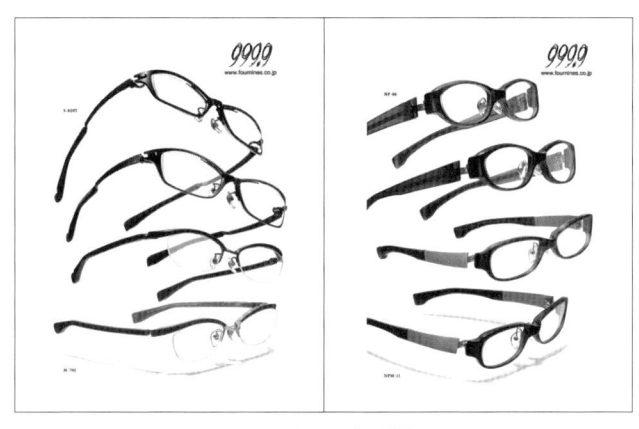

フォーナインズの眼鏡

ように，それぞれのお店にもそれぞれの考え方がありますから。これから先は，1軒1軒と密接なコミュニケーションを図りながら，徐々に，でも着実に取扱店を増やしていこうと思っています。

　フォーナインズには，直営店があります。直営店のスタートは，1998年の銀座店でした。まず銀座に1店舗目をオープンし，2年後に渋谷にオープンして，それから3年たって新宿の伊勢丹と二子玉川の髙島屋S・Cにオープンし，2008年には青山に路面店を出しました。その直営店というのを一つのキーワードとして，ゆっくりですが徐々に，自分達の目の届く範囲でやろうと考えてきました。つまり都内限定で，何かあった時にもない時にもすぐ行ける，自分たちの日常生活の範囲内。そういうエリアにお店を出していこうという考えでやってきました。

　2010年7月には，さらに1店舗のお店を出しました。それがまた銀座で，並木通り沿いになります。6店舗目もまた都内になりましたが，今後は都内だけではなく地方都市にも直営店を出していいのではないかという考え方を持つようになっています。「100年続くブランド」になることを目指す中で，ブランド認知度を増すためには，直営店の出店が必要になってくると考えています。今回あえて銀座並木通りに出す一つの理由が，そこにあります。銀座には既に直営店が，歩いて5分の距離にあります。それでも並木通りに必要だと判断したのは，やはりそこが世界に通用するストリートだと思っているからです。そのストリートにあるということは，世界に通用するブランドになるための条件の一つではないかという考えを持っています。イギリスであれば「ボンド・スト

2010年7月10日に銀座並木通りにオープンしたフォーナインズ直営店

リート」，イタリアであれば「モンテ・ナポレオーネ」，ニューヨークであれば「マディソン街」，それが日本であれば「銀座の並木通り」。やはりそうした場所に出店しているブランドと肩を並べるブランド，さらにはそこにふさわしいブランドでありたいと思い，今回，並木通りに直営店を出したのです。

そして，今後は世界への発信を考えています。中国かもしれませんし，ニューヨークかもしれません。ただ，大きな流れとしては，アジアに向いています。それには，骨格や顔の形が関係しています。僕達フォーナインズは日本人向けの眼鏡を作っているので，同じような骨格でないと，その良さがどうしても伝わりづらいのです。逆に，僕達と同じ骨格の人であれば，すぐに理解してもらえる。だからやはり，アジア主体。世界的な戦略としては，そうしたことを考えています。

それから，もう一つ。現在国内の主要都市には，フォーナインズだけを扱うお店が，6店舗あります。「999.9 selected by ○○」という名前，スタイルのお店です。それらの店舗ではフォーナインズだけを扱っているのですが，直営店ではありません。別にフランチャイズ契約をしているわけでもありません。「一緒にやっていきましょう」ということで，長年フォーナインズを扱ってきた取扱店がオープンさせたお店です。眼鏡業界では，ワンブランドというのはあまり考えられないことなのですが，僕達は直営店で成功事例を持っています。そうした成功事例を見ているから，やっていけているのだと思います。

この「999.9 selected by ○○」というスタイルは，これまでは取扱店だけに限定してやっていましたが，今後は，社員が独立したいと思った時の選択肢の一つにしていくつもりです。選択肢を増やしていって，みんなに好きな道を歩んでほしいと思うわけです。そのために「独立支援制度」というものを，今年から具体的にはじめています。

誰か特定の人間のための会社ではなく，そこに関わる一人ひとりの会社。その一人ひとりが夢を持ち，一つひとつの夢がいろんな形で実を結ぶ。そんな希望を持てる会社にしたいと思っています。

飯村祐一氏略歴

都内の眼鏡専門店に就職，ロンドン店を含め7年間勤務の後，当時日本では珍しかった英国ブランドによるメガネのコンセプトショップを，独立して立ち上げる。1995年，同世代4名の仲間と「フォーナインズ」を設立し，独自ブランドのメガネ販売を開始。翌1996年に法人化し，有限会社フォーナインズ（現株式会社フォーナインズ）を設立。2008年9月代表取締役就任。

第11章 事業承継型MBOにおけるファンドの戦略的活用
―― 人材主体のビジネスモデル，日本コンピュータシステムの事例 ――

パレス・キャピタル株式会社
マネージングディレクター 橋　徳人
バイスプレジデント 小貝広樹

はじめに

本件は，弊社が運営するコーポレート・バリューアップ・ファンド投資事業有限責任組合（以下「パレス・ファンド」という）が，新たに設立した特別目的会社を通じて，JASDAQ上場会社であった日本コンピュータシステム株式会社に対して実施した非公開化MBO案件のご紹介である。

非公開化に伴い，筆頭株主であった前オーナー（代表取締役会長）および一族等は，保有していた全株式を売却し，その後，現社長ら取締役が改めて非公開後の新生会社に出資を行った事業承継型MBO案件である。

1　会社概要

日本コンピュータシステム株式会社（以下，「NCS」という）は，年商32億円の中堅のシステム開発会社である。事業の柱は，大きく四つのソリューション部門から構成され，各種トレーディングシステム，投資情報の分析・提供システムなどの開発を行う「金融ソリューション部」，SAP・オラクルEBSといったERPパッケージの導入支援を行う「エンタープライズソリューション部」，組込みソフトウェア開発，セキュリティシステム開発，インフラ構築などを行う「基盤ソリューション部」，次世代ネットワーク（NGN）の中核となるサーバシステムの開発を行う「通信ソリューション部」から構成されている。

図表11-1　会社概要

会社名	日本コンピュータシステム株式会社
設立	1980年12月25日
本社所在地	東京都港区虎ノ門1丁目22番12号　SVAX TSビル6階
資本金	1,089百万円
事業所	中野坂上開発センター
代表取締役社長	三田信孝
事業内容	各種システム開発
従業員	334名
売上高	3,237百万円
純資産	1,740百万円
上場市場	元JASDAQ（2008年12月非上場化）

（出所）　日本コンピュータシステム　㈱ホームページ，官報（2010年3月期）

2　業界特性

(1) 複層構造

　システムインテグレーター（以下「SIer」という）の業界は，受託する業務範囲や請け負う役割区分によっていく層にも及ぶ「複層構造」の業界となっているのが特徴である。NCSのような中堅SIerでは，大手SIerから業務受託する場合が多く，システム発注者であるエンドユーザーから直接NCSが受注するケースは限定的である。エンドユーザーに対する設計・コンサルティングや開発の一次請けは大手SIerが担い，その下層構造として多数の特徴ある中堅SIerが存在するというのが，業界の一般的な構造である。また，NCSはさらに必要に応じてパートナー企業と称する他の中小システム会社に対して業務の一部を外注している。

　大手SIerが受託した業務の一部をNCSのような有力パートナー企業に発注する際の選定ポイントは，品質管理能力といった基本的要件は当然であるが，加えて，業務知識が豊富であること（例：保険業務等当該事業の業務フローに強い人材），高スキル人材を迅速に手配できる対応力，先進技術に対する適応力，必要な人員の数量・規模を確保する機動力，オフショア等の機能を活用するコスト低減のための提案力等である。これまで発注者である大手SIerは，

一件の開発プロジェクトにおいて，多数の中堅SIerを中心としたパートナー企業にサブ発注をしていたが，複数のパートナー企業を管理するためのコスト効率の追求が年々重要な課題となってきており，可能な限り少数のパートナー企業に対して，1件当たりの委託業務規模を大きくした上で一括して発注する傾向が高まっている。

(2) 業界再編

これまでは比較的長期間にわたり，事業会社や公共部門において積極的なシステム投資が行われていた結果，IT市場全般が追い風を受け，大手，中堅中小を問わずソフト開発各社はいずれも好業績を維持していたが，ご他聞に漏れず"アフター・リーマン"となる2008年度後半以降の急激な経営環境の悪化により，各社の業績は低迷を余儀なくされている。

また上記の通り，効率性を追及した発注者が，限られた有力な中堅開発業者に限定して一括発注をする傾向が高まると，受託する中堅開発会社側では，大規模なプロジェクトを機動的に受け入れることが可能な体制をあらかじめ整備しておくことが不可欠となる。

要するに，中堅SIerが安定受注を確保するためには，企画力・技術力・調達力・管理力・提案力を含めた各種のリソースを一括して提供できる体制作りが不可欠となるのである。したがって，かかる体制を効果的かつ迅速に構築することを目的として，業界再編は今後一層進行していくものと予想している。

(3) 人材の重要性

ソフト開発においては，設備に対する依存度は低く，人材，すなわち優秀な技術者の存在が最大の財産であり，収益を創造する上で最も重要な経営資源である。したがって，優秀な人材の確保，育成および人材ポートフォリオのマネジメントが経営上の極めて重要な要素となる。人材は，開発技術者・営業担当者・技術者支援的側面の強い管理層に大別され，開発技術者においては，所有しているスキルや経験および役割によって，プログラマー（PG），システムエンジニア（SE），プロジェクトリーダー（PL），プロジェクトマネジャー（PM），コンサルタントなどに分類される。

(4) 業務請負型と人材派遣型

中堅SIerにおけるビジネスモデルとして，業務請負型と人材派遣型の二通りに分類することができる。片方だけでなく，双方のバランスを取りながら案件の受注を行っている企業が多いが，一般的には，業務請負型は，比較的高い付加価値（高採算）を付けることが可能な反面，プロジェクトの進捗状況を適切に把握しないと一挙に採算割れとなるリスクがあるのに対して，人材派遣型ビジネスについては，相対的に採算割れとなるリスクが低い一方で収益性についても低くなる特徴がある。

なお，上述のような所謂受託開発を本業とするSIerとは別に，自社ブランドのパッケージソフトを独自開発し，当該ソフトの販売から，導入のためのカスタマイズ作業の受託，導入後の保守運用までを一環して担う「パッケージ開発型SIer」といったビジネスモデルもある。

(5) 品質管理とセキュリティ

SIer業務を推進する上で，受託した開発部分の品質管理と開発過程における情報セキュリティの確保において多くの時間と労力を割く必要がある。いったん納品をすませた後に不具合（バグ）が発生した場合，受注した当該SIerのみならず，発注側においても問題の修復のために多大な負荷（収益を生まない人／月の消費＝経済的損失）が生じることから，各社とも納入検収前の品質管理のチェックに注力している。

また，情報セキュリティ面においては，いったん情報管理の不備（開発情報・データの漏洩）が発生すると，等比級数的に拡大する被害への賠償によって，最悪の場合，SIer企業の存続にも影響しかねない事態に発展する場合もあり，普段から，情報セキュリティ体制の構築とルール／マニュアルの徹底遵守に細心の注意を払っている。

3 非公開化を伴うMBOの背景

(1) 環境変化への適応と持続的成長のためにMBOを決断

　NCSは，前代表取締役会長である藤田雅也氏（以下「創業者」という）が，昭和55年に「エヌシーエス株式会社」として創業した。創業当初は，大手製造業等の主要顧客からソフトウェアの受託開発を行うことを主たる事業としていたが，昭和61年に，パソコン向けゲームソフトの開発を受託したことを皮切りに時流に乗ったこともあり，その後はNCS独自のゲームソフトのブランドを持つまでに当該業務を拡大するに至った。しかしながらハードウェアの性能が高度化するにつれ，ゲームユーザーからのソフトに対する高性能化への要請が高まり，かかるニーズに対応するためにゲームソフト開発にも多額の費用を要するようになり，徐々に事業運営の安定性が損なわれるようになってきたことから，平成12年にゲームソフトの開発業務を中止，同事業から撤退することを決断した。

　一方，創業当初から継続していた企業向けのソフトウェア開発受託業務の延長として，平成9年にはERPインプリメンテーション事業に乗り出し，その後順調に「B to B」事業を拡大させ，平成12年にはERP，Web（オープン系システム開発），通信，金融の各ソリューションを主要な事業領域とするに至った。平成17年からは，Webに加えて組み込みソフトの検証業務とインフラ構築業務が成長分野となったため，Webを担当して事業領域を「基盤ソリューション」と名称を変更し，現在の「金融ソリューション」，「通信ソリューション」，「ERPソリューション」および「基盤ソリューション」の四つの事業の柱を構える体制に至っている。

　昨今，NCSを取り巻く事業環境は，大手SIer企業間で合併や資本・業務提携等が活発化していることから，これらの大手SIer企業を顧客に持つNCSに対しても，受注規模の拡大への要請や開発内容に対するニーズが多様化・高度化してくることが予想される。これらのニーズに迅速かつ的確に応えるためには，プロジェクトに対応できる高度なスキルを有する人材を育成，または外部より獲得する必要があるが，従来の採用方法では困難であることから，積極的

にスカウトやヘッドハンティングの手法を活用するとともに，外部人材に対して魅力のあるNCSの将来像・キャリアパス・処遇を提供する必要がある。また，全体的な技術レベルの向上を図るためには，SIerにとって唯一かつ最大の資産である人材，すなわち社員への教育環境の整備等が喫緊の課題であり，中長期的な持続的成長を視野に入れた場合，採用や教育に要する費用が一時的に増加する見込みである。戦略的な人材の登用と教育のための人事制度の改革は，労務費の上昇を招くことが予想されるとともに，管理開発に対応できる体制を整備するための先行投資が必要となる見込みである。さらにはこれらの一括した業務請負を中心とする管理開発体制へ重点をシフトするためには，従来と異なったアプローチのできる新しい視点での営業力を強化していくことも必要となる。これらの積極的な施策の実施は，必ずしも短期的な業績向上に繋がらず，逆に支出が先行することから，一時的に業績が下降局面にさらされるリスクも内包しており，この結果，株式市場から十分な評価を得られず，NCSの株主期待に沿えず，一時的な株価の下落を余儀なくされる懸念があった。

　創業者は，創業以来，前述の通り時流の波にも乗ってNCSの業績向上を牽引してきたが，平成9年に体調を崩し，それ以来，日々の現場での執務から退かざるをえない状況となり，経営会議等主要な重要会議で事業活動に関する報告を受けるにとどまっていた。重要顧客への営業活動や日常業務のオペレーションなどの実質的な経営に関しては，10年以上にわたり社長およびその他の取締役で構成される経営陣に概ね委ねられており，創業者一族を除いたその他の経営陣による運営に切り替わっても日々の業務を維持することが事実上十分可能な状態となっていた。

　このような状況の中，NCSとしてさらなる事業発展を遂げ，それに伴い企業価値を向上させるためには，短期的な業績の変動にとらわれずに，今後予想される急激な経営環境の変化に対して持続的に成長することが可能な企業体質へと転換して行く必要があるとの問題意識を有していた。創業者と経営陣が度重なる協議を行った結果，前述の課題を克服するためには，NCSをいったん非公開化し，当該問題意識を共有した上で，環境の変化に対応するための経営方針を中長期的に支援するとともに，事業拡大のために活用できるネットワークを有し，非公開会社となっても十分な信用力を提供することが可能な中核的

安定株主の下で，独立した経営体制を維持しつつ，体質転換を実現するための新たな事業戦略を展開していくことが最も効果的で，最適なソリューションであるとの結論に至った。具体的には，内外のネットワーク，信用力，中立性を兼ね備えた金融グループ業の信頼できる投資ファンドの資金を活用した，マネジメント・バイアウト（MBO）の方法にて創業者自身が保有するNCS株式を譲渡することを決意したものである。

　一方弊社では，かかる創業者と経営陣の意向を受け，経営陣を中としたチームと多岐にわたる協議と検討を重ね，経営陣との間で事業計画に対するコミットメントが得られた。また，優秀な技術者層や優良な顧客層を基盤にさらに付加価値を高めることのできる余地があること，業界再編機運を背景にロールアップの可能性があると判断し，本件投資を決定したものである。

(2) 創業者のハッピー・リタイアメント

　起業から現在の優良企業にまで育て上げた創業者の永年にわたる努力と功績に報いるためにも，適切な株価を提供するとともに，残された経営陣および従業員がさらなる成長を期待することができる枠組みを提供する必要があった。

(3) 資本政策の再構築

　株式を公開したものの，事業構造上，資金需要は限定的であり，Equity Financeのニーズも高くないことから，上場維持のための有形・無形のコスト負担や潜在的敵対買収のリスクの軽減の観点から資本の再構築を図る必要性があった。

(4) 社員インセンティブ制度の再構築

　過去の株式公開時から相応の期間が経過していることから公開当時にメリットを享受した社員はほとんど残っていない。ソフト開発会社の唯一の資産である技術者等の人材のモティベーションを高いレベルで維持し，定着率を向上させるためには，「第二の創業」などの明確な目標を掲げたインセンティブ制度を新たに導入する必要性が高まっていた。

4 MBOのストラクチャー

(1) 持株会社を設立し，株式公開買付（TOB）を実施

　特別目的会社を設立（現NCSホールディングス，以下「NCSHD」という）し，パレス・ファンドおよび現経営陣が出資，加えて銀行より融資を受け株式取得資金を調達した上で，創業者ならびにNCSの既存株主に対し株式公開買付（TOB）を実施し，株式を取得した。

　公開買付価格は，第三者専門機関による株価算定を参考にNCSHDにて慎重な検討を重ね，上場廃止による既存株主への影響が大きいことから極力プレミアムを付加した買付価格が提示できるよう検討した上で決定している。

　またNCS側においても，NCSHDならびにNCSより独立した第三者算定機関による株式価値算定書を取得，さらに意思決定に際してはNCSから独立した社外有識者による第三者委員会を設置し，本取引および公開買付の是非等の諮問を経た上で，慎重に検討した結果，取締役会にて取引の実行および賛同意見表明を決議している。

　TOB手続完了後，全部取得条項付き種類株式を発行し，結果NCSHDがNCDの全株式を取得した。

(2) 非公開化

　TOBを実施した結果，多数の応募をいただき，所定の手続を経て2008年12月に非公開化を果たしている。

(3) 従業員持株会の再設置

　再スタートの後，新たに従業員持株会を設置した。これまでも運営されていたが，MBOを機にNCSの株式は全株NCSホールディングスが保有することとなり，いったん解散していたためである。今回新たに設置したのはNCSホールディングスの株式を対象とした従業員持株会である。従前の加盟数を超過した希望者が集まり，今後の成長に社員も期待している表れである。

図表11-2　ストラクチャー

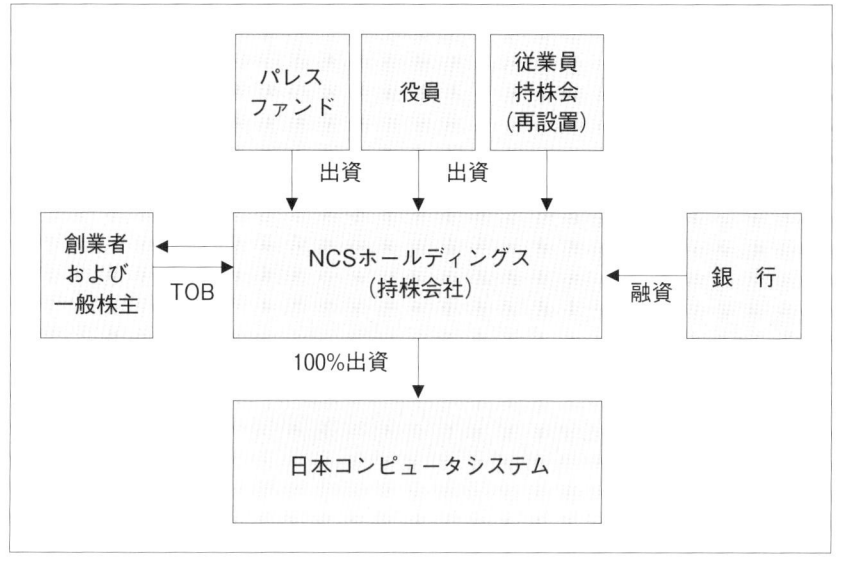

```
                  ┌─────┐  ┌────┐  ┌─────┐
                  │パレス│  │役員│  │従業員│
                  │ファンド│  │    │  │持株会│
                  │     │  │    │  │(再設置)│
                  └──┬──┘  └─┬──┘  └──┬──┘
                     │出資    │出資     │
┌──────┐            ▼        ▼         ▼         ┌────┐
│創業者 │◄───────┌──────────────────┐◄────────│銀　行│
│および │  TOB    │ NCSホールディングス │   融資   │    │
│一般株主│        │   (持株会社)      │          │    │
└──────┘         └────────┬─────────┘          └────┘
                          │100％出資
                          ▼
                 ┌──────────────────┐
                 │ 日本コンピュータシステム │
                 └──────────────────┘
```

(出所)　パレス・キャピタル

5　企業価値向上の潜在的可能性

　弊社では，以下の視点から，当社の企業価値を向上する潜在的な可能性が内包されているものと判断した。

(1) ロールアップによる成長可能性

　システム開発業界は，前述の通り業界再編が進行する可能性が高い。業界他社と経営統合し，得意分野の相互補完や高スキル人材の確保など，ユーザーに対するリソース提供力を高めていくことで競争力が増し，結果として企業価値の向上が図れると判断したものである。

(2) 課題が明確でありかつ解決が可能

　NCSは業績や経営面で問題を抱えているわけではなく，将来の勝ち残りを見据えた上での中期的な戦略的課題があり，その解決のためには非公開化によ

るMBOが最適であると判断したものである。戦略的課題に正面から向き合い，また早期に解決していくためには，経営資源の集中や経営判断の柔軟性と実行スピードが必要となる。ファンドが経営に関与することで，従来の経営陣だけではなかなか変革しきれなかった会社の仕組みを双方の合意のものでスピーディーに変えることが可能であるし，NCS経営陣との事前の協議に中でその実現可能性が高いと判断した。

(3) プロジェクトマネジャー層の量的拡大余地

当社の場合，既に擁している質の高い技術者をベースに，高度な教育研修と実践の場を戦略的に提供することによって弱点であるプロジェクトマネジャー層の量的拡大の余地がある。社内での安定的な育成に加えて，コアとなる人材を外部より招聘することによって，従来と同じ工数でも一層付加価値の高い（単価の高い）業務を受注することが可能となり，事業構造の転換・強化の余地が大きい。これまでのIT業界を取り巻く好況によって十分な時間と費用を教育研修に仕向けておらず，ほとんど手付かずの状況にあった。この部分での体質転換による効果は大きい。

(4) オフショア企業の活用

中国・インド・ベトナムを中心としたオフショア企業を活用した「総コスト低減化」の要請が大手SIerより言及されているが，これまで十分なグローバル体制での受託システム構築などを検討していなかった。適切な業務提携先をタイムリーに紹介するなど，クロスボーダーも含めた豊富な企業情報の提供を通じて，事業の幅と奥行きを拡大する余地が大きいものと判断した。

6 投資後の経営サポート

(1) 共通の経営目標の設定

MBOのスタートにあたり，弊社では経営陣との間で共通の経営目標を設定している。収益面での中期事業計画を策定するほか，**図表11-3**の通り，目指

すべき方向性も共有している。ベースとなる基本的考え方を制定しておくことで，例え経営環境が変化した際にも，ぶれない経営判断をするためである。

図表11－3　日本コンピュータシステムの目指す姿

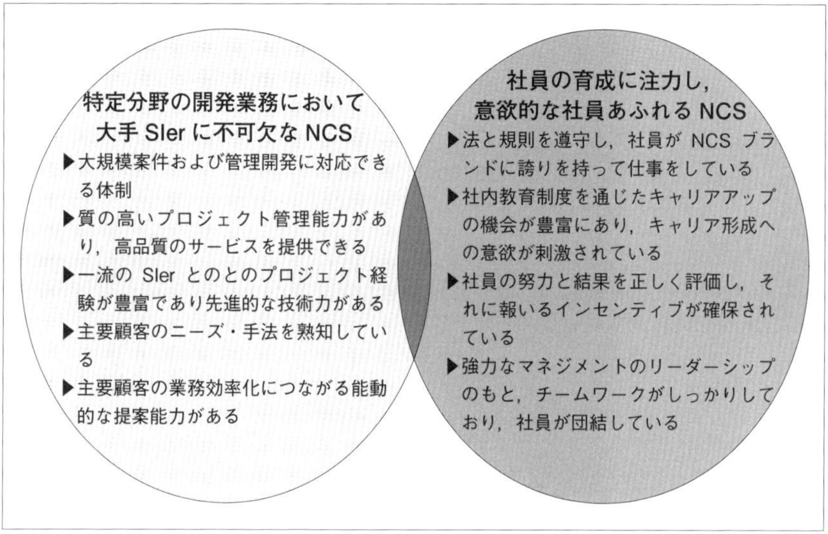

特定分野の開発業務において大手SIerに不可欠なNCS
- ▶大規模案件および管理開発に対応できる体制
- ▶質の高いプロジェクト管理能力があり，高品質のサービスを提供できる
- ▶一流のSIerとのとのプロジェクト経験が豊富であり先進的な技術力がある
- ▶主要顧客のニーズ・手法を熟知している
- ▶主要顧客の業務効率化につながる能動的な提案能力がある

社員の育成に注力し，意欲的な社員あふれるNCS
- ▶法と規則を遵守し，社員がNCSブランドに誇りを持って仕事をしている
- ▶社内教育制度を通じたキャリアアップの機会が豊富にあり，キャリア形成への意欲が刺激されている
- ▶社員の努力と結果を正しく評価し，それに報いるインセンティブが確保されている
- ▶強力なマネジメントのリーダーシップのもと，チームワークがしっかりしており，社員が団結している

（出所）　日本コンピュータシステム社内資料

(2) 経営層とのコミュニケーション

　弊社では，経営層との円滑なコミュニケーションこそがNCSの成長に直結すると認識しており，われわれが社外取締役となった後，週に一度は社長ほか常勤取締役と定例会議を実施し，近況報告と課題の共有を図っている。また，日頃の事業活動で実施している各種会議にも弊社から少なくとも一名は参加し，必要に応じてアドバイスするなど，認識の共有と解決策の検討についても協力している。

(3) 経営戦略会議の新設

　社長以下，部長以上の幹部社員を対象に経営戦略会議を新設し，隔週で実施している。この会議は経営課題についての議論と結論出しの場である。経営課題には短期的事項のほか中長期的事項があるが，通常の会議ではとかく目先に

とらわれがちな点を補い，中長期的な観点を含めてNCSの発展のため取り組むべき事項は何かといった議案で議論している。これまでのオーナー企業時代は一部の意見で決定していた事項も多かったようだが，本会議では参加者全員で議論するとともに一定の方向性を出すことに主眼を置いている。

また幹部社員には輪番で司会をお願いしている。司会をすることで，議論の活性化に努めつつ意見集約するなど，上層者としての訓練も兼ね備えている。

(4) 顧客へのコスト削減提案力の強化

ユーザーに最も関心のある「ITコスト削減」というテーマに対応するため，NCSでは新たな事業展開に着手している。「サピエンス」というイスラエル製の開発自動化ソフトの導入である。開発者がプログラムを組むことで作る従来型の開発手法に対し，サピエンスソフトを活用することでプログラムを自動生成し，開発に要する時間を大幅に短縮するものである。開発期間の短縮は，結果的にユーザー側にコストメリットを提供できることから，現在業界で注目されている。

(5) 金融分野での潜在顧客の紹介

金融業界は再編業種であり，再編を機にシステム開発投資を実施するケースがほとんどである。弊社には金融機関ネットワークに強いことから，さまざまな金融系システム開発会社を紹介し，受注活動に努めている。

(6) ロールアップ先の検討

弊社はM&Aの実務経験豊富な人材も多く，また金融機関ネットワークも活用することで，ロールアップ先の検討，提案等を積極的に行っている。昨今の環境下，再編への抵抗感は薄れていることから具体的に検討する機会は多い。

(7) 経営のスピードアップと幹部社員教育

業績報告は月次会議にてなされているが，とかく報告中心になりがちである。IT業界は，変化が激しくタイムリーな経営判断を必要とされるため，戦略判断に絞ったミーティングの場を設けた。経営戦略についてやみくもに議論する

と結論を導きにくいため，必ず一定の結論を出すという方法をとっている。参加者は取締役だけではなく，経営幹部クラスにも参加してもらうことで，経営参加意識の醸成と情報共有に努めている。

(8) 人材教育

前述の通り，システム開発会社にとっては人材が最大の経営資源である。特に優秀な人材の採用・育成は重要であり。NCSではこれまで運用していた教育体系を一新し，キャリアロードマップに従った教育制度を再整備した。

新教育制度は，①職種別，②スキルレベル別，③スキルテーマ別に教育プログラムを提供している。教育体制の有無とレベルは採用活動にも直結するため，最優先で再構築した。またホームページも一新し，WEB経由での採用にも注力している。

図表11－4　職種別スキル別教育体系

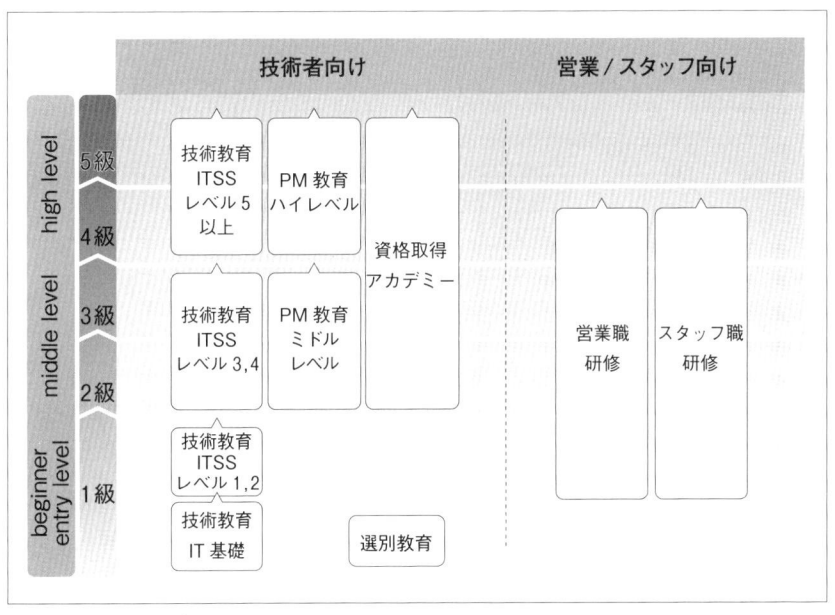

	技術者向け	営業/スタッフ向け
high level 5級	技術教育 ITSS レベル5以上 / PM教育 ハイレベル	
4級	資格取得アカデミー	
middle level 3級	技術教育 ITSS レベル3,4 / PM教育 ミドルレベル	営業職研修 / スタッフ職研修
2級	技術教育 ITSS レベル1,2	
beginner entry level 1級	技術教育 IT基礎 / 選別教育	

（出所）　日本コンピュータシステム

図表11-5　キャリアロードマップに応じた教育プログラム【White Base】

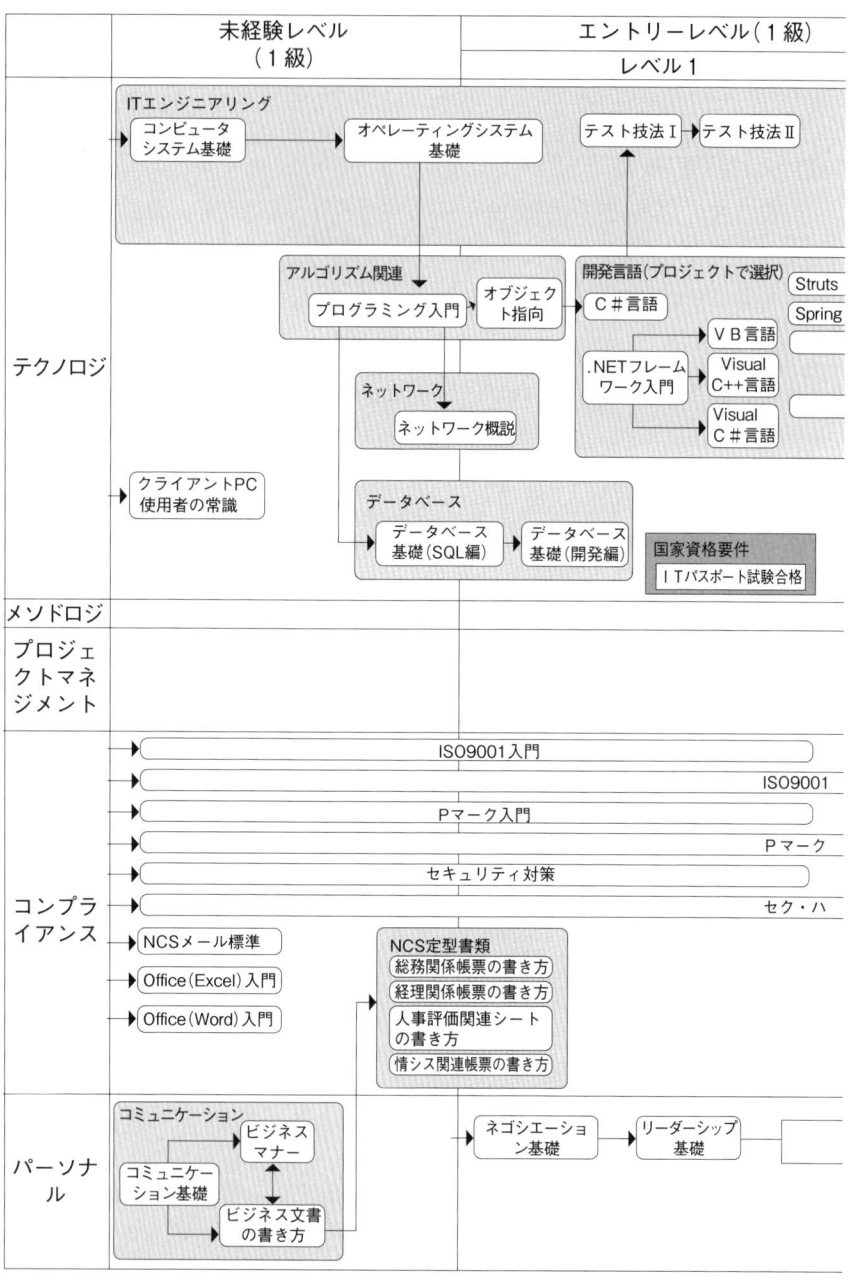

	未経験レベル（1級）	エントリーレベル（1級）／レベル1
テクノロジ	**ITエンジニアリング**：コンピュータシステム基礎 → オペレーティングシステム基礎 クライアントPC使用者の常識	テスト技法Ⅰ → テスト技法Ⅱ **アルゴリズム関連**：プログラミング入門 → オブジェクト指向 **ネットワーク**：ネットワーク概説 **データベース**：データベース基礎（SQL編）→ データベース基礎（開発編） **開発言語（プロジェクトで選択）**：C#言語、VB言語、.NETフレームワーク入門、Visual C++言語、Visual C#言語、Struts、Spring **国家資格要件**：ITパスポート試験合格
メソドロジ		
プロジェクトマネジメント		
コンプライアンス	ISO9001入門／Pマーク入門／セキュリティ対策 NCSメール標準 Office（Excel）入門 Office（Word）入門 **NCS定型書類**：総務関係帳票の書き方／経理関係帳票の書き方／人事評価関連シートの書き方／情シス関連帳票の書き方	ISO9001／Pマーク／セク・ハ
パーソナル	**コミュニケーション**：コミュニケーション基礎 → ビジネスマナー／ビジネス文書の書き方	ネゴシエーション基礎 → リーダーシップ基礎

（出所）日本コンピュータシステム社内資料

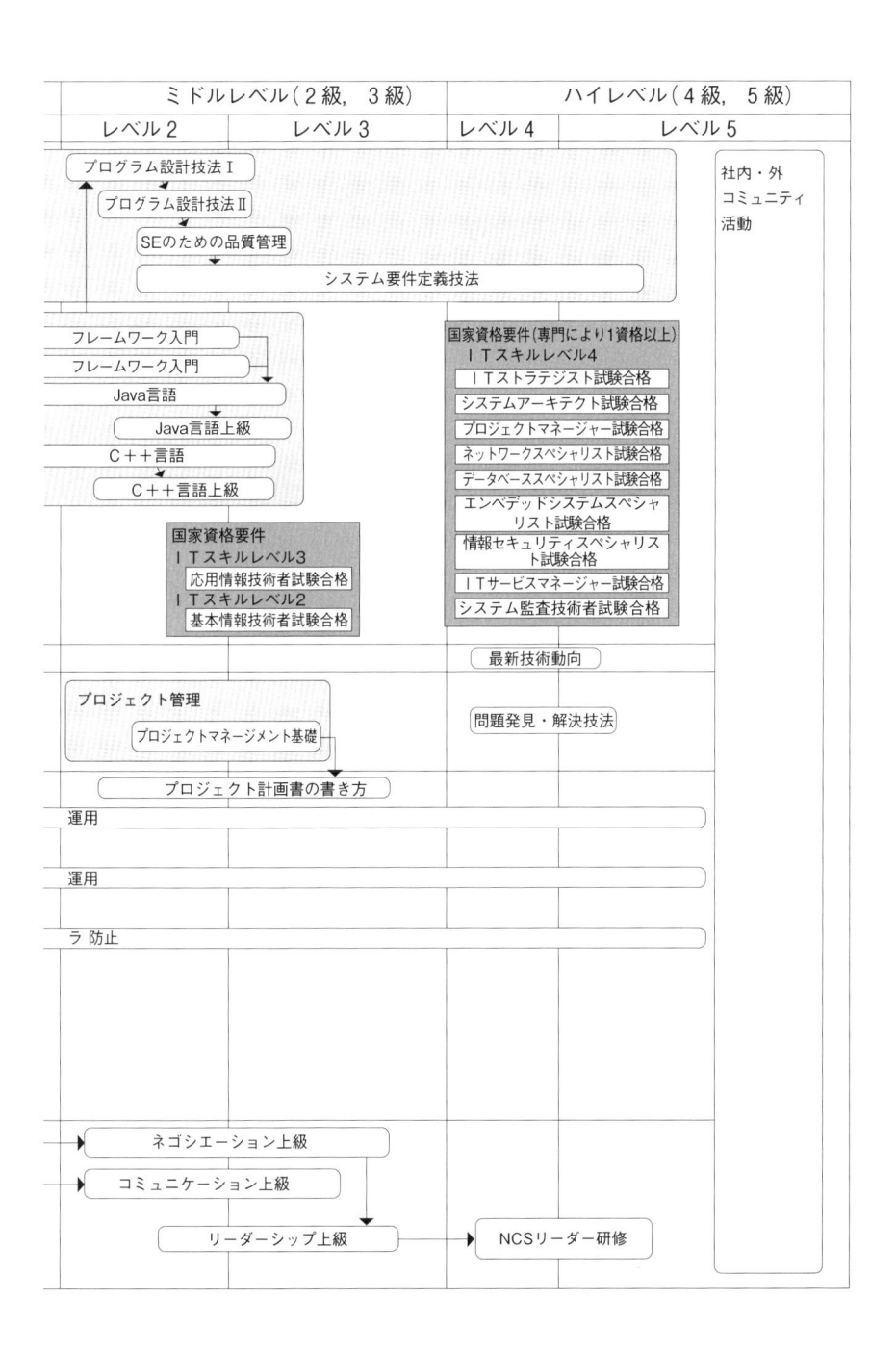

第11章　事業承継型ＭＢＯにおけるファンドの戦略的活用　275

	ミドルレベル(2級, 3級)		ハイレベル(4級, 5級)		
	レベル2	レベル3	レベル4	レベル5	

- プログラム設計技法Ⅰ
  - プログラム設計技法Ⅱ
    - SEのための品質管理
      - システム要件定義技法

国家資格要件(専門により1資格以上)
ＩＴスキルレベル4
- ＩＴストラテジスト試験合格
- システムアーキテクト試験合格
- プロジェクトマネージャー試験合格
- ネットワークスペシャリスト試験合格
- データベーススペシャリスト試験合格
- エンベデッドシステムスペシャリスト試験合格
- 情報セキュリティスペシャリスト試験合格
- ＩＴサービスマネージャー試験合格
- システム監査技術者試験合格

社内・外コミュニティ活動

- フレームワーク入門
- フレームワーク入門
  - Java言語
    - Java言語上級
  - Ｃ＋＋言語
    - Ｃ＋＋言語上級

国家資格要件
ＩＴスキルレベル3
- 応用情報技術者試験合格

ＩＴスキルレベル2
- 基本情報技術者試験合格

最新技術動向

- プロジェクト管理
  - プロジェクトマネージメント基礎
    - プロジェクト計画書の書き方

問題発見・解決技法

運用

運用

ラ　防止

- ネゴシエーション上級
- コミュニケーション上級
  - リーダーシップ上級 → NCSリーダー研修

(9) 人材データベースの構築

最大の経営資源である人材を強化するために教育制度の充実とともに、NCSでは人事データベース(以下「Treasure」という)を新たに構築した。Treasureは、人材に関する一切の情報を一元管理・検索可能なシステムである。

主として以下の四つの検索機能を保有している。

① 社員情報検索：社員の基本情報検索
② スキル情報検索：言語、OS、資格、得意業種、先端技術、外国語などのテクニカルスキルや、数ヶ月先の稼働状況、最寄駅等の検索が可能
③ ポイント検索：ポイント制度のポイント管理。社内外研修、e-leaning、資格取得、社内活動への参加により取得したポイントの管理・検索が可能
④ 業績検索：組織別、等級別、個人別、顧客別の売上・粗利の推移が閲覧・分析可能

NCSでは、これまで人事基本情報は人事部が、テクニカルスキルは部門ごとに管理し一元管理していなかったため、全社的な観点での分析やアクションプランの構築が困難となっていた。Treasureを構築したことで、例えば社員別、スキル別、業績分析といった複合的な分析が可能となり、先の人材育成と融合させることで、より効果的な経営資源の配分が可能となる。

Treasure構築にあたり、社内でプロジェクトチームを組成、中堅社員をプロジェクトリーダー(以下「PL」という)に据えて4ヶ月程度で完成させた。

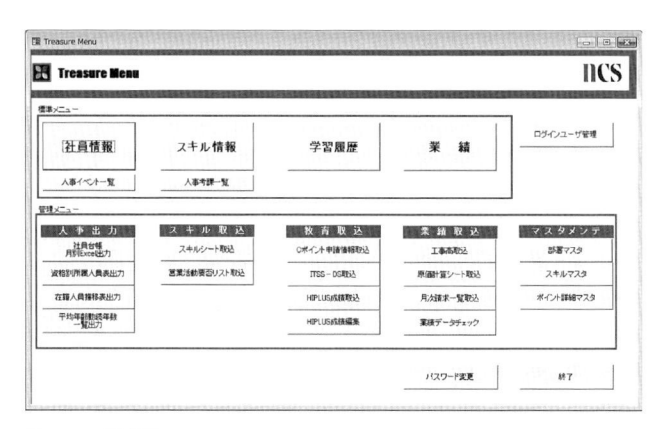

Treasureの画面

当該PLはこれまでリーダー経験はなかったが，弊社では構想の段階から完成に至るまで，PLに必要に応じてアドバイスを行い，時間厳守を目標に完成にこぎ着けた。今では，経営層や管理スタッフが日々Treasureを活用している。

おわりに

　パレス・キャピタルでは，投資後の経営陣と幹部社員とのコミュケーションを重視して日頃活動している。日々のさまざまな議論とスピーディーな判断，それに基づく実行の積み重ねこそが悔いのない結果を生み出すことになるし，次世代を担う幹部社員にとっても自信に繋がると考えている。

　NCSは人が中心であり，施策がダイレクトに結果に繋がる業界である。日本のIT市場は中期的には有望分野であり，クラウド化など時代の変化を捉えながら柔軟性を持って経営に取り組んでいきたいと考えている。

経営者インタビュー

長期的な視点での人材育成に主眼を置いた事業戦略

日本コンピュータシステム株式会社
取締役管理本部長
栗田昭平氏

Q 御社は2008年にパレス・キャピタルの支援に基づいてMBOを実行しました。バイアウト・ファンドを活用してMBOをするという手法があることはご存知でしたでしょうか。

　事業環境や資金調達技術の変化，あるいは企業防衛の観点や上場維持コストの高騰など上場会社を取り巻く経営環境の変化はありましたが，当社固有の問題としては，創業者であるオーナー経営者の健康問題がございましたので，資本政策を検討する機会は他社よりもあったと思います。オーナーの保有株式の譲渡は，他の事業会社に売却することが一般的な方法だと思いますが，保有されている株式が過半数に満たないことから子会社化してイニシアティブを取りたいとする取得先のニーズに沿うことができないであろうと思われました。

　MBOというのは創業者や親会社が保有する株式を取得して自ら経営に当たるという手法であるわけですが，当社の資本政策を検討する場合に，MBOが重要な選択肢の一つになることは理解しておりました。ただし，当社は，株式をジャスダックに上場しておりましたので，一定数の株式を取得していただくためにはTOBを実施しなければならないという事情がありました，TOBを実施するためには多額の資金が必要となります。また，MBOということになると経営陣が資金を用意しなければなりませんが，オーナーでもない私たち役員だけでそれらの資金を用意することはとてもできませんので，そうするとバイアウト・ファンドを活用するという選択肢が出てきます。当社固有の問題や一般的な経営環境の変化の中で一応リサーチはしておりまして，MBOという手法のアウトラインは理解しておりました。

第11章 事業承継型MBOにおけるファンドの戦略的活用　279

Q　創業者オーナーの持分売却の方法には，いくつかの選択肢があったかと思いますが，バイアウト・ファンドを活用したMBOの手法を選択した決定的なポイントは何でしょうか。また，非上場化を企図した理由についてお教え下さい。

　当社は，創業以来，独立系のシステム開発会社として事業を展開してきましたので，他社の傘下に入ることは社員の動揺を招き，唯一の経営資源である技術者が流出してしまうリスクがありました。そこで独立性を維持しつつ，これまでの経営方針とか雇用方針を継続しながらオーナーや一般株主様の株式を売却いただくためには，MBOを伴うTOBの手法が最も有効な施策であると判断したということです。

　当社のお客様は大手のSI企業様ですが，2008年当時は，業務提携や資本提携が非常に活発に行われた時期でした。これら大手SI企業の経営統合の背景には，開発案件の大型化や高度化・複雑化する開発業務への対応，人材確保の困難さやオフショアの台頭による競争の激化が予想されるなどの事業環境の変化がありました。これらに対応するためには，経営の効率化とともに事業規模の拡大や相乗効果による進化が必要とされていました。

　これらの大手SI企業を顧客先に持つ当社に対しても，受注規模の拡大への要請や開発内容に対するニーズが多様化・高度化することが予想されました。また，コンサルティングから基本設計までのフェーズは顧客である大手SI企業が担当し，詳細設計からテストまでの開発フェーズを一括で発注したいというニーズも高まってまいりました。これらのニーズに応えるためには，請負型ビジネスを強化していくことが必要となります。具体的には請負のための開発体制の構築や営業力の強化が必要となりますので，高度なスキルを要する人材の育成や採用が必要になるとともに全体的な技術レベルも向上させる必要があります。そのための教育制度の構築や積極的な中途採用の施策は，どうしてもコストが先行しますので，一時的には業績を悪化させる要因に繋がります。また，企業を成長させるためには市場の成長が見込める事業分野にも打って出る必要があります。

　もう一つは，新規事業にも取り組んでいきたいというニーズもありましたが，新規事業というのはどうしても先行投資が必要になりますし，投資の成果が業績に結びつくにはスタートから数年はかかってしまいます。どちらかというと短期的な視点で毎期の業績とか配当を求める傾向がある株主様などの意向に沿えなくなる可能性があるということで，非上場化を選択したという経緯があります。

経営戦略会議の様子

Q MBOを実行してから間もなく2年が経過しますが，非上場化したことで経営の観点での変化はありましたでしょうか。

　大株主様の意向や株価の動向をあまり気にすることなくダイナミックに事業を展開することができるようになりました。さらには，長期的な視点に立って事業を展開することができるようになりました。具体例的に言いますと，本社の移転があげられます。これは2009年8月に本社を新宿三井ビルから，この虎ノ門のSVAX TSビルに移転したのですが，この新宿三井ビルというのは非常にオーナー経営者の思い入れのあるビルでして，家賃も相応に高いところでした。MBO後に再スタートを切っていく上では，高コストなものから削減を進めていく必要がありました。

　それから，今まではややもすると保守的で堅実な経営となっていましたが，新規事業としてプログラムを自動生成できる「サピエンスソリューション」や「FMソリューション（ファシリティー・マネジメント・ソリューション）」などの事業分野に積極的に打って出ることができました。さらには，業務提携・協業関係を構築するという意味では，ドリーム・アーツ社とビジネスパートナー契約を締結して，同社製品の販売や導入支援を開始しました。

　長期的な視点での事業展開ということでは，新しい教育制度の構築があります。当社は，技術者が経営資源ですので，人材に対する教育投資が重要な施策となります。そこで「White Base」という真っ白なキャンパスに絵を描いていくようなイメージの教育

制度を構築しました。顧客から求められる開発内容に対するニーズが多様化・高度化するとともに請負型ビジネスを推進するためには開発体制の構築や営業力の強化が必要となります。これらを実現するためには，高度なスキルを要する人材の育成や採用が必要になるとともに全体的な技術レベルを向上させる必要があります。スキルアップには自習とか自己研鑽も必要なのですが，それだけではやはり限界がありますので，社員の役割と成長意欲に沿った学習の機会を会社から与えることが重要になります。それらの制度構築と環境作りを積極的に推進することができました。

Q パレス・キャピタルのメンバーはどのような形で経営に参画していますでしょうか。

　まず，会議については，定時・随時に開催される取締役会があります。また，月次で開催される委員会や報告会がありまして，これらを含む主要な会議体にパレス・キャピタルの皆さんにも参加していただいています。ただ，これまでの会議はどちらかというと報告中心の会議になっていたのですが，もっと会議に参加するメンバーが議論をして会社をより良くするために協議する会議体に変える必要があるのではないかというご提案をいただき，隔週で「経営戦略会議」を設定して開催しています。この会議には，パレス・キャピタルのメンバーの方にも参加いただいて，重要な経営課題を議論するのですが，課題に対する議論をするだけではなくて，一定の結論を出すようにアドバイスをいただいています。この会議には経営幹部クラスが参加するのですが，この会議の推進によって，経営参加意識の醸成と情報の共有化が一層できるようになりました。なお，この会議では，司会者を参加する部長クラスの中から交代制で担当するようにしています。会議に参加しても聞いていればいいという受け身の姿勢になりやすいので，自らが司会を務めて会議の運営方法も含めて習得する機会にすることで効果が上がっていると思います。

　問題意識を持っていながら今まで構築・整理することができなかった施策もいくつかあります。その一つが，「教育制度（White Base）」の構築です。この構築の発案は社内にあったわけですが，コンテンツの作り方や作り込み，教育制度そのもののあり方も含めてパレス・キャピタルの方に具体的に参画していただき，担当者と一緒になって構築いただいたという経緯があります。もう一つは，社員情報データベースの構築に携わっていただきました。社員の基本情報は人事グループが保有・管理し，技術者のスキルシートは各部門が保有していましたが，これを一元化することができました。当社で

は，これを日本コンピュータシステムの社員情報データベース「Treasure」と銘打っています。いずれも従来にはないスピード感を持って構築・運用をはじめることができました。

また，営業活動においても支援をいただいています。具体的には，パレス・キャピタルが持つ金融機関のネットワークで，金融系のシステム開発会社をご紹介いただき，具体的な受注につながっている案件もございます。その他にも，新規事業における顧客先の候補をご紹介いただいたり，営業と一緒に同行いただいて受注活動の支援をしてもらっています。

Q ソフト開発などのIT企業では，技術者を中心とする人材が重要な財産です。MBO後の人材の育成，採用の方針，社員に対するインセンティブ制度の方針や具体的な施策についてお教え願います。

MBO後は長期的な視点での人材育成に主眼を置いてやっています。事業戦略を実現するためには人材の育成が重要であるとの認識に基づき，いろいろな施策をやっています。新たに構築した教育制度「White Base」は，社員の「キャリアパス」，「教育体系」，「教育カリキュラム」の三つの要素で組み立てられています。そのキャリアパスに沿って職種別・階層別の教育体系を整えて，実際の教育カリキュラムはeラーニングや社内外の研修を活用して実施しています。また，顧客からのニーズでもある請負開発を実現するためには，プロジェクトをまとめる人材であるプロジェクト・マネージャー（PM）が非常に重要な役割を担うことになりますので，PM教育にも注力しています。また，PMを支えるシステム・エンジニア（SE）の能力も向上させていく必要があります。

採用面では，従来は既存の顧客先からの受注に対応するための技術者の採用に注力していましたが，前期からは，新規顧客や新規分野を開拓するための人材の採用を進めています。新規顧客先からの受注は，当社のソリューション事業にとって将来の柱となる可能性がありますので，事業戦略とも密接に絡んできます。

インセンティブについては，従業員持株会があります。上場していた時にも制度としてありましたが，MBO後にも早期に立ち上げまして，社員の拠出額に対して12%の奨励金を付与しています。それから，キャリアポイント制度というのを導入しています。これは，自己学習をしたり研修を受けたり，資格を取得したという努力に対してポイントを付与し，このポイントを積み上げることによって全体的な目標とか個人目標を達成するための動機付けにするものです。具体的には，社内集合教育やeラーニングによる

学習，ITSS-DS受信結果，資格取得などによりポイントを付与し，設定されたポイントを超えた場合に「褒章」を与えるという制度をはじめました。

31期全社ミーティングでの社員企画発表

Q ソフト開発の業界も再編が進む可能性があります。最近の市場動向や業界再編の見通しについてお話し願います。

　ご存知の通り日本経済はリーマン・ショック後に大きく落ち込みまして，国内外の政府の各種施策によって少しは持ち直しの動きはあると思うのですけれども，国内の自立的な回復力は非常に弱いと思っています。雇用情勢についても完全失業率が高水準で推移していますし，厳しい状況が続いていると思っています。在庫調整の進展やアジア諸国を中心とする新興国経済の回復などによって輸出や生産は増加基調に転じました。また，事業会社の収益についても回復の動きが見られ，国内企業の景況感は大手製造業を中心に改善されつつありますが，中小企業における業況認識には依然として慎重な見方が強く，設備投資については過剰感が依然として強く，低調に推移しています。

　景況は一部に持ち直しの動きは見られるのですが，事業会社における情報化投資（IT投資）は，大きく減少したまま推移しています。事業会社では個々のIT投資について，その必要性とか妥当性というものを厳しく評価・検討する姿勢を強めています。こういう事業会社の投資判断によって，案件の凍結や規模の縮小などの傾向が非常に強まっていますから，業界における競争環境は一層厳しくなってきていると感じています。

ただ，一方では中長期的な企業成長に向けての戦略的なIT投資が必要だということを，経営者の方々は理解されていると思います。そのため大企業を中心とした研究開発分野へのIT投資や，企業グループの経営効率化，あるいは企業再編に伴う経営基盤強化のためのIT投資というのは，比較的顕著に推移しているのではないかと思います。

業界再編に関してですが，2008年当時の事業環境というのは，その数年前から大手SI企業による業務や資本提携，経営統合などが活発化した時期でした。これらの背景は，将来は非常に競争が激しくなるとの予想に基づき，規模の拡大などで乗り切っていこうということで行われたと理解しています。では，これらの傾向が今はなくなっているかというとそうではなくて，現状においても継続していると思います。これまでは大手のSI企業で大きな再編が行われたのですが，更なる一部再編が起こり，その後は大手企業が中堅企業を統合していく，あるいは大手に組しない中堅企業同士の統合などの再編の可能性があると思います。当社もどちらかというと中堅規模になると思うのですが，これらの動きについては注意深く観察をして，当社においてシナジー効果が得られるような案件であればその投資について判断する必要性が出てくるのではないかと考えております。

Q　業界再編において，M&Aやバイアウトは有効な手段となりえます。創業者オーナーの事業承継ニーズがあるIT企業はたくさんあると思いますが，バイアウト・ファンドの活用の余地はありますでしょうか。

創業者がオーナーであって，事業を承継する親族等がいないIT企業は，私が存じている中にもいくつかありますけれども，これらの企業はバイアウトの対象になると思います。中小企業であれば株式の取得資金を，役職員が手持ち資金や融資を受けて用意できる場合もあると思います。比較的規模の小さな企業は，資金の出し手であるファンド側の出口戦略というのも非常に見えにくく，付加価値を付けるのに時間を要して，成長戦略が描きにくいという側面もあると思うのです。ですから，バイアウト・ファンドの資金を活用してMBOを実施する企業というのは，どこかのファンドが既に入っているとか，ある程度の数の株主もいて，あるいは資本規模が相応にあるような中堅企業が対象になるのではないかと思います。

その企業の役職員が当社と同じように独立系としてずっとやってきて，他社の傘下には入りたくないということで，自らの手でこれまでの経営を継続していきたいという強い思いがある場合が前提になるのではないかと思います。

Q 最後に,御社の今後の目標についてお聞かせ下さい。

　今は,リーマン・ショック後の業績の落ち込みの回復が最優先すべき課題であると認識しています。受注環境は引き続き非常に厳しい状況が続いていますけれども,一部には明るい兆しも出始めています。本格的な受注回復にはしばらく時間を要するものと思いますが,技術者の維持・確保に努めて,需要が回復して受注が増えてくることを期待しつつ,来るべき時期に備えている状況です。現在,中期経営計画を作成中ですが,成長の見込める事業分野を選別して,営業戦略・顧客戦略を立案した上で営業活動を展開してまいります。また,技術者の教育や採用を進めて開発体制を強化し,顧客先からのニーズでもある請負型ビジネスにも注力してまいります。さらには新規事業への取り組みによって,将来成長の見込める事業分野にも進出していきたいと思います。当社とシナジー効果の見込めるIT企業と提携することによって,グループとしての企業価値を高めて,最終的には再上場を果たすことを目標に努力しているという状況でございます。

栗田昭平氏略歴

1999年5月日本コンピュータシステム株式会社入社。2002年10月総務部責任者兼経理部責任者。2005年1月執行役員総務部責任者兼経理部責任者。常務執行役員を経て,2007年6月に取締役就任(現任)。

第12章 事業承継によるコメダの成長加速
―― ローカル企業からナショナル企業への脱皮に向けて ――

アドバンテッジパートナーズLLP
パートナー 古谷　元

はじめに

　2008年4月28日，コメダ珈琲店の創業以来40年以上にわたり名古屋の喫茶店文化を生み育ててきた創業者の加藤太郎氏およびそのご家族より，弊社アドバンテッジパートナーズ（以下「AP」という）がサービスを提供するファンドが株式会社コメダおよび関連会社（以下総称して「コメダ」という）の株式を譲り受け，東海圏での圧倒的な知名度と地域ドミナンスによる高い経営効率を誇るコメダの事業承継プロジェクトがスタートした。その後の2年強，創業者より託された「地域ドミナンスのオーナー会社」から「全国で成長機会を追求する先進企業」への脱皮を図るべく，コメダ経営陣，従業員，そしてファンド関係者が一丸となってさまざまな施策に取り組んでいる。

　本稿では，まずコメダ珈琲店の沿革・特性，コメダが事業承継に至った背景や取引ストラクチャーにつきご説明し，次に，承継後の経営チームの組成やさまざまな経営技術の導入など，本事業承継の成功を確実なものとするためにこれまでAPが講じた経営支援施策の内容をご紹介した上で，さらなるコメダの発展に向けた今後のファンドの支援方針をお示しすることとしたい。

1 事業承継の背景と狙い

(1) コメダの会社概要とこれまでの沿革
① 会社概要

　コメダの運営する「コメダ珈琲店」は，創業者である加藤太郎氏により1968年に創業された，中京圏を中心に約380店舗（2010年8月末日現在）を展開する喫茶店チェーンである。店舗は主にフランチャイズ形式で運営されており，愛知県名古屋市東区に所在するコメダ本部は，FCチェーンの運営（FCオーナーの募集，FC店舗の開発，原材料の卸売，スーパーバイジング等）と直営店舗の運営を担っている。

　コメダ珈琲店の店舗フォーマットの特徴としては，以下のポイントがあげられる。

a　コーヒーへのこだわり

　コメダ珈琲店は，「コーヒーを大切にする心から」をモットーに，居心地のいい空間の中，美味しいコーヒーを楽しんでいただくことで寛ぎのひと時を過ごしていただくことをお客様への提供価値の中核としている。お客様に安心して美味しいコーヒーをお飲みいただけるよう，自社でコーヒー豆の焙煎度合いや配合を企画・設計し，長年にわたり蓄積したノウハウを活かしてコーヒーの抽出も手がけている。また，フードメニューは，多くのお客様に親しまれるようにこだわり抜いたコーヒーの味との相性を第一に考えて「コーヒーのわき役」として構成しているが，どの商品もボリューム満点で，一度お試しいただければ必ずやお値打ち感を感じていただけるような内容となっている。また，開店直後の午前7時からお昼前の午前11時までにドリンクを注文いただいたお客様にはバタートーストと熱々のゆで卵を無料で提供しており，名古屋式の「モーニングサービス」として広く認知されている。

b　居心地の良さの追求

　ログハウス調の木造りの店舗，三角屋根と高い天井，清潔感のある白い壁，落ち着きのあるレンガに特徴づけられた，周囲に溶け込みながらも際立つ外装を備えつつ，採光性のある大きな窓，ゆったりとしたテーブルやソファなど居

心地の良さを最優先した内装を仕立てあげ,「ご家庭の応接間やリビングのようにお客様の日常に溶け込む」店舗となることを目指している。

　c　心地良いフルサービスの提供

　創業時から現在まで変わることなく,お客様へのフルサービスの提供を全店舗の大原則としている。お客様の入退店時の挨拶は当然のこと,席への誘導時,オーダー時,サービス時,会計時それぞれのタイミングで明るくハキハキした接客を行うよう全店舗スタッフが努めており,一般的なファーストフード店やセルフサービス系のカフェとは大きく異なる訴求ポイントとなっている。

図表12－1　会社概要

会社名	株式会社コメダ
設立	2007年8月1日 （2009年3月1日に株式会社AP11から商号変更。創業は1968年1月）
代表者	代表取締役社長　布施義男
本社所在地	愛知県名古屋市東区葵3-12-23
事業内容	直営喫茶店および喫茶店フランチャイズチェーンの運営
拠点	＜工場＞ 高辻工場,尾張工場 ＜営業拠点＞ 江田事務所,大阪事務所
従業員数	社員約70名,パート・アルバイト約270名（2010年8月末現在）

（出所）　コメダ

② 「コメダ珈琲店」の誕生と地域ドミナンスの確立

　こうしたコンセプトで開業したコメダ珈琲店は当初よりお客様の支持を得て活況を呈することとなり,その評判を聞きつけた同業者や独立を希望する従業員に対する暖簾分けにより名古屋市内を中心に店舗数を徐々に増加させていった。こうしたボランタリーな店舗網の増加に対応しつつ,高品質のコーヒーを全店舗に対して効率的かつ安定的に供給することを可能とするため,コメダは試行錯誤を加えながらセントラル体制を整備し,本部と店舗とがそれぞれ高い収益性を享受する事業構造を構築していった。

　1977年には,こだわりのコーヒーや居心地の良さという創業以来の強みを維持・強化させながら,従来の喫茶店にはない,他社にはマネのできない付加価

値をお客様に提供するため，大規模な駐車場を備えた大型店舗（現在のコメダ珈琲店本店である上山店）を，名古屋有数の高級住宅地にオープンした。コメダにとっても大きなチャレンジであった上山店であったが，こだわりのコーヒーとコーヒーに合う美味しいフードメニュー，高い採光性と木のぬくもりを兼ね備えた大型木造建築，明るい挨拶とはきはきしたフルサービス等により，非日常性を感じさせながら床の間の延長線としての居心地の良さも感じていただくことで，連日待機客ができる大成功を収めた。

上山店は，平日のモーニングサービス提供時や週末の午後などの混雑のピーク時にも隣接道路に悪影響を及ぼさないキャパシティの駐車場を持つが，このことは周辺の住環境との調和をもたらすだけでなく広域商圏からの集客をも実現する要因ともなり，従来型の喫茶店にはない特徴を持ったコメダ珈琲店独自の店舗フォーマットが上山店の成功により確立することとなった。また，上山店は，生活道路沿いの駐車場付きロードサイド立地による低賃料と高集客の両立，粗利の高さとオペレーション効率の両方を追求したメニュー構成の確立，生産性の高い厨房と広いフロア面積の実現による顧客対応キャパシティの向上などの要因により，喫茶店としては非常に高い収益性を実現することとなった。

こうした上山店の成功は，ボランタリー的な結びつきに基づいて本部と店舗が安定的・静的なチェーン運営を営むというコメダの既存ビジネスを，「上山店をベースとした高収益店舗フォーマットの磨き込み→エリアを特定した出店戦略による地域ドミナンスの早期構築→ブランド認知の向上と新規顧客の獲得を確認した上での隣接地域への新規出店」というダイナミズムを持った新たな成長型ビジネスへと転換する大きな契機となり，その後の高成長の礎となった。

1990年代に入る頃には上記の成長パターンの有効性は各地で実証されることとなったが，拡大する新規出店の要請に対してコメダの社内経営リソースはいまだ十分とは言えない状態にあった。そこで，この時期より，現在も取締役としてご活躍中の高橋敏夫氏を筆頭に外部から有為人材の積極採用を行うようになり，フランチャイズ契約の定型化や不動産開発体制の強化などを推し進め，愛知県下でフランチャイズチェーンとしての多店舗展開が本格化することとなった。

コメダは，フランチャイズ化を進めるにあたってもこれまでの長い歴史で培

われた良点を踏襲しており，そのフランチャイズ形態は，①コメダ本部から売り込むのではなく，加盟希望者側から強いご要望がありかつコメダ珈琲店のファンであることが確認できた時点で新規出店を検討する，②各FCオーナーに高い意識で各店舗の運営にあたっていただくためエリアフランチャイズなどの形態はとらず，FCオーナー一人当たりの店舗数は少数に留める，③FCオーナーになっていただくまでに高い人格性やコミットメントはコメダ本部として確認しているため，開店後は店舗オペレーションに細々と口を出さないといった，教科書的なフランチャイズ理論とは必ずしも合致しない多くの特徴を有している。

図表12-2　コメダ珈琲店の店舗数の推移

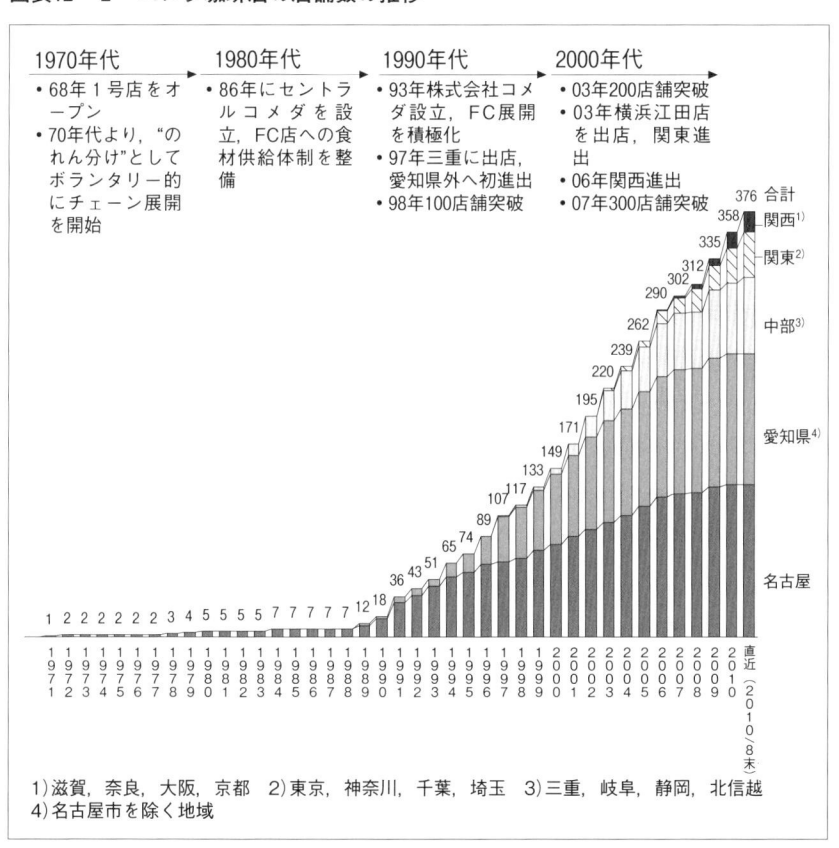

1970年代	1980年代	1990年代	2000年代
・68年1号店をオープン ・70年代より，"のれん分け"としてボランタリー的にチェーン展開を開始	・86年にセントラルコメダを設立，FC店への食材供給体制を整備	・93年株式会社コメダ設立，FC展開を積極化 ・97年三重に出店，愛知県外へ初進出 ・98年100店舗突破	・03年200店舗突破 ・03年横浜江田店を出店，関東進出 ・06年関西進出 ・07年300店舗突破

合計：直近（2010/8末）376店舗、関西¹⁾、関東²⁾、中部³⁾、愛知県⁴⁾、名古屋の順に積み上げ

年次推移：1971:1, 1972:2, 1973:2, 1974:2, 1975:2, 1976:2, 1977:2, 1978:3, 1979:4, 1980:5, 1981:5, 1982:5, 1983:5, 1984:7, 1985:7, 1986:7, 1987:7, 1988:7, 1989:12, 1990:18, 1991:36, 1992:43, 1993:51, 1994:65, 1995:74, 1996:89, 1997:107, 1998:117, 1999:133, 2000:149, 2001:171, 2002:195, 2003:220, 2004:239, 2005:262, 2006:290, 2007:302, 2008:312, 2009:335, 2010:358, 直近:376

1) 滋賀，奈良，大阪，京都　2) 東京，神奈川，千葉，埼玉　3) 三重，岐阜，静岡，北信越
4) 名古屋市を除く地域

（出所）コメダ

こうした特徴的なフランチャイズ運営により，本部においてリーンなSV体制を敷きながらもFC店には長期にわたり良好なオペレーションを維持していただいており，この40年間以上，閉退店は極めて例外的なケースに留まっている。

③ 関東への事業展開と第二業態の開発

2000年に入る頃にはコメダは名古屋市から愛知県全域へと出店範囲を拡大し，愛知県の隣接県へも事業エリアを広げ，名古屋市を中心とする地域ドミナントなビジネスモデルをより強固なものへと推し進めていった。そして，名古屋市内での店舗展開が成熟しつつあった2003年，ローカル・ドミナンスなプレーヤーからマルチ・リージョナルなプレーヤーへと脱皮すべく，コメダははじめて関東圏への出店を行った。

郊外・生活道路立地といった名古屋での成功パターンを踏襲しつつ中京＝関東間の物流効率を追求するために神奈川県横浜市にターゲットを定め，東急田園都市線江田駅近くの生活道路沿いに関東一号店となる直営店を出店した。関東では知名度のない「コメダ」のブランドネームの浸透や関東人には馴染みのないモーニングサービスの普及などの課題に取り組みながら，美味しいコーヒー，木造建築の心地よさ，フルサービスの暖かみなどコメダ珈琲店の居心地のよさを来店のたびに体験いただくことで着実に常連様を獲得し，今では開店から閉店まで途切れなくお客様に来店いただく優良店となっている。

関東ではこの江田店をフラッグシップ店として事業を展開しており，各店舗の堅実な集客・サービスと堅調な業績を背景に，神奈川県→東京都→埼玉県・千葉県と出店エリアもこれまでに順調な拡大を遂げ，今日では関東圏での店舗数は30店を超えるに至っている。異業種からの業態展開の検討も含め関東在住の新規加盟希望者の関心が日増しに高まりつつ，さらに店舗用不動産情報もコメダ本部に活発に寄せられており，今後も積極的な店舗展開を図る予定である。関西圏においても，2007年に奈良県，2008年に京都府，2009年に大阪府で各府県内一号店を開店するなど店舗開発は順調に進展しており，また2010年には石川県でも北陸一号店が開店するなど，名古屋を拠点としつつ全国各地へと事業エリアは拡大を続けている。

また，コメダ珈琲店の地理的拡大に加え，コメダは新規業態開発にも着手しており，コメダ珈琲店が愛知県外へと出店を始めた2000年，既存業態とは提供価値を異にする，すなわちコメダ珈琲店が既にドミナンスを確立している愛知県内でも新規出店が可能な新規業態として「甘味喫茶　おかげ庵」の展開を開始した。現在は愛知県内で5店舗を展開しており，高い天井，広い店内，ゆったりとしたソファ・テーブルといったコメダ珈琲店のフォーマットは踏襲しつつ，和風の甘味やうどんなどの軽食に代表されるフードメニューを充実させ，よりゆったりとした雰囲気を構築して顧客層の積み増しを図っている。コメダ本部にとっても，店舗フォーマットが既に確立されたコメダ珈琲店へのある意味での対抗軸として重要な戦略的位置付けを有しており，新商品開発や新サービスの提供といった活動にも積極的に取り組んでいる。

(2) ファンドへの事業承継の実行
① 事業承継時のコメダの経営課題

　今回の事業承継が実行された2008年当時，コメダは堅調な成長を遂げつつ高い収益性を保って順調に推移しており，企業の短期的な継続性について何ら問題は顕在化していなかった。一方で，コメダ珈琲店は既に中京圏を中心に店舗数300店以上を数える一大喫茶店チェーンに成長するに至っており，かつ，今後の成長のカギは創業者の知見が必ずしも蓄積されていない関東圏，関西圏での事業拡大にあった。

　また，コメダは，1960年代後半の創業以来，創業者に経営ノウハウと意思決定権とが集中する典型的なオーナー企業型の組織となっており，店舗，サービスの質を維持・向上しながら新規地域への出店を重ねて全国展開を図っていこうとするならば，また総店舗数を増加させつつもこれまでと同様の熱意で既存店に目配せしその経営の安定を図っていくためには，企業の永続的な継続性を担保する経営体制の整備，創業者の頭の中にある経営ノウハウの社内メンバーへの効果的伝承，次代を託せる経営リーダーの育成・投入，生産・物流等経営インフラの強化等，多くの重要経営課題への対応が避けて通れない状況にあった。

　さらに，創業者自らが店舗レベルの経営情報までを詳細に把握して従業員に

指示する経営手法が長きにわたり浸透し，かつ創業者は複数の親密FCオーナーからFC店の業況を仔細に聴取する機会を多く得ていた。そのことがゆえに，組織的・体系的に経営情報を収集・分析し定期的に企業・店舗の健康診断を行うという経営管理体制については必要最小限の枠組みしか構築されておらず，設備投資実行の是非についての定量的な経営判断や計数面で予防的危機管理を行うにあたっての十分な経営情報が用意されているとは言い難い環境にあった。

② さらなる発展に向けた創業者の決断

こうした状況下，創業者は，自らが創り上げた「地域ドミナンスのオーナー会社」であるコメダが今後も発展を継続していくためには「全国規模で成長機会を追求し，永続する組織型企業」へと脱皮をする必要があると認識するに至っていた。一方で，単に経営の後継者を社長に据えるだけでは創業者兼オーナーである自らが絶対的な影響力を持つという現状を変えることはできず，オーナーシップとガバナンス体制の変更を併せて実行しなければ，本当の意味でコメダの企業文化を変革させることはできないということも理解していた。結果，創業一族の保有する株式を，科学的・近代的な視点で企業経営を行うプロフェッショナル集団へと譲渡し，上述の経営課題の抜本的，一括的な解決を図るという大きな決断に至った。

③ コメダの経営課題とAPの提供価値との合致〜事業承継の合意へ

創業者が承継相手を検討するに際して最も重視したことは，自らがゼロから創り上げた，愛するコメダの今後を託すことができる信頼に足る相手なのか，コメダを今後どのような方向性で経営していくつもりなのか，といった点であった。

APの主要メンバーは，そのほとんどがベイン・アンド・カンパニー，マッキンゼー，ボストン・コンサルティング・グループなどの戦略コンサルティング会社，大手金融機関，投資銀行の出身者で占めており，また豊富な外食・小売企業への投資経験，経営改善支援実績を踏まえた深い洞察と実証的な分析結果をもって，今後のコメダの経営戦略や組織体制の方向性につき創業者と議論

を重ねていった。また，オーナー企業の事業承継案件の実績も数多く重ねており，円滑な事業承継を阻害するハードルを克服するにあたって蓄積した多くの知見，ノウハウを活用して，カリスマオーナーの一極体制から株主・経営陣・従業員のチームワークを重視した新経営体制への円滑な承継を成功させるための具体的な提言を行った。

　さらに，APからの提案内容は，戦略地域を特定した出店プラン，新規地域でのプロモーション・マーケティング施策などの営業施策，新人事制度や月次決算・管理会計の導入などの経営管理施策，生産・物流や衛生管理体制の強化などの経営インフラ構築施策などの細部にわたった。幾度もの議論を重ね，APの提唱する経営の方向性が創業者の考える「今後のあるべきコメダ」と合致するに至り，2008年3月，コメダの事業承継につき最終合意がなされた。

(3) 事業承継スキーム
① レバレッジド・バイアウト・スキームを活用した取引ストラクチャーの構築

　本件においては，一般的なレバレッジド・バイアウト・スキームを用いて株式譲渡を行った。ファンドが出資する新規設立会社である株式会社AP11（以下「AP11」という）に対して三菱東京UFJ銀行などの金融機関からM&A資金に充てるための融資が実施され，2008年4月28日，AP11が創業者一族から株式会社コメダおよび関連会社の全株式を買い取ることで事業承継が実行された。2009年3月1日には関係会社をAP11に吸収合併して商号をAP11からコメダへと変更することで，新しい「株式会社コメダ」が発足した。

② 創業者の再出資

　本事業承継においては，創業者一族からの全株式の譲り受け後，創業者である加藤太郎氏にはコメダグループの持株会社となった株式会社AP11に対して再出資を行っていただいた。事業承継に至ったそもそものご意向にしたがって経営の第一線からは退かれるものの，コメダを一代で築き上げたカリスマ創業者としてのアンカー的な支援をファンドからお願いするとともに，その後コメダが成長を実現した場合の企業価値向上の成果のメリットを享受していただくことを仕組みの上で担保することで，創業者からファンドへの円滑な事業承継

の実現を図ったものである。

③ 経営陣・従業員へのストックインセンティブの付与

また，本件においては経営陣・従業員に対してストックインセンティブを付与している。新生コメダにおいては，株主と経営陣・従業員は目標と利害を共有する「Same boat」に乗る，協働して「第二の創業」に取り組む共同パートナーであることを実感していただき，企業価値向上に対するインセンティブを持っていただくことを目的としたものである。付与時点の全正社員にストックインセンティブを付与しており，今後の企業価値向上の果実を，その源泉である社員に広く享受していただくことを企図している。

図表12-3　本事業承継前後の資本関係

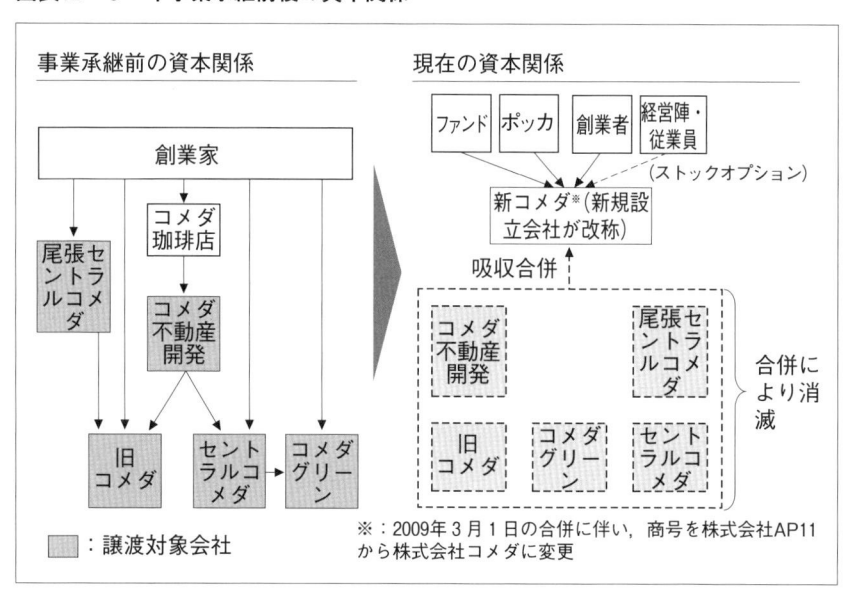

※：2009年3月1日の合併に伴い，商号を株式会社AP11から株式会社コメダに変更

（出所）　アドバンテッジパートナーズ

2 事業承継実行後のファンドの経営支援

(1) 新経営チームの組成と経営体制の段階的移管

　株式譲渡の実行時，創業者の加藤太郎氏とAPは，オーナー体制からの可能な限り円滑で自然な体制移行を行うため，十分な時間をかけて新経営陣の選定と業務の引継ぎを行う方針で一致していた。株式譲渡契約締結時の合意に基づき，創業者の加藤氏は2008年4月の株式譲渡実行後も代表権を持たない取締役（当初は社長代行，2008年9月の新社長着任時からは会長）として2009年前半

図表12－4　旧経営陣から新経営陣への業務引き継ぎプラン

	本格引き継ぎの準備期間	新社長への重要業務の順次引き継ぎ新経営方針の確立	新経営体制の本格始動	創業者退任後の協力関係の構築
時期	投資直後～5ヶ月目	投資後6～9ヶ月目	投資後10～12ヶ月	投資後13ヶ月～
実施事項	・新社長が就任し，創業者（前社長）は会長に就任 ・新社長と，取引先・FCオーナー等との顔合わせ ・事業内容の詳細分析，社内人材リソースの把握 ・会長の引継ぎ対象業務の棚卸	・会長の業務を新経営陣と生え抜き幹部社員へ順次引継ぎ ・出店計画，設備投資等を精緻化した，中期経営計画の策定 ・基本的な組織，人事等会社制度の設計・整備	・新経営陣が全業務執行を統括する，新経営体制の本格稼働 ・中期経営計画実行のための事業体制の整備 ・上場企業水準を視野に入れた経営管理体制の強化	・創業者が会長職を退任 ・株主である創業者には，会社の経営状況について定期的に報告
経営意思決定と会議体運営	・意思決定は，旧経営陣と新経営陣で合議 ・事業承継以前と同じ態様で諸会議を運営	・従来からの定例会議を新経営陣のリードで開催 ・意思決定に際しては会長が適宜サポート	・新経営陣が新たな会議体を設計・主催し，意思決定を内容・プロセスとも主導 ・会長は引続き諸会議に出席し，アドバイス	・会長からの退任後，創業者は諸会議には出席せず

（出所）　アドバンテッジパートナーズ

までコメダの経営に参謀的な立場で関与を続けられた。

　新経営体制が確立するまでの間，加藤氏とAPは新経営陣の組成につき議論を深め，外食産業の豊富な知見・経験と科学的な経営手法，経営管理に精通した外部の経営者人材と，コメダのお客様への提供価値やビジネスモデルを細部まで知り尽くした生え抜きの人材とを融合する形で新経営陣をチームアップすることで合意した。上記方針に基づき外部の経営者人材のサーチが進められ，多くの候補者からのAPと加藤氏共同での膨大なスクリーニングプロセスを経て，2008年9月にはサントリー出身で外食事業に造詣の深い布施義男氏が新社長として着任し，新経営体制が実質的にスタートした。2008年11月には外部から駒場雅志CFOが着任し，以後約半年をかけて前経営陣からの段階的な業務移管が行われることとなった。

図表12－5　本事業承継の実行に伴う経営体制の変更

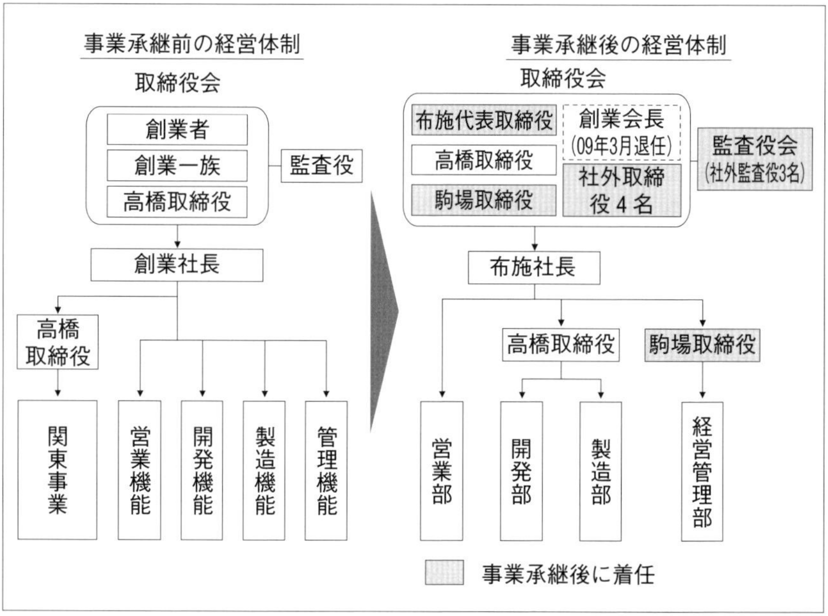

（出所）　アドバンテッジパートナーズ

(2) 事業ノウハウ継承のための仕組みづくりと実行

　カリスマ的創業者からの事業承継を短期間で成功裏に実行するにあたっては，創業者および旧経営陣に暗黙知的に蓄積された経営ノウハウを新経営陣が即時に利用可能な形で見える化し，個別業務を円滑に引き渡していくことが最大のキーポイントであった。そのためAPは，株式譲渡実行直後から旧経営陣の経営ノウハウの聴取，データ収集体制の整備と事業の詳細分析，および今後の経営方針についての旧経営陣とのディスカッションを進め，可能な限り多くの情報を図示化，体系化していった。また，APは現場業務に関する知見をより具体化するため，各メンバーが直営店舗で1～2週間の実習を経験した上で，社員とも個別に面談を行い，その担当業務や業務フローに関する理解促進に努めた。

　新社長の着任にあたっては，創業者である会長から新社長への具体的な業務承継プランを作成し，経営リーダーシップを段階的に会長から社長へと移していくという手法を採用した。当初3ヶ月間は会長が社長に常に帯同し，日々の業務の中からより多くのエッセンスを社長が受け継いでいくことに重きを置いたが，中でも新規店舗の成功の鍵となる出店場所の選定ノウハウの伝承は最重要かつ喫緊のポイントであった。コメダにとって新しい地域での出店要請が増える中，創業者が永年の経験と卓越したセンスとでたどりついた暗黙知的な選定基準・プロセスを形式知可・定量化し，立地場所候補地に適用して出店の是非を判断し，新店の成功確度を高めていくことが極めて重要であった。

　このため，新経営陣とAPは早々にプロジェクトチームを組成し，過去の知見の集合体である既存店の立地条件につき，創業者からの口頭伝承の体系化と物件実査による実地体験を進めるとともに，立地条件の各要素を定量化して店舗業績との多変量解析を実行し，数ヶ月間の検証を経て出店立地に関する合理的な定量条件を導出した。こうして得られた定性・定量条件を踏まえ，コメダ珈琲店の「立地選定基準」をはじめて明文化して制定し，その後の不動産開発プロセスに正式導入されることとなった。

(3) 新経営体制の確立と重点施策のサポート

　新経営陣の着任後から約半年を経て，順調に業務の引継ぎ・経営体制の移行

が進んだことを確認し，創業者の加藤氏は2009年3月をもってコメダの会長職からも勇退することとなった。

　2009年3月より，本格的にスタートした新経営体制下，新経営陣とAPは，コメダが今後取り組むべき課題について網羅的にリストアップし，いく度かの集中的なディスカッションを経て各課題の優先順位を付け，担当とスケジューリングを定めて詳細なワークプランへの落とし込みを行った。現在は，施策の進捗状況を踏まえてこのワークプランを都度改訂して共有するというプロセスを重ねることで，新経営陣とAPは経営改善の現状と目標達成に向けて克服すべき課題についての認識を一にし，次の一手の必要性につき日々議論を重ねている。

　また，リストアップされた経営課題を解決するため社内で複数のタスクフォースを組成しており，各タスクフォースが同時並行で課題解決にあたっている。APメンバーもタスクフォースには参加して必要に応じてサポートを行うものの，創業者がすべての経営判断を行っていた旧体制からの進化を目指してコメダ社員がタスクフォースの責任者には就くこととし，PDCA（plan-do-check-act）サイクル全般につきコメダ社員のリーダーシップ，オーナーシップで取り組んでいただいている。

3　今後の支援方針　～コメダのさらなる発展に向けて

(1) 全国展開を支える体制強化

　今後，全国展開プランの具現化が進行していくに伴い，コメダの強みの一つである安定した良質なコーヒー・食材の提供を担保し，かつオペレーションコストの増大を抑制するためには，既存インフラに制約されない事業体制を構築していく必要がある。このため，ファンドの資金力やネットワークを活用し，製造工場，製造技術・設備，物流ネットワークなどの再整備を行い，盤石な供給能力・商品力・コスト効率を確保することを目指しており，その過程において将来的に起こりうる災害等に備えた危機管理体制の構築にも万全を期して参りたいと考えている。また，出店加速の裏付けとして，既存店における改装・

改築・多店舗出店や，新規加盟者の負担感緩和のため，ファンドの資金調達ノウハウなどの知見を活用しながら，加盟店の支援スキームを構築していく予定である。

(2) 新規市場への展開

　コメダのもう一つの強みである「コーヒーと店舗空間を軸としたくつろぎの場の提供」は，地理，気候や人種にも制約されない普遍的な訴求価値であるとわれわれは理解しており，東アジアをはじめとする海外にも国内と同様な高い市場性を見出し，これまでコメダで蓄積してきた方法論を有効に作用させることが可能であると考えている。このため，ファンドの海外拠点を含むネットワークを活用しながら，市場選定，事業パートナーの発掘・関係構築，海外インフラの構築，資材の調達・供給，現地経営者の招聘などの活動を推進していく予定である。

(3) ブランド力強化

　新規出店地域における認知度の向上を図るため，ファンドがこれまでの経営支援活動で培ってきたネットワークを活用しつつ，各種メディア・チャネルでの費用対効果の高いプロモーション活動を支援していきたいと考えている。また，お客様へ提供する安心・安全面での差別化を実現するため，ファンドのこれまでの外食・小売企業への投資経験や運営ノウハウ，情報収集・分析力を活かし，食材・調理・保管などの品質面での継続的強化を支援していくほか，分煙問題や交通に伴う環境負荷の低減など，コメダの事業モデルと密接に関連する企業の社会的責任分野に関し，お客様からの永続的な信頼感を獲得し社会へ説明責任を果たす企業であり続けるよう，関連企業や自治体とも連携しながらコメダにおける取り組みの実践を支援していく予定である。また，既に先行的に導入が進んでいる店舗のバリアフリー化についても，高齢者などコアのお客様層の一層の満足度を意識しながら充実を図り，中長期的に幅広いお客様にご利用いただき続けられる店舗の建築を支援して参りたい。

おわりに

　以上，コメダの事業承継の背景と内容，新経営体制での経営改善の取り組み，および今後のコメダの方向性につき，簡単ではあるがここにご説明させていただいた。投資実行から2年強を経て，コメダの事業性，成長性についてわれわれは一段と自信を強めている。しかしながら，過去の成功体験が何ら将来の成功を約束しない不確実性の高い現代の経済社会にあって，経営陣，従業員の皆様との連携を今後も図りつつ，ファンドがコメダの企業価値向上に最大限の貢献を果たせるよう，われわれも常に緊張感をもって不断の課題抽出と改善施策とに取り組んで参りたい。また，これまでの取り組みを全力で推進してきた弊社チームメンバー，河野司，三羽大介，神山晃男，武藤貴史の四氏にもこの場を借りて感謝の言葉を伝えたい。読者の皆様のコメダへのご来店を心よりお待ち申し上げ，ここで筆を置くこととする。

経営者インタビュー

企業文化を維持した事業承継と全国展開に向けた取り組み

株式会社コメダ
代表取締役社長
布施義男氏

株式会社コメダ
創業者・前会長
加藤太郎氏

Q 2008年4月に株主が変わりました。加藤様は，バイアウト・ファンドを活用した事業承継の手法があることはご存知でしたでしょうか。また，アドバンテッジパートナーズがサービスを提供するファンドへの承継を決断したポイントは何でしょうか。

加藤：それは知っていました。事業会社も含めていろいろな買手候補がいた結果として，アドバンテッジパートナーズさんに決まったのです。投資ファンドというものに対しては，当初は懐疑もありました。以前は，投資ファンドというのは酷いやり方をするというイメージがありました。しかし，いろいろな投資ファンドの方とお会いして，特にアドバンテッジさんは非常に紳士的であるし，事業を引き継いでいただいて承継してもらえば，十分それを伸ばしていってもらえると思いました。アドバンテッジの笹沼泰助代表も非常に紳士的な印象を受けましたし，価格も満足のいくものを提示していただけました。

さらに，自分がやってきたことを守りながら，なおかつ組織をきちんと再編させて，最終的には上場を視野に入れるだろうとは思っていましたけれども，そういう点でもアドバンテッジさんは一番有力でいい印象を受けました。

Q いつ頃の時期から事業承継を検討していましたでしょうか。また，事業会社に承継することも選択肢の一つしてあったかと思いますが，ファンドを活用することの優位性についてはどのようにお考えでしょうか。

加藤：事業承継を考えたのは意外と早かったですよ。2008年に事業承継を行いましたが，真剣に考えはじめたのはその5年くらい前でしょうか。多くさかのぼれば10年くらい前からなんとなく考えていました。

M&A仲介会社さんにも来ていただいて，相談に乗っていただいたこともありましたし，それから銀行にも相談しました。上場するという意思はありませんでした。愛知県

の会社でも上場する会社がありましたけれど，何で上場するのだろうかと思っていました。

　当時，本部の社員に対しても，フランチャイズ店舗にしても，今のまま組織が膨脹していくと非常に不都合なことが起こるなと思いはじめていました。組織が大きくなり過ぎて，制御不能になっていくことが自分では一番怖く，自分の能力も限界に来ているかなと感じていたのです。

　会社の組織というものが全然整っていなかったのですが，新たな組織を作る最適任者は，やはり事業会社より，アドバンテッジさんのほうが優れているのではないかなという気持ちを持ったのです。つまり，組織の下地を作るということには投資ファンドのほうが長けているということです。

　ただ，最初からファンドにこだわったというわけでもありません。最初はファンドというのは自分の気持ちとしては少し敬遠したところもありまして，むしろ事業会社のほうに気がありました。しかし，事業会社だと既に色が付いてしまっていて，その会社の歴史やカラーというものがあるので，コメダの企業文化を維持できない可能性もあり，途中からそれは好ましくないなと思うようになりました。そうするとファンドというのは事業に対してはあまり色がないから，自分たちがやってきたことに対してスムーズに入っていただけるのではないかと考えました。

Q　円滑な事業承継を行うために工夫した点はありますでしょうか。

　加藤：アドバンテッジさんに任せたのだから，自分からはあまり多くを要求しませんでしたが，新社長の選任には関わりました。何回か面接の機会があり，あの時はいろんな方にお会いしました。この人はどうだということで，何人もの人にお会いしましたけれど，やはり今の社長の布施さんが一番良かったと思っています。

　従業員の人にはぎりぎりまで言わずに，本当に限られた人を中心に話を進めました。自分自身の気持ちとしては，この選択をするということが従業員の皆さんのためにもなるという信念がありました。フランチャイズ店の人にもぎりぎりまで言いませんでした。フランチャイズの人にもきっといい結果になるだろうと思っていましたし，従業員の人にも，きっとこういう新しい組織を作ってやったほうが，良い結果を生みだすだろうと考えていました。関係者全員に良い結果になるように，よく考えてアドバンテッジさんに任せました。

ドリンク料金のみでトーストとゆで玉子が付いてくるモーニングサービス

Q 布施社長は，2008年9月に加藤様の後を引き継いで社長に就任しました。コメダの事業を伸ばせると確信した理由と社長を引き受けた最大のポイントは何でしょうか。また，アドバンテッジパートナーズのメンバーと最初に会った時の印象についてお教え下さい。

布施：今から7年ほど前に横浜江田店ができて，関東地区の外食産業の人たちの中では結構話題になっていました。私も連れていってもらって見に行った時に，すごく感動しました。昼の2時や3時で駐車場が30数台満車で店内も満席でした。駐車場は停めやすく店内にも入りやすいし，いろいろな客層の方がいらっしゃるし，注文しやすい昔ながらのメニューで，一つひとつにストレスがないのです。さらに，お年寄りにも対応できているので，これからの21世紀型の外食産業だなと，その頃からコメダというのはこれから伸びるぞと予感していたのです。

それから5年後に，たまたまアドバンテッジさんからお声がけいただいたのです。もともと転職など考えたことはなかったのですが，コメダというのはずっと興味がありました。一番の思いは，外食の中でもセルフサービスが主体の世の中でフルサービスだし，これからの高齢化社会にとって，元気なお年寄りが増えていくはずですから，その人たちの憩いの場としてすごく需要があり，これは成長すると確信したのです。

デザートで人気のシロノワール

　アドバンテッジさんと最初にお会いしたのは，エージェント経由での古谷元パートナーとの面接が最初です。私一人と何人かでお会いしましたので，たいへん緊張しました。初対面でしたが，皆さん明るく，仕事に対して理解していただけそうだったのと，若いのにこんなに仕事をしているのかと思って，期待感を持った印象が残っています。

Q　アドバンテッジパートナーズは，小売や外食チェーンへの支援実績が豊富にあります。新規出店やサービス開発においては，どのような支援を受けていますでしょうか。

　布施：コメダのビジネス・スタイルは比較的出来上がっていまして，利益も吸収できるような体質になっています。ただ，今までは，名古屋の中で全部完結していました。アドバンテッジパートナーズさんは，関東の情報，関西の情報，あるいは違う外食業界の情報というのをたくさん持っていらっしゃいます。そんな中で，お金を借りるとか，加盟店を増やすにはこういうところへ行ったらどうかとか，そういった情報提供をいただいているのが一番大きいです。銀行，証券会社やダイエーさんからポッカさんとか牛角さんという生々しい現場まで，いろんな業界を経験されています。

　私もずっと外食が長かったので，意外と「えいやっ」でやるところが多いのです。ただ，物事を進めるには，その前提になる検討が重要になります。ある程度9割方検討し

て進めて,残りの1割は現場で検証するやり方をアドバンテッジさんから学びました。あと,外食というと売れたか売れないかで終わってしまうのですけれど,売れたときのレビューとか成功しなかったときのレビューをしっかり取るようになりました。

現在の日々のコミュニケーションの取り方としては,週に一度,コメダの幹部とアドバンテッジのメンバーを交えた名古屋での定例ミーティングで重要課題を討議しており,その間のやり取りはメールで行っています。メールに関しては,ほぼ1日1通くらいは必ずやりとりがありますね。半年くらい前は1日10通くらいあったのですけれど,少なくなったのは上手くいっているということでしょうか。それくらいメールは密にやりますね。そんな中で電話を入れるということもありますが,やはり声のコミュニケーションも大事だと思います。

他のファンドと比べたことがないのですが,アドバンテッジさんは現場のことをよく知ろうと思っていらっしゃいますし,一緒に膝をつき合わせて問題を解決していこうという姿勢が見られ,時には,コメダの社員と席を並べてコメダをサポートしてくれているメンバーもいます。それと,アドバンテッジさんはコメダを劇的に変えようという意思は全然なくて,今のビジネスモデルが非常に有効なので,そこをもっと一緒にブラッシュアップしていこうという発想なのです。だから,リストラクチャリングするとか方針を大きく変えるとかということがないので,ストレスは少ないと思っています。

Q 同じ名古屋の企業ですが,アドバンテッジパートナーズのポッカコーポレーションからも出資を受けました。どのような協業を行っていますでしょうか。

布施:ポッカさんはコーヒー抽出工場を持っていますので,そこの生産のための安全・安心のための相談に乗っていただくとか,どんな機械を導入すればいいかとか,そういう具体的な話を2年前から進めています。あと,営業部長とコンタクトを取って,食材の供給や,カフェ・ド・クリエさんと何か共通仕入れはできないかとか,同じコーヒー業界ですので豆を共通化できないかとか,さまざまな可能性の検討をしています。ポッカの堀社長からも結構面倒を見ていただいていまして,気楽にコミュニケーションが取れています。

加藤前会長と布施社長とアドバンテッジパートナーズの武藤貴史氏（右）

Q 2008年4月に事業承継を行ってから2年が経過しました。今後のコメダの将来像や布施社長を中心とする現経営陣に受け継いでいってもらいたいことについてお話し願います。

加藤：加盟店あっての本部であるから，フランチャイズの経営者たちがいなかったらこのコメダなんて全然いらないのです。コメダに直営店は少なく，フランチャイズ店がほとんどなわけですから，本部のことと加盟店のことをフィフティ・フィフティで考えていって欲しいなと思います。これは商売ですので，フィフティ・フィフティでいかなければいけないし，本部は加盟店にやっていただいている，加盟店は本部にやらせていただいているというような気持ちを双方が持つということが一番基本なのかなと思います。加盟店あっての本部であり，加盟店はお客様あってのお店であるので，その辺のところをしっかりともう一度再認識して運営していけば，いい結果が生まれると思います。

中部地区以外の地域への進出については，非常に頼もしい限りです。地方へ行っても個性的な店舗やメニューを受け入れていただけるのではないかと思います。ただ，それには時間がかかる地域と，すぐに軌道に乗る地域とがあると思います。それは場所によって受け入れ方が違うことが十分にありうることでして，一緒のパターンで絶対上手くいくとは限りません。東京は，自分としてはもう少し早く進出できるという気がしていました。でもそれには，関東で人を育てるということが大事だと思います。コメダの人間を育てるという意味では，関東は関東の方で人を養成するとうことが早急な課題ではな

いかと考えます。

　それから，やはり現場主義を大事にしてもらいたいという気持ちがあります。私は工場とか店舗には非常に思い入れがあって，自分が経営していた頃はそこにものすごく気を遣いながら，力をどんどん入れていくという考え方をしていました。直営店の役割は，そのエリアでの看板店舗となることと考えてきましたので，店舗数は極めて少ないです。看板店舗ですので，そのエリアでのモデル店となるよう力を入れていってほしいなと思います。

コメダ珈琲店の外観

Q これから事業承継を考えるオーナーさん向けに，何かメッセージをいただければと思います。

　加藤：ファンドを活用した事業承継は，私は非常に有効だと思っています。アドバンテッジの皆さんも一生懸命やっていただいていますし，そういう点では，これからファンドの事業承継というのは伸びていくのではないかと思います。

　根本的なところは，ファンドの方にその会社のことをよく理解していただくことが，一番大事じゃないかなと思います。会社なんてものは一律ではありませんので，ファンドの方は，この会社はどういう会社なのかということを事前によく研究する必要があります。それぞれ顔が違うように，事業も違えば経営者の思い入れも千差万別ですから，

その辺をよく研究して，この会社にはこういう切り口がいいだろう，この会社にはこういうやり方がいいだろうということをよく考えてやれば，ファンドにもかなりいい結果をもたらすのではないかという気がします。

Q 最後に，今後の中長期的な事業の方向性についてお話し願います。

布施：一番大事なのは，やはり既存のお店の繁盛です。お客様にくつろいで使っていただけるということですから，そこに気を遣って，営業体制をこの1年でしっかり構築しまして，フォローしていこうというところです。もう一つは，両輪であります新規店舗の開発，新天地の展開という形で，まず東京・大阪に広げていこうと思います。今14都府県に展開していますけれど，日本は47都道府県ありますので，なるべく広く拡大していこうというところです。物流などいろいろネックな部分がありますので，そこを解決していき，この珈琲店という業態を日本全国に拡大していきたいと思います。このコメダ珈琲店という業態は，今のカフェ，ファストフード，ファミリーレストランの中ではすごく新規性のある業態になっていますので，その文化をしっかり広めていきたいなと考えています。しかも，フロム・ナゴヤですから，やはり人口の多い東京・大阪ですね。ただ，その中でも，街中は競合がいっぱいありますので，郊外で駐車場付きという違う軸でお客様に喜んでいただくコメダというのを大事にしたいと思っています。

布施義男氏略歴
明治大学卒業後，サントリー株式会社入社。2004年4月から2008年3月まで子会社のファーストキッチン株式会社の代表取締役社長を務める。2008年4月からサントリー広域営業第三部部長。2008年8月にサントリーを退社。2008年9月株式会社コメダ代表取締役社長就任。

加藤太郎氏略歴
1968年1月名古屋市内に「コメダ珈琲店」を開店。名称の由来は「米屋の太郎」。1975年8月株式会社コメダ珈琲店を設立。1993年4月株式会社コメダを設立し，フランチャイズ・チェーン展開を本格化。成長路線を維持し，コメダグループの事業基盤を築き上げた。2008年9月代表権のない会長に就任。2009年3月会長退任。

第13章 成長支援型MBOの事例
―― バロックジャパンリミテッドの成長と企業価値向上の軌跡 ――

CLSAキャピタルパートナーズジャパン株式会社

バイス・プレジデント　高橋善太

はじめに

　CLSAキャピタルパートナーズは，CLSAのオルタナティブ投資部門としてアジア全域で有望企業への資金提供を行っている。それぞれ投資テーマの異なるファンドを有しており，CLSAサンライズキャピタル（以下「CLSAサンライズ」という）は，主に中規模の内需型日本企業に注力した投資を行っている。長期保有を前提に，経営陣や従業員と協働して企業価値向上に努めることを基本的な投資方針としている。

　CLSAサンライズは2007年9月に「（渋谷）109系」ブランドの代表的存在であるアパレル企業の株式会社バロックジャパンリミテッド（以下「バロック社」という）のMBO（以下「本件」という）に参画した。2000年の創業から一貫して急成長を続けてきたバロック社が，将来にわたって継続的な成長を可能とする組織体制へ移行するターニングポイントを迎えていたこと，創業者兼オーナー（当時）もバロック社が個人企業からさらに高みを目指す企業へと成長することを望んでいたことが，本件の成立に大きく寄与している。

　以下，本件の概要とともに，本件にどのような可能性が見出され，経営陣とどう協働し，企業価値向上に努めてきたかを述べることとしたい。

1 会社概要

2000年に創業したバロック社は、アパレル商品等の企画・製造・小売事業を展開する企業である。店舗数は既に230店舗（海外を含む）を超え、香港および上海には現地法人を有している。

図表13-1　会社概要

会社名	株式会社バロックジャパンリミテッド
創立年	2000年3月8日
代表者	代表取締役社長　村井博之
本社所在地	東京都目黒区青葉台4丁目7番7号
事業内容	アパレル商品等の企画・製造・小売事業
拠点	国内206店舗，国外25店舗
関連会社	BAROQUE HK LIMITED BAROQUE SHANGHAI LIMITED
従業員数	1,464名（2010年1月31日現在：社員655名，契約社員809名）

（出所）　バロック社

2 事業内容

(1) ブランド

バロック社のブランドとして最も知名度が高く、旗艦ブランドとして広く認知されているのはmoussy（マウジー）とSLY（スライ）である。主に渋谷109や心斎橋OPAに代表される若者向けファッションビルや、ルミネといった駅ビルに店舗を有している。芸能人等の愛用者も多く、ブランドとしてはいわゆる「109系」と呼ばれるブランド群を有している。また、後に述べるように現在では「109系」にとどまらずファストファッションの分野にも進出している。

主なターゲット顧客は10代後半～30代前半のトレンドに敏感な女性であり、自分らしいライフスタイルを求めるファッショナブルな女性の圧倒的な支持を受けている。

moussy　　BLACK by moussy　　AZUL by moussy

SLY　　Rodeo Crowns　　rienda　　Miel Crishunant

バロック社の主要ブランド

(2) ビジネスモデル

バロック社はSPA (Speciality store retailer of Private label Apparel) と呼ばれるビジネスモデルを採用しており，デザインや企画生産から小売までを一貫して行うことで，消費トレンドをいち早くキャッチし，それをデザインや企画に反映させ，消費者が欲するアイテムをタイムリーに供給することを実現している。日本ではユニクロを展開するファーストリテイリング社がSPAモデルを採用していることがよく知られている。

(3) 競合他社比較

レディースファッションは年齢層やテイストによってターゲット顧客層が細かく分類されるため，競合他社を特定して論じるのは難しいが，109やOPAといったファッションビルに入居しているレディースアパレル会社を一つの競合他社群と考えることができる。

また，H&M，ZARAやフォーエバー21といった外資ファストファッションブランドも大きな意味では競合他社と言える。

未上場会社も多い中，厳密に他社との業績を比較するのは難しいが，2008年のいわゆるリーマン・ショック後の景気低迷により多くのアパレル会社が大きな痛手を被る中で，バロック社はブランドの浸透と効率的経営によって，日本の上場アパレル各社と比較した場合でも最も高い利益率を実現している会社の一つとなっている。

(4) ファストファッション

　景気低迷を反映して消費者が価格に敏感になっていることから，バロック社としてもマス・マーケットと低価格志向を強める顧客の取り込みが不可欠と考えていたところ，上述したような外資ファストファッションブランドが日本市場へ雪崩を打って参入し，メディアでも連日報道されたように多くの若者が詰めかける状態が続いた。

　バロック社では2008年後半に，「AZUL by moussy」というファストファッションブランドを立ち上げ，主に郊外のショッピングモールへ出店し，非常に好評を得ている。

「AZUL by moussy」の外観

(5) 海外展開

　体型や嗜好の似たアジア・マーケットの需要を取り込むため，バロック社は以前より積極的に海外展開を進めている。特に中国大陸はライフスタイルの変化や所得水準の上昇による購買力の高まりから，有望なマーケットに成長するものと考えており，直営店舗の出店さらにはフランチャイズ店舗の積極的展開を企画している

3　特徴と本件投資のテーマ

　バロック社の強みは，非常に認知度の高いブランド群を有しており，コアな顧客層が存在すること，また，それぞれのブランドの顧客層が異なっておりブランドポートフォリオが分散していることである。

また，トレンド等の外的変化にいち早く呼応し，柔軟に対応できるのみならず，新たなブランドを組織の中で自ら創造できるメカニズムを内包している点は，他のアパレル会社と大きく異なる。具体的には，顧客に最も近い店舗スタッフが日々トレンドの変化を本部に伝え，それをタイムリーに商品企画やデザインに反映している点があげられる。また，店舗スタッフとして入社した従業員が，感性やそのセンス次第で本社の企画やデザイン部門に移ることも珍しくなく，それが顧客が買いたいと思う服作りに反映されているということは，非常に特徴的である。実際に，店舗スタッフからクリエイティブディレクターという要職にまで駆け上がった象徴的なケースもあり，企画部門やデザイナーを目指す従業員にとって大きな励みになっている。

　バロック社では「自分の夢を実現させることのできる場所」という認識が組織の求心力を高めており，外部からも優秀な人材を迎え入れることによって，会社を持続的成長へと導く力となっている。

　さらに，バロック社のターゲット顧客層が「パラサイト・シングル」に象徴されるように相対的に高い可処分所得を有することや，グレーターチャイナ市場の潜在力を考え合わせると，本件投資の最大テーマは成長支援であるとの確信を持つに至った。

4 ストラクチャー

　投資手法としてはいわゆる典型的なMBO／LBOのストラクチャーが採用されている。投資受皿会社（SPC）が経営陣，CLSAサンライズおよび金融機関（シニア・レンダーおよび劣後レンダー）から調達した資金をもって，旧オーナーからその株式を100％譲り受けている。なお，SPCについては本件実行後間もない時期に投資対象会社と合併させたため，現在はバロック社に対して経営陣とCLSAサンライズが直接投資し，借入金もバロック社が直接金融機関から借り入れている形になっている。

図表13-2　スキーム図

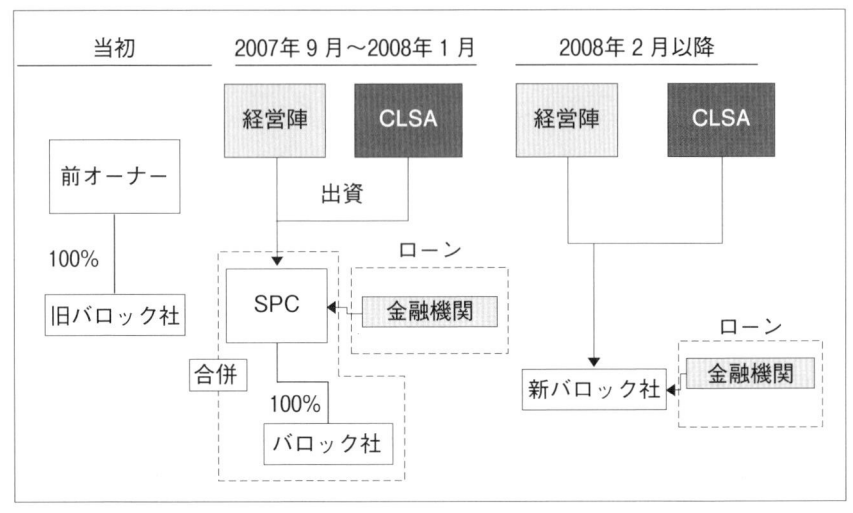

（出所）　CLSAサンライズ

5 パートナーとして選ばれた理由

(1) 経営陣による経営方針の理解と明確な役割分担

　本件を検討するにあたり、バロック社の実績から会社として非常に上手く運営されており、現場のオペレーションは効率的で問題がないことを十分に認識していた。むしろパートナーとして期待されているのは、組織がより効率的に機能するために必要な経理、人事、総務といったバックオフィスの強化であり、側面からさらなる成長を支援することが必要であると認識していた。したがって、現経営陣による経営方針について十分に理解した後は、ビジネスの具体的方針や現場のオペレーションについては経営陣に多くを委ねることとした。一方、CLSAサンライズは、黒子として必要な人材採用や管理部門の側面サポートに重点を置いて、経営陣が経営を行う上での問題の解決をサポートすることに注力した。

　このように当初から役割分担が明確であったことが、経営陣にとって経営の自由度を高め、経営判断のスピードを速める、と評価されたと考える。

(2) 企業価値向上という目的の共有

CLSAサンライズは長期保有を前提とした投資を実行し，経営陣や従業員と協働してその成長を支援し，企業価値を向上させることを基本方針としている。そのため，中期計画に従って着実にバロック社を成長させ，企業価値を向上させて行くことを目指す経営陣と目的を共有できた。

(3) アジア展開サポートのためのネットワーク

バロック社は2006年より，台湾，香港に進出しており，将来的には中国大陸での大きな展開を計画していた。アジア展開を具体的に進める上で，アジアでのビジネスのノウハウや実績を有するCLSAのネットワークを活用できることも，経営陣がCLSAサンライズとの協働を望んだ一つの大きなポイントであったと考える。

6 投資後の経営支援

(1) 金融機関対応

本件実行直後においては，特にバックオフィスの機能が不足していたことから，CLSAジャパンから筆者と大手監査法人および事業会社での経験を有する清水俊孝の2名がバロック社にほぼ常駐する形で，必要な情報提供をはじめ，金融機関向け説明会の調整やシンジケーション参加行対応など，幅広い金融機関対応サポートを実施した。

また，CLSAのネットワークを活用して幅広い金融機関に声をかけ，バロック社にとって大きな金利コスト削減となるリファイナンスを実現させている。

(2) グループ内再編

バロック社は本件実行以前の成長の過程で複数のブランドを立ち上げてきたことから，組織として時にブランドごとの分社化を図ったり，全体管理の必要性から組織を一体化させたりと，組織再編を繰り返していた。本件実行時点においても，主にブランドを管理する投資会社，実際にオペレーションを実施す

る会社，デザインを担当する会社に分かれていた。

　組織が機能別に分離していることがそれぞれの力を発揮する部分もあったが，むしろ組織として一体化したほうが総合力を高めることになり，管理部門など重複や無駄を少なくできると考え，海外現地法人を除いてすべての会社を一つに統合した。統合の過程においては，その手続上の対応や税務上の観点からの検討について協力した。

(3) 業務フローの整理やシステム導入など

　急成長する会社に一般に見られるように，バロック社では商品を売ることが非常に重視されており，物流を支えるシステムや会計処理に必要なデータ処理について必ずしも十分なインフラが整備されていなかった。より効率的な経営を実施し，経営判断に必要な情報をよりタイムリーに入手する必要性から，投資後の早い時点でシステムの導入を行った。

　業務フローの整理やシステム導入にあたっては，社内でプロジェクトチームを立ち上げ，会社全体の取り組みであることを社内へ周知徹底させ，協力体制の構築を重視した。

　本取り組みにあたっては，CLSAジャパンのメンバーもコンサルティング・ファームやベンダーの選定の段階から現場レベルで早期のシステム導入に協力した。

(4) バックオフィス人材の採用サポート

　バロック社が成長するにつれて，バックオフィスでも専門的知識や経験を有する人材の必要性が高まり，特に経理や財務面での人材補強が喫緊の課題となっていた。CLSAジャパンのメンバーは，各個人のバックグラウンドを活かしたネットワークからの人材紹介およびプロフェッショナルファームの利用により，必要な人材補強に協力した。具体的な協力内容は人材のポジションによって異なるが，履歴書レベルでのスクリーニングから初期の面接および経営陣への推薦まで広範囲に及ぶ。

　その他，常勤監査役として会計業界での経験が豊富な有識者を招聘するなど社会的信用力を向上させることにも協力している。

このような人材採用サポートの具体的成果の一つとして，適時の月次報告や会計帳簿の整備が不得意であったバロック社が，比較的短期間のうちに監査法人による監査に耐えうる体制を整備することができたことがあげられる。

(5) インセンティブ・プランとしてのストックオプションの付与

本件実行前の段階から，バロック社の強さの一つは従業員一人ひとりの仕事に対する高いモチベーションと，旧オーナーの強いリーダーシップの下で努力して結果を出せば実績が評価され報われる，という感覚が共有されていることだと分析していた。

従業員には引き続き，努力が報われるという実感のもとに高いモチベーションを持って仕事をしてもらいたいと考えたことから，経営陣とCLSAジャパンのメンバーの間で，インセンティブ・プランを検討した。インセンティブ・プランを検討するに際しては，メリット・デメリットの分析や税務・会計上の論点についても専門家を交えた十分な議論が行われた末に，ストックオプションが採用された。

ストックオプションの付与にあたっては，企業価値向上のためにはなるべく多くの従業員の協力が必要と考え，一部の従業員だけを対象とするのではなく，勤続年数が一定期間以上の従業員全員に付与することとした。なお，従業員にはストックオプションの意味を正しく理解してもらうため，付与対象者全員に事前の説明会と質疑応答を行った。

(6) M&A案件の検討

本件投資後においても，バロック社の業績が引き続き好調であることがメディア等で報道されたことも手伝って，金融機関や投資銀行等から，業績不振に陥った老舗アパレル会社やアパレル周辺の雑貨等を扱う会社の売り案件が多く持ち込まれた。

バロック社にはブランドを自ら創造していく力が十分に備わっていたため，小規模なアパレル会社を買収することの意味はそれほどなかったが，ある程度の規模と知名度を持ったブランドについては成長速度を買うという観点からの検討が必要と考えていた。これらの案件についてはCLSAジャパンのメンバー

が中心となって必要な予備調査を実施した。

(7) 中国展開サポート

　バロック社は中国に多くの生産協力工場を有すること，また社長である村井博之氏も中国・香港において豊富なビジネス経験を有することから，グレーターチャイナエリアの経済発展とともに中国を将来的な成長マーケットとして意識するのは当然であったといえる。実際，バロック社は本件実行以前より，香港や台湾においてフランチャイズ店舗を展開しており，アジアの消費者からも一定の認知を得ていた。

　今後は本格的に中国大陸のマーケットに直営店舗やフランチャイズ店舗を展開する計画である。この計画実行へ向けて，香港と上海の現地法人をさらに強化するために，本社から執行役員クラスの人員を送り込んでおり，将来的な商品企画やデザインの現地化も検討されている。

　CLSAとしてはアジアにおける豊富な経験を活かしてバロック社の中国展開を側面からサポートする一方，筆者自身もバロック上海の董事副総経理として着任し，商流の検討や展開地域の検討といった大きな視点からのサポートから，店舗候補地選択やリクルーティングといったオペレーション面まで，幅広く協力をさせていただいている。

図表13-3　バロック社の中国投資スキーム

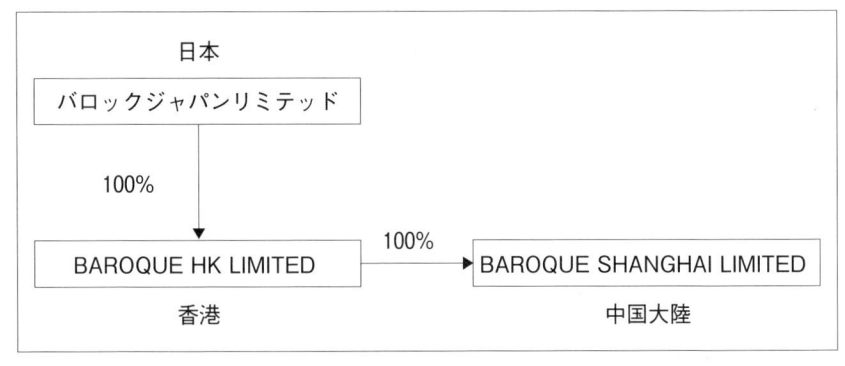

```
                        日本
            ┌─────────────────────┐
            │ バロックジャパンリミテッド │
            └─────────────────────┘
                        │ 100%
                        ▼
        ┌───────────────────┐  100%  ┌─────────────────────────┐
        │ BAROQUE HK LIMITED │───────▶│ BAROQUE SHANGHAI LIMITED │
        └───────────────────┘        └─────────────────────────┘
                 香港                          中国大陸
```

(出所)　バロック社

(8) その他

　バロック社は年に一度，ビジネスパートナーや従業員を対象にしたアニュアルパーティを開催している。それらの方々に対して，経営陣と株主との友好な関係の下で会社が順調に運営されていることへのより一層の理解を図るため，CLSAキャピタルパートナーズの代表者がスピーチを実施している。

　また，CLSAでは毎年，投資家を対象にしたフォーラムを主催しているが，2010年2月に行われた「CLSA JAPANフォーラム2010」では，バロック社の村井社長をゲストスピーカーに迎え「Management Buyout of Baroque Japan Limited - Fashion Business and Future Growth Strategy」というタイトルで講演をしていただいた。冒頭において簡単なファッションショーを実施するなどアパレル会社らしいユニークな演出もあり，国内外金融機関の多数の出席者から好評を博した。このような場所での露出を通して内外での金融機関や投資家からの評価が高まることが，長い目で見た場合の企業価値の向上につながるものと考えている。

左：「アニュアルパーティ」での村井社長とCLSAキャピタルパートナーズCEOクリス・シーヴァー
右：「CLSA Japanフォーラム2010」で講演する村井社長

7 投資後の成長・拡大実績

(1) 成長・拡大の実績

2007年9月の本件実行後,現在に至るまでバロック社は順調に成長を続けている。店舗数は海外を含め230店舗を超え,ブランドもその数を増やしている。また,ファストファッションという異なる業態にもいち早く進出し,事業拡大

図表13-4 売上高の推移（単位：億円）

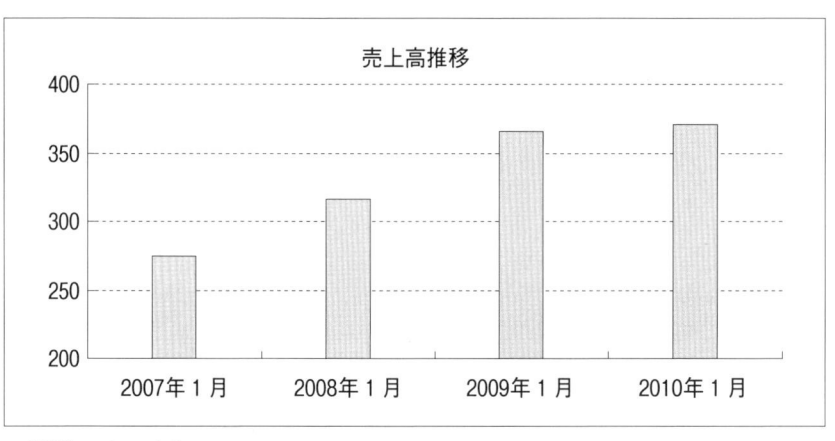

売上高推移

- 2007年1月: 約275
- 2008年1月: 約315
- 2009年1月: 約365
- 2010年1月: 約370

（出所）バロック社

図表13-5 店舗数の推移

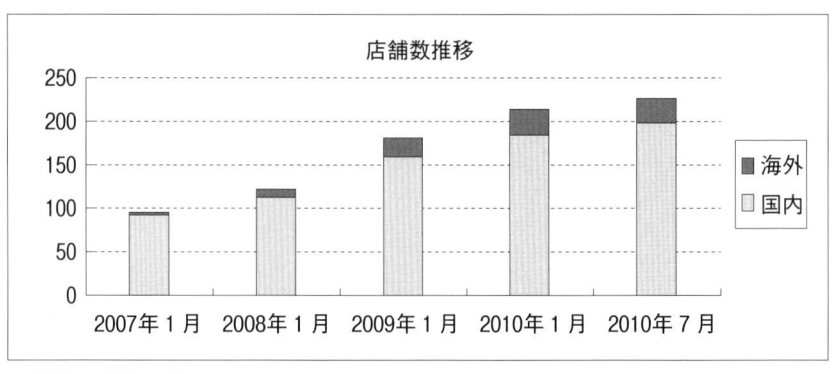

店舗数推移（国内／海外）

- 2007年1月: 約95
- 2008年1月: 約120
- 2009年1月: 約180
- 2010年1月: 約215
- 2010年7月: 約225

（出所）バロック社

を図っている。

2010年1月期にはリーマン・ショック後の景気低迷の影響もあってやや成長率が鈍化したものの，業界では引き続きトップレベルの利益率を誇っている。

(2) 成長・拡大の要因

多くの同業他社が業績不振や縮小均衡に陥る中で，バロック社が成長・拡大を持続することができたのは，一義的には経営陣や従業員の弛まない努力に因るものである。その支援のために，前述したように強力なブランド力と優れたビジネスモデル，それを支えるモチベーションの高い従業員の存在がバロック社の成長力の源泉となっていることを正しく理解し，経営効率化と管理面での強化を進めるにあたってはバロック社の有する潜在的価値を破壊しないように細心の注意を払ってきた。これも本件実行後の厳しい経済環境下においてバロック社が順調に成長・拡大を続けることのできた大きな要因と考える。

特に消費が低迷するような局面では，目先の販管費削減などに集中しがちであるが，むしろ外部環境の変化に強いビジネスモデルを活かし，潜在的価値を実現させることに注力してきた。また，管理強化は時として現場力を低下させ企業の成長力を殺ぐことがあることを認識し，現場からの声を聞いて管理手法やその程度を適時に修正するなど柔軟に対応し，バロック社の強みである現場の強いモチベーションを維持することに努めたことも効果的であったと考えている。

おわりに

いわゆる「109系」と呼ばれる渋谷発の独特なファッションを生み出し，成長を続けるバロック社は，今まさにその活動の舞台を日本からアジアへ，そしてさらに世界へと広げようとしている。

経済産業省が策定した「文化産業大国戦略」においてもアニメ，ゲーム，食，ファッションなどいわゆる「クール・ジャパン」は今後の日本経済を牽引する産業として海外展開が期待されている。こうした中で，バロック社はファッ

ションにおける「クール・ジャパン」を代表する会社として，まさにこの成功例となる可能性を秘めているといえる。

CLSAサンライズとしてもバロック社のスローガンである「渋谷から世界へ」という野望を最大限支援していきたい。

（追記）

2010年11月27日，バロック社の中国第一号直営店が上海にある港匯広場地下一階にオープンした。オープン以来，目標を大きく上回る売上を達成しており，今後の積極的な店舗展開に対する期待が高まっている。

港匯広場第一号店オープン日の様子

経営者インタビュー

情報の共有による信頼関係の構築

株式会社
バロックジャパンリミテッド
代表取締役社長兼最高経営責任者
村井博之氏

Q 消費の低迷により，アパレル業界全体が伸び悩んでいる中で，御社は業績を伸ばしてきました。他社と比較して，御社の強みはどこにありますでしょうか。

　アパレル・ファッションというのは，非常にジャンルの広い領域で，対象年齢層でいうとシルバー層から子ども服・赤ちゃん服までいろいろあります。そういう中で，当社のターゲット・コンシューマーは10代後半から30代までの女性ということで，女性が一番服を買う年頃です。ですから，最も強いターゲット・コンシューマーを対象にしたブランド・ポートフォリオを組んでいるのが，このアパレル不況と言われる中でも当社が好成績を残している第一の要因であると思います。

　それからもう一つそれに続く部分として，企業としての若さによる力があります。社員の平均年齢は20代ですし，それからマネジメントも，私をはじめとして何人かプロの経営者も入れてやっているわけですが，現業部隊の部分についてはほとんどが若い社員で構成されています。やはり企業としての行動力や，それから意思決定するまでのスピードが一般の日本企業に比べて格段に早いのです。これは私自身も大手企業にいた経験がありますが，指示してから実際に実行するまでというのは，とにかく年が上の人ほど遅いし，年が若い人ほど早いです。わが社の場合の強さの秘密として，社員が若いということも一つあると思います。

　それから，そういう若い会社に，今回のバイアウトを通じて社外からの人材招聘が加わり，もともと勢いのあるチームにマネジメントの要素が加わりました。日本でアパレル・ファッションは，非常に力があって短期的に成功するところはあるのですが，なかなか長続きしません。永続的・継続的に発展していくことができない中で，当社はそういう若い勢いで，約6年間急成長をしてきました。そこに，マネジメント・バイアウトで，プライベート・エクイティ・ファンドを使って，CLSAと一緒に経営の要素を構築していきました。そういう意味で，もともとのポテンシャルとマネジメントの要素という理想的な形になってきました。こういうことができている会社は，アパレル業界では

なかなかないですが，それらが上手くかみ合ったと思います。普通は，これがなかなか上手くかみ合わないのです。コーポレート・ガバナンスを強化していけばいくほど，普通はそういうものが失われていきます。そういうものがスポイルしていくという要素が強く出過ぎて，会社が駄目になっていく例もあるわけです。当社の場合は，これが奇跡的に上手くいったと言っても過言ではないと思います。

Q 2007年にCLSAサンライズキャピタルから投資を受ける前に投資ファンドというものにはどのような印象を持っていましたか。また，株主がファンドに変わって，最初にファンドのメンバーと取り組んだ施策は何でしょうか。

　私がMBOをした当時はプライベート・エクイティ（PE）の黄金時代で，いろいろな会社がプライベート・エクイティ・ファンドを使ったMBOやLBOを考えている時代で，抵抗はなかったというのがあります。その当時はPE黄金時代ですから，欧米の大規模なPEがみんな東京にひしめいていて，案件探しをしていました。そういう中で，CLSAのいいところというのは，比較的新興勢力で，その中で最もこぢんまりしていて，型にはまったやり方ではなくて，むしろ一緒に考えていこうという部分が非常に好感を持てたというところだと思います。

　最初に行ったのは，強力なマネジメント・チームの組成です。IPOというストーリーが非常に明確でしたので，それをするためにどういう人材を集めなくてはいけないかということも明確だったということで，そういう人材の招聘を行いました。それからあとはIT関連の整備を含む基幹システムの構築などを一緒に考えながらやっていくことができました。

　LBOローンを含めたファイナンス・アレンジメントについても，そうしたもののパッケージを押し付けるのではなく，一緒に考えて一緒に創っていこうということでした。そこが，当社の企業カルチャーと非常にマッチしたのではないかと思います。大企業だとプラクティスがあって，それに則ってやるということですが，非常に若い会社ですから人も若いです。爆発的な発想力や営業販売力があるという中で，いかに上手くマネジメント・チームを育むかということについて，もしある一定のセオリーや決まった型で「ねばならない」方式ではめていったら，たぶん上手くいかなかったと思います。

経営会議の様子

> **Q** バイアウト・ファンドからの出資を受け入れることについて，従業員の皆様の反応はいかがでしたでしょうか。理解を得ていただくための説明などは行いましたでしょうか。

　社員の人たちがなぜこの会社にいるかというと，大好きな服を作って販売するということが，彼らの最大のロイヤリティーでありモチベーションですから，それができるのであれば手段やパートナーは選ばないというか，それをきちんとやらせてくれるのであれば歓迎だし，それができないのであれば歓迎しないということだと思います。もっと会社を大きくするために，もっとポートフォリオ・ブランドの服を有名にするために，世界に進出するために，こういう取り組みが必要なのだということで理解は非常に得やすかったです。

　アニュアル・パーティーを毎年やるのですが，これは販売員も含めて全社員が集まります。そういう場所で，きちんと目標を共有するということが重要です。まず，最初の年は，CLSAキャピタルパートナーズのエグゼクティブ・チェアマンであるリチャード・パイビス氏がビデオで参加しました。それから，最高経営責任者（CEO）のクリストファー・シーヴァー氏を含むCLSAのトップ・マネジメントがパーティーに毎年必ず参加しており，社員とのコミュニケーションはバッチリです。当社の場合は，目標が非常にシンプルで，ブランドをいかに世界に出していくかということを考え，そのためには，このやり方が一番いいだろうということで，皆が単純に目標を共有して，それで頑張るという非常にいいスキームなのです。

Q 全社一体となり取り組むことが重要ですが，バイアウト後の従業員のモチベーションの維持・向上策については，どのようにお考えでしょうか。

　常に大事なことは，社員に対して高いモチベーションを与えるために，経営陣として何をするかをプライベート・エクイティのメンバーとも一緒に考えていくことです。今，日本企業は，世界的に経済環境が不安定な中で，どうやってきちんとした結果を出していくのかということについて，常に柔軟性がないといけません。

　環境に対する変化がすぐできるということが重要で，このスローガンに向かってずっとやろうという形ではなくて，例えば，こういう施策を打ったのだけれど合わなくなったらすぐに変えるとか，いろいろな変化に応じて臨機応変に変えられるという部分です。常に会社が発展するためには，どうすればいいのかという単純な答えを出すために，方法や方針は絶えず変化させていくことができるのです。

　この部分は，いかにプライベート・エクイティ・ファンドと上手く付き合うかということにもよるのですけれども，多くのあまり上手くいかないケースというのは，最終的に得るものが何なのかという部分がプライベート・エクイティ・ファンド側と経営者との間で共有できていないケースです。だから，あれこれいろいろな方向の展開になっていく可能性があります。われわれは最終出口を共有しているので，いろいろ散らばって戦わないといけないこともありますが，集合地点はここだということで，その部分についてはお互いに疑心暗鬼にならずにできています。また，社員も疑心暗鬼にならずにできるというのが，非常に上手くいっているのではないかと思います。

Q バイアウト後に成功するポイントして，バイアウト・ファンドと経営陣との信頼関係の構築があげられます。バイアウト・ファンドと上手く付き合っていく秘訣をお教え下さい。

　まず，情報を100％共有しようとすることですね。いわゆるシチュエーションの認識を共有するということと，それに対する答え出しというのは，イコール・パートナーで公平にディスカッションしていくという部分が大事だと思います。ですから，CLSAさんとやってきて良かったことは，若いメンバーも含めたわが社のプロジェクトに関与してくれたことです。いわゆるプロパーのマネジメント・チームとプライベート・エクイティのチームと，非常にフランクなディスカッションができています。株主だとか，どっちが優先的地位かということではなく，公平な立場で問題の答えを出そうということができており，やはりこれがすごく大きいのです。お互いのインフォメーションも100％

クリアにして共有し，これはファンドに言わないでおこうとか，これは逆にファンド側が隠しておこうかというような秘密ごとはお互いになしにして，全部オープンにした上で公平にディスカッションすることができています。

よくプライベート・エクイティの案件でも複数社で共同投資を行い，複雑に組む場合もありますけれど，われわれの場合はCLSA 1社と経営チームとで組んでいるということで，インフォメーションとシチュエーションの共有というのも非常に上手くできて，それが今日までの成功につながっていると思います。

それから，体制については，当社の場合は，まず非常勤取締役という形でCLSAジャパンから人が入っており，非常にフランクにいろいろな話題のディスカッションをしています。本当にプロパー社員と同じような立場で仕事をしてもらっており，何の秘密もないし，何かあればすぐに会える，話せるという環境を作ったということが，非常によかったと思います。

例えば，案件によっては，週に一回とか，月に一回しか会わないという方法もありますが，これはある意味疑心暗鬼を生む可能性があります。特に，状況がいい時はいいのですが，業績が一時的に低迷したとか，落ち込んできたという時に，飛行機で言えばタービュランスが来ている時にどうするのかとかいう問題が生じます。われわれの場合は，特にMBO後にちょうどリーマン・ショックというリセッションが起こって，一時的には景気は低迷するとかという時にいかに情報を100％シェアして，どうやって問題を解決したらよいかという議論をしました。また，どのように危機管理をしていくかということを常にやれたことが，一番大きいと思います。

それと，もう一つは，CLSA自身が非常にこぢんまりパッケージングされていますので，CLSAジャパンのマネージング ディレクターである清塚徳氏や，香港を中心にいろいろなところを回っているリチャード・パイビス氏やクリストファー・シーヴァー氏とも比較的気楽にディスカッションする場があります。

よく米系大手ファンドと組んでいる企業などは，米国本社の方針でやり方が途中で変わったとかありますよね。そういうことがあると疑心暗鬼になるし，日本法人と上手くやっていても，いつ米国本社の方針が変わったりするか分かりません。特に米系ファンドの場合は，リーマン・ショックを含めた経済リセッションの影響を大きく受けました。CLSAの場合は，そういう心配がありませんでした。リチャードもクリスも，年に何回かフォーラムやディナーなどの機会で会って話をしています。何かあったら直接電話してでも相談できるような信頼関係があったということも，CLSAをパートナーに迎えて

良かったという部分です。

　中国での事業展開に関する部分についても，その時々で持てる情報を共有して，どういう形でやればよいかというシェアをしています。それから，中国のビジネスを強化していくのだというところは，リチャード・パイビス氏以下，ファンドのトップ・マネジメントも含めて，ディスカッションとビジネス・ストラテジーの共有ができています。

上海の関連会社である巴羅克（上海）貿易有限公司
（BAROQUE SHANGHAI LIMITED）に常駐する
CLSAキャピタルパートナーズジャパンの
高橋善太バイス・プレジデント

Q　最後に御社の今後の事業展開についてお話し願います。

　当社は，もともと出発点が渋谷の109で，最初のブランド「moussy」が立ち上がりましたので，いわゆる「マルキュー系」といわれる非常にアグレッシブなヤングレディース・カジュアルという位置付けです。ここ数年に関しては，大型ストア型業態への進出が著しくて，特に「AZUL by moussy」などについては，実質的な初年度に約30億円の売上げを達成し，今年度も著しい成長を見せています。ですから，もともとは「マルキュー系」というところからスタートしたのですが，今だんだん大型ストア型へ，本当にグローバルなSPAとして，いわゆる「ZARA」とか「H&M」に近いようなビジネス業態が主たる事業になってきています。

　ただ，われわれのユニークな点というのは，そういう「マルキュー系」といわれるよ

うなとんがったファッションから，マスマーケット向けのストア型までを幅広く網羅しているところです。事業規模のわりに，これだけ豊富なポートフォリオを持っているファッション企業というのは，日本には例がないと自負しています。

今後，当社としては，いかに発展市場である中国，アジアでビジネスを伸ばしていくかということが最も大きなテーマだと考えています。それは，日本はやらないというわけではなくて，日本は日本で今まで以上に順調な成長速度で，事業目標をきちんとやっていきます。それとは別に，さらに中国を含むアジア，その後は欧米を含めた世界的なSPAとして，バロックのブランドが成長していくために何をするかということが今，私の経営の命題です。

「moussy（マウジー）」SHIBUYA109店

村井博之氏略歴

1984年立教大学文学部卒業。その後中国国立北京師範大学留学。1985年キヤノン株式会社入社。1994年にはキヤノンと合弁でKAI LUNG CONSULTANTS社を設立し代表取締役就任。1997年より株式会社日本エアシステムに入社し，JAS香港代表取締役社長を務める。2005年より株式会社東急ストア参与，クラブツーリズム株式会社顧問を歴任し，2006年より株式会社フェイクデリックホールディングス代表取締役会長就任。2008年株式会社フェイクデリックホールディングスと株式会社バロックジャパンリミテッドの経営統合に伴い現職。

第14章 グローバルコミュニティの事業承継事例
―― ロールアップによる新会社の誕生 ――

オリックス株式会社 投資銀行本部 事業投資グループ
シニアヴァイスプレジデント 三宅誠一

はじめに

　グローバルコミュニティ株式会社は2009年7月に関西のマンション管理会社3社の同時合併により誕生した会社である。そのはじまりは2006年5月の第一建物管理株式会社の事業承継型MBOであり，その後2007年4月の株式会社KBSシラカワの事業承継，2009年1月の第一建物管理株式会社によるグローバル管理株式会社買収へと続く同業者の「ロールアップ」により新会社は誕生したのである。

　オリックス投資銀行本部はプライベート・エクイティ投資を通じて，競合関係にあった第一建物管理とKBSシラカワの対等合併を主導し，そのかたわらでさらなる事業拡大のためグローバル管理の買収を推進，3社の同時合併を果たして新体制を構築した。そして現在も引き続きPMI（post merger integration）をサポートしつつ，さらなるロールアップの機会を模索しているのである。

　オリックスはファンドではない。他のバイアウト・ファンドと同じくプライベート・エクイティ投資を展開しているが，バイアウト・ファンドと違うのはプリンシパル・インベストメントといわれる自己勘定での投資を行う点であり，他のファンドが機関投資家等他社からの資金を集めて投資するのとは異なる。自己勘定での投資であるため投資方針や投資期間等の制約がなくさまざまな面において柔軟性があるといえる。またオリックスは金融業を核とする事業会社の側面を有しており，その事業領域は金融の他，不動産，自動車，レンタル，

環境エネルギー等広範囲にわたっている。オリックスでは投資した会社に対してはそうしたグループの持つ事業のインフラを存分に活用させ可能な限りの支援を行うようにしているのである。

本稿では事業承継に悩むオーナー経営者からの株式譲受，そこからさらなる同業者のM&Aによる事業の拡大，シナジー効果を発揮するための組織設計や業務フローの構築等，ハンズオン型のプライベート・エクイティ投資を通じてオリックスが果たしてきた役割を詳述する。

1　第一建物管理の事業承継

(1) きっかけ

第一建物管理株式会社（以下「DTK」という）の事業承継は2006年5月に実施されたが，そのきっかけは2001年の秋に遡る。オリックスに当時営業推進役として在籍していた岡田基がDTKの当時の代表取締役社長であった山口信安氏と大学時代の英語クラスにおいて先輩，後輩の間柄であった。オリックスでは定年等で一線を退いた経験豊かな金融マンらを「営業推進役」という肩書きで再雇用し，営業戦力として活用する制度を導入している。岡田は以前大手証券会社に勤務し海外経験も豊かな人物である。2001年9月，61歳で営業推進役としてオリックスに入社，東京の営業部門勤務であったため普段は東京での仕事が中心であったが，入社早々に大阪でのプロジェクトに関与することとなり週に1，2度は出張で大阪に来ていた。その際にたびたび山口を訪問するようになったのである。

岡田は山口がDTKのオーナー社長であり身内に後継者がいないのを知っていた。岡田は山口との会話の中で将来の事業承継についてどのように考えているのか聞きながら，オリックスがDTKの買収に興味を示すかもしれないと水を向けることもあった。以前から山口のもとにはマンション管理の同業他社からも買収提案があったが，当時の山口はあまり本気でそれらを相手にはしていなかった。

(2) 事業承継の検討開始

　オリックスの投資銀行本部が動きはじめたのは2003年春頃である。岡田同席のもと，山口と面談し事業承継問題や同業他社買収による事業拡大等さまざまな話を展開し，ときには酒席を設けて懇親を深めていった。

　山口が本気で自身の事業承継について考えはじめたのは2004年秋頃からである。当時のオリックス投資銀行本部本部長の岡本雅之（現オリックス信託銀行副社長）が，自ら陣頭に立って山口を何度も訪問し対話を重ねることで信頼関係が築かれていったのである。

　株式譲渡時のDTKの取締役構成は代表取締役社長山口信安氏（当時66歳），専務代表取締役中村泰三氏（当時59歳），常務取締役山田徹氏（当時54歳），取締役下村壽一氏（当時51歳）となっており，出資比率は山口氏47.95％，中村氏34.45％，山田氏13.6％，下村氏１％であった。2005年夏頃からDTK上位株主３名と岡本率いるオリックス投資銀行本部のプロジェクトチーム５名による対話がはじまった。社員の動揺を避けるため，当然秘密裏に事を進める必要があり，面談は会社では行わず，いつも大阪心斎橋の日航ホテルの会場を借りて行った。多いときは毎週のように面談し，お互いの方針や希望を伝え株式譲渡の条件等を擦り合せる必要があった。この間，岡田は山口社長とオリックスプロジェクトチームの橋渡しを努めるべく，多いときは週に３度も大阪に出張し交渉のフォローを欠かさなかったのである。

(3) 株式譲渡への道程

　2003年春頃にオリックス投資銀行本部が動き出してから実際に2006年５月に株式譲渡が実行されるまで実に３年を要している。本格的に株式譲渡の条件や以後の経営体制等に関して交渉に入ったのは2005年春であり，そこからでも実行までは約１年もかかっている。一般的に事業承継案件というものは成約に至るまでの道程は山あり谷ありで，多くの場合においてかなりの時間を要するものである。オーナー経営者にしてみれば自身がそれまで築き上げてきた会社を他の株主や経営者に託す決断をする局面であり，いく度となく迷いためらうのは当然であるといえる。

　DTKのケースにおいてもそうした理由で交渉開始から株式譲渡までに相当

の時間が経過したのだが,株式譲渡後に引退する山口よりもむしろ後任として代表を勤める山田が腹を決めるまで時間を要した。山田は株式譲渡前の体制においては常務取締役で東京支店の支店長を務めていた。東京支店は山田の優れた営業力と人脈によってDTKの成長ドライバーとなっており,毎期大幅増収で好成績を上げていた。山田にとってそれまでの体制には何の不満もなく山口が他社に株式譲渡しようという考え自体に当初は反対だったのである。

　2005年秋,具体的な株式譲渡の交渉に入りオリックスから株式価値評価や譲渡スキーム,以後の経営体制,エグジットのシナリオ等詳細の提案がなされた。株式譲渡後の新経営陣としては常務取締役の山田が代表取締役に,取締役の下村が常務取締役に,専務代表取締役の中村は監査役にそれぞれ就任し,オリックスからは投資銀行本部のプロジェクトチームから三名の非常勤取締役と二名の非常勤監査役が派遣されるというものであった。またDTKの社名はそのままに経営方針としては独立性や社風を維持し,それまで通り会社の舵取りは山田以下DTK役職員が主体的に行う。オリックスはプロジェクトチームのメンバーが一定期間常駐して新体制への円滑な移行を促すとともに,オリックスグループの事業インフラを持って可能な限り後方支援する体制を取るというものであった。

　エグジットに関しては株式公開をメインシナリオとして,それが適わない場合にはオリックスグループ会社への統合や外部へのトレードセールを検討するというもので,いずれの道を選択するにしても山田をはじめとする経営陣と十分に協議して決めるという内容であった。

　岡本率いるオリックスのプロジェクトチームはその後も根気良く対話を続け,ようやく2006年5月11日,株主四名との株式譲渡契約実行にまでたどり着いた。実行当時の資本構成はオリックス92％,山田3.69％,下村1％,取引先企業3.32％とし,株主と経営陣がセイムボートに乗るMBOスキームを採用した。その後,2007年2月には新に従業員持株会を発足させ,社員の経営参画意識を高めるための資本施策等も実施している。

(4) 役職員との信頼関係

　新体制において社長に就任した山田は社員からの人望が極めて厚い人物であ

る。常務の時代から会社のキーマン達の信頼を得ており，社長の座を引き継いだ後社員達は皆山田の指揮の下一枚岩となって動きはじめた。オリックスプロジェクトチームは新体制を後方支援する形で経営に参画し，『良い会社にしよう』を合言葉に役職員と一緒に汗をかき社業発展のためサポートをしてきた。仕事が終わったら役職員と酒を飲み深更に及ぶこともたびたびで，お互いに立場は違えども言いたいことを言い合い協力できる関係となっていった。良い会社になればお客様も協力業者も経営者も社員も株主も，あらゆるステークホルダーが幸せになれる。DTKは山田新体制の元円滑な事業承継が行われ新たな成長軌道に乗ったのである。

(5) 株式譲渡後の施策

　2006年5月11日，株式譲受後に新体制が発足し，新経営陣による主要顧客への挨拶回り等のかたわらで早速にオリックスプロジェクトチームがDTK本社に常駐し，MBO実施後のアクションプランが開始された。まずは，重要な決議事項への参画を企図した稟議規程の策定やその他必要となる規程類の整備，新たな予実管理制度の導入，各種許認可関係の引継ぎ等に着手した。同時にオリックスグループ各社との協業や顧客紹介，案件紹介等を通じて業績向上のための施策も実施に移していく。

　当時のDTKには就業規則や給与規程以外の規程類が整備されておらず，また業務プロセスに関しても多少のマニュアルがある程度で，会社のルールというものが文書化されておらず不明確なままであった。そこでオリックスプロジェクトチームではルール整備のための社内プロジェクトを立上げ，業務フローの棚卸とリスクの検証を行い，無駄のない効果的な内部統制制度の整備を推進していった。

　会社予算に関しては従来からトップダウン型の目標数値はあったのだが，これをボトムアップ型に切り変えて各部門長に自部門の業績責任を負わせる予実管理制度を導入した。部門としてコントロール可能な売上やコストは何であり，どうすれば良い成績を残せるのか，自部門の課題は何であり，どうすれば解決できるのか，社員自らが考え行動する自立的な組織運営を促したのである。

　オリックスグループ各社との協業に関してはオリックス本体からの顧客紹介

のほか，オリックス不動産の保有物件に関する建物管理業務，オリックス・ファシリティーズとの建物管理業務の協力関係がはじまった。以前のDTKはオリックスグループとの取引関係はほとんどなかったため，事業承継を期に新たな受注も入ってきたのである。

図表14－1　第一建物管理の会社概要（2006年5月投資時点）

会社名	第一建物管理株式会社
設立	1977年3月
代表者	山口信安
本店所在地	大阪市中央区南船場2丁目7番地26号　シンセイビル
資本金	140百万円
事業内容	マンション，ビル，商業施設の総合管理
拠点	大阪本社，東京支店，神戸営業所，りんくう営業所，名古屋営業所
関係会社	コスモテクノサービス株式会社
従業員数	1,013名（パート，アルバイト含む）
年商	2,905百万円（2006年1月期実績）
投資年月日	2006年5月11日

（出所）　当時の第一建物管理の資料に基づき作成

2　KBSシラカワの事業承継

(1)　きっかけ

2006年10月，DTKの事業承継から約半年が過ぎ山田を社長とする新体制での経営が軌道に乗りはじめてきた頃，証券会社経由で次なる事業承継案件がオリックス投資銀行本部に持ち込まれた。DTKと同じく関西に主要な営業基盤を有する独立系のマンション管理会社KBSシラカワ（以下「KBS」という）である。KBSは神戸の六甲道に本社を構え大阪本社のDTKとは営業エリアが重複していたためDTKとは競合関係にあった。独立系のマンション管理会社というのは親会社がマンションデベロッパーではない管理会社のことをいうのだが，親会社から自動的に建物管理業務を受託できないため，独自の営業努力で建物管理業務を受託しなければならない立場にある。多くの場合管理会社を子会社に持たないデベロッパーから建物管理業務を受託しており，両社はデベロッパーへの営業活動において激しく競合する関係にあったのである。

株式譲渡時のKBSの取締役構成は代表取締役社長川北政行（当時50歳），取締役会長白川欽一（当時65歳），取締役副社長白川侑子（当時67歳），取締役堀江誠（当時44歳）となっており，出資比率は白川会長60％と白川副社長40％であった。
　KBSは新卒採用を行い積極的に若手社員を登用する活力ある会社である。若いうちに社会人としての常識を叩き込む方針で，社員は皆礼儀正しくはきはきとした挨拶を欠かさない。毎朝，始業前には社員らに会社の周囲を掃除させるなど，管理会社らしく徹底した教育振りであった。一方で，会社にはゴルフや釣り，サッカーといった同好会があって休日も社員同士が交流し，年に1度の社員旅行では皆が羽目を外して楽しんでいた。子供のいない白川夫妻にとって社員は我が子も同然であり，自ずとKBSは社員を厳しく育てるとともに温かく包みこむような社風となっていたのである。
　白川は社の世代交代を促すため代表取締役社長の座を2004年6月に川北政行氏に譲り，自身は会長職に就いている。川北は1993年1月にKBSに入社し営業部門や管理部門を経験，優秀な実績を収めKBSの成長に貢献し社長にまで登りつめた人物である。しかしその過程では白川からの厳しい指導を受け，ときには職場で灰皿を投げつけられたこともあったという。白川に鍛えられた川北は自然と白川流の経営を身に付け，実力主義で若手を積極登用し活力ある会社経営を実践していた。
　一方で，会長職に就いた白川はKBSの将来，マンション管理業界の先行きについて展望するときに，競合相手であるDTKと統合すれば競争力を増しマンション管理業界に一石を投じる形となり面白いのではないかと考えるようになった。DTKであれば同じ独立系の管理会社であり，業暦，企業規模等も同程度である等の共通点が多く，互いの企業文化も分かり合えるはず。統合すれば独立系マンション管理会社としては関西圏で事実上トップの座につくことができる。おぼろげながらも白川には以前からそのような構想があったのである。
　そんな白川にとって，意中のDTKにオリックスが資本参加したのは正に衝撃であった。それと同時に，オーナー経営者のハッピーリタイヤにはこんな方法があったのかと気付きを得る機会にもなった。身内に後継者がいない白川は，以前から自身が保有するKBS株式の扱いについて悩んでいたのだが，同じよ

うな境遇にあるDTKの山口がオリックスに株式を譲渡する形で事業承継を行ったことに関心を持つようになった。そして，オリックスの傘下でDTKとの統合を果たせば，さらなる成長を期することができるのではないかと考えるようになったのである。競合関係にあった両社のオーナー経営者に親族内後継者がおらず，第三者への株式譲渡を考えなければならない境遇にあったのは偶然であるが，それがオリックスを介した両社統合へと繋がっていったのである。

(2) ロールアップへの展開

　プライベート・エクイティのビジネスにおいて，既存投資先に統合する目的で同業他社の追加買収を行うことを「ロールアップ」と呼んでいる。事業承継型のMBOによりDTKのマジョリティを取得したオリックスにとって，KBSの事業承継による株式譲受は両社の将来的な経営統合を睨んだロールアップの位置付けとなる。

　証券会社からKBSの紹介を受けたオリックスプロジェクトチームでは早速検討を開始した。KBS単独としての財務内容や成長性もさることながら，今回はDTKとの統合を視野に入れた場合のシナジーについての考察が必要となる。当時のKBSは年商34億円でDTKと同水準，収益力に関してもほぼ同等で実力的には拮抗していた。将来的に合併するとなれば対等合併が前提となるが，どちらか一方が他方を吸収するケースに比べてその難易度は格段に高くなる。そうした点も含めて統合の是非を検討するため，さまざまな角度から会社データを分析する必要があったのである。

　デューデリジェンスやマネジメント・インタビューの結果，①営業部門統合による営業力の強化，②関西圏のシェア拡大による業務効率とサービスレベルの向上，③外注費のボリュームディスカウント，④間接部門統合による固定費率の圧縮，⑤設備保守点検業務の内製化等といった統合効果が期待できるものと想定された。また社員の年齢に関しては中途採用を行ってきたDTKは高く，新卒採用を行ってきたKBSは若い，平均年齢にすれば10歳以上の差があるという結果であった。会社の継続的な成長には世代交代によって生まれる活力が必要であり，そうした面からも年齢差のある両社の社員が交わることには大いに意義があると考えられたのである。

その後，オリックスプロジェクトチームでは株式譲渡契約に係る諸処の条件を煮詰めて，2007年4月，白川夫妻とオリックスの間でKBSの株式譲渡が実行されることとなったのである。

(3) 株式譲受後の施策

オリックスプロジェクトチームでは，KBSの株式譲受から2年半〜3年後をDTKとの統合目標期日として設定した。一方で，KBSのデューデリジェンスを通じて統合までに改善すべきいくつかの課題を認識していたため，それらをどのように解決していくべきなのか入念な検討を要した。統合までにある程度両社の経営管理手法や業務レベルを合わせておく必要があると考えていたためである。

KBSにおいて何を置いてもまずやるべきことは，経営の『見える化』であった。DTKの場合は前オーナー山口，中村の方針で，部門別損益管理や個別契約ごとの採算管理等がなされており見える化は進んでいた。一方，当時のKBSには既に複数の部署や拠点が存在していたにも関わらず，部門別損益管理や個別採算管理等といった経営管理は導入されておらず，一体何が会社の収益の源泉なのか非常に分りづらい状況であった。それまでは経理業務の大半を顧問税理士にアウトソーシングしてきたこともあり，自社で精緻な計数管理を行い経営に対して有用な情報をアウトプットする体制になかったのである。

そうした課題を解決するため，2007年8月，オリックスプロジェクトチームでは新に外部から経理人材を雇い入れKBSに出向させ，経理業務のてこ入れに着手した。新たに基幹システムを導入しまずは税務申告まで自社で完結でき，オリックスへの連結決算に対応できる業務フローの確立を行う必要がある。しかし事はそう簡単には進まず，当時のKBS経理部門にとってしばらくは慣れない業務フローへの対応に悪戦苦闘の日々が続いたのである。

その後，予実管理を導入するため各部門をプロフィットセンターとコストセンターに分類し，部門としての役割を再定義した。それまでのトップダウン型の予算配分を改め，各部門からのボトムアップ型で予算を策定するように変更，その上で個人レベルでの目標設定を行い定期的にレビューする人事評価制度を新に導入した。そうした制度変更の結果，DTKとの合併直前期である2008年

9月期はKBSとして年商約40億円を計上し，利益ベースでも過去最高益を更新することができ，好決算に報いるべく社員には臨時賞与が支給された。さまざまな制度の変革やそのスピードへの対応に苦労した社員達ではあったが，頑張れば会社は報いてくれると大いに盛り上がったのである。

図表14-2　ケイビーエスシラカワの会社概要（2007年4月投資時点）

会社名	株式会社ケイビーエスシラカワ
設立	1983年10月
代表者	川北政行
本店所在地	神戸市灘区深田町3丁目3番地1号
資本金	30百万円
事業内容	マンション，ビル，商業施設の総合管理
拠点	六甲道本社，王子事業所，神戸支店，六甲道営業所，姫路支店，明石営業所，南大阪支店，京都営業所
従業員数	435名（パート，アルバイト含む）
年商	3,383百万円（2006年9月期実績）
投資年月日	2007年4月12日

（出所）　当時のケイビーエスシラカワの資料に基づき作成

3　3社同時合併

(1) 統合への準備

　KBSの株式譲受後間もなく，オリックスプロジェクトチームではDTKとの統合に向けた準備に入った。今回の統合におけるオリックスの役割は，結婚でいえば仲人役であり相撲でいえば行司役でもある。業務上のシナジーを有する両社ではあるが，同時に同レベルの業容，実力であるために，時にはお互いのプライドがぶつかり合うこともあるだろうし，時にはお互いに遠慮し過ぎてしまうこともあるだろう。それゆえ，当事者同士だけでは進められないさまざまな問題が生じることは，当初から容易に想像された。オリックスプロジェクトチームとしては，それらの問題を解決しながら統合をリードする必要がある。うまく統合できれば1＋1＝3になるが，失敗すれば1＋1＝1になってしまう。期待と不安の入り混じったスタートとなったのである。

　まずは両社経営陣の顔合わせおよび懇親会を実施し，同時に社員は分科会と

称して将来一つになるであろう両社の同部門の懇親会からはじめた。分科会を通じて懇親を深めると同時に，お互いの業務の特徴や違いを実務者レベルで把握しようという意図であった。

(2) 統合プロジェクトの発足

2008年2月，それまで分科会と称して行ってきた会議体を改め，各部門ごとの統合プロジェクトとして新に発足させた。いよいよ合併に向けて本格的に業務フロー，システム，組織人員体制，拠点統廃合，各種制度等の構築を行う段階にきたのである。統合プロジェクトは営業部門，分譲マンション管理部門，ビル・賃貸マンション管理部門，建築設備部門，財務部門，総務部門，マンション管理組合会計部門，業務管理部門，報酬制度設計部門等に分かれて，業務フローの統一やシステムの一本化および新制度の策定を行う。両社から部門長以下2～3名程度の業務に精通したメンバーを選抜して各プロジェクトを構成した。さらに各プロジェクトの上部組織としてプロジェクト統括を設置し，これには両社経営陣およびオリックスプロジェクトチームが参画する体制とした。プロジェクト統括は各プロジェクトの進行状況を常に把握し，他プロジェクトへの影響のある問題等を解決するための横断的役割を担うのである。プロジェクト統括の裁量を越える問題については，両社取締役会メンバー（オリックス社外取締役含む）にて決議するルールとしたのである。

(3) 対等合併

対等合併の名のもとに両社の人心に配慮しバランスを取りに行こうとすると，その合併は失敗する。合併の精神は対等であっても，業務フローやシステムはどちらか一方に合わせるのが合理的である。お互いに気を遣って良いところ取りをするとか，どちらにもないやり方まで考えはじめたりしたときには，両社ともに業務負荷が増大し，致命的なミスを誘発してしまうのである。まずは顧客に絶対迷惑をかけないこと，業務のスピードを落とさないことを最上位概念とすべきであり，そういう意味から行司役であるオリックスプロジェクトチームには，常に第三者的で合理的な判断が求められた。オリックスプロジェクトチームでは，業務フローを選択する上で，両社の業務レベルを比較考量して

DTKのフローを採択した。その基本方針に則って細部のフローを各統合プロジェクトで策定していったのである。

(4) 報酬制度設計

　合併に伴い給与や退職金といった報酬制度の統一が必要となる。マンション管理会社は典型的な労働集約型の産業であり，会社のコストの約7割は人件費である。したがって，報酬制度の持つ意味合いは大きく，いかにしてモチベーションアップを図りながらコストコントロールするのか，十分考慮して制度を検討しなければならない。オリックスプロジェクトチームでは，KBSの株式譲受に際してDTKの報酬制度と比較し，何度もコストシミュレーションを行ってきた。給与水準のギャップが大きい場合，高い方に合わせれば合併会社の収益を圧迫するし，逆に低い方に合わせれば社員にとっての実質的な不利益改正となり，モチベーションの低下に繋がってしまう。幸いにしてDTKとKBSの給与水準には大きな開きはなく，この点も考慮して合併に踏み切ったのである。

　具体的な制度策定にあたっては，2008年2月より人事コンサルティング会社をアサインし検討を開始した。平均的な給与水準には開きはないものの，両社の制度自体には違いがあり，どちらか一方に合わせる方法ではコストインパクトが大きくなるため採用できず，新たな制度を策定する必要があった。まずは両社社員に対するアンケート調査を実施し，各部門ごと数名程度のインタビュー等も行って職場環境に関する満足度等を把握し，社員が魅力を感じる制度の検討に入った。同時に，両社長へのインタビューを実施して，報酬制度に対する経営者としての考え方や経営戦略に沿った制度のあり方等を把握し制度策定に着手したのである。

　オリックスプロジェクトチームはその後報酬制度設計を主導し，人事コンサルティング会社との定期的なミーティングを実施，約1年間をかけて新制度のフレームを固めるに至った。新制度策定にあたってのルールとしては，全社員の年収水準を維持することを原則とした。そのため給与の構成要素は変わるものの，社員の年収は増えることはあっても減ることはない。慎重に検討を重ねた結果，会社側の大幅なコスト増加も何とか避けることができた。実際の新制

度導入は新給与システムとの連携もあり合併後の2010年1月となったが，その間膨大なデータと格闘し，何度もシミュレーションを繰り返し漸く制度の施行にこぎ着けたのである。

(5) グローバル管理の買収

　マンション管理業はキャッシュフローが安定しており，設備投資の要らないビジネスモデルである。したがって，きちんと経営すれば会社に内部留保が蓄積するため，余剰現金を買収資金に充てることで一気に事業を拡大することが可能になるのである。2008年9月のリーマン・ショックに端を発した経済危機によって，マンション管理業界も少なからずその影響を受け業界再編が進んだものと見られるが，買収意欲のあるマンション管理会社にとっては逆にチャンスになったのである。

　2008年の暮れ，オリックスプロジェクトチームではグローバル管理株式会社(GK)の売却情報を入手した。GKは京都や奈良を中心として管理戸数約1,300戸の分譲マンション管理専業の会社で，小規模ながらも安定的に推移しており相応の収益を上げていた。オリックスでは，統合を予定しているDTK，KBSにとって事業拡大のチャンスと捉えて買収に名乗りを上げた。

　GK買収検討にあたっては，オリックスとDTK社員でチームを組んでこれを進めた。他にも買収候補はいたのだが，何とか僅差で条件闘争に競り勝ち交渉は成立した。2009年1月，DTKとGKの親会社との間で株式譲渡契約が締結されクロージングを迎えたのである。

図表14－3　グローバル管理の会社概要（2009年1月投資時点）

会社名	グローバル管理株式会社
設立	2000年11月
代表者	山岡重夫
本店所在地	大阪府吹田市江坂町1丁目23番地43号
資本金	10百万円
事業内容	マンションの総合管理
拠点	大阪本社
従業員数	44名（パート，アルバイト含む）
年商	121百万円（2008年5月期実績）
投資年月日	2009年1月31日

(出所)　当時のグローバル管理の資料に基づき作成

(6) 3社同時合併

2009年7月1日，当初から予定していたDTK，KBSの合併に加えてGKも含めた3社の同時合併が実施された。合併新会社の社名はグローバルコミュニティ株式会社，事前に社員向けに社名の公募アンケートを行い，最終選考に残った社名候補から両社経営陣で決めたのである。

新会社の代表取締役には山田，取締役副社長には川北，非常勤取締役としてオリックスメンバー二名が引き続き就任している。常勤監査役には中村，非常勤監査役にはオリックスメンバー二名が引き続き就任している。また新たに執行役員制度を導入し八名の執行役員が就任し各本部を管掌するものとした。経営と業務執行の分離を行い，より迅速な業務執行体制を採用したのである。

3社の同時合併によりGCは独立系のマンション管理会社としては関西最大手となり，2011年1月期決算では年商100億円を見込む。しかし，現状シナジーを発揮できるまでには至っておらず，合併は道半ばであり，今後は3社の真の融合が求められる。また，特に関西圏においては顧客のドミナント化が進んだことで顧客への密着度を高めることができ，新たなサービスや商品の開発

図表14-4 グローバルコミュニティの会社概要

会社名	グローバルコミュニティ株式会社
合併日	2009年7月1日
代表者	代表取締役　山田　徹
本店所在地	〒542-0081 大阪市中央区南船場2丁目7番26号　シンセイビル
資本金	6億360万円
事業内容	マンション，ビル，商業施設の総合管理
拠点	大阪本社，神戸本社，営業本部，東京本部，神戸オフィス，名古屋支店，京都支店，明石支店，姫路支店，福岡支店，りんくう営業所
関係会社	コスモテクノサービス株式会社
従業員数	1,156名（2010年7月10日現在）
管理戸数 (2010年6月末現在)	分譲マンション総合管理1,510棟　65,495戸 分譲マンション部分管理　216棟　12,950戸 賃貸マンション総合管理　997棟 賃貸マンション部分管理　364棟 ビル総合管理207棟 ビル部分管理127棟

(出所)　グローバルコミュニティ

図表14-5　3社合併ストラクチャー

略称	正式名称
DTK	第一建物管理
KBSHD	ケイビーエスホールディング
KBS	ケイビーエスシラカワ
CTS	コスモテクノサービス
G管理	グローバル管理

※KBSHDはKBS株式譲受のためのビークル

合併前ストラクチャー

- 少数株主 6.4% → DTK
- ORIX 93.7% → DTK
- ORIX 100% → KBSHD
- KBSHD 100% → KBS
- DTK 100% → CTS
- DTK 100% → G管理

DTK株式とKBSHD株式を交換

- 少数株主 3.3% → KBSHD
- ORIX 96.7% → KBSHD
- KBSHD 100% → DTK
- KBSHD 100% → KBS
- DTK 100% → CTS
- DTK 100% → G管理

DTK, KBS, G管理 3社合併

- 少数株主 3.3% → GHD
- ORIX 96.7% → GHD
- GHD 100% → GC
- GC 100% → CTS

略称	正式名称
GHD	グローバルホールディング
GC	グローバルコミュニティ

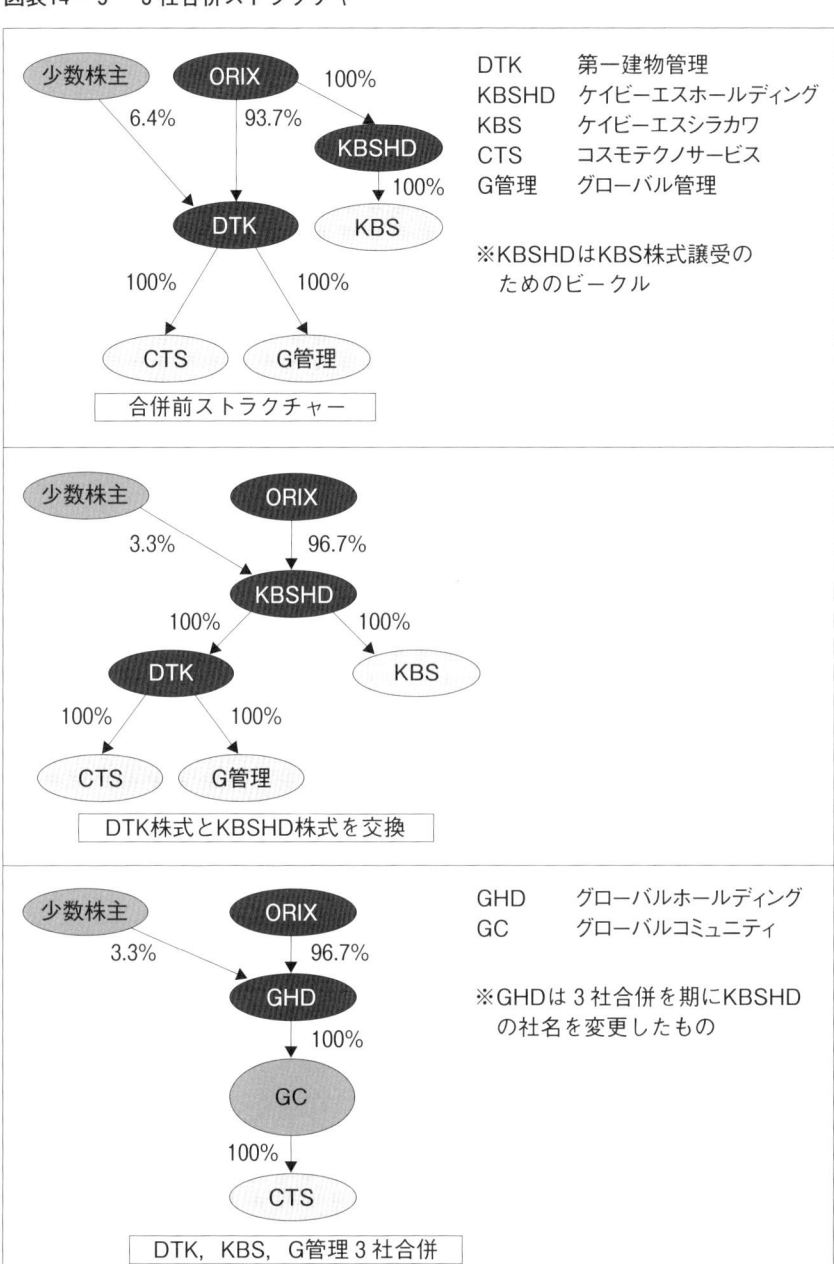

※GHDは3社合併を期にKBSHDの社名を変更したもの

(出所)　オリックス

図表14-6　物件管理戸数の変化

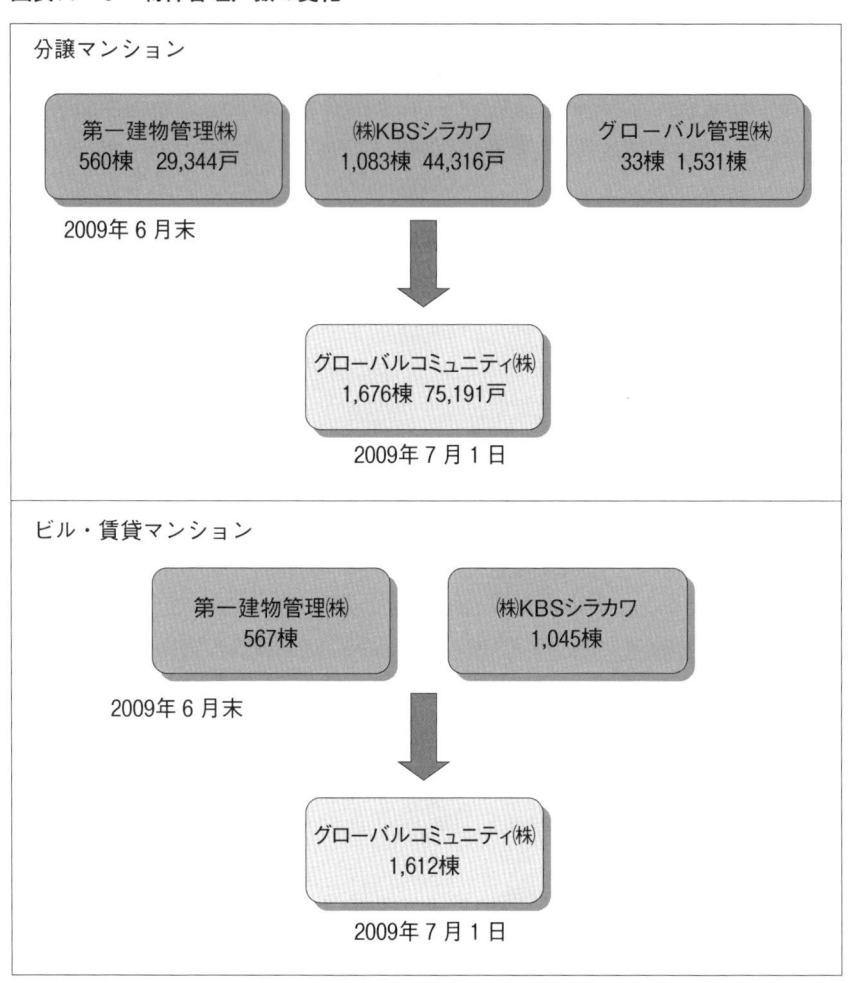

分譲マンション

- 第一建物管理㈱　560棟　29,344戸
- ㈱KBSシラカワ　1,083棟　44,316戸
- グローバル管理㈱　33棟　1,531棟

2009年6月末

↓

グローバルコミュニティ㈱　1,676棟　75,191戸

2009年7月1日

ビル・賃貸マンション

- 第一建物管理㈱　567棟
- ㈱KBSシラカワ　1,045棟

2009年6月末

↓

グローバルコミュニティ㈱　1,612棟

2009年7月1日

（出所）　グローバルコミュニティ

もできるようになる。マンション管理業は住生活に密着したサービス業であり，その分お客様からのクレームやトラブルも多いのだが，それが逆に商売のネタにもなるのである。GCでは合併して会社が大きくなったからこそサービス業の原点に回帰し，最も大切にすべきは顧客目線であると考えている。

(7) 物件管理戸数の状況

合併直前における3社の管理物件数は，分譲マンション部門ではDTKが560棟，29,344戸，KBSが1,083棟，44,316戸，GKが33棟，1,531戸であった。ビル・賃貸マンション部門ではDTKが567棟，KBSが1,045棟であった（物件数は総合管理，部分管理合わせた数値を表記）。2009年7月1日の合併によって，新会社の管理物件数は分譲マンションで1,676棟，75,191戸，ビルおよび賃貸マンションでは1,612棟（総合管理，部分管理）となり，関西圏の独立系マンション管理会社としては最大手となっている。さらに，合併から1年後の2010年6月末時点では，分譲マンション部門では1,726棟，78,445戸，ビル・賃貸マンション部門では1,695棟とそれぞれ増加させ，さらなる成長を遂げているのである。

おわりに

今回の投資活動を通じて，事業会社と金融投資家が一体となり行うロールアップには意義があると考える。事業基盤の拡大により，スケールメリットを享受してステークホルダーの期待に応えることはもとより，投資リスクの軽減にも繋がる可能性がある。一般的に，プライベート・エクイティの投資家は，投資に関してはプロであっても事業に関しては素人である。一方で，事業会社は金融投資家の会計や税務のテクニックを駆使したファイナンススキーム構築力やリスクヘッジの手法等を有さない。よって事業会社と金融投資家が一体となり行う追加買収では，相互の機能補完によって投資リスクの軽減が可能となる。

また，金融投資家は事業の素人なるがゆえに，一般常識的な観点から当該事業を客観的に捉えることができる。業界の常識が他の業界では非常識というのはよくあることで，慣れ親しんだ業界の商習慣や考え方に実は問題が内在していることもある。事業会社と金融投資家の間に相互の尊敬と信頼が醸成されれば，有力なパートナーシップが形成されるものと考える。

経営者インタビュー

経営統合による企業文化の融合

グローバルコミュニティ株式会社
代表取締役
山田徹氏

グローバルコミュニティ株式会社
取締役副社長
川北政行氏

Q まず，2006年5月には，第一建物管理がオリックスの資本参加を受け，創業者オーナーより山田社長が引き継ぎました。MBOという手法があることはご存じでしたでしょうか。また，MBOをすることによって社内の雰囲気はどう変わりましたでしょうか。

山田：正直申し上げてMBOの手法は一切知りませんでした。後でいろいろ教えていいただいたということです。2006年5月に資本参加いただいたのですけれど，オリックスさんから最初にご提案をいただいたのはその前年の夏くらいでした。われわれのほうも，前社長の後継者，ご子息がいなかったものですから，いろいろお話させていただきました。その中で私としては，残る以上は株を持ってやりたいと思っていました。

もともと小さいながらも頑張って，自分らで上場を目指そうと持株会も作っていましたし，社員にしたら当然寝耳に水でしたので，何が起こったのだろうというのが，社員の最初の印象でございました。

最初は部長以上を集めまして，M&Aになるような話をさせていただいて，それから全社員と少人数で夜飲みながら話しました。動揺していましたから，それまでにオリックスさんといろいろな話をしたことを正直に話させていただきました。それ以降，オリックスさんも一緒に会議などに入っていただいて，人間同士そこで絆も生まれていきましたので，それから徐々に動揺も収まり，徐々に不安も解消していきました。

オリックスさんといったら，子会社に管理会社もあり，大京さんを支援されていますし，大京さんの傘下には天下の大京アステージという管理会社もあり，将来どうなるのだろうというのが最初の思いでした。しかし，いろいろと接触しているうちに，オリックスさんの実際に来られた方の人間性に触れることによって，社員の不安も解消されました。

Q 2007年4月には，ケイビーエスシラカワがオリックスの資本参加を受け，新体制をスタートさせています。株主構成が変わりまして，会社全体で最も変わった点は何でしょうか。

川北：私がケイビーエスシラカワの引き継ぎをさせていただいて3年という月日が経過しておりました。当時を振り返りますと，2007年当時で創業35年という年月が経過しておりました。オーナー企業で走ってまいりましたので，いろいろと現場のことに対しても絶えず，客先目線を重視しておりました。そういう意味では，お客様の目線に立った考え方が浸透していたと思います。

ところが，組織構築の部分につきましては，再度，考え直さなければならない過渡期に来ていたのも事実です。オーナー企業がゆえに，上からの指示命令系統みたいなものが強く働き，社員が自分自身で考えて解決をするという目線が少し弱かったということがございました。

株主構成が変わって大きく変わった点については，オリックスさんに資本を入れていただいたことによって，経営コンサルを迎えたようなイメージになりました。社員が変わっていくことが一番大きいわけですが，管理職や社員に対しても経営指標となるような，部門別損益のバランスを見る仕組みを取り入れることができました。それによって，自分たちが経営数字を作っている，自分たちの成果が数字になるという現場力や自主性が出てきました。社員の年齢も新卒採用の多いこともあって非常に若い年齢層でしたので，将来の処遇についてもオリックスさんの方からいろいろと説明を聞いていく中で，納得感が得られるようなことが大きな変化につながっていったと思います。

Q 創業者オーナーは引退しましたが，一代を築き上げてきた創業者から託されたことはありますでしょうか。

川北：託されたものというのは，それまでにいろいろと教えを受けてきたものがそれに当たるかと思います。新卒採用を20年前から行ってきたこともありまして，株主が変わった時点でも新卒採用者は入社から17年ほど経過していましたので，22歳で入社した職員が40歳くらいで結婚もしており，企業同友会のソフトボール大会などの応援にも家族で来てくれておりましたので，社員の奥様やお子さんと面談をするようなこともございました。そうやって家族の顔も見てきている会社ですので，社員の家族ともども幸せにしてもらいたいということと，お客様のニーズに応える社員作りというものをやってくれというのが託された内容です。

山田：とにかく一にも二にも社員を頼むということでした。ご自身は引退されますので，あとは社員を頼むというのと，オリックスさんの傘下に入って，社員のためにもより大きな会社にして欲しいということでした。

最終的にはオリックスさんともそうなのですけれど，私どもとしては前社長もやはり上場（IPO）を目指すという意向がありましたので，今もその方向で進めています。

Q　オリックスグループは不動産関連事業のノウハウを有しています。資本参加を受けてからどのような支援を受けましたでしょうか。また，オリックスがパートナーだったからこそ可能となったことはありますでしょうか。

山田：まず，オリックスさんは，ご存じのようにグループでいろいろな関連会社を持っておられますが，オリックス不動産さん，オリックス・ファシリティーズさんなどからのご紹介で，月額1,000万円以上の売上になるようなお仕事もいただいているということがあります。ありがたいことにと言いますか，同じグループで管理会社を持っておられますので，そういう意味では全然他業種のところに資本参加されたということではございませんので，お互いの目線が合って，そういう意味でスムーズにいけたとは思います。私どもは，会社自身の体制や制度設計もまだまだ未熟でして，オリックスさんはノウハウを圧倒的にお持ちでしたから，そういう意味では非常に助かりました。

グローバルコミュニティが管理する分譲マンション

川北：同じように，最大の支援といいますと，オリックスグループからの物件管理の受注ということでございます。他にあげさせていただくとすると，当社にお越しになったオリックスのメンバーの皆さんが，事務処理の合理化という非常に手近なところから貢献をいただいて，コストダウンを図ることができました。また，社内にありました情報の見える化をしていただいたことも，現状認識に大いに役に立ちました。社員が将来はこのようになりたいとかも含めまして，やはり見える化を手伝っていただいたという点が大きくあります。

　それから，オリックスさんが持つノウハウは，押し付けるやり方ということではなく，組織の持つ力を最大限に引き上げるということに力点が置かれておりました。そのため社員と経営陣のモチベーションを上げることと，数値管理で経営管理をさせて納得感を持たせるということをやっていただきました。とにもかくにもオリックスから来た方々の人間性に恵まれたおかげで，社員からの信頼感も日々得られるようになり，合併スキームに対しても納得感が持てました。

グローバルコミュニティが管理するオフィスビル

Q 2009年7月には，第一建物管理，ケイビーエスシラカワ，グローバル管理の3社が統合される形でグローバルコミュニティが設立されました。一般に，企業合併においては，企業文化や人事制度の融合が鍵を握るといわれています。円滑な経営統合が行われるように工夫した点はございますでしょうか。

山田：一にも二にも会話ということです。2009年7月に合併したものの，その時点では，まだ組織は合体してなくて形式的な合併だったのです。そして，2009年11月にやっと事務所も一緒になりまして，人員配置を換えていきました。実際の人事制度の融合というのも2010年1月1日から行いました。

　そういう意味では，まだまだこれからですけれども，3社が同じ管理業といいながらも文化が違うわけですから，お互い尊敬し合うことが一番ですので，まず会話をはじめようと思いました。少人数にブロックを分けまして，まず一緒にいろんなことを話し合っていこうということで，役員と社員と一緒に夜のコミュニケーションならぬ"飲みニケーション"をやっています。

　そして，時代遅れかもしれないですけれども，社内メールを禁止にしました。今，社内メールをしているのは連絡とか通達とかのみです。報告や相談についてメールでその指示を仰ぐということであれば一向に融和にならないので，まず顔を見て，目を見て，お互い話していきましょうということにしています。管理会社ですから人が財産です。機械が物を作っているメーカーでもございませんので，人しかいないようなものですから，とにかく話を一緒にすることをやり続けています。

　"飲みニケーション"は，毎週火曜日と木曜日に続けていますが，全社員やろうと思ったら30回になります。今やっと27回終わりました。昼間はなかなか言えなくても，そこでいろいろな意見が出てきますので，当然われわれも変えられるところは変えていくということでなんとか交わってきました。

　あとは，これは去年の7月1日に社員に向けて話したことですけれども，「塩水」になろうということです。「砂糖水」は溶けているようでも混じっているだけなので，「塩水」というのは本当に溶けていますから，「砂糖水」ではなくて「塩水」になろうということを事あるごとに社員に言い続けています。

川北：私も企業文化の違いというのが，すぐにはなかなか分からない点でございまして，吸い上げるということをしませんと，不満を持ちながら仕事を続けていってしまいます。不満を持ちますと，つい他人の責任に転換してしまう人間のくせみたいなものがありますので，そうならないようにと思っていました。いろいろな決定事項がその中で

協議されていくのですが，なかなか職員にストレートに発表できるまでは時間がかかります。その途中経過のところでは，基本的な考え方を共有するためにも，やはり対話というものを多く持ってまいりました。

　お互い尊敬し合うことというのは非常に大事でございます。お互いに牽制し合うというところが多くなってしまうのですが，それを尊敬していくよということに変えないといけません。また，遠慮しすぎるという場面になってもいけません。まずは統合に向けて上司からそういう場面を作ろうという意味で，上席同士の会食の場面を通じてコミュニケーションを図って参りました。

グローバルコミュニティの社員

Q 経営統合は，M&Aのノウハウを有しているオリックスが株主だったからこそ実現に至ったと理解してよろしいでしょうか。また，不動産管理業という業態におけるM&Aの意義についてお聞かせ願います。

　山田：オリックスさんはノウハウをお持ちですから，その通りだと思います。ノウハウを持っているから成功するというものでもないと思いますが，特にこの3社の統合というのは，時間的には非常に短い期間に成就されています。だからそういうことを考えると，事実としてオリックスさんから来られていた本件の統合に携わられた方々の熱意や人間性の賜物だと思っています。

一概にM&Aがよいかどうかについては，判断が難しいとは思いますが，ただやはり規模のメリットがございます。ある程度の規模を持たないと不動産管理業もしんどいと思いますので，そういう意味ではM&Aも今後もするとは思います。

　ただ，その中で実際にM&Aをするときに，社員のモチベーションの問題とかいろいろあるのですけれども，いろんなことをやっていこうと思ったら，当然資金の問題などが必要になってきます。ですので，小さい会社でもきちんとやっていきたいというのは分かるのですが，やはりいろいろ法規制も強化されていますし，コンプライアンス上の問題を守らなければいけないということがありますから，当然それは資金を伴う話になってきます。

　また，お客様もいろいろなことをおっしゃるのです。こんなようにならないかとか，こんなようにして欲しいとか，そういう要望に先手を打たなければいけないわけです。どうしても先行的に費用もかかり，ある程度のリスクも覚悟して進めなければいけないとなれば，やはりそれなりの企業規模は必要ではないかと思います。ですので，3社がそのまま単体であればできなかったことも，今後やっていける大きなチャンスだと思っています。

　川北：オリックスさんがケイビーエスシラカワの株主になる前に，既に第一建物管理さんの株主になっておられたというところが非常に大きかったです。事前に，管理会社の性質というものを理解しておられて，貢献していただくのに大きく役立ったなと思います。また，M&Aのノウハウがあったからだけではなく，オリックスさんの方々による細やかな心配りと気配りの配慮をいただいた賜物だろうと思います。

　不動産管理業という業務は非常に多岐にわたります。裾野が広い情報をお客様から求められます。地デジのことからゴミを捨てる場所の問題に至るまで，お客様は管理会社に期待されます。マンション管理では生活の空間という部分ですが，ビルや施設の管理であれば不特定多数のお客様が出入りするという場所を管理しますので，安心と快適，安全性の確保が使命になります。

　人材教育から間接部門の充実ということでも，コーポレート・ガバナンスの充実をさせることが，規模の拡大をすることによって強化できるということがございます。M&Aという手法に関しましては，規模の原理で合理化できる上，間接部門のバックアップ体制を強化して，お客様からお預かりさせていただく建物を管理し，しっかりと業務を続けられるような体制が取れるということでは極めて有効な手段だと思っております。

山田社長（中央左）と川北副社長（中央右）とオリックス投資銀行本部のメンバー

Q 最後に，今後の事業展開についてお話願います。

　川北：付加価値がないとお客様に当社を選び続けていただくことはできません。これはどんな業種でも同じことかと思いますけれども，不動産管理業における付加価値とは何かと申しますと，今回の統合でもオリックスさんが株主になったからこそできたというようなことに表れているように，ノウハウだけでは，お客様への気配りや心配りというのはできません。お客様が安心して暮らせる空間と，快適に仕事に集中できるような空間，快適に利用できる施設を基本に，満足をされるということですので，その逆に不安とか不快を解決し続けるサービスを提供するということが，やはり現場力で必要になります。その現場力というのは社員でございますので，平たく申し上げますと，社員がお客様から褒めてもらいたいと思うような人づくりを進めていきながら，いろいろな業態に伸ばしていきたいと思います。

　山田：われわれの強みといいますか，当然オリックスさんの資本を受けながらやっているのですけれども，以前から独立系であり，デベロッパー系ではありません。営業力が強みでございましたので，おかげさまで3社一緒になって，関西では一応分譲マンションの管理についてはナンバーワンの戸数を管理するまでになりました。関東や東京方面では，まだまだ弱小でございますので，これからは営業力を強化して全国展開を図りたいと思います。

一気に戸数がナンバーワンというのは無理かもしれませんが，その中でオリックスさんからもM&Aの話がいろいろ今後も出てくるでしょうし，そうしながら戸数だけではなく質のいい管理はどこだといえば，グローバルコミュニティといわれるような会社を目指したいです。

山田徹氏略歴

1974年4月安宅産業株式会社入社。1977年10月伊藤忠商事株式会社入社。1995年より第一建物管理株式会社へ出向し同社取締役就任。1997年4月より同社へ転籍し，2006年5月に同社代表取締役就任。2009年7月グローバルホールディング株式会社代表取締役就任，グローバルコミュニティ株式会社代表取締役就任。

川北政行氏略歴

1979年4月有限会社タイキ産業入社。1984年1月株式会社阪神互助センター入社。1987年8月株式会社KBSシラカワ入社。2001年11同社取締役就任。2004年6月同代表取締役就任。2009年6月グローバルホールディング株式会社取締役就任。2009年7月グローバルコミュニティ株式会社取締役就任。

第15章 業界再編におけるファンドの役割とハンズオンによる経営改善の事例紹介
——シーエーエーへの取り組み——

アント・キャピタル・パートナーズ株式会社　プライベート・エクイティ投資グループ
マネージングパートナー　**飯沼良介**

はじめに

　本稿では，アント・キャピタル・パートナーズ株式会社（以下「アント」という）が2002年10月に投資した株式会社シーエーエー（以下「CAA」という）についてご紹介したい。

　本件投資は，15年以上にわたって事業を継続している創業メンバー八名からの株式譲渡の案件である。譲渡後も株式シェアの50％近くを創業メンバーが保有継続したまま，ファンドとともに企業価値の向上に取り組み，次のステージを狙うという，一部事業承継の要素も含みつつも，既存創業メンバーとの共同事業の色合いの強い案件であった。ちなみに創業メンバーがファンドの参画を望んだ理由の一つは，中立的な立場で業界再編を担う役割を第三者に求めたことにあった。

　なお，本案件はアントの第一号ファンドである「エーエフジェーカタライザー１号投資事業組合」（以下「カタライザー１号」という）からの出資であったが，同ファンドの規模が小さく，CAAの過半数株式を取得するのに必要な資金が不足したため，本案件の共同投資をメインとした「オート・ビジネス再編１号投資事業組合」（以下「オート１号」という）を設立するとともに，共同投資家を募り追加の投資を行った。

　投資後は，アントおよび外部のコンサルタント（後にアントのメンバーとなる）一名と徹底した経営支援を行い，また既存の経営陣および社員も一丸となって経営改革に取り組んだ結果，投資前のEBITDAを３年間で約2.5倍に改

善することに成功した。

EXITに関しては再編の加速を図るべく，1年目から2年目という早い段階で事業会社に一部保有株式の売却を行い，最終的に3年目にトヨタ自動車株式会社ならびにトヨタ自動車子会社である株式会社トヨタユーゼックに残りすべての保有株式を売却した。

1 対象会社の概要

CAAは，全国有数の規模を誇る中古車オークション会場を運営しており，中古車の売買を行う業者（中古車買取業者，ディーラー，中古車販売会社など）が車を出品，落札するための施設・システムおよびそれらに関する業務を提供している。

以下，設立から現在までの沿革を説明する。

図表15-1　会社概要

会社名	株式会社シーエーエー
設立	1987年8月1日
資本金	49百万円
代表者	代表取締役会長　鈴木章郎　　代表取締役社長　三浦信也
本社所在地	愛知県豊田市竜神町東名32番地
事業内容	中古車オートオークション会場の運営
拠点	中部会場（愛知県豊田市） 東京会場（千葉県柏市） 岐阜会場（岐阜県羽島市）
関係会社	株式会社シーエーエー東北 株式会社シグマネットワークス
従業員数	220名

（出所）　シーエーエー

第15章 業界再編におけるファンドの役割とハンズオンによる経営改善の事例紹介　361

図表15－2　沿革

1987年	「一貫して公平で厳正な運営を行い会員の繁栄と中古車業界の発展に寄与すること」を目的に株式会社中部オートオークションとして愛知県豊田市に設立。
1993年	オークション出品車の検査およびAA会場運営の周辺業務（会場警備，会場福利厚生施設運営，清掃など）の社内化を目的に株式会社中部総合サービス（以下，「CSS」という。）を創業メンバーの8名保有の別会社として設立。
1998年	東京進出のため株式会社シーエーエー東京をCSSと同様創業メンバー8名保有の別会社として設立。
1999年	インターネットを介したサービスCAA-NET（入札形式による在宅応札サービス）を開始。
2000年	CTNET21（流札車のインターネット出品サービス）を開始。
2001年	ライブオークション（在宅でもAAに参加できるサービス）の各サービスを開始。
2002年	株式会社中部オートオークションと株式会社シーエーエー東京を合併。合併後の社名を株式会社シーエーエーとした。アントが資本参加。
2004年	衛星システムオークション運営大手のオークネットと資本提携。
2005年	トヨタ自動車およびトヨタ自動車関連会社のトヨタユーゼックと資本提携。

（出所）　シーエーエー

(1) 中古車オークションとは

　出品業者は，主に買取事業者，ディーラー，中古車小売業者で，市場（一般ユーザー）から下取った車を換金するためにオークション会場へ出品する。出品に際し出品業者には，1台当たり6,000～8,000円の出品料（会場によっても異なる）がチャージされ，さらに出品した車が落札されると，同様に1台あたり6,000～8,000円の成約手数料がチャージされる。なお，出品台数によって出品料のディスカウントをする会場が一般的である。一方，落札業者は，主に中古車小売業者や輸出業者でオークションから仕入れた車を市場で販売する。落札に際し落札業者には，1台当たり6,000～8,000円の落札手数料がチャージされる。

　オークションの流れは，出品業者が出品した車をオークション会場が提供するオークションシステム上で，落札を希望する業者達が手許のボタンを押しながら数千円ずつ金額をセリあげていく仕組みになっており，出品業者が希望する価格に到達すると一番高い金額を指した業者が落札業者となる。ただし，出

品業者の希望する価格に達しない場合は必ずしも売る必要はなく流札となり，他の会場で出品されるか，次週以降のオークションに再出品されることになる。

　オークション会場に持ち込まれた車は検査員によって評価点が付けられ，車の画像の撮影などを行った上でオークションのセリにかけられる。搬入，検査，セリ後の搬出などの手間を考えると，週に複数回の開催をする会場はほとんどなく，業者は週に異なる2会場に足を運ぶのが典型的である。

図表15-3　中古車オークションの車とお金の流れ

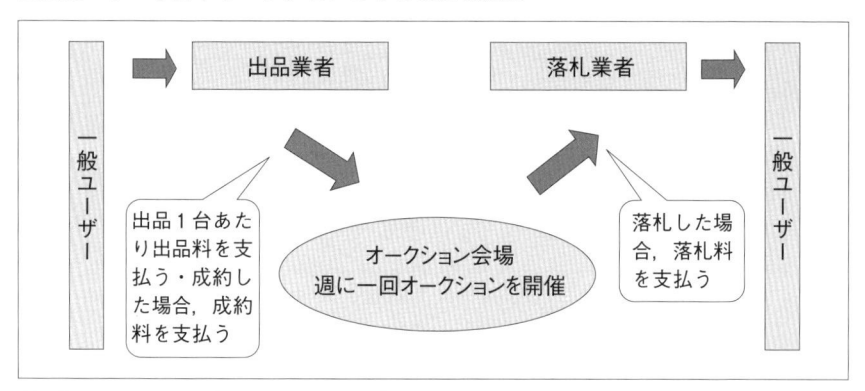

一般ユーザー → 出品業者 → オークション会場（週に一回オークションを開催） → 落札業者 → 一般ユーザー

出品業者：出品1台あたり出品料を支払う・成約した場合，成約料を支払う

落札業者：落札した場合，落札料を支払う

（出所）　アント・キャピタル・パートナーズ

CAA中部会場外観

CAA東京会場セリ会場

出品車両検査風景

CAA中部会場出品車両

オークション会場の売上は、上記の出品手数料、成約手数料、落札手数料の三つから成り立っており、出品車両が成約すると出品手数料に加えて成約手数料と落札手数料が計上されるので、収益の向上には出品台数を増やすこと以外に成約率をいかに上げるかが重要である。しかしながら、多くのオークション会場は出品台数にこだわりすぎるため、出品業者にかなりのボリュームディスカウントを提供することで出品台数を増やす施策をとっており、成約につながらない車（市場に出回らないオークション会場間を行き来している車、売る気のない車）が集まってしまい、それが原因で魅力のない会場になり、落札業者が減少するという負のスパイラルに陥っている会場も多い。

なお、オークションには現車オークション、衛星オークション、インターネットオークションの3種類があり、現車オークションは実際に車を会場まで運び、落札業者が下見をした上でオークションが行われる。衛星オークションおよびインターネットオークションは、システムによる車の画像だけを利用するため出品業者は車をオークション会場に運ぶ必要がないというメリットがあるが、下見で現車を確認できない点と出品業者側の手許に車があるため、必ずしも売るというモチベーションが上がらず、成約率が現車オークションよりも低いというデメリットもある。

現車、衛星およびインターネットのいずれのオークションも会員登録された業者のみが参加できるようになっており、エンドユーザーである一般消費者はオークションには参加できないことになっている。

ちなみにCAAは現車オークション会場で、2002年時点では既に衛星オークション会場と提携して衛星システム経由で会員も参加できるようになっていたし、流札車をワンプライスでインターネットを通じて落札することも可能であった。

アントが投資した当時の中古車流通マーケットは年間900万台と言われており、その60％強がオークションを通して売買されており、中古車流通の核となっていた。

(2) オークション業界について

オークション業界は、2002年当時約150の現車オークション会場が全国に存

在し，大別すると株式会社ユー・エス・エス（東証一部上場，以下，「USS」という）に代表される専業系の会場，株式会社トヨタユーゼックが運営するトヨタ・オート・オークション（以下「TAA」という）に代表されるメーカー系の会場，都道府県単位で組織化されている中古車販売商工組合（以下，「JU」という）が運営する組合系の会場の3種類の現車オークション会場が存在する。

図表15-4 オークション会場出品台数の推移

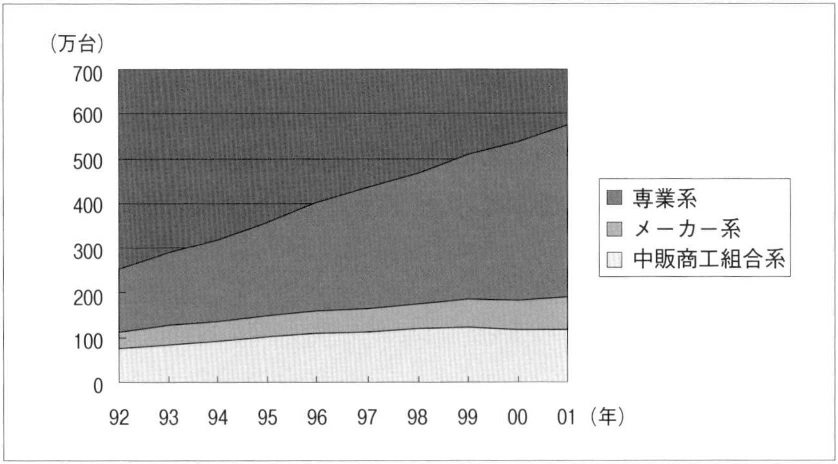

（出所）月刊ユーストカー

図表15-5 2002年上半期オークション実績データ（単位：万台）

会社名	出品台数	シェア	特徴
USS	76	24.8%	業界最大手
JAA・HAA	38	12.5%	2003年1月グループ化
TAA	19	6.1%	トヨタ系列
アライ	17	5.6%	食品卸も経営する商社
オークネット	17	5.5%	衛星オークション
CAA	15	4.8%	—
KCAA	8	2.6%	九州が地盤
その他	116	38.0%	—
合計	306	100.0%	—

（出所）月刊ユーストカー

図表15－4および図表15－5の通り，専業系オークション会場が圧倒的なシェアを占有し，中でもUSSは他の追随を許さないほどの勢いで成長しており，20％以上のマーケットシェアを有していた。USS以外では，兵庫の株式会社HAA神戸（以下「HAA神戸」という）が運営するオークション会場，東京の株式会社ジェイ・エー・エー（以下「JAA」という）が運営するオークション会場（後にJAAがHAA神戸を買収），愛知のCAAなどが続いたが，これら3社が運営する会場を合わせても2001年段階ではUSSの2／3程度の規模に留まっていた。オークション会場の損益分岐点の一つの目安と考えられる年間出品台数10万台（1開催当たり平均2,000台以上）の会場は全国で12会場あり，そのうち10会場が専業系オークション会場で，残り2会場はJU系のオークション会場となっていた。

上記のような背景に鑑み，業界では生き残りをかけて合従連衡が進むことが予想されていた。

2　案件化の経緯と投資理由

(1) 案件化の経緯

本案件の投資は，自動車関連の事業会社から中古車オークション業界の再編をファンドの資金を活用して行いたいと相談を受けたことにはじまる。前述にあるように，業界を取り巻く環境を考えると，専業系オークション会場の中での合従連衡，国内新車マーケットの成長の鈍化による各メーカーの中古車オークションビジネスへの積極的な進出，JU系の株式会社化などの再編がはじまることが予測された。まずは核となるオークション会場に投資をし，その会場を中心にロールアップをしていくことで企業価値を高め，IPOもしくは業界再編を考える同業者への売却が可能と判断し検討を開始した。検討にあたっては，核となるオークション会社を，CAAを初めとした数社にターゲットを絞った。

一方で，CAAの経営陣も1社単独での成長の限界を感じつつ，業界各社との提携を模索しはじめていたが，同業者同士ではなかなか話がまとまらないこと，当時の経営体制のさらなる強化を求めていたことを背景に，ファンドの経

営参画も選択肢の一つとして検討し始めていた。

① ハゲタカとしてのスタート

　2002年春，初めてのミーティングが実現しアントの紹介を終えると，CAAの鈴木会長（当時，社長）からの最初の言葉が「おたくはハゲタカですか？」だった。当時，「ファンドと言えばハゲタカ」というイメージが先行しており，まずはアントというよりもファンドの内容や役割などの実態を理解していただくのに時間を要するのが常だった。

　本ミーティングで，オークション業界の再編の必要性とその核になる会社をCAAと考えている旨を伝えたところ，CAA側からも「実は……」という言葉に続けて，業界内同業者間で議論をしてもなかなか前に進まないという問題点を明らかにしていただいた。

　いかにファンドに中立性があるかということを説き，業界再編を一緒に行いたいという趣旨を伝えた結果，本ミーティングよりさらに詳細な提案をさせていただくことの了承を得られ，投資案件化へ向けて本格的にプロジェクトがスタートした。この一回目のミーティングの成功の背景には，相当な時間を業界研究に費やし，業界の専門家などを講師に迎えて勉強会を開催するなどの事前準備があったためと考えている。

② 複数社へのアプローチ

　CAAの鈴木会長の描いていた持株会社方式による業界再編のアイデアを具現化すべく，CAA以外の他のオークション会場へ足を運び，オークション会場運営会社を中心とした再編を呼びかけた。再編のスキームとしては，持株会社を設立し，株式移転などの方法を用いて複数のオークション会場を束ねていくといったものだった。オークション会場によっては中古車の買取会社を所有する会社もあったので，買取事業は別途再編していく，またインターネットを通じて各会場を結ぶインターネットオークションの会社を設立していく，さらにはそれらの会社の上場の可能性も視野に入れるなど，大規模な業界再編の絵を描いていた。

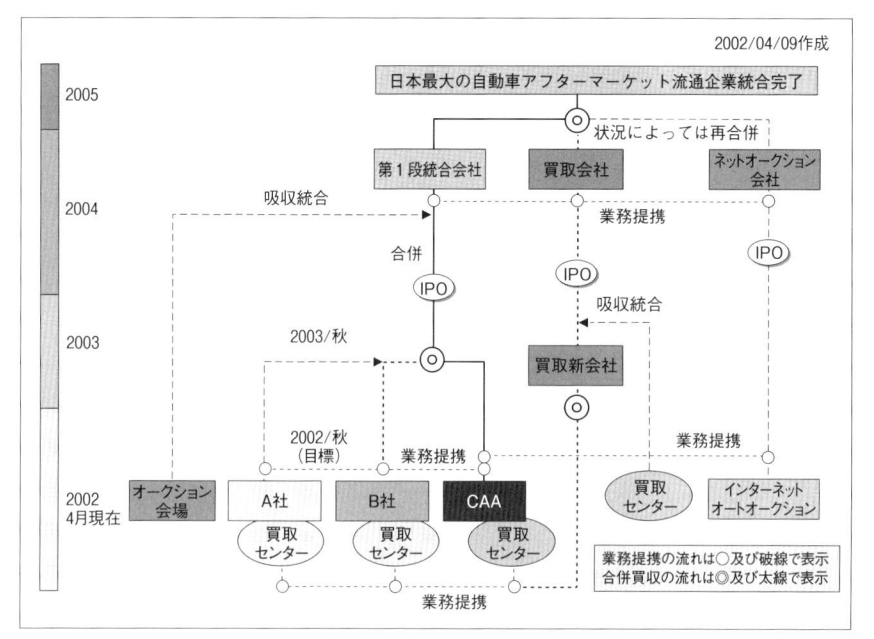

第15章 業界再編におけるファンドの役割とハンズオンによる経営改善の事例紹介 367

図表15－6　当初描いていた業界再編イメージ

[図表：2002/04/09作成の業界再編イメージ図。2002年4月現在のオークション会場、A社・B社・CAAの買取センター、買取センター、インターネットオートオークションから、2003年秋に第1段統合会社への吸収統合、2004年に買取新会社への合併・IPO、2005年に日本最大の自動車アフターマーケット流通企業統合完了へと至る流れを示す。状況によっては再合併。業務提携の流れは○及び破線で表示、合併買収の流れは◎及び太線で表示]

（出所）アント・キャピタル・パートナーズ

a　第1段＜オークション会社の統合＞

　現車オークション会場を統合。収益力の強いオークション会場を統合していくことで，業界大手のオークション会場を創設する。USSに続くマーケットの2番手以降の会場は，ほぼ同規模の会場が数社あり，統合すると業界2番手勢力が形成できる。

　統合によって事業価値を高め，情報システム基盤のネットワーク化や事業価値の拡大により，より高い投資収益を目指す。

b　第2段＜買取会社の統合＞

　CAAの役員が，オートオークション会場の収益向上を狙って作ったのが買取チェーンのアップルオートネットワーク株式会社（以下「アップル」という）である。当時，マーケットでは先行の株式会社ガリバーインターナショナル（以下「ガリバー」という）が業界トップ，アップルは2番手争いを演じていた。各オークション会社には同様の買取会社をグループ内に保有する企業が

多かったため，オークション会社の統合とともに買取企業連合を形成することにより，出品台数を確保し同連合のIPOもしくは事業会社との提携を狙う。

c　第3段＜ネットオークション会社の統合＞

各オークション会場は，独自にインターネットによる入札システムや衛星回線を利用したオークションシステムを保有する会場もあり，マーケット全体からみるとシステム投資の重複となっている。独立系では，株式会社オークネットが衛星オークション事業でIPOに成功していた。インターネットベースの落札が伸びており，各社からネット入札システムを切り出し，独立系ネット入札システム会社に統合することでシステム運営費の削減および同社のIPOもしくは事業会社との提携を狙う。

③　最終判断

最終的には，複数企業を一つに束ねる買収については断念しCAA単独で投資を実行することとした。カタライザー1号のファンド規模では，とうてい複数企業の投資は資金不足となり不可能であったため，カタライザー1号からの投資を補完する目的で，本案件特化型のファンド設立を企図した。しかしながら，事業会社を中心に共同投資の話を持ちかけたが，ことごとく「特殊な業界に対する素人（ファンド）の取り組みの困難さ」を理由に資金集めには苦戦が強いられた。

結果，業界大手のJAAが関西地区最大の会場であるHAA神戸を買収するといった業界再編がはじまり焦りを感じながらも，まずはじっくり1社に投資をし，経営参画を行うことで業界およびオークション運営自体の知識を得た上で慎重に業界再編を検討することとした。

(2) CAAへの投資理由およびリスク

CAAを投資対象可能と判断した主な理由を以下で説明する。

①　CAAのマーケットポジション

中部地区では出品台数ベースでは，USS名古屋に次ぐ2位の会場であった。全国規模でも現車会場としては5位前後に位置し，1998年に開設した東京会場

は既に黒字化し全国トップ10位以内に入ることが見込まれており，再編には欠かせない地位を築いていた。

再編が進む業界だけに，IPOだけでなく事業会社へのEXITなど多くのシナリオを描くことができた。

② 安定したキャッシュフローとEBITDA改善の余地

過去15年間安定したキャッシュフローを生み出しており，2002年7月期では経常利益が6億3,000万円，税引前当期利益5億2,000万円であった。一方で，前述のCAAの人的関係会社であるCSSとの合併を行うことで同社の利益を取り込み，また，徹底したキャッシュフロー経営の導入，営業施策の見直し（特に，大口出品業者向けのディスカウント制度の見直し），外注先の見直しなどにより大幅なEBITDAの改善が見込めると判断した。

③ 企業文化

CAAは，「一貫して公平で厳正な運営を行い会員の繁栄と中古車業界の発展に寄与すること」を理念に運営がなされており，また創業メンバー八名の取締役の円滑なコミュニケーションにより，非常にクリーンな経営がなされていた。

④ 八名の創業メンバー（取締役）との協力体制

既存の八名の取締役のうち，四名が常勤取締役として残り，その他四名は非常勤取締役となり，新たにアントから二名の取締役が加わることで十名の取締役会を構成することとした。デューデリジェンスや交渉の過程を通じてアントへの信頼が構築された結果，実際の経営に関して投資後に積極的なアントの経営参画が認められた。また，特に常勤取締役を中心に株式譲渡前以上に積極的に経営に注力してもらい，アントと二人三脚で経営改善に取組むことになった。

(3) 本案件固有のリスク

投資時には以下のポイントを本案件固有のリスクとして考えていた。

① 株式売却後の創業メンバーの出品台数の減少

　創業メンバー八名はCAAの経営以外にもともと中古車販売業を営んでおり，CAAの出品台数の約10％を占める大口の出品業者でもあったため，株式売却による出品のモチベーション低下が懸念された。

　株式売却後も出品を継続してもらうために，株式譲渡契約の中で十分な出品の協力をすることを約束していただいた。

② 他社との価格競争

　他社会場の容赦ない手数料値下げによる出品台数確保競争が起こる懸念があった。

　本リスクに関しては，価格以外の部分で会場の魅力を出す施策を打ち出すことで解決することとした。

③ 借地代の高騰

　中部，東京ともに原則，敷地は賃借して運営しており，地代の高騰による収益悪化のリスクがあった。地主対策としては，地主の方々に会場運営に一部協力していただくことでリスクを軽減することとした。

④ インターネットオークションの急激な普及

　インターネットオークションが普及し，現車会場が不要になる可能性を検討した。インターネットオークションは，短・中期的には，現車オークション事業の補完的位置付けで発展すると予測する一方で，①出品業者の手許に車があるため運送費もかかっておらず売らなければならないというモチベーションが相対的に高くないこと，②映像，写真では出品車両の状態（キズの程度，車内オプションの充実度など）を見極めにくいこと，③現車オークションのセリスピードが速いために，セリに参加している人のシステム環境によってはセリにタイムラグが発生するなどといった課題が残っており，当面は現車オークション会場がこの業界の主流となると判断した。

3 投資スキーム

(1) CAAおよびCSSの同時買収

2002年10月，CAAの株式取得と同時にCAAおよびCSSで臨時取締役会を開催し，CAAがCSSを買収することで合意，両社の臨時株主総会でCSSを合併することを決議する内容を盛り込んだ包括的な株式譲渡契約を締結した。

アントのカタライザー1号だけでは投資資金が不足したため，前述の特化型ファンドであるオート1号を設立，アントとしては株式の37％を取得した。その後，さらなる株式取得を目指すために段階的にVCなどの共同投資家の参画を募り，2003年10月時点でアントと共同投資家にて過半数（53％）の株式取得に成功した。この取得成功には，CAA経営陣のアントの趣旨へのご理解が礎となっている。

図表15－7　投資スキーム

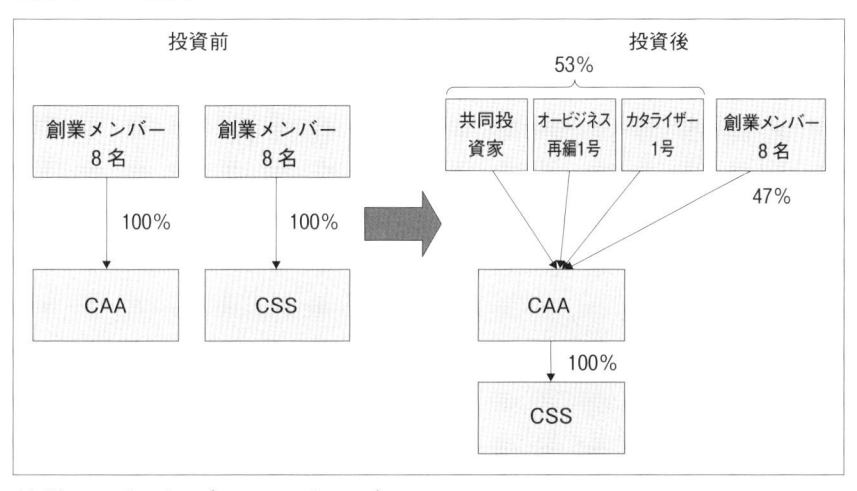

（出所）　アント・キャピタル・パートナーズ

(2) 投資契約時の重要な留意事項

① 経営委員会の設置

現場の実質的な経営については取締役会の下に経営委員会を設置し，四名の

常勤取締役とアントからのメンバー四名で同委員会を構成，ファンドのガバナンスを確保した。既存取締役の人数が多く投資後も退任の予定がない場合，それを上回る人数をファンドから派遣するのは現実的ではない。よって，アントでは，このような会議体を実質的な経営判断の場として設置することが多い。

② 議決権の確保

アントならびにアントが運営するファンドからの出資比率が合わせても34％であったため，事業会社ならびに他VCに共同投資をしていただいた。過半数の議決権を確保するために，株主間契約を締結し，株主総会での議決の協調行使権を確保した。

また，EXITについては事業売却の可能性も鑑み，いわゆるドラッグアロング条項やタグアロング条項を盛り込むことでシェアの少なさを補完した。

4 経営改善項目とアントのハンズオン

以下に経営改善を行った項目をあげるが，それらの実行と成功した背景には鈴木社長，高橋専務，長崎専務，市川常務（すべて当時の役職）をはじめとした役社員の真摯な改革に取組む姿勢と惜しみない努力があった。そして，三年という短い時間でEBITDAが2.5倍になるという大きな成功が実現できたのである。

(1) 具体的な改善
① ハンズオンチームの結成

アントから二名の取締役に加え二名の経営委員（アントの取締役二名は経営委員を兼任）を初期のハンズオンメンバーとし，外部のコンサルタント一名とともに投資後翌日から経営に参画した。まず，ハンズオンチーム全員で課長職以上の幹部社員との面談を行い，会社の実態を把握するとともに改善項目の洗い出しを行い（デューデリジェンス時に洗い出した項目の確認作業），さらにはキーパーソンの抽出も行った。

② 詳細分析

　アントメンバーは,「エクセル君」とCAA社員から呼ばれるほど,会社にあったありとあらゆるデータを分析しKPI (key performance indicator：会社の売上や利益を構成する重要指標) の抽出と確認作業を行った。このKPIの洗い出しこそが,会社の方向性を大きく変える重要なものとつながったのである。当時のオークション業界は出品台数至上主義で,とにかく出品台数を競っていた。出品台数増加施策として,車を多く出品する大口業者への大幅ディスカウント (正確にはオークション後に還元金として支払う) を提供していた。その結果,あまり成約率の高くないオークション会場間を同じ車両を使い回しながら利ざやを稼ぐ業者がCAAにおいて増加傾向にあり,出品台数が増えることに伴う検査などの販管費は増加するが,利益につながらないといった悪循環の兆しが分かった。

③ 経理・財務システムの整備

　未公開企業の多くは税務申告用の会計処理にとどまっているため,上場に必要な経理処理や会計処理が行われていない。CAAも会計年度によって勘定科目の処理方法が異なったり,減価償却方法を変更したりしていた。そこで,アントのメンバーの会計士を上記ハンズオンチームに急遽加え,経理・財務システムの整備を行った。

　会計処理が整備されないと「KPIによる会社の見える化」も間違った方向に導かれる。経営指標を見誤ってしまったままPDCA (plan-do-check-act) のサイクルを回してもその有効性が軽減されるため,本整備は急ピッチで行われた。

④ 経営ビジョンの設定

　KPIの抽出によってある程度導き出された会社の問題点を確認する上で,CAAに参加する出品業者や落札業者へのインタビューを開始した。結果,KPIの抽出から導き出された仮説とインタビューによる問題点が一致し,「出品ありき」という方針から「良質な車の集まる会場」に会社を変革するという方向性を打ち出した。

良質な車 ＝ 成約される可能性が高い車 ＝ 市場ですぐに売れる車をとにかく増やすためにさまざまなプロジェクトが結成された。

　高橋専務の案による当時市場で活発に売れていた軽自動車専門の「日本一の軽自動車コーナー」の実現，現場から出てきた案によるオークション会場に初めて出品される「初出品コーナー」をオークションのプログラムに加えたことは，他の会場との差別化を図るものとなり，CAAの成約率を押し上げる非常に有効な施策となった。

⑤　キャッシュフローの見直し

　当時，東京会場設立のための借入と運転資金確保のための借入があったが，余剰である可能性があると判断し，過去3年間の日々のキャッシュフローを精査した。

　オークション会場には，落札業者の代わりに出品業者へ出品車両の成約代金を立て替える機能があったため，ある程度の運転資金が必要であった。オークション開催後翌週の開催までに代金を支払わなければオークションには参加できない規則のため，落札業者は必ず1週間以内に代金を支払っている。週のどの曜日に支払傾向があるかなど調べた結果，すべての借入を返済しても残る現金で運転資金を確保できることが発見された。

⑥　出品者への還元金施策の見直し

　既存の施策は出品台数のみを対象とした手数料のディスカウント（還元金制度）であったため，成約につながるような施策にはなっていなかった。リスクを覚悟して，ディスカウントの対象を出品台数だけでなく成約率に連動する形とした。ある程度の出品もし，さらに車をしっかり売却すると，出品業者には今まで以上にディスカウントが提供されるような制度を導入した。これは，出品業者の売却のモチベーションを促進させた。CAA側では成約すると成約手数料と落札手数料が入る仕組みになっているので，ディスカウント金額を増やしても別収入で利益が増加するような形となった。当初，出品業者が減るのではないかとの懸念もあったため出品業者へのインタビューを実施し，さらには事前説明を徹底することで還元金制度の大幅な方針転換を実現させた。

結果，流札の多い車両が減少し落札業者が望むような車両が増加し，今まで来場のなかった落札業者もCAAに参加するようになり，オークションの好循環が生まれた。

⑦　コールセンターと営業企画チームの設置

出品業者や落札業者を増やそうと，営業だけでなくバックオフィスを含めた全社員が週に1時間，お客様のニーズのヒアリングや，出品情報の提供を行うコールセンターを構築した。今までほとんど顧客フォローがなかったため，会場に参加する業者にはCAAが大きく変わったというイメージを与えるのに成功した。

また，積極的に顧客訪問をして出品業者を確保する営業企画チーム（二名）を設置し，顧客のフォローを入念に行った。本営業企画チームは1日10社以上の訪問をこなすなど出品台数の増加に大変貢献した。ちなみに，投資した当初のCAA中部会場の出品台数は4,000台／開催であったが，3年後には6,000台／開催を超える週も少なくない会場になっていた。

⑧　M＆Aによる他会場の買収

2003年に近隣の岐阜にある中日本自動車総合卸センター株式会社（以下「NASA」という）を買収し，中部エリアでのシェアの拡大を図った。本買収はCAAの自己資金によって行われた。

買収に際し，アントのメンバーはデューデリジェンスの支援や企業インテグレーションの方法について支援したが，プロセスの実行はなるべくCAAの現場にまかせることとした。これは，将来的にM＆Aで同社が業界再編をしていくことを念頭に置いて，基本的な買収先企業の統合の方法を現場で身に付けておくという大きな目的があった。重視したポイントは，買収した側が上位に立つという雰囲気をなるべく醸し出さないようにする点であった。

⑨　さまざまな施策を支える人事制度の導入

上記の施策をなるべくスムーズに実行できるように，実績とやる気を重視した人事制度を導入したり，現場のメンバーを取締役に抜擢するなど，従業員の

モチベーションを高める施策を積極的に取り入れた。

上記のような改善を行った結果，投資後3年間で以下の**図表15－8**のようなEBITDAの改善が実現した。

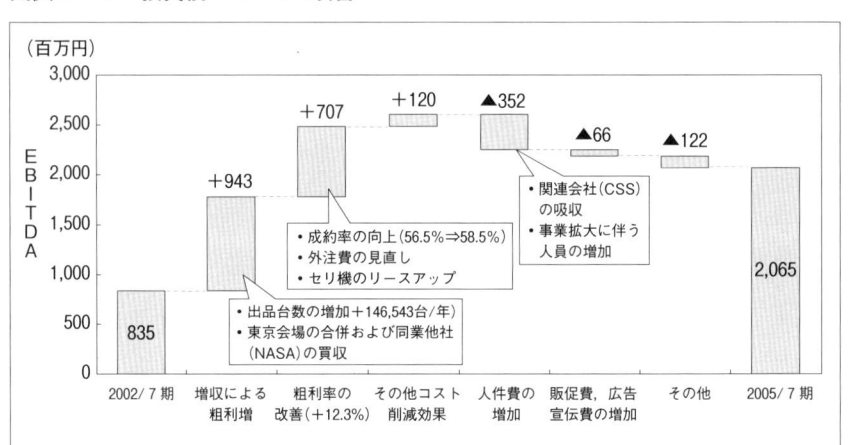

図表15－8　投資後のEBITDA改善

（百万円）

2002/7期	835
増収による粗利増	+943
粗利率の改善（+12.3%）	+707
その他コスト削減効果	+120
人件費の増加	▲352
販促費，広告宣伝費の増加	▲66
その他	▲122
2005/7期	2,065

補足：
- 出品台数の増加＋146,543台/年
- 東京会場の合併および同業他社（NASA）の買収
- 成約率の向上（56.5%⇒58.5%）
- 外注費の見直し
- セリ機のリースアップ
- 関連会社（CSS）の吸収
- 事業拡大に伴う人員の増加

（出所）　アント・キャピタル・パートナーズ

(2) アントがハンズオンで重要視したこと

　アントがハンズオンに際して経営陣および従業員との信頼関係構築のために重要視したのは，「単純に提言するだけではなく，現場と一緒に実行する」ということだ。言葉での提言だけでは，なかなか現場がついてこないケースが多い。どうしても，「あの人たちは株主だから」などといった第三者的な立場として扱われてしまって，言葉に説得力が欠けると考えたからだ。

　ある時には，臨時駐車場で雨のため泥にタイヤが埋まって立ち往生していた車の移動を手伝うこともあったし，一緒に会員を訪問することもあった。まさに泥臭いハンズオンを行った。現場との一体感を出すことで，「この人たちは真剣に会社のことを考えている」ということを理解してもらったことが，経営改善が円滑に進んだ最大の理由だった。

5　EXIT戦略

(1) IPOへの挑戦

　CAAは，経営改善を進めると同時にIPO準備室を設立し早期のIPOを目指していた。IPOの目的は，上場企業として認知されることによりお客様への信頼感を高めることとさらなるM&Aを加速させることにあった。

　IPOの準備は順調に進んだが，いくつかの課題を解決しなければならなかった。特に全会員を対象として反社会的勢力との関係がないかどうかの確認が求められ，同確認作業には相当な時間を要した。確認作業を行う専門チームを立ち上げ，いくつかのキーワードを使って日経テレコンなどの犯罪情報との照合作業を行った。結果，反社会的勢力とのかかわりは一切見つからなかった。

　一方，CAAの業績は順調に伸び，大幅な収益の改善も実現していたものの，上場市場を東証マザーズと考えていたため，将来の会社の成長率を20％目安にして実現する見込みを実証しなければならなかった。オークション市場は前述の通り，成長というよりもむしろ成熟の域に入っていたので20％の成長の継続は難しいと考えられたが，さまざまなシナリオをもとに主幹事証券会社との議論を行った。

(2) トヨタ自動車との資本提携

　IPOの審査がほぼ終了の段階まできていたところ，トヨタ自動車および子会社のトヨタユーゼックとの資本提携の話が浮上した。これまで，専業系の会場同士の合従連衡は進んでいたが，専業系の会場とメーカー系のオークション会場が手を組むということは業界において画期的な提携であった。

　アントは，IPOとトヨタ自動車との資本提携の両方のメリット・デメリットを慎重に検討した結果，業界再編というそもそもの本投資の狙いに合致すること，トヨタ自動車がCAAにとって最良の提携先だと考えたことの二点で，同社との資本提携を最優先に交渉を開始した。交渉の過程に，その他2社の事業会社から同様な提携の話をいただいたが，トヨタ自動車1社に絞って交渉を進めた。

創業メンバー八名それぞれにヒアリングした結果，一部にはIPOへの固執もあったが，トヨタ自動車の参画は概ね快諾された。最終的に資本提携後の会社の運営方針など細部まで合意する形で，2005年末に資本提携が実現した。

おわりに

　CAAの株式をトヨタ自動車へ売却して2年後，CAAのある社員から電話がかかってきた。何かあったのかなと心配しながら話を聞くと，定年を迎えられその日が最終日だそうだ。アントが関与した3年間，サラリーマン人生の中で最も充実した時間を過ごせたとのお礼の電話だった。ともに切磋琢磨して改善に取り組んできた日のことが思い出され，こちらからもお礼を申し上げながら目頭が熱くなった。

　本稿末に記載されているインタビューにおいて，CAAの鈴木会長がアントなら信頼できると考えアントを選んでいただいた経緯を話されている場面に同席したが，同会長の真摯にファンドを受け入れていただいた姿勢や会社だけでなく，業界のことを考える気持ちには心から敬意を表したいと思う。鈴木会長だけでなく，新しいアイデアで会場の活性化を導いていただいた高橋専務（退任），東京会場の業績アップにご尽力いただいた長崎専務，地元の地権者の取り纏めに奔走していただいた市川常務，また非常勤取締役にもかかわらず後藤，土屋，鈴木，成田各氏にも大変ご支援いただいた。さらに，現場でもしっかりとデータを分析できる人材がいたこと，新しいプロジェクトに常にポジティブに取り組んでくれる人材がいたこと，顧客の営業，マーケティングに優れた人材がいたことなど非常に運にも恵まれたと考える。こうした方々との一致団結が本案件の成功の源泉だったと思う。

　この場を借りて本案件に関与していただいた方々に深くお礼を申し上げたい。

経営者インタビュー

ファンドとのパートナーシップによるオーナー経営からの脱却

株式会社シーエーエー
代表取締役会長
鈴木章郎氏

Q 御社は，2002年10月に当時の日興アントファクトリーから資本参加を受け入れました。当時は活動しているファンドの数も少なかったと思いますが，ファンドが株主となることに対して抵抗感などはありましたでしょうか。

「ファンドは怖いな」というイメージは事実持っていましたので，正直言って抵抗感はありました。一番はじめに当時の日興アントファクトリー（現アント・キャピタル・パートナーズ）のメンバーにお会いした時に，本当に単刀直入に「ハゲタカ・ファンドと違いますか？」という質問をしたくらい抵抗感はありました。あまりにも単刀直入に聞きすぎるから，アントのメンバーもびっくりしたのですけれども，非常に熱心にいろいろご説明いただいて，結果的に抵抗感より期待感が上回ったということです。皆さんなかなか素晴らしい人だなという感触を得ました。当時，私どもの会社も地方の一企業だったものですから，経営的に能力不足というか，このままでは一企業で終わってしまうので，全国企業にして上場するためには何か改革をしていかなくてはいけないと常々思っていました。ですから，その時に飯沼さんをはじめアントのメンバーにお会いして，この方々と力を合わせれば地方企業から脱皮できるのではないかという思いが非常に強くなってきました。そして，最終的にアントさんと組む決断をしたわけです。

Q アントとのパートナーシップを強化するために，日々のコミュニケーションで工夫したことはありますでしょうか。

特に組織が組織になっていないみたいなものですから，そういう組織の構築からはじめていただきました。単にアドバイスするだけではなく，実際に人を送り込んでいただきました。例えば，伊藤さん（現アント・キャピタル・パートナーズ株式会社 パートナー）や立川さん（現アント・キャピタル・パートナーズ株式会社 パートナー）に常駐していただいて，われわれと一緒にいろいろな問題を解決していったというのが非常に大きかった気がします。

取締役会は月1回，経営会議も月1回ありました。取締役会はありましたけれど，以前は経営会議なんていうものはなかったものですから，それを新たに作ったのです。取締役会もどちらかというと取締役会の体をなしていない取締役会だったのですけれど，アントの皆さんが入ってくれてからは，取締役会をきちっと開催することができたと思っています。

最初の頃は，特にセリ順の変更について議論しました。一つの経営チームの中で，オークションの順番をどうするのが一番いいのかとか，手数料をどうするとか，ファンドと経営陣が本当に一体になって，「この中古車オークションの事業を良くするにはどうしたらいいのだろうか」という視点で議論していました。激論を交わす部分があっても，お客様のためにいかにいいオークションにするかという根本は同じ視点で考えていました。そういう目線合わせというのは，もう初期の段階からきちんとできていたということです。

出品者の駐車スペース

鈴木会長とアント・キャピタル・パートナーズのメンバー
（後方左から立川勝大氏，飯沼良介氏，伊藤尚毅氏）

Q 株主が変わるということは会社を変えるチャンスです。社員の意識は変わりましたでしょうか。

　社員の意識が大きく変わったことは実感しています。私どもが単体でやっていた時と比べると，利益意識というのか，「無駄遣いをしない」，「こうしたらもっと利益が上がる」という意識を徹底させていただいたというのが大きいですね。

　社員のモチベーションを高めるための施策の一番は成果主義の導入です。逆に言えば，今現在，成果主義に偏りすぎたというきらいはあります。そういう反省点もありますけれど，その当時はどんぶり勘定みたいなものから，きちんとした計数管理でなおかつ成果主義を採用できました。アントのメンバーにもアドバイスをいただきながら，そういう施策を導入したというのはありますね。予実管理の仕組みを導入し，社員もそれに参加して，賞与もそれに連動してということです。

　今思うとそれが徹底しすぎて，あまりにも成果主義が強調されすぎているきらいがあるものですから，少しその辺を逆になだらかにしつつあるのです。でも何かやろうと思ったら，ドラスチックにボンとやらないとやれないという部分はあるものですから，いったんバッと振っておいて，多少振り戻しをするということになります。社員の反応については，当時は会社もどんどん伸びていましたから，別に抵抗感はありませんでした。

Q 他社との業務提携も積極的に行っていますが，これもアントのメンバーからの助言や支援を得て実施された施策なのでしょうか。

　もともと全国展開をしていきたいという思いがあり，それを実現するためにはいろいろなところと提携していかないとできないものですから，最初からそういう構想は持っていました。特にネット関係です。インターネットが当時急速に普及しはじめた時ですから，インターネット関連で業務提携していくというのが手っ取り早いのではないかということで，別会社として，インターネットによる中古自動車オークションサイトの運用とシステムの企画開発を行うシグマネットワークスという別会社を設立したのです。伊藤さんが社長で，私が会長ということでスタートしました。最初の構想では，シグマネットワークスに出資をしていただいて，シグマのほうを上場したらどうだという案も作っていたのですが，いろいろな事情があって，最終的にはシーエーエーだけで単体でスタートしたという経緯があるのです。シグマネットワークスでは，インターネットによる新たな中古車オークションサービス『現車会場.NET』を2006年5月より開始し，多彩な検索機能や情報サービスを提供しています。

業務提携もすごく進みまして，提携会場の数はものすごい数に増えています。それから，買収も行いました。具体的には，2004年8月に，中日本自動車総合卸センター（NASA）の株式を取得し，吸収合併の後に「岐阜会場」としました。もともと全国展開したいというと思いがありましたので，株式の取得スキームの実行部隊としてアントの皆さんにもお手伝いいただきました。

業務提携や買収の候補先については，このエリアだったらこの会社があるなというように私の頭の中にありましたし，取引先の人など業界内のネットワークを通じて紹介があったりもしました。ですので，手続などのスキームなどはアントさんにお願いしたわけですけれども，交渉などは事前に会社同士の話でできていました。

Q 今振り返ってみて，アントのメンバーはどんな存在でしたでしょうか。また，ファンドとのリレーションが上手くいく秘訣は何だと思いますでしょうか。

私の中ではファンドは怖いというイメージがありましたが，実際に付き合ってみて，非常に親身になって面倒をみてくれるので，最初の見方と比べるとファンドの見方が変わったのは事実ですね。立川さんにも1年半の常駐期間を含み3年あまりにおよんで支援していただきましたし，伊藤さんも当事者として真剣になって一緒に取り組んでくれました。それが一般的なのかどうかは，他のファンドとの付き合いがないものですからよく分かりませんが，とにかくきちっと面倒をみていただいたという気がします。

あとファンドとのリレーションが上手くいく秘訣については，この辺はやはりお互いの信頼関係ですね。お互いが猜疑心持って臨んでいたら，上手くいきませんので，ある程度信頼して任せるというスタンスがなければなりません。

Q ファンドを活用して取り組んだことに対して，地元からの反応はいかがでしたでしょうか。

シーエーエーが今のような経済状況の時にファンドを導入するということであれば皆さん心配するかもしれませんが，結構伸びているときにファンドを導入しました。ですので，多少の問い合わせはありましたけれど，「これは上場するために支援をお願いしているのだ」ということで支持していただけました。ファンドを入れることについて，「何でそんなことをするの」という質問もいくつかありましたが，「実は上場も目指しているので，私どもだけではとても手に負えないので助けていただいているのだ」という説明をして，ご理解いただけるように努めました。

Q 最後に，シーエーエーがどんな会社に育って欲しいかについてお話いただければ幸いです。

　1988年の中部会場を開設して以来，会員の皆様の満足度を最大化させることを目的に「ビジネスの公平さとスピード」を追求してきました。中古車業界のためにという思いもあり，それに所属する会員のためになる企業というのを目標にして会社を立ち上げたものですから，ぜひそれはそのまま継続して実行していきたいという強い願いを持っています。将来的にも自社の中古車事業を強化し，会員本位の事業展開を行っていき，創業者の思いを継承していって欲しいと思います。

鈴木章郎氏略歴

1963年家業の株式会社鈴木モータースに入社，代表取締役に就任。1987年株式会社中部オートオークション（現株式会社シーエーエー）設立，代表取締役社長就任。2005年株式会社シグマネットワークス設立，代表取締役社長就任。現在，株式会社シーエーエー，株式会社シグマネットワークス，株式会社シーエーエー東北，各代表取締役会長。

座談会

キューサイの事業承継型MBOと事業構造の改革

——討論者——

キューサイ株式会社 代表取締役社長　藤野　孝氏
キューサイ株式会社 専務取締役　原田晋吾氏
ポラリス・キャピタル・グループ株式会社 代表取締役社長　木村雄治氏

　青汁で有名な健康食品メーカーのキューサイは，2006年に経営陣がバイアウト・ファンドの支援を得てMBO（management buy-out）を実行した。そして，創業者の理念を引き継いで，新しい分野への事業拡充を積極的に図り，構造改革を推進してきた。2010年10月には，コカ・コーラウエストグループに入り，さらなる企業価値の向上を目指すこととなった。

　本座談会では，MBOの中心的役割を果たしたマネジメントである藤野孝氏と原田晋吾氏，ポラリス・キャピタル・グループ株式会社の木村雄治氏の三名をお迎えし，キューサイのMBOの概要と経営改革の内容についてお話しいただいて，事業承継型MBOのあり方について議論した。（聞き手＝杉浦）

■ キューサイが抱えていた経営課題 〜事業構造の見直しと事業承継〜
——まず，2006年当時のキューサイの業況と経営陣が認識していた経営課題についてお話し願います。

藤野：私は2006年5月に社長に就任しました。創業者オーナーでもある当時の長谷川常雄社長から，「お前が社長になれ。それで俺は会長になる」ということを言われました。

　当時は，長谷川さんがいる中で，健康食品事業の業績は回復基調にあって，事業再編という観点では「らでぃっしゅぼーや」という会員制宅配サービスの子会社の株式を譲渡して，その代わりに，今は中核3社の一つになっております特定保健用食品の日本サプリメントの株式を取得したところでした。健康食品事業に特化していく一方で，冷凍食品事業というのもありまして，これも業績が伸びてきていて，年商90億円まできていたという状況でした。それぞれの事業をどう伸ばして，安定させていくかが当時の経営課題でした。

原田：私は主としてIR（投資家向け広報活動）を担当しておりました。よく投資家さんから，「キューサイ青汁などの健康食品ビジネスと，ニチレイ様へのOEMの冷凍食品ビジネスを並行していくことに事業シナジーはあるのですか」と聞かれていました。健康食品ビジネスに比べて冷凍食品ビジネスは収益性が低いので，今後どうするかということで，常に命題としていました。

　そうは言うものの，冷凍食品ビジネスは創業者オーナーの長谷川さんが手がけたビジネスですし，長谷川さんとしてはOEMは収益性の高いビジネスで，またニチレイ様へのOEMであるということは，将来においても非常に安定的であるので，事業を維持するという結論を出してきたのです。

　そういう背景がある中で，健康食品事業には販売店チャネルと通販チャネルという二つのチャネルがあり，販売店チャネルの収益性が伸び悩んでいました。一方で，通販チャネルは新たに立ち上げて3年目くらいに入ったところで順調に滑り出してきました。ただ，一つのチャネルだけで成長を引っ張っていくのは，将来において不安があるなということで，販売店チャネルの立て直しにも注力すべきだとの意識がありました。限られた経営資源を有効に使っていくという意味において，冷凍食品事業と健康食品事業の中で選択と集中をしていか

図表1　会社概要

会社名	キューサイ株式会社
設立	1965年10月
代表者	代表取締役社長　藤野孝
本社所在地	〒810-8606 福岡県福岡市中央区草香江一丁目7番16号
事業内容	・健康食品の製造販売 ・キューサイ青汁の製造販売
拠点	＜本社＞福岡市 ＜工場＞宗像市
関係会社	日本サプリメント株式会社 株式会社キューサイ分析研究所 キューサイ青汁販売株式会社 株式会社キューサイファーム島根 株式会社キューサイファーム千歳
売上高	331億4,442万円（連結）2010年10月末現在
従業員数	446名（連結）2010年10月末現在

（出所）　キューサイ

図表2　沿革

1965年10月	菓子製造および販売を事業の目的とし資本金50万円にて長老製菓株式会社を設立。
1967年5月	商号を長谷川製菓株式会社と改め，福岡菓子生産団地内（福岡市大字柏原1206番地）に本社移転。 福岡食品工場を建設し稼動開始。
1969年10月	冷凍食品部を開設し，株式会社ニチレイの協力工場として冷凍食品の生産を開始。
1982年9月	ケールを原料とする青汁の製造販売を開始。
1985年12月	福岡県宗像市に宗像工場（現宗像食品工場）を建設。
1986年1月	青汁の販売を株式会社ハセガワ健康社（1992年12月，キューサイ青汁株式会社に商号変更）に移管。
1986年9月	ハセガワ冷食株式会社（1987年5月，福岡農場株式会社に商号変更）が，福岡県宗像市に青汁の専用工場（現宗像青汁工場）を建設したことに伴い，同社に青汁の製造を移管。
1995年3月	キューサイ青汁株式会社は福岡農場株式会社を吸収合併し，商号をキューサイ株式会社に変更。青汁事業および冷凍食品事業の二事業部門体制とする。
1995年4月	福岡市中央区草香江一丁目7番16号に本社移転。
1997年9月	日本証券業協会に株式を店頭登録。
1998年7月	福岡県宗像市に中央研究所を建設。
1998年10月	有限会社キューサイファーム島根を設立。
1999年9月	東京証券取引所市場第二部・福岡証券取引所に株式を上場。

1999年12月	有限会社キューサイファーム千歳を設立。
2000年1月	環ネットワーク株式会社（2000年7月，らでぃっしゅぼーや株式会社に商号変更）の株式を取得し，子会社とする。
2001年12月	キューサイ株式会社青汁事業においてISO9001：2000の認証を取得。
2002年10月	キューサイ株式会社冷凍食品事業においてISO9001：2000の認証を取得。
2003年1月	株式会社キューサイ分析研究所を設立。
2005年11月	有限会社キューサイファーム千歳から株式会社キューサイファーム千歳へ組織変更。
2006年2月	日本サプリメント株式会社の株式を取得し，子会社とする。
2006年3月	らでぃっしゅぼーや株式会社の全株式を，株式会社ジャフコ・エスアイジーNo.7へ譲渡。
2006年8月	有限会社キューサイファーム島根から株式会社キューサイファーム島根へ組織変更。
2006年12月	グリーン・パートナーズB株式会社による当社株式の公開買付が平成2006年10月6日から2006年11月9日まで実施され，これにより2006年12月1日付で同社は当社の親会社となる。
2007年2月	臨時株主総会において，当社普通株式に当社が株主総会の決議によってその全部を取得する全部取得条項を付す旨の定めを新設。
2007年3月	東京証券取引所および福岡証券取引所の株券上場廃止基準第2条第1項第18号（全部取得）に該当したため上場廃止。
2007年9月	キューサイ株式会社の冷凍食品事業をキューサイ福岡食品株式会社，キューサイ宗像食品株式会社に会社分割。
2007年10月	親会社であるグリーン・パートナーズB株式会社とキューサイ株式会社が合併し，存続会社であるグリーン・パートナーズB株式会社はキューサイ株式会社へ商号変更。
2008年4月	キューサイ宗像食品株式会社の全株式を株式会社ニチレイフーズへ譲渡。
2008年5月	福岡県宗像市王丸地区の青汁工場を同市神湊地区へ移転。
2010年9月	キューサイ福岡食品株式会社は臨時株主総会において，会社解散を決議。
2010年10月	コカ・コーラウエスト株式会社が当社株式の100％を取得し，同社は当社の親会社となる。

（出所）　キューサイ

ないといけないという課題はあったと思います。

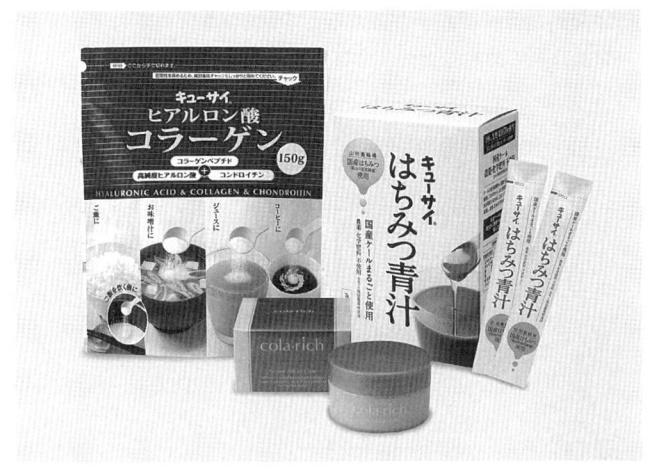

キューサイの製品

■ MBOの背景とスキーム
—— MBOの実行に至った経緯についてお教え下さい。

藤野：長谷川さんは，事業継承をするに当たって，おそらくその数年前くらいからそのことを考えながらきたと思うのです。そして，MBOの話を実行の半年前からきちんと段取りを踏まれながら進められました。

私が副社長になったのが2005年です。そのときには，「俺はあと2期やるから」とおっしゃっていたのです。それで，「お前は副社長になれ」と，さらに副社長に

藤野孝氏

なって1週間くらいしたら，「代表を付けるから」ということで，代表取締役副社長になりました。そして，2006年3月には，「お前社長になれ。俺は会長になるから」という話がありました。さらに5月に社長になると，「俺はもう会長を辞めるから」ということでMBOのお話しをいただきました。そういう流れの中でお話をいただいて，そこでそれを受けるかどうかというところですが，会長の気持ちはもう決まっていましたから，私たちみんなで受けるということで決断をして賛同しました。

——前年にはポッカコーポレーションなどのMBOも実施されていました。バイアウト・ファンドの存在をどのようにご覧になっていましたでしょうか。

原田：私は以前，子会社の「らでぃっしゅぼーや」の株式を譲渡したときにファンドさんが相手でしたので，ある程度は知っておりました。ですから，いざMBOするということになってきたときには，正直なところ若干構えました。

その「構えた」という背景は，当時の報道等でもいろいろあったと思いますが，能力が高く理路整然とした論理展開をされる方がずらっと乗り込んでこられるようなイメージがあり，われわれはそういった方々と一緒にやっていくところにおいて大丈夫だろうかという不安が若干ありました。当時は，まだそれくらいのイメージしかありませんでした。

ただ，そうは言うものの，幸いにしてご一緒させていただいたファンドさんは日本国内のファンドさんです。そういった意味においては，これは正直な気持ちなのですが，日本人としての心が通じ合うファンドさんであるといった安心感というのがあった記憶があります。

ポラリスさんのメンバーと最初に会ったときの印象も，非常に優しい方々だなと感じました。非常にクレバーな方々で，デューデリジェンスをやる中において，質問もいただきながらコミュニケーションを交わしていく上で，温かみもあるという印象を覚えています。

藤野：ちょうどこの時期が「ハゲタカ・ファンド」などが話題になっていた真っ只中でした。過去1年の間にたくさんの大型の案件が出ていましたが，そういう中で，私はファンドの世界は分からないのですごく不安がありました。

今のキューサイは長谷川さんから引き継いだものなのですが，私どもは長谷川さんが創ったキューサイイズムが大好きで，それを守りたいという気持ちがすごくありました。当時も，それを守って継承していきたいという思いがありましたので，事業会社さんよりも，ぜひファンドさんにお願いしますということで，長谷川さんのほうに私どもから強くお願いをしました。それで，ファンドさんに事業承継を支援いただくことになったのです。

原田：われわれが一番思っていたのは，今までの会社の経営方針が変わらないお相手と一緒にさせていただきたいということでした。それが社員にとっても一番安心感があるのではないかと思っていました。そういった意味で，いろいろな選択肢の中でファンドさんに承継を支援いただくというのはキューサイにとってみれば本当に大きなポイントだったと思います。

藤野：それと，スポンサー候補の中から，「ぜひポラリスさんのグループでお願いします」と私どもが長谷川さんにお願いしたのです。それで，長谷川さんも「分かっているよ」ということで，ポラリスさんを含む国内系ファンドの支援を得ることになったのです。いろいろな他のファンドさんの候補とミーティングさせていただく中で，私どもと一緒にやっていただくお相手として，長谷川さんにそのようにお願いをして理解を得たのです。

――ポラリスとしては，キューサイの事業のどのような点に魅力を感じて投資を決定したのでしょうか。また，キューサイの経営陣とともに数百億円規模の買収を行いましたが，資金調達はどのように行いましたでしょうか。

木村：やはり投資を決定する際に一番大切なことは，キューサイの事業をどのような経営陣が経営をされるかということです。グッド・マネジメントというのは投資が成功する一番大事なところだという思いがあります。最初に面談させていただいたときに，藤野さん，原田さん，それから河本さん（営業担当の取締役）の三名にお会いして，その辺りのところをかなり強く印象付けられました。

事業性としては，やはり成長性のある健康食品事業で先駆者として確固たるブランドをお持ちになっておられる点を評価しました。それから，ロングセラーの青汁に加えて，ヒアルロン酸コラーゲンがもう一つの柱として育ちつつありました。どの程度育つかということについては，リスクもあったのかもしれませんが，成長性に着目しました。さらに，買収したばかりの日本サプリメントという会社がもう一つの軸として，次世代の柱となる特定保健用食品という分野で展開できる点に魅力に感じました。

木村雄治氏

それから，全国の拠点に置かれている代理店です。販売方式は，代理店網に加えまして，テレビを中心とする通販というチャネルがあります。時代の要請もかなりあって，通販のようなテレビに訴えるチャネル戦略に魅力があるなと思ったのです。

そういった形の事業構造に裏打ちされた高いキャッシュフロー創出力と成長性が一番のポイントでありまして，ぜひ投資をさせていただきたいと思いました。

さらに，やはりバックアップするスタッフの体制ですね。いろいろ面談させていただく中で，素晴らしいスタッフが揃っていて，チャレンジングなベンチャー精神をお持ちになっていたということがわかり，爆発力のある収益成長をもたらす可能性を秘めていると感じました。

そんな魅力のある会社ですが，TOB価格はそれなりに高い価格でしたので，資金調達はレバレッジド・バイアウトという手法で実施しました。買収総額は600億円以上になったわけですが，そのうちの25％程度については，ポラリスが，その当時のエヌ・アイ・エフSMBCベンチャーズさん，日本産業パートナーズさんと3社で共同出資いたしました。そして，買収総額の75％程度をシニアローン，劣後ローン，優先株式で調達することでレバレッジを効かせたわけです。

──創業者にとっても大きな決断だったと思います。長谷川オーナーから託されたことやいただいたメッセージで印象に残っているものはありますでしょうか。

原田：自分が42年間手塩にかけたこのキューサイという会社を，将来どういう形で長谷川さん自身が去っていくかというのは，ずっと悩んでおられたと思うのです。そして，このキューサイという会社を誰かに大きく育てて欲しいという思いは，おそらく人一倍強かったのではないかと思います。

そういう中で，MBOという手法をご存じであったので，現経営陣をマネジメントにしていって，ファンドさんと一緒に拡大していってくれないかという思いがあったのだなと私は感じました。前オーナーとしては，この思いを託したいというところで，経営陣にMBOという手法で引き継がせてあげたいとい

う親心があり，またそれによって社員もそのままの形で温存していただけるという思いがあったと思います。

　それと，お相手がポラリスさん，当時のエヌ・アイ・エフSMBCベンチャーズさん，日本産業パートナーズさんで，キューサイに対して非常にご理解が深いお相手でしたので，安心して預けられるという思いがあったのではないかと思います。

藤野：私が社長を引き継ぐとき，長谷川さんがIRの席でアナリストさんに私のことを紹介したのです。まず，「企業というのはぐいぐい成長していくときには，自分みたいな人間が要る」と述べられました。これは，求心力があって引っ張っていく力強い人間が要るということです。そして，「この藤野は，梅干しのような人間でふにゃふにゃとしているけれど，種があり，中は硬く芯がある」という表現をされていました。さらに，「これからのキューサイは組織運営でやっていく企業にしていかなければいけない。そういうときには，藤野みたいなタイプのほうが良いので社長を引き継ぎました」というコメントをされていました。

　長谷川さんの心の中に，キューサイという会社を成長・発展させたいという思いがあるから，MBOという決断をされたと思うのです。やはり創業者として，自分がここまで大きくしてきた会社を手放して，人に任せるというのは，後ろ髪引かれる思いも相当あったと思います。

木村：私が長谷川さんからいただいた言葉は二つあります。その一つ目は，「人の命は有限，会社の命は無限であり続けて欲しい」ということです。「永続的な発展を願う中で自分ができることは限られており，企業をこのまま100年以上続く会社にするには，やはり違うガバナンスでやることが重要である」ということでした。ですので，そういう永続的発展を続けていけるような企業の礎をぜひ築いて欲しいということでした。それから二つ目は，「自分が育てたかわいい役職員を大切にしてもらいたい」ということと，「あなた方のお力で違う視点からさらに鍛えて欲しい」ということでした。

■ 事業価値向上に向けた経営施策 〜新たな事業戦略の推進〜

──約4年間の中で，特に力を入れて実施した経営施策や印象に残っている取り組みについてお話しいただければ幸いです。

藤野：2006年5月にMBOのお話がありスタートしているのですが，最後にポラリスさんのチームに決まってTOB賛同のアナウンスをしたのは10月でした。そこで，社員も知りましたし，取引先を含む世間の方も知りました。OEMでやっておりました冷凍食品のニチレイ様もご存じになったというところで，本格的なスタートになると思います。

社員に対しては，MBOにより「オーナー企業」から「社員だけの会社になりました」ということを説明しました。社長として社員のための会社を創っていきたいという想いがあったので，「社員のための会社づくり」というスローガンを旗揚げしました。「会社は誰のものか」という議論になると，世の中では株主様のもの，お客様のものということで，いろいろなステークホルダーの中で誰が一番かという議論になりますが，キューサイは，社員がまず一番大事で，「社員のための会社を目指します」というところからスタートしました。

やはり長谷川さんという相当大きな存在の人がいなくなって，会社をまとめられるかすごく不安もあったのです。

そして，TOBが成立したのが2006年12月で，上場廃止になったのが2007年3月でした。TOBが成立してファンドさんが役員に入っていただいて，新しい経営がはじまりました。本当の意味での再スタートというのは，2007年1月からです。そこで最初に考えたのは，パブリックな企業を目指すということでした。キューサイは上場していましたけれども，全体の株式の65％は長谷川家が保有しているオーナー企業でしたので，本当の意味のパブリック企業ではないという面もありました。

2007年1月からというのは，本当の意味のパブリックな企業を目指さないといけない状況になり，逆にそれまでは長谷川さんに本当に守られていたなということを，つくづく感じました。多少ミスをしても，長谷川さんが全部カバーしてくれていたのが，それからは自分たちでやるしかないという状況になったのです。その当時，長谷川さんが敷いてくれたレールで，ヒアルロン酸コラー

ゲンの売上が順調に上がってきていましたので，業績は1年目から2年目まで良かったのです．その機会に，まず商品の品質を再チェックして，品質No.1を目指すということをしました．

私どもには経営計画書というのがあるのですが，その中に社風というのがありまして，そこに長谷川さんが創った項目の記載があります．その長谷川さんから受け継いだキューサイの社風に，「品質No.1の商品しかお客様には提供しません」，「正直誠実な会社になります」という二つを加えて，絶対ミスを起こさない会社を創ろうということで取り組みました．

当初の役員会では私が議長で司会をして，専務の原田と営業担当取締役の河本が全部説明していました．そのときは業績が順調で安心してしまっていたのですが，その後業績が少し悪くなった際に，ポラリスの木村社長から，「社長の言葉を役員会で聞きたい」というご要請がありました．そこから私が全体説明をさせていただくようになったのですが，私自身が会社全体を見直す良い契機になりました．そういうことがありながら，会社の基盤を整備するために，基本的なガバナンスの構築，コンプライアンスの整備，J-SOX対応などもやりはじめました．さらに「品質No.1を目指す」取り組みや，いろいろな商品の生産ラインの品質管理のテコ入れをやりはじめて，だいたい3年で基礎が固まりました．

木村：やはり事業の「選択と集中」というところで，冷凍食品事業をどう整理するかというテーマがスタートのときの課題でした．十分な健康食品事業の基盤ができていたこともあって，冷凍食品事業をニチレイフーズさんに譲渡し，経営資源を健康食品事業に特化することにしました．これはオーナー経営時代ではできなかった意思決定だと思うのですが，藤野さん，原田さん主導の下で，われわれがサポートさせていただいて進めた施策です．

それから，青汁という軸になる商品があったのですが，加えてヒアルロン酸コラーゲンが立ち上がりつつあるということで，月間売上2億円以上の商品を六つくらい作ろうという取り組みをしました．そういう話の中で，冷凍青汁や粉末タイプの青汁，ヒアルロン酸コラーゲン，コラリッチ，豆鼓エキス，ペプチドエースなどの開発を進めまして，安定的なプロダクトミックスを早めに創り上げようということの支援をしました．

いろいろな新商品の中では，化粧品を含めていろいろ上手くいかなかったものと，トライ＆エラーも結構あったのですが，結局コラーゲン配合の化粧品のコラリッチがしっかり立ち上がって，月間売上5億円以上の規模の主力製品としてきちんと成長していきました。これは結果的に商品施策が上手くいったということの現れだと思います。

　それから，日本サプリメントについては，インフォマーシャルを中心としたキューサイ通販モデルを導入して，特保関連ビジネスが飛躍的に拡大していったということもあり，新しい事業として伸びました。一方，キューサイ分析研究所については，中国における農薬分析事業というのはそれなりの伸びが期待できるだろうなと思ったところもあったのですが，なかなか突き抜けないところがありました。それで，トーホーさんとの資本提携や国内での農薬分析事業での業務提携を実施して，テコ入れを図りました。子会社も含めて，いろいろな課題を検討し，それに対しての施策を経営陣と一緒に考えさせていただきました。

　レールに乗っかった部分から少し業績が落ちたのは，一つはリーマン・ショックのいろいろな影響もあったと思うのですが，過去のオーナー経営時代からのしがらみや，いろいろなビジネスモデルのしがらみが修正されずにきていた面が，たまたま現れたというところもありました。それを藤野さん，原田さんを中心とする経営陣が結果的に乗り越えました。私があのとき，「社長からの言葉を……」と言ったのは，社長が陣頭指揮でやるという意識を社員に植え付けるのが非常に大事だと思ったからです。その後，藤野さんの陣頭指揮でもう一度持ち直す起爆剤になったのは確かだと思います。そういうモチベーションや，「社長がやっているのだから全員でやろう」という意識が高まったことが，業績の落ち込みから脱却した一番大きなポイントだったと思います。

　そのときを契機にKPI（key performance indicator）の設定など，ファンドから提案させていただいて，ご採用いただいたものもありました。売上の構成要素を分解して徹底分析するためのKPIを定めて，最も効率的な集客力とか，継続コースの顧客をどう獲得し，維持するかというアフターフォローまで含めた販売システムの強化をしました。特に，コールセンターの強化は社長自らの陣頭指揮でやっておられて，機能の拡充や定期購入の推奨ということで，継続

コース購入率を飛躍的にアップできるようになりました。これが収益力の源泉になったのは間違いありません。

それから，私からコスト削減プロジェクトを提案させていただきましたが，明るく楽しいローコストオペレーションということで，「マッスルプロジェクト」と藤野社長に命名していただきました。「筋肉質な会社にしよう」という意味がこめられていますが，工程表に基づいた施策の進捗管理を実施し，利益のかさ上げという面では，数億円以上のインパクトがありました。

もともとローコストオペレーションが根付いている会社ではあったのですが，人件費ではなくそれ以外のコストをどう縮めていくかということを意識的にやるだけで，かなりの改善が行われるということも，キューサイはそこから学んだと思います。順風満帆のときは，これはマネジメントにすべてお任せするということですし，モニタリングだけさせていただければいいと思うのですが，何かあったときには起爆剤となる手法を用いさせていただき，それを一緒に楽しく明るくやるということが効果的です。

藤野：通常でも予算の中にコスト削減目標を立てていくのですが，「マッスルプロジェクト」については，予算とまた違う部分で，経営としてコミットするコスト削減を持ちなさいということで実施しました。初年度は「マッスル・スリー」ということで3億円。予算内のコスト削減目標が既に4億円あったのですが，木村社長が，予算外でも目標を持ちなさいと言われたもので，3億円を目指し，達成できました。これを設定させていただいたおかげで，大幅コスト削減ができたので，毎年その手法でやっていくことにしました。今もマッスルプロジェクトは続けていて，今年が3年目です。

原田：平たく言うと，予算というのは，今のやり方で行けばこれくらいの経費で収まるという考え方で組み立てていきます。しかし，その考え方ではなく，全く新しいやり方に変えて見てみるとどうなのだろうかということで取り組みました。

例えば，工場の原材料費の購入の仕方の問題や，あるいはさらに細く言うと，コピー1枚の取り方とか，コピーの綴じ方の問題で，コピー代をどれだけ削減できるかということです。また，携帯電話の契約の仕方などの細かいところまで含めて考えてやっていったことで，今までの通常の予算でいくとこれくらい

に収まるところが，新しい手法に取り替えて，数億円のプラスアルファの利益がかさ上げできました。これを今度は，関連会社に対してもやっていくという感じです。

　業績について少し補足しておきますと，利益は1期だけ落ち込んだところがありますが，売上は今7期連続増収更新中です。

　施策ではないのですが，大切にしていることとしては，オーナーが創った経営理念というのを，社員の皆さんに刻んでいくような形で常に教育していくようにしていました。ですから，「変えてはいけないもの」と「変えないといけないもの」というのを明確にしていったというところだと思います。それから，従前はオーナーが一人で最終判断をされていたので，そういった意味のスピード感というのがあったと思うのですが，われわれが経営陣になっても，スピード感をなくさないようにしようということを大切にしてやっています。

　あとは，木村社長もおっしゃっていましたが，経営資源の選択と集中ということで，特に健康食品ビジネスで，日本サプリメントにグループとなっていただき，業績が急拡大できたのは大きな成果だと思います。われわれは，通販ビジネスをやっているものですから，先に広告宣伝費の投下が必要で，利益はあとから出てきます。日本サプリメントは今までこういった考え方ではなく，キューサイを見て，通販ビジネスはこうあるべきだということを理解し，思い切って広告宣伝投資を先行して投下した結果が出たのだと思います。

　それから，新しいビジネスもいろいろと立ち上げました。例えば，化粧品分野の子会社を設立し，あるいはベビーリーフ生産という農業ビジネスを立ち上げ，さらに台湾に健康食品販売の子会社も設立しました。スピード感を持って，三つをすぐに立ち上げてやりましたけども，全部失敗しました。失敗したというのは，その会社を結局全部清算したという意味で失敗したと捉えているのですが，実はただ単に失敗したのではなく，そこから今新しく化粧品分野でコラリッチをキューサイブランドで立ち上げて，その失敗を大切に上手くビジネスにつなげました。あと，海外事業は，いきなり大きな投資をするのではなく，テストをしながらやっていくということが重要だと再認識し，現在少しずつ芽が出てきているところです。

　それから，農業のビジネスについては，これからもあきらめずに展開してい

きたいと思っています。トライ＆エラーをやりながら，新しいビジネスを常に創出していくということは，スピード感と同時に大切なことだと考えています。

■ MBOを振り返って 〜頻繁なコミュニケーションが鍵〜

―― MBOの実施から4年が経ちました。キューサイ経営陣とファンドのメンバーが協業してきた中で，お互い学んだことは何でしょうか。

藤野：ファンドの皆さんと一緒にやらせていただいて，駄目だったときのお叱りや追及はありませんでした。それをどう改善していくか，どう立て直していくかという方向でご指導いただいたので，そこが私どもは本当に幸せだったなと感じています。それがあったので，私どもは，物おじせず次のトライができまして，非常に原動力になっていると感謝をしています。

具体的には，マッスルプロジェクトやKPIによる業績管理のやり方などを教えていただきました。その一つひとつが鍵になる部分で，それをやることによって，私どもが漠然とやっていたことがきちんと理路整然と見えてきて，確かなものとして受け止められるようになってきたというのが一番大きいと思います。

原田：役員会が非常にいい意味で緊張するようになりました。説明ができないことは通らない，説明できないということは論理性がなく役員会で通ることはあり得ないということを改めて認識できました。

逆に言うと，今まではオーナーがいらっしゃったのでオーナーの考え方で決まっていたことを，客観性を持って論理的に説明できないものは決議できない，決まらないということに変わりました。当たり前のことかもしれませんが，これが分かるようになりました。そういう論理展開ができるような施策を打っていこうという考え方に変わっていったのです。

それから，社長の考え方でもあるのですが，何でもファンドさんに相談したことが良かったと思います。隠すことなくすべてオープンにしていって，そこでご判断いただくようにしました。これはある種ガバナンスといった部分においても，そういった経営陣として考えたことも含めて，会社の現状をきちんと

見ていただこうということで，本当に隠すことなくご相談申し上げて，オープンにしました。それが，優しく見ていただいた理由の一つにつながるかなと思います。

藤野：どうしても人間は，「これは言わないほうがいい」という気持ちになりがちですが，それは全くなく，バッドニュースも含めて，すべての情報を共有しました。その代わり，厳しいペナルティーがあったのも覚えています。

木村：MBOの成功というのはいろいろ言われていますが，私のいろいろな実体験の中では，一つ目は，やはり冒頭で申しましたようにグッド・マネジメントに投資していくのだということですね。マネジメントが良くないと業績は引っ張れないと思います。

二つ目が，マネジメントとのお互いの尊重，それから適度な緊張感，緊密なコミュニケーションです。これらの点は非常に大事だと思いました。4年間，5年間という間には，業績の山谷は必ずあるのです。良いときはいいのですが，悪いときにどこまで許容できるかというところを，中長期的な視点に立った目で見るということが大事なのではないかと思いました。そのときに手を突っ込みすぎると，逆効果になる場合が，MBOではあるのではないかと言えます。

一般的に，経営陣を外部から招聘するMBI（management buy-in）というタイプの案件は非常に難しいのです。事業再生（ターンアラウンド）案件では機能しない経営陣を一掃してファンドから新しいマネジメントチームを送り込んで経営改革していくことが必要とされますが，特に事業成長を加速化するようないわゆるグロース案件にはMBIは相応しくなく，MBOを全面的にサポートするということがベストだと考えております。

KPI管理の導入なども含め，いろいろな施策を一緒に打っていきましたが，できるだけマネジメントチームを信じてやっていくということが大事だなということがよく分かりました。先ほど，ペナルティーの話がありましたが，これは想定外の物凄いことがあった場合の話であって，上手くやってくれているときにはボーナス還元の場合もありますので，これは緊張と緩和というバランスの中での話です。ですから，お互いを尊重しつつ，緊張感を持って，緊密なコミュニケーションをするということが基本だと学びました。

キューサイの経営陣よりポラリス・キャピタル・グループへ贈られたメッセージ

キューサイの経営陣とポラリス・キャピタル・グループのメンバー

■ キューサイの将来像

――この度，大手飲料メーカーのコカ・コーラウエストの傘下に入り，新たな体制となりました。御社の中長期的な展望や将来像についてお話し願います。

　藤野：私どもの存在目的は，経営理念の実現というところで，「健康と幸せを世の中に提供する」ということなのですが，コカ・コーラウエスト様はそれを全面的に認めていただいて，キューサイの今の姿とこれから変容していくところの姿を，信頼をいただいているという状況があります。

　今回の件につきましては，ファンドの皆さんにも相当ご尽力いただいた中で，落ち着くところに落ち着いたということでした。1ヶ月が経ちましたが，これ以上の結果はなかったというお相手を見つけていただいたと思っています。地元企業でもありますし，非常に気心の知れた中でキューサイのことをさらに理解していただけると信じています。私どもは，コカ・コーラウエスト様のことを「安定株主様を越えて，支援型の株主様である」，「成長をともに共有する，成長共同体株主様である」という位置付けで，社員の皆さんにも話をしていますし，本当に素晴らしい株主様と巡り会えて非常に良かったと思っています。

　過去にもずっとキューサイは変容しながら，ずっと成長を続けてきているの

ですが，これからもいろいろな環境の変化に対応しながら，それから新しいものを創造しながら，成長させていきたいと思います。青汁そのものの市場がなかったところから創ってきた会社という自負がありますので，市場創造型の会社であると思っています。そこをしっかりと，これからもさらに発展させていきたいと思っています。

原田：キューサイの今までのやり方をベースにしながら，コカ・コーラウエスト様からいろいろなノウハウもいただきながらやっていくことになると思います。それともう一つは，われわれは財務的な不安定さというか，借入金がまだあるわけですが，そこはコカ・コーラウエスト様の信用力によって落ち着いてきていますので，中長期的に見ても安心して経営に専念できるなと考えております。

銀行様に対するお付き合いも，従前と違ったお付き合いスタンスをとることができるし，そういった意味でも，キューサイの今後の成長を担うに当たって，すごくやりやすくなってきていると感じています。このキューサイという会社を今まで通り成功させていくことに専念できるということが，すごく良かったと思うし，大切なことだと思っています。

――**ファンドから新たな株主にバトンタッチしましたが，今後キューサイがどんな会社に育って欲しいと思いますでしょうか。**

木村：やはり私どもとしては，コカ・コーラウエスト様にバトンタッチしたということもありますので，キューサイさんとして永続的に発展をして欲しいということが基本です。藤野社長，原田専務のリーダーシップの下で，これまで通りの自由闊達な社風，それから企業風土を大切にして欲しいということで，新スポンサーの中でも変わらず，経営理念を維持して欲しいというのが私の思いの一つ目です。

二つ目は，私どもが入らせていただいて，過去4年間で定着したKPIの分析と，経営管理や意思決定プロセスの手法を引き続き継続，発展させて欲しいなと思っています。

最後に，新スポンサーの協力が必要になるわけですが，キューサイブランド

を以って，日本市場にとどまらず，アジアをはじめ海外の市場にも展開力のある優れた商品を供給できるようなグローバル企業になって欲しいと思います。日本企業は国内市場だけを相手にしても成長が止まるというところもありまして，その辺のところはやはりアジア，グローバルに展開していただいて，大きな会社になっていただきたいというのが最後の思いということです。こういう思いを持って，次の株主にバトンタッチしたということでございます。

■ オーナー企業の経営者へのメッセージ

——今後もバイアウト・ファンドを活用した事業承継は増えていくと思います。最後に，事業承継問題を抱えるオーナー企業の創業者やMBOを検討する経営者に対してメッセージをお願いします。

藤野：社長になる人は，「自分の世界をつくりたい」だったり，「裕福になりたい」だったり，いろいろな思いがあってなられていると思います。社長になった良い面として，個人の想いを精一杯最大限自分のものにされたらいいと思います。

その考えが最初にありますが，事業承継の中では，もう一つ考えないといけないことがあります。長谷川さんから私どもが引き継いだ中で良かったのは，やはりタイミングというのと，残ったものに対してきちんとレールを敷いてくれていたことがありました。私ども経営スタッフは，長谷川さんが全部セットしてくれたものです。私であり，原田であり，河本ですが，きちんとやれる仲間を作ってくれて，準備していただいたおかげで成功できたと思っています。

そういうことがきちんとできて，そしてタイミングとしては落ちているときではなくて成長しているときに事業承継をすれば，あとは引き継いだものが責任をもってやることです。ですので，そこまでやれば責任を果たせたと思えるので，そこを押さえていれば，MBOの方式は素晴らしい事業承継の方法の一つであろうと思います。

せっかく築き上げた会社を衰退させていくことが一番悪いことだと思いますので，やはり会社が誕生した以上は，ずっと生かし続けないといけません。その中で，どうしたらいいかを考えるのです。そうすることによって雇用が生ま

れることが，最大の功績だと思うし，私たちは長谷川さんが創り上げたキューサイという会社の中で生活ができているわけです。

　今，当社に関係して生計を立てている人数を計算すると，家族を含めて3万人くらいになると思います。販売店様や取次店様もいますし，それからお取引先様もいます。そういう人たちの生活の糧を作ったという偉大な功績があるわけですから，会社を次の世代に承継して残すということは，すごく素晴らしいことだと思います。オーナー経営者は，自分のため，家族のため，そして社員のために，どの方法が一番いいかということを選んで，事業承継の方法を選択されるということが大事だと思います。

　原田：まず，オーナー企業の創業者には，やはり自分が手塩にかけて創った会社という意識と，社員を大切に引き継いでもらいたいという意志があると思います。そういう中において，MBOという手法は非常に優れたものだと思います。後継者がいないから自分の今の会社に経営者がいないと思うのではなく，逆に言うと，今いる幹部を信頼して任せるという考え方もあると思います。「俺が見る目ではまだまだ」と思うかもしれませんが，意外とそうではないという部分も見方としては必要ではないかと思います。

　それから，逆に創業者から会社を託された経営者の方々に対して言いたいのは，こんなことは一生に一度あるかないかという出来事だということです。普通の大手企業に勤めていたら，まずそんな出来事はあり得ません。オーナー企業に勤めているがゆえにこういう経験ができるということは，素晴らしいことだと思うのです。一般のサラリーマンでは経験できないことです。

　会社をゼロから立ち上げるのではなく，引き継いで価値を大きくすることによって，自分たちにも経済的利益がある。こんな素晴らしい手法はないと思います。もちろん，それだけ大変なことではありますけれども，達成感は非常に充実しているわけで，そういう気概を持ってぜひMBOに臨んでいただければと思います。

　木村：やはりオーナー企業の事業承継というのは日本でも大きな課題になります。もちろん，創業者が世襲で事業を承継することもあるのでしょうけれども，やはりその事業を熟知した信頼できる優秀な社員に事業承継させるほうが，企業のためになるということが結構多いのです。創業者の一族ではなくて，自

分の下に集まってきた社員に株式を譲渡して，MBOをさせてあげるというのも非常に大事で，それで業績が上がるということもかなりあるわけです。オーナー経営者の方には，そういうところの理解をしていただければと思います。

　もちろん，事業承継によって創業者メリットは是非とも取っていただいていいと思います。ただ，次に事業を託された人達が第二創業としてやる気を持って会社をよくしていくというマインドセットができるような上手い引き継ぎをやっていただきたいと思います。その中で，ファンドが事業承継の受け皿となることはできると思いますし，人材の補強等お手伝いできることも多々あると思いますので，ぜひファンドを事業承継に活用していただきたいと思っています。

　それから，創業者が創り上げたビジネスモデルは，旧態依然としたものもあります。オーナーの独断で経営をやっているというところもありますので，そこについては部下が思っていても変えられないところがあるのです。ただ，外部環境が変わってきている場合は，それに順応して新しいモデルに変革していかなくてはいけません。その変革のチャンスに，ファンドという起爆剤として入れていただくということも，一つの選択肢ではないかと思います。

　最後にMBOが日本のプレゼンスを高める一助になるということです。日本のグローバル競争力がなくなってきている中で，一つの起爆剤というのは，MBOという第二創業を，過去の高度成長期のようにどんどん起こしていくというのが，閉塞感や停滞感を打破するドライビングフォースになるのではないかと私は信じています。マネジメントが，企業業績や株価に対するコミットメントとインセンティブを持つことで，業績の維持・向上，株価の押し上げが図れますので，日本経済の活性化，それからアジアに負けないグローバル競争力の維持・向上につながっていくだろうと信じてやみません。

藤野孝氏略歴

キューサイ株式会社 代表取締役社長
福岡県出身。九州産業大学経営学部卒業。1988年1月キューサイ株式会社入社，1996年開発部長。1997年取締役就任，開発本部長・冷凍食品事業本部長を経て，2005年5月代表取締役副社長就任。2006年5月代表取締役社長。

原田晋吾氏略歴

キューサイ株式会社 専務取締役
山口県出身。山口大学経済学部卒業。2000年4月キューサイ株式会社入社，経営企画室長。2003年5月取締役，2006年専務取締役，現在キューサイ株式会社専務取締役管理本部長。株式会社キューサイ分析研究所専務エグゼクティブ・アドバイザー，日本サプリメント株式会社取締役を兼任。

木村雄治氏略歴

ポラリス・キャピタル・グループ株式会社 代表取締役社長
大阪府出身。東京大学教養学部，米国ペンシルバニア大学ウォートン校MBA卒業。
1985年日本興業銀行に入行。興銀証券資本市場グループECM室長，みずほ証券プライベートエクティ部長を経て，2004年9月ポラリス設立時に代表取締役副社長に就任。2006年6月代表取締役に就任し，現在に至る。

あ と が き

　インタビューを実施させていただいた何社かの企業では，工場，店舗，オフィス内などの現場の見学もさせていただいたが，そこで何よりも嬉しかったのが，いずれの会社も活気があり，「会社を良くしていこう」という雰囲気が溢れていたことである。株主が変わるということは，会社を変えるチャンスでもあり，バイアウトの手法が企業の活性化や経営課題の解決に導く戦略的オプションの一つになりうることを目で見て感じることができた。また，消費者向けの製品やサービスを提供している企業も何社か含まれていたが，バイアウト・ファンドが企業に活力を与えることにより，より良い製品やサービスの開発が進み，最終的には一般の消費者にも利益が還元されることにもなるのだと感じた。今後も，さまざまな経営課題を抱えた企業や成長意欲のある企業により，バイアウト・ファンドの活用が積極的に行われることを期待したい。日本バイアウト研究所としても，正確な情報発信と日本のバイアウト市場の健全な発展に貢献できるような活動を継続的に行っていきたい。

　本書を完成させることができたのは，多くの方々のご支援によるものである。バイアウト・ファンドを中心とするプロフェッショナル・ファームの方には，案件で多忙にもかかわらず，論文・事例紹介を執筆いただいた。論文は，それぞれ独創性のある内容となっており，事例紹介は，具体的なハンズオン支援の詳細が書かれており臨場感溢れる内容となっていた。また，インタビューをお引き受けいただいた経営者の方々および座談会の討論者の方々には，バイアウト・ファンドのメンバーと取り組んで感じたことや今後日本のバイアウト・ファンドに期待したいことなどについて率直な意見を述べていただいた。

　さらに，編集の過程では，インタビューや座談会の日程調整を行っていただいた各社の秘書の方々，写真の提供や資料の作成を担当いただいた企画担当・広報担当の方々にも大変お世話になった。また，残念ながらタイミングの問題などの諸事情により，本企画に参加できなかったファームの方からも，本書の構成を検討する上で数多くのヒントを得た。このように影で支えてくれた方も

含めれば3冊で約1,000名の方が参加した壮大なプロジェクトであったが，無事刊行することができた。本書の刊行に携わったすべての方に感謝の意を表したい。

　最後に，本書の企画から編集に至るまでの随所で的確な助言をいただいた株式会社中央経済社執行役員常務の杉原茂樹氏にも深く御礼を申し上げたい。

　　　　　　　　　　　　　　　　　　　　　株式会社日本バイアウト研究所
　　　　　　　　　　　　　　　　　　　　　　代表取締役　杉浦慶一

【執筆者略歴】（執筆順）

第1章

田中佑児（たなか・ゆうじ）
みずほ証券株式会社 ビジネス開発部 マネジャー

1980年京都大学大学院修士課程数理工学専攻修了。1980年川崎製鉄株式会社入社。1988年三井銀行（現三井住友銀行）に入行し，M&Aアドバイザリー業務，経営コンサルティング業務などを担当。その後ベンチャー企業を経て，2001年より新光証券（現みずほ証券）にてM&Aアドバイザリー業務を担当。2010年より現職。主な著作に『これからの事業承継―変革期の中小企業―』（共著，税務経理協会），『M&Aと制度再編』（共著，同文舘出版）など。

第2章

小林和也（こばやし・かずや）
税理士法人プライスウォーターハウスクーパース 代表社員

旧通商産業省（現経済産業省）勤務後，青山監査法人で上場企業等の会計監査，非上場企業の株式公開コンサルティング業務等に従事し，1994年から税務部門（現税理士法人プライスウォーターハウスクーパース）にて，日系オーナー企業を中心に相続対策・事業承継等のコンサルティング業務に従事。事業承継等をテーマにした各種セミナーの講師を務める。著書は『完全ガイド 事業承継・相続対策の法務と税務』（共著，税務研究会），『加除式グループ会社の経営実務―法務・連結会計・税務―』（共著，第一法規）など。公認会計士，税理士。

乙部隆仁（おとべ・たかひと）
税理士法人プライスウォーターハウスクーパース マネージャー

1999年中央監査法人／Coopers & Lybrand入所。主に日系企業の会計監査および株式公開支援業務に従事。2006年に税理士法人プライスウォーターハウスクーパースに転籍し，現在は主にオーナー企業向け事業承継・資産税サービス業務に従事。また，税務顧問業務および税務DD，税務ストラクチャー，事業再生等の税務コンサルティング業務にも関与。著書は『加除式グループ会社の経営実務―法務・連結会計・税務―』（共著，第一法規）など。公認会計士，税理士。

第3章

伊東武（いとう・たけし）
株式会社あおぞら銀行 事業法人業務部部長

1986年早稲田大学商学部卒業。同年株式会社日本債券信用銀行（現あおぞら銀行）入行後，事業法人融資業務，投資銀行部（M&Aアドバイザリー業務）次長を経て，2002年株式会社イデアキャピタル設立時に代表取締役社長に就任し2本のバイアウト・ファンドを運営。投資先企業の取締役を兼任。2008年同行中堅中小企業ソリューション部部長，2010年事業法人業務部部長（M&Aアドバイザリー業務）現在に至る。

伊藤潤（いとう・じゅん）
株式会社あおぞら銀行 事業法人業務部担当部長

1991年東京理科大学工学部卒業。同年株式会社日本債券信用銀行（現あおぞら銀行）入行後，事業法人融資業務，デリバティブ管理業務，およびM&Aアドバイザリー業務を経て，2002年株式会社イデアキャピタル設立時に取締役就任。2008年同行中堅中小企業ソリューション部担当部長，2010年事業法人業務部担当部長（M&Aアドバイザリー業務）現在に至る。日本証券アナリスト協会検定会員。中小企業診断士。

第4章

安藤秀昭（あんどう・ひであき）
株式会社デルタウィンCFOパートナーズ 代表取締役社長

東北大学経済学部卒業。川崎製鉄株式会社入社。ニューヨーク大学スターン経営大学院卒業（MBA）。川崎製鉄に復帰し，本社国際部を経て本社財務部にて国際財務に従事。その後，アメリカン・エキスプレス・インターナショナルにて財務部長に就任し，CFOを補佐。日本フィナンシャル・イノベーションズを設立し，ベンチャー企業に対するファイナンス業務支援を開始。自らCFOとして複数のMBO企業，ベンチャー企業の経営をサポート。CFO派遣サービスを開始。2002年株式会社デルタウィンCFOパートナーズ設立。プライベート・エクイティ・ファンド出資先企業に対するCFOの紹介・派遣ならびにファイナンス業務サポート事業を開始。現在に至る。

執筆者略歴

第5章

杉浦慶一（すぎうら・けいいち）

株式会社日本バイアウト研究所 代表取締役

　2002年東洋大学経営学部卒業。東洋大学大学院経営学研究科博士前期課程に進学し，M&A，バイアウト，ベンチャー・キャピタル，事業再生に関する研究に従事。2006年5月株式会社日本バイアウト研究所を設立し，代表取締役就任。2007年3月東洋大学大学院経営学研究科博士後期課程修了（経営学博士）。第1回M&Aフォーラム賞選考委員特別賞『RECOF特別賞』受賞。事業再生実務家協会会員。日本経営財務研究学会会員。東洋大学経営学部非常勤講師。

第6章

大久保亮（おおくぼ・りょう）

元 日本プライベートエクイティ株式会社 ディレクター

　2000年一橋大学商学部卒業。日本アジア投資株式会社入社。大阪支店にて，ソフトウェア開発や製造業などのベンチャー企業への投資・育成，EXIT業務に従事した他，企業開発チームにてM&Aによる投資先のEXIT支援や回収業務にも携わる。2008年日本プライベートエクイティ株式会社入社。2010年株式会社クラシック・キャピタル・コーポレーション入社。米国公認会計士。

第7章

森時彦（もり・ときひこ）

株式会社リバーサイド・パートナーズ 代表パートナー

　大阪大学工学博士，マサチューセッツ工科大学経営学修士。神戸製鋼所，GE（ゼネラル・エレクトリック）に勤務。事業企画，事業買収，テクノロジーリーダー，マーケティングリーダー，日本GE役員などの要職を歴任。その後テラダイン（日本法人）代表取締役を経て株式会社チェンジ・マネジメント・コンサルティングを設立。著書：『ザ・ファシリテーター』，『ファシリテーターの道具箱』（ダイヤモンド社）など多数。

中野淳文（なかの・きよふみ）

株式会社リバーサイド・パートナーズ 代表パートナー

　関西大学商学部卒業。デンバー大学大学院国際経営修士。日本バンカーズトラストのコーポレートファイナンス部からUBS証券のストラクチャードプロダクツ本部長を経て，2002年にパートナーとしてアドバイザリー会社を立ち上げ，ファンドを組成，出資，およびIPO支援を実施。それ以前はシティバンクにおいて法人金融，レバレッジファイナンス，およびプライベート・エクイティ業務に従事。

第 8 章

佐藤正秀（さとう・まさひで）

みずほキャピタルパートナーズ株式会社 シニアインベストメントディレクター

1994年一橋大学商学部卒業。2005年マサチューセッツ工科大学経営学修士（MBA）。1994年第一勧業銀行（現みずほフィナンシャルグループ）入行。1999年から米国CIT Group, Inc.にてVendor Finance, Structured Finance等に従事。2005年からみずほキャピタルパートナーズにて，PE業務に従事。2008年4月より現職。米国公認会計士。

第 9 章

小林進太郎（こばやし・しんたろう）

シティック・キャピタル・パートナーズ・ジャパン・リミテッド ディレクター

1994年東京大学経済学部卒業。イェール大学MBA取得。1994年第一勧業銀行（現みずほ銀行）入行，東京，ロンドン，NY等において融資および証券投資業務に携わった後，ニュー・メディア・ジャパン，マッキンゼー・アンド・カンパニーを経て現職。ニュー・メディアではベンチャー企業への投資・インキュベーションに従事。マッキンゼーでは金融，製造業等のコスト改善，営業力強化，事業戦略策定等に携わる。株式会社ポッカコーポレーション取締役，株式会社伸和精工取締役，エイチエフホールディングス株式会社取締役。日本証券アナリスト協会検定会員。

第10章

加納恒典（かのう・つねのり）

株式会社ジャフコ 執行役員

1985年早稲田大学商学部卒業。同年日本合同ファイナンス株式会社（現株式会社ジャフコ）に入社。主にプライベート・エクイティ投資業務に従事し豊富な投資経験を有する。ベンチャー・中堅企業向けのグロース投資を経験後，2004年よりバイアウト投資（事業投資運用本部）に参画。2007年事業投資運用本部長，2008年執行役員（事業投資運用本部担当）。

第11章

橋徳人（はし・とくひと）

パレス・キャピタル株式会社　マネージングディレクター

　1981年青山学院大学経済学部卒業。旧東京銀行入行後，ニューヨーク支店，本店財務開発部等において，国内外のM&Aアドバイザリー業務などを手掛ける。その後独立系のプライベート・エクイティ・ファンド運営会社であるビジョン・キャピタル・コーポレーションの創業に参画し，以降同社の投資チーム中核として上場企業子会社や事業部門のMBOを通じた独立や事業再編を支援した。2007年より現職。現在，ドリームインフィニティ株式会社，日本コンピュータシステム株式会社の社外取締役。

小貝広樹（こがい・ひろき）

パレス・キャピタル株式会社　バイスプレジデント

　1986年慶應義塾大学法学部卒業。旧日本債券信用銀行（現あおぞら銀行）および旧三和銀行（現三菱東京UFJ銀行）にてM&Aアドバイザリー業務に従事。10年程のM&Aアドバイザリー業務の後，2002年より投資ファンドであるビジョン・キャピタル・コーポレーションにて上場企業子会社のMBO，事業承継先への投資，経営戦略策定と実行，投資先のマネジメント，Exitなどに従事。2007年より現職。現在，日本コンピュータシステム株式会社の社外取締役。

第12章

古谷元（ふるや・はじめ）

アドバンテッジパートナーズLLP　パートナー

　1993年東京大学法学部卒業。大学卒業後，通商産業省（現経済産業省）に入省し，電子機器産業や資源エネルギー分野に係る産業・通商政策の立案，実施等に従事。1998年スタンフォード大学ロースクール修了（法学修士号およびNY州弁護士資格取得）。2001年に戦略コンサルティング会社ベイン・アンド・カンパニーに入社し，自動車，医薬品，通信機器等の企業に係る，全社ターンアラウンド，新規市場参入戦略，人事システム改革等のプロジェクトを担当。2002年に入社したUBSウォーバーグ証券（現UBS証券）では，総合商社担当のシニア・アナリストとしてボトムアップの企業分析に基づく株式投資格付けを国内外の機関投資家に提供。2004年9月，アドバンテッジパートナーズに参加。

第13章

髙橋善太（たかはし・ぜんた）

CLSAキャピタルパートナーズジャパン株式会社　バイス・プレジデント

1993年北海道大学卒業。2004年ニューヨーク州立大学バッファロー校MBA。1995年より監査法人トーマツにて主に金融機関・外資系企業の監査および年次報告書作成支援業務に従事。1999年より株式会社マイツ上海事務所に参画し，中国に進出する日系企業に対して，税務・財務・会計に関する総合コンサルティングサービスを提供。2004年より野村企業諮詢（中国）有限公司に入社し，主に日中間のM&A案件を多数担当。2007年5月よりCLSAキャピタルパートナーズに参画。公認会計士。

第14章

三宅誠一（みやけ・せいいち）

オリックス株式会社　投資銀行本部　事業投資グループ　シニアヴァイスプレジデント

1992年関西学院大学法学部法律学科卒業。オリックス株式会社に入社，法人向け金融サービス業務（主にプロジェクトファイナンス，事業再生金融業務等）に従事。2005年から投資銀行本部にてプライベート・エクイティ業務に従事。グローバルコミュニティ株式会社取締役，キュービーネット株式会社元取締役，株式会社M&Sスパ・プロジェクト監査役。

第15章

飯沼良介（いいぬま・りょうすけ）

アント・キャピタル・パートナーズ株式会社　プライベート・エクイティ投資グループ
マネージングパートナー

慶應義塾大学商学部卒業。1994年三菱商事入社。技術部，コンピュータ事業部にて海外ソフトウェアベンダーの国内市場開拓および国内事業立ち上げを担当。2001年当社入社。シーエーエー，アートウェッブハウス（取締役），チェッカーモータース（取締役），ゴルフパートナー，ムーンスター，ミヤノ，ウイルプラスホールディングス（取締役），バリオセキュア・ネットワークス（取締役）等において投資実行およびハンズオン支援，Exit交渉を担当。主に投資先会社の経営管理体制整備と営業戦略構築面でのサポートを行う。また，プライベート・エクイティ投資グループのリーダーとして，グループ全体のオペレーションおよび投資活動を統括。

■編者紹介

株式会社日本バイアウト研究所（代表者：代表取締役 杉浦慶一）

　日本におけるバイアウトを中心とする投資ファンド専門の研究機関。学術的な視点も兼ね備えた完全独立系のシンクタンクとして，中立的な立場から日本のバイアウト市場の調査・分析を行い，バイアウトに関する出版物の刊行・販売，セミナー・カンファレンスの企画・開催，同分野に関する調査・コンサルティングの受託を行っている。具体的には，日本のバイアウト市場の統計データを定期的に公表し，専門誌『日本バイアウト市場年鑑』の刊行，Japan Buy-out Deal Conferenceなどのカンファレンスの開催，官公庁からの委託調査の受託，各種の講演・セミナーなどを手掛けている。

URL: http://www.jbo-research.com/

〈日本企業のバイアウト〉
事業承継とバイアウト

2011年3月30日　第1版第1刷発行
2019年8月1日　第1版第2刷発行

編　者	日本バイアウト研究所
発行者	山　本　　　継
発行所	㈱中央経済社
発売元	㈱中央経済グループ パブリッシング

〒101-0051　東京都千代田区神田神保町1-31-2
電　話　03(3293)3371(編集代表)
　　　　03(3293)3381(営業代表)
http://www.chuokeizai.co.jp/
印刷／東光整版印刷㈱
製本／誠　製　本　㈱

ⓒ 2011
Printed in Japan

＊頁の「欠落」や「順序違い」などがありましたらお取り替えいたしますので発売元までご送付ください。（送料小社負担）

ISBN 978-4-502-68320-6 C3334

JCOPY〈出版者著作権管理機構委託出版物〉本書を無断で複写複製（コピー）することは，著作権法上の例外を除き，禁じられています。本書をコピーされる場合は事前に出版者著作権管理機構（JCOPY）の許諾を受けてください。
JCOPY〈http://www.jcopy.or.jp　eメール：info@jcopy.or.jp〉

〈日本企業のバイアウト〉シリーズ

日本バイアウト研究所 編

　本シリーズは、経営課題を抱えた企業や成長意欲のある企業に対して、バイアウト・ファンドが各種のソリューションを提供している実態を、実際の事例を通じて明らかにした日本企業の活性化に向けた待望の三部作。

事業再編とバイアウト

A5判／468頁

　事業再編による子会社売却、ノンコア事業の売却、MBOによる独立、バイアウト・ファンドの資金提供機能と経営支援機能、アジアを中心とする海外事業の強化、MBO後の株式公開、業界再編におけるバイアウト・ファンドの役割など、事業再編に伴うバイアウトの実態を豊富な事例と経営者インタビューにより明らかにする。

事業再生とバイアウト

A5判／448頁

　事業再生におけるバイアウト・ファンドの活用、経営者の外部招聘、経営プロフェッショナルの活躍、バイアウト・ファンドの資金提供機能・経営支援機能、内部管理体制の強化、社員の意識改革、人材育成、ブランドの再強化など、バイアウト・ファンドによる事業再生支援の実態を豊富な事例と経営者インタビューにより明らかにする。

事業承継とバイアウト

A5判／436頁

　オーナー企業の後継者問題と事業承継、創業経営者のリタイア、後継者がいない場合の経営者の外部招聘、バイアウト・ファンドの資金提供機能と経営支援機能、事業承継におけるバイアウト・ファンドの役割など、中堅・中小企業の事業承継手法としてのバイアウトの実態を豊富な事例と経営者インタビューにより明らかにする。

中央経済社